中文社会科学引文索引（CSSCI）来源集刊

CHINA STUDIES
2023年总第29期 No.29

周晓虹　翟学伟　主编

中国研究

商务印书馆
The Commercial Press

封面题字：金耀基

**编辑委员会（以姓氏拼音或字母为序）：**
陈云松（南京大学）
邓　鹏（美国海波因特大学）
范　可（南京大学）
贺雪峰（武汉大学）
黄　平（中国社会科学院）
加加美光行（日本爱知大学）
金光亿（韩国首尔大学）
林　南（美国杜克大学）
刘　宏（英国曼彻斯特大学）
刘林平（南京大学）
孙　江（南京大学）
谢寿光（社会科学文献出版社）
阎云翔（美国加州大学洛杉矶分校）
杨德睿（南京大学）
杨念群（中国人民大学）
应　星（清华大学）
园田茂人（日本东京大学）
翟学伟（南京大学）
张　静（北京大学）
张乐天（复旦大学）
赵鼎新（美国芝加哥大学）
周大鸣（中山大学）
周海燕（南京大学）
周晓虹（南京大学）
周　怡（复旦大学）
Anagnost, Ann（美国华盛顿大学）
Christiansen, Flemming（德国杜伊斯堡—埃森大学）
Duara, Prasenjit（美国芝加哥大学）
Friedman, Edward（美国威斯康星大学）
Houlden, Gordon（加拿大爱尔伯特大学）
Mohanty, Manoranjan（印度德里大学）
Perry, Elizabeth（美国哈佛大学）
Spakowski, Nicola（德国弗莱堡大学）
Stafford, Charles（英国伦敦政治经济学院）
Unger, Jonathan（澳大利亚国立大学）

**主编：**
周晓虹　翟学伟

**编辑部主任：**
邓燕华　陈家建

**编辑：**
贺光烨
陆　远
钱力成
杨渝东
朱安新

**英文编辑：**
秦　晨

# 卷首语

作为新兴的社会科学研究领域,"中国研究"(China studies)可以看作1949年后由中华人民共和国的横空出世所引发的一种必然的学术反应。而当1978年由改革开放所引发的"第二次革命"兴起之后,这门首先发端于"西方"的学术至少在如下两个方面发生了变化:一是研究阵容不断壮大,尤其是有越来越多的中国学者加入了对其生活于其间的社会的研究;二是逐渐脱离了冷战时期作为"中国观察学"所带有的实用主义倾向和意识形态的束缚,研究领域不断扩展,并在近十年以来显示出走向繁荣的迹象。

不过,考虑到"渐进式改革"所引发的自然生态与社会景观的剧烈变迁,考虑到中国社会空间固有的复杂性和多样性,我们不能不承认,作为科学的"中国研究"似乎才刚刚起步。与这个巨大有机体浓缩了19世纪、20世纪和21世纪三个世纪,凝聚了农业、工业及"后工业"三种社会的博大厚重相比,与它的庞大的人口及其散发的无尽的能量相比,与它的让人兴奋又令人困惑的矛盾性相比,现有的"中国研究"依然显得单薄、单调和单纯。从能够切近它的适当的研究方法,到足以解释它的经得住验证的理论,都仍然处于摸索阶段;从对于其制度和状况的具体描述,到对于其文化和哲学的抽象归纳,也依旧给人以支离破碎之感。

基于这种认识,我们决定出版《中国研究》。这份在中国本土编辑的以"当代中国"为研究客体的学术刊物,将成为中国学界面向全球的开放的学术园地,承担起海内外学术同仁沟通和交流的媒介作用,为促进中国研究领域的日益精进而努力。

《中国研究》将本着开放和务实的精神,坚持宏观视野和问题取向。这是它的办刊宗旨。

开放性是指它的跨学科性和综合性。《中国研究》将努力突破单一学科的局限和研究领域的禁区。政治、经济、社会、文化和环境等,都既属于它的研究范围,也成为它的研究视角。开放性同时也包括研究主体(研究者)的多样性,不同学术背景和志向的学者,只要他(她)坚守学术共同体所公认的伦理规范,就将得到同样的尊重。需要强调的是,鉴于学术界目前的状况和出于学术事业发展的考虑,我们特别鼓励和支持学术新人的艰苦劳作。

务实性是指它的实证性和经验性。《中国研究》奉行"多谈些问题,少谈些主义"的主张,希冀将重点置于中国的基层社会,从微观的问题或现实经验入手,在对许多单个领域、地域进行切实调查和深入研究的基础上,追求最终的对中国社会整体的通透认识。它当然期望博大而混沌的中国最终能产生宏大而精确的理论,但也努力避免宏大理论先行或抽象概念主导下的天马行空式的空谈。务实性还表现在鼓励朴实平易的文风和学风,倡导平和的学术批评氛围。

《中国研究》是全球中国学界展示睿智的公共空间,而不是少数编辑、学者的封闭领地。为此,我们热切希望整个中国学界的广泛参与,希望有广泛而深层的互动。同时,我们也真诚欢迎来自学术界的监督和批评。这种严肃的监督和批评是《中国研究》健康成长的重要前提。

《中国研究》编辑委员会

2005 年 5 月

# 目 录

## 特邀文稿

**回到超自然观念**
——兼论杨庆堃对中国宗教人类学研究的影响
................................................................ 卢云峰 / 3

## 专题研讨：财政与地方治理

**我国地方罚没收入缘何增长？**
——基于 2007—2020 年省级面板数据的实证研究
.................................................. 游　宇　刘　豪 / 19

**"部门型"项目管理模式**
——中央对地方专项资金的分配与管理机制研究
........................................................... 焦长权 / 40

**"穷人当家"：县域政府如何开展财政治理？**
——对 A 区财政收支的组织过程研究
................................................ 张　程　陈那波 / 64

## 学术论文

**从数字治理走向数字赋能**
——基层治理现代化的路径选择
........................................................... 闵学勤 / 87

**间接群际接触对缅甸与中美日印民众社会距离的影响**
——来自 2019 年缅甸综合社会调查（MGSS）的微观证据
.................................. 许庆红　丁定芹　黄小丽 / 103

**中国三孩政策下的超低生育率与人口发展理念迷思** ......... 王　军 / 127

企业社会责任的宗族烙印
　　——基于中国家谱总目的研究
　　······················································· 卢建川　罗崇佳 / 145

关注经济金融信息程度更高的人有更强的购房动机？
　　——基于CHFS数据的研究
　　·························································· 刘　璐　邱琳妲 / 174

家庭信息技术使用、父母网络监管与青少年认知能力研究
　　——来自CEPS面板数据的证据
　　·························································· 高嘉诚　刘　钥 / 192

传统行业的解体与重构
　　——对豫南许镇"木匠—木工"的转型研究
　　·························································· 万江红　刘　江 / 209

"回不了家"
　　——以自我民族志看待中国乡土式的读书精神与群体焦虑
　　······································································ 王兆鑫 / 229

社会回应：农村养老服务项目长效运行的过程与机制研究
　　······································· 蔡玉梅　纪晓岚　侯利文 / 249

寻找"最适宜"的照护：长期养老照护抉择及其合理化
　　——以失智症照护为例
　　·························································· 李海燕　涂　炯 / 269

农民生活利益对污染认知观念的塑造
　　——南村个案分析
　　······································································ 王裕根 / 298

# 书评与随笔

"学统"未立之下的学科合法性
　　——读《传承与断裂：剧变中的中国社会学与社会学家》
　　······································································ 王小章 / 319

在空间中行进的历史
　　——读萧邦奇《中国精英与政治变迁：20世纪初的浙江》
　　······································································ 江国威 / 328

Table of Contents & Abstracts ·································· 337

《中国研究》稿约 ······················································ 348

# 特邀文稿

# 回到超自然观念
## ——兼论杨庆堃对中国宗教人类学研究的影响

卢云峰\*

**摘要**：杨庆堃认为中国人的行动背后存在一套超自然观念体系，包括命运、风水、阴阳等。这些观念不仅支配着人们的日常生活，也对各种社会制度产生深刻的影响。受其启发，弗里德曼论证了中国宗教在观念和实践层面的一致性，并据此认为存在着一个统一的中国宗教。此观点引起巨大的争议，很多学者认为中国宗教信仰的差异性极大，根本不存在一个统一的中国宗教。这些讨论大多围绕着中国人对神、鬼、祖先的崇拜展开，也随之产生了若干有影响力的理论，如"帝国的隐喻"和"神灵的标准化"。这些研究延续和深化了杨庆堃对超自然观念及其运作逻辑的研究，也为社会学家如何继承杨氏的宗教社会学遗产指明了方向。

**关键词**：超自然观念　杨庆堃　弗里德曼　宗教人类学

## 一、引言

人类学名宿弗里德曼（Freedman）对杨庆堃的态度前倨而后恭。最初，他对《中国社会中的宗教》一书恶评如潮。在1962年载于《亚洲研究学刊》的一篇书评中，弗里德曼写下了这样的话："在其短短二十七页的序言中，'功能'一词居然出现了四十次之多，然而这种重复并不能让'功能'这一概念变得更加清晰。宗教对促进社会团结有功能，对个体也有功能；功能既可以是有意识的，也可以是无意识的……嗯，好吧，好吧（yes, yes）。"（Freedman, 1962: 534）这两个"好吧"在常规书评中极为罕见，充分流露出作者的不屑情绪。在弗里德曼看来，除了使用"结构"和"功能"这类无法说明任何实质问题的浮夸的社会

---

\* 卢云峰（luyf@pku.edu.cn），北京大学社会学系教授、博士生导师。

学概念,《中国社会中的宗教》一书既没有令人耳目一新的材料,也缺乏细致的田野工作,而且此书对祖先崇拜的简单处理也显示出杨庆堃甚至没搞明白家庭和宗族之间的区别(Freedman, 1962)。

然而几年之后,弗里德曼对杨著的态度发生了戏剧性的转变。1971年,在写作《论中国宗教的社会学研究》时,他毫不吝惜地给予此书各种溢美之词。他公开承认自己在写作第一篇书评时是出于"人类学的傲慢"。重读《中国社会中的宗教》之后,弗里德曼(2014:23)发现在研究中国宗教与政治的合一关系时,"想不出还有谁的研究能与杨庆堃媲美";而在将中国宗教看作一个单一的实体,即论精英宗教和农民宗教的一致性方面,杨著更是一部"巅峰"之作。

弗里德曼的转变与他自己的理论抱负不无关系。如其标题"论中国宗教的社会学研究"所示,他希望为学界指出中国宗教研究的方向与目标。在他看来,杨庆堃的理论雄心绝不止于证明中国有宗教,而是论述了这个宗教体系超越阶层和政治,为全体中国人所共享;中国人行动背后有一套成体系的超自然观念,并围绕这些观念形成了实践和组织。"在中国宗教表面的多样性背后,存在着某种秩序。我们可以如此表达这一秩序:在观念层面(信仰、表征、分类原则等等)和实践与组织的层面(仪式、群体、等级制等等)上存在着一个中国宗教体系。"(弗里德曼,2014:22)这一观点被学界称为"一致论",与之论战的可以被称为"差异论";后者认为"一致论"过于武断和简化,忽略了中国民间信仰的差异性和多样性。尽管双方阵营在论点上存在分歧,但这些讨论产生了一系列颇有影响的理论,包括"帝国的隐喻""神灵的标准化"以及"分灵—分香体系"理论等,这些研究对理解中国人超自然观念及其运作逻辑不无裨益。相较而言,社会学界过多纠缠于"混合宗教"和"独立宗教"这一对概念的翻译与解释上,反而忽略了杨庆堃对国人超自然观念的研究。

在以前的一些研究中(卢云峰,2019;卢云峰、吴越,2018),我们认为《中国社会中的宗教》一书在概念框架、分析方法和经验研究对象方面都并未超越前人的研究,它之所以成为中国宗教研究的经典,是因为它对后续的中国宗教研究有着巨大的影响。沿着这一思路,本文将详细考察杨著对宗教人类学界的影响。具体而言,我将首先梳理杨庆堃对超自然观念的研究,然后分析它如何影响弗里德曼有关中国存在一个统一的宗教体系的论断,在此基础上我将论述弗里德曼的论断所引发的争论如何推动了有关中国超自然观念及其运作逻辑的研究,最后将讨论中国宗教社会学界该如何继承杨庆堃的学术遗产。

## 二、杨庆堃对超自然观念的研究

宗教社会学家十分关注超自然观念对行动的影响,这也是宗教社会学的经典主题之一。在韦伯看来,宗教之所以重要,就在于它扮演了人之行动的扳道工角色:"利益,而不是观念,直接控制着人的行动。但观念创造的世界观常常以扳道工的身份规定着这些轨道,在这些轨道上,利益的动力驱动着行动。世界观决定着,人们想——别忘了,还有能够——从哪里解脱出来,又要到哪里去。"(韦伯,1999:19)韦伯重视宗教,但他的最终用意却不局限于宗教本身,而在于宗教所提供的观念体系如何引导人的行动。

《中国社会中的宗教》一书的核心问题在于回答中国有没有宗教,与韦伯认为中国只是一个"巫术花园"不一样,杨庆堃认为中国有宗教,只不过在形式上与西方不一样,西方是独立宗教强大,而中国是混合宗教主导。但杨庆堃与韦伯也有共通之处,那就是关注行动背后的超自然观念,以及这套观念如何与其他各种制度结合在一起。在西方,人们的超自然观念主要围绕上帝展开,比如预定论。但在中国,没有一种独立宗教像基督教那样成为世俗社会关系的伦理价值来源,支配人们行动的是一些非人格化的超自然观念。中国人常说,"一命二运三风水,四积阴德五读书,六名七相八敬神,九交贵人十养生"。这句话很好地概括了国人的超验观念:命、运、风水、阴德、名字、面相等非人格化的要素在前,而人格化的神灵反而排在靠后的位置。这些议题在杨庆堃的著作中都有所论述,这方面的内容极其庞杂,需要另文处理。在这里,我们只是简单地看看杨氏如何看待这些超自然观念。

首先,这些观念支配着人们的日常生活:"晨昏时,为宅神上香;遇事则到庙里许愿;若有大事小情便找算命先生指点迷津;参加庙会和宗教节日;按照黄历选择吉日来安排生活中的大事;对超自然力量加诸生活和世界的影响作出反应——所有这一切都强化了传统生活秩序下宗教和日常生活的密切关系。"(杨庆堃,2016:264)其次,这些观念与世俗制度紧密结合在一起。以政治制度为例,天命观为其提供了合法性来源。"中国政治生活中的许多宗教影响,都源于'天'这一基本概念和附属于天的众神体系,而这个体系能够预先决定包括政治事件在内的宇宙万物的生发过程。它的核心概念就是'天命',这种合法性的象征不仅被历朝政权所承认,也在普通民众中获得广泛接受。"(杨庆堃,2016：102)最后,这些观念被全民共享,不存在阶层差异。即使是地位超然的儒士,他们也没有形成一个与传统中国社会宗教生活主流相分离的独立群体。

## 三、 弗里德曼对杨庆堃研究的阐述及其影响

就我的知识所及,弗里德曼是第一个重视杨庆堃对超自然观念研究的学者。彼时,弗里德曼致力于寻找中国宗教的一致性,他试图论证:"第一,中国宗教成为了一个巨大的政治统一体的一部分。第二,它是等级制社会的一个内在部分。"(弗里德曼,2014：22—23)在论述宗教与政治的一致性时,弗里德曼借用莱尔(Arthur C. Lyall)的研究来表明,尽管存在着多样性的宗教,但它们都可用于服务政治统一体。不过他对这一问题的论述,更多引用了杨庆堃有关天命的研究。杨庆堃认为,"理论上,宗教与国家的关系可以表现为三种不同的模式:宗教可能积极地与国家结盟,支配国家或作为工具性力量来支持国家;宗教也可能退隐于世,放弃政治参与生活;它还可能为了保存自己或者为了获取政治权力,投身于反政府的各种斗争"(Yang, 1961: 105)。

民间信仰的公众性与强势的儒家思想和帝国体制,共同构建了中国古代宗教与政治的基本关系——国家支配宗教,宗教支持国家。在大部分时期,面临强大的世俗政权以及它所尊奉的儒学思想,佛、道教以及各种教派团体都处于被国家严格控制的状态。这种控制主要体现在三个方面:世俗政府对超自然力量的监管,即世俗的等级和超自然世界的等级可以共通;朝廷,尤其是君王,对祭天仪式的垄断以及对天象征兆解释权的垄断;对庙宇和僧侣的各种行政控制。即使发动叛乱,宗教也会起到关键作用。叛乱者往往以神之名宣称当政者已经不再拥有"天命":通过超自然力量的庇护,克服人们对于官府的畏惧,并为自己的举动赋予正当性(Yang, 1961: 240)。但是,大规模的宗教政治运动在中国历史上并不多见,大多数情况下,中国宗教的发展都依赖于国家的准许或支持。在这一背景下,即便是自愿性宗教,也需要通过支持国家从而获取发展的合法性,即"不依国主,则法事难立"。因此,尽管自愿性宗教可能隐遁避世或者反抗政权,但更多的情况下,它和传统宗教一样支持着国家,这种支持是通过自愿性地获得公众性来实现的。例如,佛、道教的很多概念就融进了传统宗教,最终成为天地崇拜体系的一部分。

在分析宗教与社会分层时,弗里德曼主要聚焦于论述精英宗教与农民宗教的一致性。他认为这两者之间并不存在断裂,它们只是"同一宗教体系的两个不同版本"。从观念上看,"儒家没有组成一个与传统中国社会宗教生活主流相分离的独立群体。他们在天命等超自然观念上与公众共享一个宗教信仰的体系。更重要的是,儒士和普通民众之间存在着稳定的宗教思想交流"(杨庆堃,2016:214)。

弗里德曼所撰的《论中国宗教的社会学研究》一文注意到了杨庆堃对超自然观念的研究,尤其关注天命观与政治制度的混合,正是在这个意义上,弗里德曼认为中国宗教与政治是一个统一体,即所谓"教宗即恺撒,恺撒即教宗(Caesar was Pope, Pope was Caesar)"(弗里德曼,2014:46)。在此基础上,弗里德曼提出了存在一个统一的中国宗教的假设。这个假设一经提出就在人类学界产生巨大的影响或者说争议:王斯福提出的"帝国的隐喻"和韩明士提出的"神灵的官僚模式"在某种程度上支持了民间信仰与帝国政治存在一致性的判断,华生对"神灵的标准化"的讨论则从技术层面论述了神道设教是传统中国社会治理的重要手段。与此同时,魏乐博等人有关"怪力乱神"的研究则表明宗教与政治之间并非如此一致,宗教也会成为反叛的力量。尽管这些学者在一致性和差异性的判断上有所分歧,但是他们的研究对于理解中国宗教帮助巨大,也构成中国宗教人类学研究的主体。尽管这些研究很少与杨庆堃的研究直接对话,而是更多与弗里德曼"一个中国宗教"的假设有关,但是后者的假设很大程度上受到杨氏的启发。另外,这些讨论大多集中在"神""鬼""祖先"等超自然观念以及在此基础上形成的"分灵—分香体系"中。下文将详细讨论这些研究。

## (一)"帝国的隐喻"及其争议

如前文所述,杨庆堃指出在中国宗教制度与政治制度混合在一起,受其启发,弗里德曼得出了"教宗即恺撒,恺撒即教宗"的判断。延续这一判断,王斯福(2008)从观念和实践两个层面论述了民间信仰与帝国政治之间的一致性。他认为,在观念层面,民众所崇拜的神祇不过是帝国官僚的对应物;而在实践与组织层面,至少在台湾地区,民间信仰组织事实上取代宗族,成为联系个人与社会的主要纽带。人们的宗教观念和实践是在有意无意地模仿帝国的行政、贸易和惩罚体系,从这个意义上说,民间信仰不过是"帝国的隐喻"。

在其田野点台北"山街"(Mountain Street),神灵被划分为两大类,一类是在地方性庙宇里享受香火的神灵,另一类则在农民的家户(household)中被供奉。前者包括土地公、三官大帝、翁工、尊王、大夫等,这类神灵庇护着地方的风调雨顺,人民健康长寿、安定美满、心想事成;后者则包括正神及祖先,他们保佑着人们的日常生活,以及满足愿望(王斯福,2008:152)。王斯福并非第一个把汉人神明视为灵界官员的人类学家。早在 1972 年,焦大卫(Jordan,1972)在《神、鬼、祖先》一书中就有类似的观点。他指出,神灵们身着官袍,正襟危坐,其庙宇有灵界将军守护;他们会将人们的善行或恶行记录在案并向上级报告;他们也很容易被冒犯,会经常收受贿赂。与世俗官僚一样,神明也存在等级差异:

> (村民们)认为神祇的等级模仿中国传统的朝廷秩序。据村中一位受过良好教育的老年人所说,他们是"皇帝、大臣、元帅、将军的对应物,在这个等级中,天公是皇帝。天公之下是三位兄弟神,三结公:(1)天官,即天神;(2)地官,即地神;(3)水官,即水神"。此外,统治地狱的神祇被认为是高级而有权势的。在他们之外,是一些住在地方如村中的神祇——他们的功能是在普通民众和高级神祇之间充当中介或使者,因为世人不能直接向至上神说他们的祈祷和希望。(Gallin, 1966)

这种将中国的神灵体系视为中国社会各阶层投影的观点对于大多数汉人来说并不陌生。在中国,大多数神祇都以官员的形象出现,它们的等级秩序也与帝国官僚的等级秩序类似:玉皇对应皇帝,城隍对应州官,龙王对应水利官员,灶神则类似于便衣警察。韩明士(Hymes, 2002)在《道与庶道》中将这种神灵代表帝国官僚的观点概括为"神灵的官僚模式":神祇都是官员,其等级是多层次的;除了最高级的神祇,其他神灵的权威都来自更高级神祇的授权;普通人和神祇之间是间接关系,可以通过低层次的神祇或者宗教职业人士进行沟通;神祇和特定地点及其居民之间的联系在原则上是暂时的,是任命所致,而非神祇自己选择的结果。

然而,在另外一些人类学家看来,官僚形象只是神灵诸多形象中的一种而已。魏乐博(Robert Weller)与夏维明(Meir Shahar)主编了一部题为《怪力乱神》的著作,如书名所示,中国存在很多"怪力乱神",这些神灵与官僚形象相去甚远。他们认为"官僚主义的解释固然在国家信仰体系中独占头筹,但在民间宗教中,也不过是若干种解释超自然的方式之一罢了……许多神灵不是用简单的官僚主义术语构思的,官僚主义也只能部分地揭示中国宗教和政治之间的关系。应该看到,中国有一些最受欢迎的神灵并未披着官员的红袍,他们的权力亦不来源于官僚形象"(Weller & Shahar, 1996: 8)。

这种挑战官僚模式的例证有很多。首先,女性神祇在汉人的信仰世界中影响巨大,这与帝国官僚体制中女性角色几乎可以忽略不计的情况形成了鲜明的对比。如观音菩萨,她闻声救苦,灵验无比,却不属于天庭官僚系统;妈祖,她作为台湾地区香火最为旺盛的神祇,在现实政治体系中却难找到任何一个女性官员与之对应。类似的例子还有很多,诸如碧霞元君,以及很多教派所崇奉的无生老母。这些女性神祇在灵界地位崇高,但她们的形象更偏向于怜爱世人的慈母,而非严厉的男性官僚。

其次,很多神明以反抗者的形象出现。桑高仁(P. Steven Sangren)分析了恋母弑父的哪吒、抗父皈佛的观音以及从地狱中解救母亲的目连这些所谓的"家庭关系神"(family-relationship gods)。在桑高仁看来,这类神灵之所以能够在民间崇拜中占据一席之地,是因为他们作为"力量表征"(representation of power)反映了传统家庭制度内部存在的紧张关系,也表达了不为正统文化所认可的沮丧和压力。它们是缓解社会压力的安全阀,为落魄文人和平民百姓提供了暂时摆脱儒家伦理控制的精神世界(Shahar, 1996: 204)。

再次,韩明士提出了与神灵的官僚模式相对应的个人模式。通过研究北宋道教天心派和南宋抚州华盖山地区兴盛的三仙信仰,他发现在中国存在着某些既超越宗族,又不属于官方的另一类宗教权威形式:个人模式。在这种模式中,神祇是"异人",他们拥有常人所不及的特殊能力;神和人之间的关系充满了私人性质,比如宗亲关系、师徒关系等;神灵的力量是天生具有的,而非受外在权威委托;世人和神祇的交往可以是直接的;神祇和地方居民的关系是长久的,出于自身的选择而非官方的委派。也就是说,神灵除了有官僚模式,还存在个人模式(Hymes, 2002: 5-6)。

最后,很多神灵原本就由厉鬼转化而来,在他们可敬的外表之下隐藏着恐怖的鬼相。这类民间信仰有诸如台湾的王爷崇拜、江南的五路财神等。人们对于这类亦鬼亦神的超自然存在既崇敬又恐惧,很难说它们对应的究竟是官员,还是危险的陌生人,或者是喜怒无常的交易对象,抑或兼而有之。

以上的研究明确指出官僚形象只是众神多维面相之一;即使是官僚体制内部的神灵,其来源也千差万别,而并不总是符合帝国的官员标准。男性与女性、卫道士与反叛者、官员与土匪、公共管理者与私人庇护者等诸多矛盾的形象均可在民间信仰的万神殿中找到对应。或许正如魏乐博和夏维明所说,"中国众神形成了一个复杂的权力网络,其中包含了官僚与暴力、孝悌与自我毁灭"(Weller & Shahar, 1996: 16)。

## （二）神灵的诞生及标准化

除了神灵,汉人民间信仰的人格化的超自然存在至少还有两类:鬼和祖先。中国农民的生活世界中大抵存在三类人:(1)常来向他们收税、规范他们行为的官员;(2)来自村落外部的陌生人;(3)自己的家庭或宗族成员。这三类人,也就对应着三类超自然存在:神、鬼和祖先。农民在仪式中对待这三类群体的方式,实际上也就是他们在日常生活中的应对策略:对待神,就需要讨好和贿赂(烧纸钱等);而对于鬼,则可以施舍或者敬而远之;对于祖先,则要敬仰、供奉并祈求庇护。

当然,神、鬼、祖先之间的界限并非不可逾越。一方面,作为自己人的祖先对于他族成员而言无疑是有害的鬼,尤其是当亡灵没有后代提供祭品时,它们便会沦为无家可归的孤魂野鬼(Wolf, 1974: 173);另一方面,有些鬼能逐步升级为神,譬如有应公信仰。"公"是对所有强大魂灵的尊称,而"有应"则说明这类神灵"有求必应"。它们或者死于非命,或者为无源可考的野外枯骨,这些无人祭拜的遗骨在被证实会对生者的祈求做出回应后,信奉者便会为其建造祠堂并供奉香火(Wolf, 1974: 189-200);由鬼变神的通路从此打开。

"灵验"是由鬼变神的关键。桑高仁认为"灵"或"灵验"涉及中国人的阴阳观。在通常情况下,中国人认为阳界和阴界是分离的,这就是所谓的"阴阳两隔"。与此同时,阴与阳的判定是相对的:和神灵相比,祖先属阴;同神和祖先相比,供奉者属阴;同世人相比,魂灵属阴。阴阳之间可以相互沟通、调和及转换。另外,超自然存在的力量在于其可以充当阴阳之间的媒介物(Sangren, 1987: 134-143)。灵媒之所以被冠以"灵",就在于他们能沟通阴阳两界;神明之所以被认为灵验,是因为他们能超越阴阳两隔的鸿沟直接干预阳间的事务。只要具备了超越阴阳的能力,即使魂灵的神格卑微甚至来路不明,也不妨碍它们享用香火,为民众所供奉。

通过考察中国人的阴阳观,我们便可以理解为什么许多看似出身不正的超自然存在可以为民众所崇拜。在焦大卫《神、鬼、祖先》一书出版后,有关神、鬼和祖先的三分法一直在学界争论不休。许多学者认为这样简单的分类并不能涵盖所有汉人的民间信仰，比如《聊斋志异》等志怪小说中的狐仙、东南沿海地区的王爷信仰、五大家仙等。它们"不但能支配人，给人带来财富、祸福，信奉者也相信这些在神灵体系中有自己位置的仙家既不属于神，也不属于鬼和祖先；它们不但影响着个体、家庭、社区的生活，通过香头，它们还经常左右表面上是供奉神佛的庙会的香火"（岳永逸，2008）。这些"仙家"很难用三分法归类，但从阴阳的宇宙观来看，因为它们能超越阴阳直接干预阳间事物，或者说具备灵验的特质，所以不管它们的出身是妖、是仙、是鬼魅，都可以得到民众的供奉。

灵验可以让来路不明的"仙家"享受香火，但要"由鬼变神"还需辅之以其他条件。滨岛敦俊认为，中国江南地区人格神的诞生与三个因素有关：生前有义行，死后有灵迹，官方有敕封。首先，按照汉人的理解，人死后魂魄分离，但灵魂仍旧存在，它们通常被称为"鬼"，这意味着成为"鬼"是大多数人死后的宿命，只有极少数人能成为"神"。而滨岛敦俊的研究则发现，那些成"神"的幸运儿在生前都具有"义行"，重义的关公就是极好的例证（卢云峰，2013）。但实际上，曾经在生前行义的人有很多，而绝大数人在死后却都未能"由鬼变神"，滨岛敦俊对此的解释是，"鬼"和"神"的区别在于其是否显灵，或者说有无"灵迹"。此处对"灵迹"的理解，可以与前文桑高仁笔下分析的"灵"类比。而官方的敕封则是决定神明摆脱"淫祀"的污名，从而高居庙堂之上的关键。

滨岛敦俊在对江南农村民间信仰的研究中发现，江南土神的另一个共性就在于它们都拥有王朝授予其封号的传说，而"除了极少数之外，都说其封爵、赐号是前朝（宋元王朝）给予的，没有一例称当今王朝赐予其封号。之所以会这样，是因为这些由王朝授予的封爵、赐号都是伪造的"（滨岛敦俊，2008：88）。在正统的理念上，"神需要接受天帝在地上的代理者——皇帝的认证才能列入祀典，在接受了封爵、庙号后才成其为神"（滨岛敦俊，2008：88）。在这里，帝国承担了一个超越性的角色，从而在神灵世界和世俗民间建立了具有同一性、连贯性的权威地位。从阴阳观来看，帝国官僚，尤其是皇帝，能够超越阴阳，干预两界的事物，因此也是值得尊奉的。

杨庆堃对官方敕封的研究主要体现在他对"神道设教"的讨论中。在他之后，华生所提出的"神灵的标准化"对学界影响深远（Watson，1985）。他以天后信仰为例，试图证明官府对民众宗教生活的控制不是通过强制性手段，而是通过"敕封"的方式吸收业已成势的民间信仰，对神灵进行"标准化"的收编与改造。在10世纪后期，福建省莆田县沿海的百姓开始崇奉一位名为"林大姑"的小神,林大姑有求必应,香火日盛,于是在 12 世纪,在帝王的提议下,林大姑作为沿海安定的象征被赐予了封号。

在华生看来,正是官府的干预才使得作为地区性神灵的林大姑变为中国南方的重要女神。这种将神灵纳入国家允准的万神殿(state-approved pantheon)的过程是按照固定的官僚程序进行的,而"有文化的精英人物在文化标准化的过程中起到了重要的作用,它们确保宗教信仰合乎全国公认的模式"(Watson, 1985)。并且,在敕封的过程中,国家所强加的只是一个结构而不是内容,庙里崇拜活动实际上交给了地方精英管辖;他们作为既得利益者通过接纳被国家允准的神,从而让自己的家族拥有一定的权势并且和国家官员保持良好的关系。"这一灵活的体系足以让社会等级各层次的人都可以建构他们自己对国家允准神灵的看法。换一种说法,国家鼓励的是象征而不是信仰。"(Watson, 1985)

华生探讨了国家利用宗教的象征符号将帝国鼓励的价值观软性植入地方社会的努力,这一理论引起了颇多讨论(Katz, 2007; Sutton, 2007),其中在国内影响比较大的是杜赞奇的观点,在他看来,宗教象征从未完全沦为官府展现治理技艺的一个工具,而是被各个利益群体争夺的对象,每个群体都从自己的角度对宗教象征进行再阐释,这一过程被杜赞奇称为"复刻符号"(superscribing symbols);各种复刻符号之间或许存在着竞争甚至冲突,但它们彼此叠加,逐渐形成一个"阐释领域"(interpretive arena),宗教象征最终成为各利益群体都能认同的文化资源和权力网络(Duara, 1988)。

## (三)分香与进香:民间信仰的实践与组织

对神、鬼和祖先的崇拜不单是一个观念问题,也涉及实践以及在此基础上形成的组织。"分灵—分香"是神灵拓展影响的重要机制,在此基础上,民间信仰也发展出与西方社会中的教派和宗派迥异的"分灵—分香体系"。如前所述,民间信仰的神灵最重要的特质便是"灵验"。不论其出身如何,有求必应的神灵总能得到更多的香火与供奉,它们的信仰组织更容易发展,甚至得到皇帝的敕封。而在神灵的地域传播过程中,"分灵—分香"扮演着重要的角色。所谓"分香"就是从母庙香炉里取出香灰置于新香炉内,以此建立子庙。在妈祖信仰传播过程中,分香确保了新庙的神像具有和根庙的神同等神力;通过分香和开光,根庙的神灵被部分分割到新庙,即所谓"分神"。为了维持后来者的神力,信徒必须定期返回根庙朝圣,通过抬上新庙的神像以及进香,就可以重新恢复新庙神祇的"灵","类似于给电池充电"。由分香纽带所形成的是一种社区间历史关系的模式,它们在定期的"灵力"(magical power)复兴仪式中被同步重现;这种共同历史记忆的不断重现也起着凝聚地方的作用(Sangren, 1987:213)。

"分灵—分香体系"在地方社会中扮演了重要角色,尤其在台湾地区。作为一个移民社会,台湾岛内宗族的影响并不是很大;"他们很少发展成为大氏族以及和闽粤农村一样成为地方组织的核心"(张珣、江灿腾,2004:234);"反而是地缘性的民间信仰,和超地域的进香活动,在台湾社会里,是更鲜明的有助于地方社会整合的要素"(焦大卫,2012:XXII)。至少从20世纪台湾地区的宗教实践来看,社区之间依靠"分灵—分香—进香"联系在一起的情况十分常见。同时,为了抵御外来的威胁等种种原因,地区性的结盟无疑是最为利好的选择,结盟的直接宗教表征便是"分灵"。

以王斯福的田野点山街为例,那里的家户可以通过分得庙宇香炉中的香灰,获得驻庙神灵的保佑;家户在依靠分香灰的体系联结起来的同时,其仪式活动也被整合到更大的地域性单位、更为集中的庙宇中去。地域性庙宇整合了若干家户,并将其与其他地域的家户联系在一起,甚至与"其他作为大家共同信奉的香炉的一个分支的自愿性协会组织联系在一起"(王斯福,2008:152)。这种根庙对家庙的庇护关系在王斯福看来结合了"亲属制度的根的类比"和"地域性的行政的类比",在台湾宗族势力不强的背景之下,以庙宇为中心的地理范围便可以作为地理学意义上的扩展式地方网络,起着联合同乡、个人和地点的作用。"(分香灰)把家户的仪式活动结合到一种更大的地域性单位中去"(王斯福,2008:151),从而实现一般化层次的相互包容的单位;而通过"分灵—分香—进香"所形成的地域性网络就构成了宗教市场,其中,集镇是社区的中心,集镇上较大的寺庙即为地域性的信仰中心(施坚雅,1998:48)。如果用"阴阳"的语言来表达,我们似乎可以说传统中国的社会运作至少有两个操作系统,"阳"的那个是依照郡县制所划分的行政区域以及官方所宣扬的具有人文取向的儒家价值观,"阴"的那个则是以八方神灵为中心所划分的若干个信仰区域以及民间所崇奉的鬼神观。

## 四、讨论与结论

在讨论杨庆堃的学术遗产时,社会学界主要关注"独立宗教"与"混合宗教"这组概念,但这组概念在理论的原创性方面并不够,而且学者对它们还有诸多的误解;《中国社会中的宗教》一书的经典性并不在于提出了"独立宗教"和"混合宗教"的概念,而是它对后续的中国宗教研究产生了巨大的影响(卢云峰,2019)。延续这一思路,本文从学术史的角度梳理了杨著如何影响了社会人类学界对中国宗教的研究。

本文认为,《中国社会中的宗教》启发了弗里德曼对中国宗教之一致性的论述,而弗里德曼的论述则直接开启了人类学家对中国宗教之一致性与差异性的讨论。差异论者认为中国民间信仰种类多样;一致论者则认为在差异性和多样性背后,有着各阶层共享的超自然观念和实践。虽然有人认为这种争论意义不大,但不可否认的是,这些争论不仅深化了我们对中国民间信仰的理解,也催生了汉学人类学研究领域的一些经典议题,比如"帝国的隐喻""神灵的标准化""分灵—分香体系"等。

如果我们不纠缠于一致论和差异论在结论上的差异,那么就会发现,人类学家几乎都围绕着神、鬼、祖先这些超自然观念展开论述,并开展了扎实的田野工作。这些研究从实质上继承和发扬了杨庆堃的学术遗产;从某种意义上说,这要归功于弗里德曼敏锐地发现了杨氏的贡献并在人类学界大力宣扬。相对而言,社会学对超自然观念的研究还有进一步提升的空间。西方社会的超自然观念大多与人格神密切相关,如"预定论"就与上帝联系在一起。或许受到西方社会的影响,人类学家对中国超自然观念的研究也主要关注神、鬼、祖先等人格化的对象,而对命、运、风水等非人格化的超自然力量关注相对较少,这方面的理论也比较欠缺。本文以为,那些涉及非人格化力量的超自然观念同样值得社会学家进行研究,包括命、运、气、缘、报、善、风水、阴阳、灵验、功德、业障、因果等,这些概念又或多或少与宿命论和阴阳五行论联系在一起。如果我们能将这些本土概念进行社会科学化,并揭示其具体实践以及与世俗制度的关系,那么这些研究不仅将有利于理解中国人的心灵秩序和行动逻辑,也可以拓展宗教研究的边界,扩大宗教社会学研究的理论输出能力。

## 参考文献

滨岛敦俊,2008,《明清江南农村社会与民间信仰》,朱海滨译,厦门:厦门大学出版社。

弗里德曼,莫里斯,2014,《论中国宗教的社会学研究》,李华伟译,武雅士主编,《中国社会中的宗教与仪式》,南京:江苏人民出版社。

焦大卫,2012,《神鬼祖先:一个台湾乡村的民间信仰》,丁仁杰译,台北:联经出版事业股份有限公司。

卢云峰,2013,《从类型学到动态研究——兼论信仰的流动》,《社会》第2期。

卢云峰,2019,《论"混合宗教"与"独立宗教"——兼论〈中国社会中的宗教〉之经典性》,《社会学研究》第2期。

卢云峰、吴越,2018,《略论瓦哈对杨庆堃之宗教社会学的影响》,《北京大学学报》(哲学社会科学版)第6期。

施坚雅,1998,《中国农村的市场和社会结构》,史建云、徐秀丽译,北京:中国社会科学出版社。

王斯福,2008,《帝国的隐喻:中国民间宗教》,赵旭东译,南京:江苏人民出版社。

韦伯,1999,《儒教与道教》,王容芬译,北京:商务印书馆。

杨庆堃,2016,《中国社会中的宗教:宗教的现代社会功能与其历史因素之研究》,范丽珠译,成都:四川人民出版社。

岳永逸,2008,《家中过会:中国民众信仰的生活化特质》,《开放时代》第1期。

张珣、江灿腾,2004,《当代台湾宗教研究导论》,北京:宗教文化出版社。

Duara, P. 1988, "Superscribing Symbols: The Myth of Guandi, Chinese God of War." *The Journal of Asian Studies* 47(4): 778-795.

Freedman, M. 1962, "Religion in Chinese Society. By C. K. Yang. Berkeley: University of California Press, 1961." *The Journal of Asian Studies* 21(4): 534-535.

Freedman, M. 1974, "On the Sociological Study of Chinese Religion." in *Religion and Ritual in Chinese Society*, Arthur Wolf ed., Stanford: Stanford University Press.

Gallin, B. 1966, *Hsin Hsing, Taiwan: A Chinese Village in Change*, Berkeley: University of California Press.

Hymes, R. 2002, *Way and Byway: Taoism, Local Religion, and Models of Divinity in Sung and Modern China*, Berkeley: University of California Press.

Jordan, D. 1972, *Gods, Ghosts, and Ancestors: The Folk Religion in A Taiwanese Village*, Berkeley: University of California Press.

Katz, P. 2007. "Orthopraxy and Heterodoxy Beyond the State: Standardizing Ritual in Chinese Society." *Modern China* 13(1): 22-46.

Sangren, P. 1987, *History and Magical Power in A Chinese Community*, Stanford:

Stanford University Press.

Shahar, M. 1996, "Vernacular Fiction and the Transmission of Gods' Cultsin Late Imperial China." in *Unruly Gods : Divinity and Society in China*, Robert Weller & Meir Shahar eds., Honolulu: University of Hawaii Press.

Sutton, D. 2007, "Death Rites and Chinese Culture: Standardization and Variation in Ming and Qing Times." *Modern China* 33(1): 125-153.

Watson, J. 1985, "Standardizing the Gods: The Promotion of T'ienHou (Empress of Heaven) Along the South China Coast, 960-1960." in *Popular Culture in Late Imperial China*, Davie Johnson, Andrew Nathan & Evelyn Rawski eds., Berkeley: University of California Press.

Weller, R. & Meir Shahar 1996. *Unruly Gods : Divinity and Society in China*, Honolulu: University of Hawaii Press.

Wolf, A. 1974, *Religion and Ritual in Chinese Society*, Stanford: Stanford University Press.

Yang, C. K. 1961, *Religion in Chinese Society*, Berkeley: University of California Press.

# 专题研讨：财政与地方治理

# 我国地方罚没收入缘何增长？*
## ——基于2007—2020年省级面板数据的实证研究

游 宇 刘 豪**

**摘要**：罚没收入与地方财政收入增长失衡是中国地方政府财政收支变化的重要特征。罚没收入往往被地方政府视为补充财力缺口的重要渠道。本文认为，财政压力、财政体制与罚没收入管理制度等因素，使得地方罚没收入规模和比重日趋增长，并导致地方政府在经济下行与财政收入增速趋缓的背景下更加依赖罚没收入。在实证层面，本文利用2007—2020年中国的省级面板数据，分析了财政体制与地方罚没收入增长之间的关系，结果发现：第一，分税制下财权与事权的不匹配会刺激地方政府寻求罚没收入的"税收补偿"；第二，现存罚没管理体制刺激了地方罚没收入增长；第三，地区异质性分析表明，东部地区罚没收入增长主要是因为财政收入压力，而西部地区则多是因为罚没管理制度不完善而诱导寻租。本文的政策含义是：财政制度设计必须坚持财权与事权的匹配，完善转移支付制度，同时规范地区罚没收入法律法规与管理体制，以确保罚没收入回归公共财政本质。

**关键词**：财政压力 罚没收入 财政体制 晋升激励 面板数据分析

# 一、引言

罚没收入（the confiscated income）是国家财政收入的重要组成部分，是由行政机关对违反法律、法令或行政法规的组织或个人行为按规定课以罚金、罚款或没收物品的统称（财政部，2020）。罚没收入以国家公权力为背书，旨在通

---

\* 本文系福建省社科研究基地国家治理能力建设研究中心重大项目"基层社会治理创新的路径研究"（项目批准号：FJ2021MJDZ002）的研究成果。
\*\* 游宇（通讯作者，youyuxx@xmu.edu.cn），厦门大学公共事务学院政治学系副教授；刘豪，厦门大学公共事务学院政治学系硕士研究生。

过对各类社会违法行为的财产性处罚,降低社会违法数量,实现有效的社会管理。虽然罚没收入目前占财政收入比重较小,但与群众日常生活、企业经营息息相关,相应的执法性质更可能损害社会利益与司法权威(李卫民,2014)。因此,规范罚没收入具有重大现实意义,是关涉公众对政府满意度高低、地方营商环境优劣、财税体制合理与否等问题的重大公共治理课题(唐贺强,2021)。

目前来看,各地受新冠疫情影响,经济发展速度都有不同程度下降,地方财政增收压力巨大,但在财政增速同比放缓的背景下,税收收入的下降与非税收入(尤其是罚没收入)的逆势上扬形成了鲜明对比。以2020年为例,地方平均财政增速同比下降了2.83%,税收收入同比下降5.47%,但非税收入却同比上升5.79%——其中罚没收入增幅更是达到12.79%。罚没收入逆势上升,一方面违背"纠正社会负外部性"的本意,另一方面也脱离经济发展的客观增长规律。

事实上,这种收入悖论并非疫情期间仅有,每遇经济下行与税收收入增长失速,罚没收入作为"增收挖潜"手段已成惯例(唐贺强,2021)。自2007年中国政府收支分类改革以来,地方罚没收入从812.01亿增长到2020年的2 010.95亿①,年均增幅达到了14.06%,远高于我国同期国内生产总值(8.61%)与地方一般公共预算收入(9.57%)的平均增速,从而也造成了地方财政收入的结构性失衡(图1)。

**图1 经济发展、预算收入与罚没收入增速对比**

---

① 以2007年为基底进行GDP平减计算,计算后实际收入,当年名义收入为2 969.05亿元。同时,本文所有数据均来自《中国财政年鉴》《中国统计年鉴》,分析、呈现均以2007年为基底剔除价格因素后的实际价格,后文对此不再专门注释。

从经验角度看,罚没收入应依托于经济发展,过快的罚没收入增长不仅会影响财政收入结构平衡,也会造成地方政府的"罚没依赖"。在此背景下,本文旨在追问:地方罚没收入与财政收支具体呈现何种关系？又是何种机制导致了罚没收入的增长与地方财政收入失衡？

财政首先是一种政治制度,财政问题往往可以回溯到政治领域(Zhang, 2017),而理解财政收支问题的关键也在于剖析其背后的制度安排和政治逻辑(马骏、於莉,2005)。自1994年分税制改革,对税种进行重新划分后,中央财力大大增强,并与地方形成了政治集权下的有限财政分权格局(Xu, 2011)。这一制度设计一方面加剧了地方财权与事权失衡,另一方面又刺激地方积极卷入晋升竞争之中(王永钦等,2007)。与此同时,影响罚没收入的微观制度设计则较为模糊,缺乏对罚没收入管理、使用、监督的明确规定,这导致罚没处罚在实际中往往被滥用(唐贺强,2021)。因此,为了缓解地方收支压力,获取经济与财政持续增长的晋升资本,归属地方、监管困难且自由裁量权较大的罚没收入自然成为地方财政增长创收的重要途径。

在此背景下,中央政府曾出台一系列法律规章对"三乱"问题进行大规模的清理和整顿,加强罚没收入的监督管理(崔青山,2009)。虽然各种法律性条文及规范性文件明文规定"罚没收入上缴国库",强调"收支两条线",但在具体的政策执行中,相当一部分罚没收入却被作为地方行政机关、司法机关的办公经费,乃至绩效福利(董彬彬,2014)。由此可见,相关管理制度很难在实践过程中有效抑制地方罚没收入增长。

因此,本文认为,受财政体制与罚没管理制度影响,在经济发展放缓、政府支出的刚性需求逐年递增的背景下,罚没收入逐渐演化为地方自主增收的重要渠道。那么,在经济下行与财政收入增长放缓的情况下,地方政府是否有明显的"罚没创收"行为？如果有,刺激地方政府以罚没收入进行创收的因素又有哪些？分析这些问题,不仅可以从罚没收入这一切口厘清我国财政收支结构变化情况,还可以考察我国分税制实施后财政体制安排与罚没管理机制设计等产生的重要影响。

## 二、文献回顾与研究假设

### （一）如何理解罚没收入？

罚没收入通常指行政机关对违法者给予行政处罚的罚款或其他财物，是各级地方政府非税收入的重要组成部分（唐贺强，2021）。该收入包括一般罚没收入、缉私罚没收入和缉毒罚没收入，并依罚没项目进行中央与地方分成，总体上以地方为主（财政部，2021）。在具体的管理中，罚没收入的处罚主体为行政机关，主要依据部门规章和强制性的行政权对公民与企业组织违法行为进行经济处罚（王周户、安子明，2007）。相比于其他税收而言，罚没收入不仅具有强制性和无偿性，更缺乏固定性和预期性，是一次性的定向收入。罚没收入本身是社会管理的副产品，来自公民或组织的违法行为，是非生产性的收入，并直接涉及政府公共财产与公民、企业的私有财产之间的转化。因此，设立罚没收入的本意在于提高违法成本，预防社会违法发生，罚没收入经费在规范层面也只能用于预防和纠正社会违法行为。

但在现实运行中，政府罚没行为可能违背其社会管理本意，演变为难以约束的生财之道（赵海益，2015）。自1999年将罚没收入单独统计以来，其规模快速膨胀，从1999年到2016年已增长十倍有余，增幅高于同期其他主要财政收入项目（姚晓宙，2019）。作为行政机关在维护社会总体利益时对违法行为处罚带来的一种公共收入，它也给地方政府带来了相应的"收入刺激"。

一般来说，地方公共财政收入主要来源于税收收入与非税收入：税收收入依照国家税法体系进行征收，具有极强的固定性，取决于地区经济发展水平；而非税收入则主要由行政规范性文件与部门规章确定，设立主体单位更多，层级更低，征收也具有较大的非固定性。同时，现行法律条文基本上都在处罚条款中对罚没收入设定了较大征管空间。这不仅导致罚款项目多而复杂，也赋予了执法单位在对违法行为进行处罚时较大的自由裁量权。① 可见，罚款处罚

---

① 以《中华人民共和国食品安全法》为例，其明确指出县级以上执法单位能够对违法经营者处以五到二十万的罚款。详见《中华人民共和国食品安全法》第一百三十条规定。

在法律上存在较大的裁量空间,为地方政府在进行罚款处罚时赋予了较大的自主权和操作空间。而"顶格罚款"往往成为地方无视社会利益"以罚补税"的重要手段(陶然等,2010)。

在分税制改革后,省以下地方政府由于长期面临财政收支缺口的压力,因而一直在积极寻找增收渠道,以满足各类公共物品供给与地区经济发展的需要。由于罚没收入在地方层面具有较大自由裁量空间与自主征管权,且其具有灵活性、非固定性和一次性特征,又致使对其监督管理更为复杂和困难,因此,在"税收归属"与"不受监管"的双重刺激下,罚没收入自然成为地方可操作的收入项目。换言之,在追求财政收入最大化的目标下,通过"以罚代管"进行创收便成为各级地方政府理性选择的结果。

## (二)罚没收入为何增长?

目前有关罚没收入的文献基本集中于分析其法律正当性以及相关立法与征收管理工作(刘晓莲、马英俊,1998;武惠惠,2016)。同时,研究方法以规范研究为主,实证分析基本停留在罚没收入规模的描述性分析层面,仅有少数文献涉及了罚没收入增长的因素分析,但仍强调总体规模,缺乏更为细致的结构性分析(赵海益,2014)。为此,本文将基于"为增长而竞争"的逻辑建构理论框架,探讨地方政府罚没收入增长的制度因素。

### 1. 理论框架:为增长而竞争的逻辑

现代财政体制是国家治理的基础与重要支柱,同时也会深刻影响各级政府的治理行为。目前,影响我国罚没收入的财政体制基本是在分税制框架上建构的。这一框架具有收入集权与支出分权两方面的特征:一方面,中央的收入集权提高了对地方政府的约束与调控能力,是促进经济增长的关键因素(Blanchard & Shleifer, 2001; Montinola et al., 1995);另一方面,分权化改革又促进了地方政府官员将经济发展、促进竞争与市场建设等目标内生化(张军,2008)。

然而,整体来看,分税制改革主要涉及的是财政收入制度的变化,而地方支出责任体系仍基本保留改革前的状况,造成了地方政府层面财权与事权的不匹配(陈诗一、张军,2008;Liu et al., 2014)。特别是在基层政府层面,财政分配体制使得县乡等基层地方长期面临较大的开支缺口,只能依靠收费和罚款维持经费开支,最终造成中央、省级靠税收,县、乡政府靠"罚款"的财政分配格局(李炜光,2008)。

受制于预算内财力压力,地方政府进一步寻求获取预算管理体制外或收入自主性强的资金,而扩大非税收入成为地方政府的普遍手段(王志刚、龚六堂,2009;王峥、周全林,2014)。中央对预算内收入越规范,地方政府对预算外财政就越重视,中央尽可以加强规范、集中收入,但是地方政府和地方经济并不会因此被"管死",而是会不断挖掘出新的生财之道,甚至可能破坏其他重要的治理改革(周飞舟,2006;Kamp et al.,2017)。与此同时,中国的财政分权也维持了政治的集中和奖惩官员的能力,上级政府通过控制官员晋升的人事权,为他们设置经济增长与财政收入等目标,激励地方官员推动地方经济发展(周黎安,2007;Li & Du,2021)。在这一晋升锦标赛中,官员的经济绩效与其晋升紧密相关(姚洋、张牧扬,2013),而潜在的末位淘汰制也刺激了地方官员的增长动机,提高其晋升压力(曹春方等,2014)。由此,一个分税制下"为增长而竞争"的逻辑得以展开(张军,2008),这为解释地方财政收支结构变化提供了基本分析框架。

综上,本文建构的理论框架如图2所示。本文认为,宏观的财政分权体制与微观的罚没收入管理机制为地方将罚没收入视为增收渠道提供了制度基础,而官员任职与财政收入增长目标的考核又刺激了地方官员的罚没动机。具体而言,分税制改革以来,各级地方政府的财力与事权不匹配,导致省以下政府的财力不足以平衡各类地区收支,进而寻求在非税收入领域"增收挖潜";而罚没收入管理体制不规范,征收相对容易,便于地方政府掌握,自然就成为经济放缓与税收收入不足时,满足政绩考核、填补支出空白的重要渠道。基于这一框架,本文将对地方政府罚没收入增长的制度因素进行实证分析。

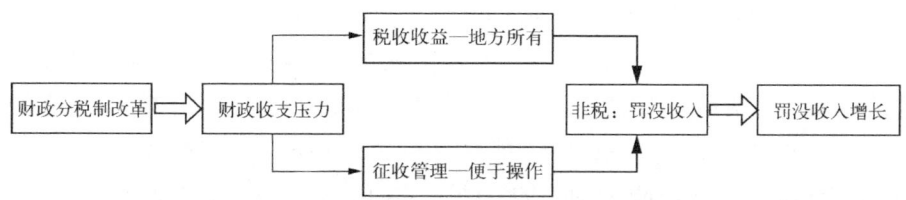

**图2 财政压力、财政制度对罚没收入的影响**

### 2. 罚没收入缘何增长:基本假设

正如周黎安(2007)的观点,制度因素是理解中国经济增长奇迹的重要突破口。目前,学界对中国地方政府的非税收入管理与增长变化的研究往往也是基于制度视角的分析。比如,诸多研究认为,中国政府间财政分配制度与罚没管理体制是影响地方罚没等非税收入变化的关键所在(陶然等,2009;张亚斌、彭舒,2014;唐贺强,2021)。这些研究对地方"罚没创收""以罚代管"等现象提出了两种主要解释:其一是分税制下财权与事权失衡加剧了地方的财政缺口,地方政府为缓解刚性支出压力,只能从罚没收入、行政事业收费等非税收入中增加收入;其二是罚没收入管理制度不完善,无法有效遏制部门或个人的寻租腐败,为罚没增长留下了大量的制度空间,这一研究主要关注地方"部门增减挂钩""司法经费自筹""收支两条线"等具体制度如何刺激罚没收入膨胀的增长。

财政压力与罚没收入。分税制改革使中央和地方政府财权与事权割裂,地方"财力弱"而"事权重",这造成了地方政府财力不足,进一步增加了地方财政收支压力(李炜光,2008)。在此情况下,通过增加非税收入来弥补财政收入不足是各级地方政府普遍采取的做法(伍红、潘世华,2015)。比如,相关实证研究也表明,税收不足比与罚没收入呈现正向的弹性关系,地方政府税收不足比每增加1%,罚没收入将增加1.461%(赵海益,2014)。而2016年全面实行的营业税改增值税则进一步加大了地方财政压力。地方政府为解决地区财政压力,进一步加大了对非税收入的征收力度。换言之,地方财政赤字压力越大,则越可能增加罚没收入规模,从而提高罚没收入占预算收入比例(图3)。不过,与此相对的是,分税制也建立了相应的转移支付制度以弥补地方财力困境,一定程度上缓解了地方财政压力(范子英,2011)。因此,本文提出第一组假设:

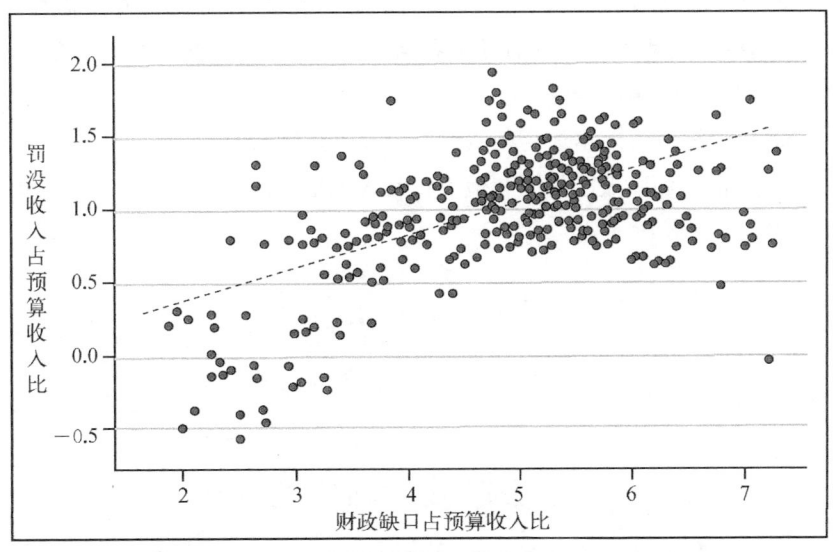

图3 省级财政缺口与罚没收入比对数化处理(2007—2020)

H1a:地方财政压力增大会提升罚没收入占预算收入比重。

H1b:中央转移支付能补充地方财政收入,对罚没收入具有替代作用。

H1c:"营改增"改革降低了地方财政收入,对罚没收入具有提升作用。

罚没管理制度与罚没收入。罚没收入问题不仅涉及财政体制改革,还涉及具体的征收管理制度。现行的罚没收入相关法律法规与管理制度不完善,也是诱导罚没收入膨胀的重要制度因素。一方面,罚没收入依据以行政法规与部门规章为主,缺乏统一性的法律规定,这导致罚没处罚中立法与执法交叉,缺乏统一框架体系,各级行政执法部门在执法过程中面临"无法可依、有法不依、执法不严、违法不究"等问题(赵喜仓、杨卫华,2012)。另一方面,现行的罚没管理制度在征收、分配和使用等多方面都不利于约束地方政府罚没收入:在征收环节,基层政府虽然建立了"收支两条线"管理体制,但实际运行中罚没收入情况与部门经费仍进行着挂钩(卢凌波,2012);在分配环节,虽然罚没收入属于国家财政收入,但其主要划归地方所有,并常常被用作补充地方行政机关日常办公经费和福利(谷成、潘小雨,2020);在使用环节,罚没收入的使用信息并不公开透明,其使用缺乏社会公众监督(黄锡生、何江,2018)。

可见,法律体系不完善,立法层级较低与大量下放的自由裁量权,这些制度缺陷为执法人员、执法单位留下大量的谋私空间(赵海益、贾驰,2016)。"收支两条线"管理体制与票据分离等方式虽规范了罚没收入的征收环节,但罚没收入与地方部门的"增减挂钩""罚没返还""预算考核"等制度安排仍存在大量的管理漏洞,极易诱发相应的寻租和腐败行为,从而刺激罚没收入的增长。因此,本文提出第二组假设:

H2a:执法经费支出增加会刺激地方罚没收入增长。

H2b:打击贪污腐败能够抑制地方罚没收入增长。

# 三、 研究设计

## (一) 数据来源与估计方式

考虑到数据的可得性和完备性,本文将中国省级层面的罚没收入和财政收支结构作为主要数据来源。同时,中国自 2007 年起非税收入的统计口径发生了较大的变化①,考虑到数据的统计口径,本文选取 2007—2020 年中国省级数据进行实证分析。本文数据主要来自中国官方统计年鉴和相关统计网站,其中财政收支来自《中国财政统计年鉴》,地方人口规模、地区生产总值等数据来自《中国统计年鉴》,官员变动情况来自《中华人民共和国官志》和中国政府网等权威网站公开资料,腐败打击力度数据则统计于北大法宝数据库。

本文使用固定效应模型估计罚没收入影响因素,基本模型设定如下:

$$Y_{it} = \alpha + \mu_i + \gamma_t + \beta_0 X_{it} + \beta_1 Z_{it} + \varepsilon_{it}$$

其中 $Y_{it}$ 为省份在特定年份的罚没收入,$X_{it}$ 为基本解释变量,$Z_{it}$ 为主要控制变量,$\alpha$ 表示截距项常数,$\mu_i$ 表示各省市不可观测的个体效应,$\gamma_t$ 表示时间效应,$\varepsilon_{it}$ 表示残差项。

## (二) 变量及其测量

### 1. 被解释变量

对于地方罚没收入变化的测量,有研究对其总量采用对数化处理,以探究其与地区支出的弹性关系(赵海益,2015)。但中国省际经济发展水平与人口规模差距较大,从总量层面衡量地区罚没收入可能并不合适。还有研究引入人均罚没收入、罚没收入占 GDP 比重等相对指标来衡量地区罚没强度(姚晓宙,2019)。此外,也有研究通过收入增速这一动态指标,分别比较了罚没增速与 GDP 增速、CPI 增速、财政增速等展现罚没收入的动态变化(祁欣健、袁崇坚,2019)。但财政问题不仅涉及规模问题,还涉及结构问题(郭路等,2018)。基于此,本文以人均罚没收入占人均一般公共预算收入的比重来测量其相对变化。这一测量主要基于地方财政收入结构,如此既能减少区域发展水平与人口规模的干扰,也能直接反映罚没收入与公共财政收入的动态变化。同时,本文也用人均罚没收入(对数)指标对模型进行稳健性检验。

### 2. 核心解释变量

分税制改革以来,中央明确了其与地方的征收税种和征收范围,规范了地方预算外资金收入,同时还建立了转移支付制度以实现地区平衡。但财权上

---

① 自 2007 年起各地方政府财政收支统计口径发生了重大变化,"公检法支出"变成了"公共安全支出",而"基本建设支出"已经不再显示了,这使得 2007 年前后财政支出统计口径不一致。

收的同时,大量事权仍停留在地方层面,这无疑加重了地方负担。而且,预算内财政收入通常承担的是"吃饭财政"的角色,难以支撑地方的大规模社会与经济发展支出(周飞舟、赵阳,2003;Zhang & Shih, 2008)。而本文的上述讨论则进一步表明,自由裁量权大且监管约束性弱会使得非税收入成为地方政府的重要创收来源。基于此,本文将从财政压力、罚没管理制度两个方面来构建相关解释变量。

财政压力指标。分税制是构成地方财政状况的制度基础,其虽对地方预算外收入等进行了规范,但切断了收入与支出需求的联系,未能给地方政府融资提供更多选择机会,反而激励地方从预算外进行增长创收(张军,2008)。这也是周飞舟(2006)所言的"中央规范集中收入—地区另求生财之道"逻辑的基本内容。随着财权上收与事权下放,财政压力刺激地方政府从非税收入进行创收,占比较大、监督困难的罚没收入也就成为地方收入增长的重要渠道。结合现有研究,财政收入压力主要表现在财政税收增速放缓和财政赤字压力提升两个方面,本文以本年税收收入与上年税收之比表示地方财政增长压力,地方财政赤字占财政收入比表示财政赤字压力。同时,地方税收收入中以营业税和增值税为主,自2012年起中国逐渐实行"营改增"改革,这在一定程度上会减少地区自主税收收入,因此本文引入地区"'营改增'改革"这一虚拟变量(该年地区实行"营改增"记为1,未实行记为0),考察营业税取消后财政压力对罚没收入的影响。此外,中央通过转移支付一定程度上减少了地方财政压力,因此本文引入财政依赖度(人均中央转移支付/人均地方财政总收入)考察中央转移支付对罚没收入的替代作用。

罚没管理制度指标。在地方财政支出压力下,罚没收入成为各级地方政府补充财政支出的重要来源,个别地方甚至还对罚没收入制定"预算数",层层下包到基层执法人员手中(赵海益、贾驰,2016)。这与现行的罚没收支管理制度紧密相关。具体而言,长期施行的"司法经费自筹""差额预算"等制度将罚没收入设为刑事司法机关的经费补充(冷必元,2019),间接松绑了"收支两条线"管理体制(唐贺强,2021)。借鉴已有研究,本文分别用地方一般公共安全支出、地方一般公共服务支出、地方民生支出占一般公共预算支出的比例表示执法成本、行政成本以及民生支出成本,考察地方财政支出结构对罚没收入的不同影响。引入地方反腐力度(各省贪污处罚数与地区常住人口的比值)这一指标来估计地区反腐活动对罚没收入的影响。

### 3. 控制变量

考虑到中国各地区间具有较大的发展差异,罚没收入受到各省市之间的地区发展和政府规模影响,本文参考已有研究(刘佳等,2012;赵海益、贾驰,2016;梁城城、张淑娟,2020),控制了地区的经济发展水平与政府规模,具体包括:人均生产总值、城镇化水平、人口密度(常住人口除以行政区面积)、产业结构(第三产业占比)、政府规模(一般公共预算支出占 GDP 比重)。同时,引入官民比(地方财政供养人口除以地区常住人口)控制地区财政供养人口负担。最后,在中国的经济发展中,地方官员的发展与治理理念对地区经济也具有重要影响(曹春方等,2014),本文通过测量地区官员变动(官员变动记为1,未变动记为0),从而控制地方主要官员对地区罚没收入的影响。

此外,为进一步分析地区罚没收入的影响因素与机制,本文在回归方程中还对东、中、西部三个地区进行地区异质性分析,考察不同经济发展水平对地区罚没收入的影响,进一步检验"收支压力—罚没创收"背后的政治逻辑。

### 4. 变量处理与描述性统计

为了保障数据的可比性,所有宏观数据均以 2007 年为基期进行可比性换算。同时,为了保证本文所使用的面板数据尽可能不受非线性关系、非平稳序列、异方差等问题干扰,借鉴已有研究(王佳杰等,2014),本文对除虚拟变量外的其他变量均进行对数化处理,并在变量前标记"ln_"。最后,表1呈现了本文主要变量描述性结果。

**表1 主要变量描述性统计**

| 变量名称 | 样本量 | 均值 | 标准差 | 最小值 | 最大值 |
| --- | --- | --- | --- | --- | --- |
| ln_罚没占预算收入比 | 434 | 0.964 | 0.458 | -0.583 | 1.935 |
| ln_人均罚没收入 | 434 | 4.443 | 0.482 | 2.645 | 6.408 |
| ln_人均财政缺口 | 434 | 3.508 | 0.773 | 1.116 | 5.951 |
| ln_财政增长压力 | 403 | 4.686 | 0.098 | 4.260 | 5.123 |
| ln_财政赤字压力 | 434 | 4.634 | 1.006 | 1.642 | 7.288 |
| ln_财政依赖度 | 417 | 3.786 | 0.539 | 2.274 | 4.543 |
| "营改增"改革 | 434 | 0.286 | 0.452 | 0.000 | 1.000 |
| ln_执法成本 | 434 | 1.748 | 0.195 | 1.246 | 2.520 |
| ln_行政成本 | 433 | 2.318 | 0.311 | 1.434 | 3.097 |
| ln_民生支出 | 434 | 6.455 | 0.781 | 4.077 | 8.351 |

续表

| 变量名称 | 样本量 | 均值 | 标准差 | 最小值 | 最大值 |
| --- | --- | --- | --- | --- | --- |
| ln_反腐力度 | 427 | -1.558 | 3.029 | -7.151 | 5.446 |
| ln_人均地区生产总值 | 434 | 10.375 | 0.496 | 8.980 | 11.632 |
| ln_城镇化水平 | 434 | 3.969 | 0.263 | 3.066 | 4.495 |
| ln_人口密度 | 434 | -5.306 | 1.490 | -8.275 | -0.856 |
| ln_第三产业占比 | 434 | 3.801 | 0.199 | 3.343 | 4.429 |
| ln_政府规模 | 434 | 3.134 | 0.490 | 2.168 | 4.927 |
| ln_官民比 | 434 | 1.159 | 0.286 | 0.290 | 2.023 |
| 官员书记变动 | 434 | 0.258 | 0.438 | 0 | 1 |
| 官员省长变动 | 434 | 0.281 | 0.450 | 0 | 1 |

## 四、实证分析与结果解释

### （一）罚没收入影响因素分析

在控制相关的经济发展、政府规模与官员变动等变量后，表2报告了以罚没收入占一般预算收入比为被解释变量的实证分析结果。表3则报告了全变量模型，以及剔除西藏后的回归结果，并将人均罚没收入作为被解释变量以进行稳健性检验。

表2　财政收支压力与地区罚没收入

| 变量名称 | ln_罚没收入占预算收入比 | | | |
| --- | --- | --- | --- | --- |
| | 模型1 | 模型2 | 模型3 | 模型4 |
| | 全样本 | 全样本 | 全样本 | 全样本 |
| ln_财政增长压力 | -1.053***<br>(0.307) | -1.064***<br>(0.308) | — | — |
| ln_财政赤字压力 | 0.168<br>(0.101) | 0.161<br>(0.100) | — | — |
| ln_财政依赖度 | -0.425<br>(0.258) | -0.424<br>(0.253) | — | — |

续表

| 变量名称 | ln_罚没收入占预算收入比 | | | |
| --- | --- | --- | --- | --- |
| | 模型1 | 模型2 | 模型3 | 模型4 |
| | 全样本 | 全样本 | 全样本 | 全样本 |
| "营改增"改革 | 0.232***<br>(0.043) | 0.237***<br>(0.042) | — | — |
| ln_执法成本 | — | — | 0.677***<br>(0.199) | 0.670***<br>(0.196) |
| ln_行政成本 | — | — | 0.150<br>(0.195) | 0.149<br>(0.193) |
| ln_民生支出 | — | — | -0.313<br>(0.217) | -0.310<br>(0.215) |
| ln_反腐力度 | — | — | -0.036***<br>(0.010) | -0.036***<br>(0.010) |
| ln_人均生产总值 | -0.720***<br>(0.121) | -0.721***<br>(0.120) | 0.232<br>(0.278) | 0.227<br>(0.277) |
| ln_城镇化水平 | -1.532**<br>(0.709) | -1.378*<br>(0.783) | -4.199***<br>(1.038) | -4.188***<br>(1.039) |
| ln_人口密度 | -1.353**<br>(0.523) | -1.361**<br>(0.525) | -1.266*<br>(0.649) | -1.264*<br>(0.650) |
| ln_第三产业占比 | 0.054<br>(0.207) | 0.042<br>(0.204) | 0.872***<br>(0.171) | 0.869***<br>(0.171) |
| ln_政府规模 | -0.408**<br>(0.178) | -0.410**<br>(0.175) | 0.590<br>(0.436) | 0.584<br>(0.427) |
| ln_官民比 | 0.003<br>(0.107) | -0.010<br>(0.106) | 0.239**<br>(0.104) | 0.240**<br>(0.102) |
| 官员书记变动 | — | -0.044<br>(0.027) | — | -0.010<br>(0.024) |
| 官员省长变动 | — | 0.021<br>(0.019) | — | 0.022<br>(0.024) |
| 常数项 | 6.459**<br>(3.135) | 6.561**<br>(3.159) | -12.886**<br>(5.762) | -12.791**<br>(5.694) |
| $R^2$ | 0.435 | 0.441 | 0.350 | 0.352 |
| 样本量 | 386 | 386 | 397 | 397 |

注：$*p<0.1$，$**p<0.05$，$***p<0.01$，括号内为稳健标准误。

由表 2 的模型 1 和模型 2 可以看出,在控制其他变量后,地区财政增长压力对罚没收入占预算收入比呈现显著负相关。这说明,地方财政压力会刺激地方政府寻求罚没收入的"税收补偿"。中央转移支付对地方罚没收入的抑制作用并不明显,这也说明,地方财政依赖度越高,一方面代表了中央转移对地方支持力度较大,另一方面也间接说明地方可能面临更大的财政收支压力。因此,中央转移支付的支持与蕴含的更严峻财政压力在正反两个方向可能相互抵消,降低了中央转移收入对罚没收入的替代效应。

在引入了"营改增"改革这一虚拟变量后发现,地区"营改增"改革显著增加了罚没收入占比。这一发现符合本文的预期假设。长期以来,营业税作为地方税种的主要构成,占地方税收收入 30% 以上,从 2012 年起试点"营改增"改革,到 2016 年完全完成"营改增"改革,地方税收收入受到了较大影响(李晶等,2016)。在改革推进中,"营改增"试点快速从部分行业扩张到全行业,从试点上海扩展到全国 31 个省市,然而地方政府的支出结构并未有明显调整,地方政府陷入收入与事权的进一步不平衡,诱导了非税收入规模上升与罚没收入增长(卢洪友等,2016)。这也再次验证了"收支压力—罚没创收"的地方财政收入增长逻辑,说明地方财政压力会刺激地方政府寻求罚没收入的"税收补偿"。

表 2 的模型 3 与模型 4 主要汇报了财政管理制度指标对地方罚没收入比重的影响。结果表示,执法成本、行政成本和民生支出等三类支出系数虽然基本上均为正数,但只有执法成本会对罚没收入产生显著影响。从模型 4 来看,执法成本每增加 1 个单位,罚没收入占比将提高 0.67 个单位。我们认为,这很可能源于执法成本与罚没收入更为紧密的制度关联。行政成本主要涉及地方行政人员经费[①],而民生建设投入[②]则在很大程度上依靠专项转移支付。相比而言,执法支出则直接反映了地区公检法部门的支出压力,而且,在我国罚没征收管理体系下,通常对执法部门经费预算进行"差额拨付",并鼓励执法部门经费自筹,甚至出现"增减挂钩""罚没返还"等明文规定。因此,对于罚没收入的分配与使用等制度也助长了罚没收入的扩张。同时,也正因为罚没收入的相关分配和使用等环节的制度漏洞为寻租与腐败留下了空间,加大反腐力度也可能会遏制罚没收入规模的增长。而反腐力度与罚没收入呈现的显著负相

---

① 行政成本主要用于保障机关事业单位正常运转,如人大事务、政协事务、政府办公厅(室)及相关机构事务等。
② 民生支出主要包括教育支出、科学技术支出、文化旅游与传媒支出、社会保障和就业支出。

关关系,也说明了这一点。

本文将全部变量纳入模型后,上述发现依然没有显著变化,同时在剔除西藏的影响后,结果依然稳健(见表3的模型5与模型6)。如果将被解释变量替换为人均罚没收入,上述关于财政增长压力、"营改增"改革、执法成本等的发现也基本稳健(见表3的模型7与模型8)。

表3 地方罚没收入影响因素分析:稳健性检验

| 变量名称 | ln_罚没占预算收入比 | | ln_人均罚没收入 | |
| --- | --- | --- | --- | --- |
| | 模型5 | 模型6 | 模型7 | 模型8 |
| | 全样本 | 去掉西藏 | 全样本 | 去掉西藏 |
| ln_财政增长压力 | -0.920*** (0.299) | -0.845** (0.314) | -0.740** (0.300) | -0.683** (0.318) |
| ln_财政赤字压力 | 0.221** (0.105) | 0.220** (0.103) | -0.093 (0.089) | -0.093 (0.088) |
| ln_财政依赖度 | -0.322 (0.222) | -0.257 (0.227) | -0.171 (0.229) | -0.122 (0.238) |
| "营改增"改革 | 0.170*** (0.048) | 0.158*** (0.049) | 0.133*** (0.047) | 0.118** (0.047) |
| ln_执法成本 | 0.298* (0.157) | 0.325* (0.161) | 0.296* (0.166) | 0.329* (0.171) |
| ln_行政成本 | 0.227 (0.195) | 0.220 (0.197) | 0.324 (0.208) | 0.323 (0.209) |
| ln_民生支出 | -0.168 (0.212) | -0.176 (0.213) | -0.101 (0.210) | -0.113 (0.212) |
| ln_反腐力度 | -0.042*** (0.009) | -0.042*** (0.009) | -0.038*** (0.009) | -0.038*** (0.010) |
| 其他控制变量 | Yes | Yes | Yes | Yes |
| 常数项 | -5.076 (4.741) | -5.491 (4.937) | -16.641*** (4.572) | -17.048*** (4.802) |
| $R^2$ | 0.498 | 0.494 | 0.776 | 0.777 |
| 样本量 | 380 | 373 | 380 | 373 |

注:* $p<0.1$,** $p<0.05$,*** $p<0.01$,括号内为稳健标准误。

## （二）地区异质性分析

接下来，本文对地区进行异质性分析。表4的结果基本与上述全样本回归保持一致，但也有变量显著性出现较大变化，这表明罚没收入具有一定的地区异质性。

表4 地方罚没收入影响因素分析：地区异质性

| 变量名称 | ln_罚没占预算收入比 | | | ln_人均罚没收入 | | |
|---|---|---|---|---|---|---|
| | 模型9 | 模型10 | 模型11 | 模型12 | 模型13 | 模型14 |
| | 东部地区 | 中部地区 | 西部地区 | 东部地区 | 中部地区 | 西部地区 |
| ln_财政增长压力 | -2.002*** (0.460) | -0.669 (0.498) | -0.651** (0.246) | -1.852*** (0.472) | -0.577 (0.473) | -0.596** (0.242) |
| ln_财政赤字压力 | 0.032 (0.111) | 0.549** (0.160) | 0.494*** (0.105) | -0.192* (0.102) | -0.045 (0.158) | -0.139 (0.112) |
| ln_财政依赖度 | -0.515 (0.406) | -0.605 (0.378) | -0.883* (0.412) | -0.462 (0.420) | -0.446 (0.382) | -0.790* (0.390) |
| "营改增"改革 | 0.299*** (0.078) | 0.080 (0.049) | 0.099 (0.065) | 0.278*** (0.079) | 0.076 (0.049) | 0.098 (0.066) |
| ln_执法成本 | 0.266 (0.353) | -0.008 (0.282) | 0.316* (0.155) | 0.217 (0.340) | 0.013 (0.292) | 0.307* (0.152) |
| ln_行政成本 | -0.001 (0.314) | 0.381 (0.299) | 0.052 (0.193) | 0.167 (0.321) | 0.381 (0.297) | 0.044 (0.198) |
| ln_民生支出 | -0.905* (0.422) | 0.271 (0.471) | 0.024 (0.238) | -0.946** (0.415) | 0.293 (0.454) | 0.017 (0.243) |
| ln_反腐力度 | -0.024 (0.014) | -0.064*** (0.017) | -0.034*** (0.010) | -0.019 (0.013) | -0.064*** (0.017) | -0.033*** (0.010) |
| 其他控制变量 | Yes | Yes | Yes | Yes | Yes | Yes |
| 常数项 | -2.064 (6.828) | -2.300 (6.774) | -2.483 (4.290) | -14.743** (5.725) | -10.731 (6.291) | -9.933** (4.422) |
| $R^2$ | 0.622 | 0.655 | 0.568 | 0.789 | 0.858 | 0.864 |
| 样本量 | 137 | 99 | 144 | 137 | 99 | 144 |

注：$*p<0.1$，$**p<0.05$，$***p<0.01$，括号内为稳健标准误。

首先,财政增长压力对东部与西部地区的罚没收入增长具有显著的刺激作用:当财政收入增速放缓 1 个单位,东部地区与西部地区罚没收入占比将分别增加 2.002 与 0.651 个单位,而中部地区则不明显。这说明,在不同的经济发展水平下,财政增长压力对罚没收入占比的影响程度也可能不同。同时,地区财政赤字压力对东部地区罚没占预算收入比增加并不明显,但是却会显著提升中、西部地区罚没收入占预算收入比重:具体而言,财政赤字压力每提升 1 个单位,中部与西部地区罚没收入预算收入占比将分别提升 0.549 与 0.494 个单位。这一发现与相关研究(刘建民、梁合昌、吴金光,2022)的发现基本一致,即财政缺口较大的地方会显著提升政府非税收入的比重,且地区异质性分析结果表明这种情况主要发生在中、西部地区。

其次,"营改增"改革对东部地区罚没收入占比提升与人均罚没收入均具有显著的正向作用,但中、西部地区这一影响并不明显。由于"营改增"造成的影响在东部地区更大①,这也说明,在不同经济发展水平下,地区受"营改增"改革冲击越大,财政收入减少的规模越大,就越有可能在改革后扩大非税的罚没收入进行弥补。

最后,虽然地区间执法成本与罚没收入占比系数都为正,但是这一影响仅在西部地区是显著的。与此相关,地区反腐力度对东部地区的罚没收入影响不显著,而对中、西部地区具有显著的负向影响。这可能源于东部地区罚没收入管理相对更加完善,而西部地区由于罚没收入管理体制不健全,在该地区存在更为明显的寻租行为。

# 五、结论与讨论

总体来看,目前罚没收入与地方财政收入增长失衡已成为地方政府财政收支变化的重要特征。分税制改革以来,在中央实现了财权上收的同时,事权

---

① 经测算,2016 年"营改增"改革全面施行后,东、中、西部地区平均"营改增"缺口占一般公共预算收入比重分别为 3.44%、1.58%、0.51%。"营改增"改革造成了东部地区较大的财政缺口,因而更有动力扩大非税收入。同时,数据表明东部各省平均罚没收入占非税收入比 2016 年为 8.58%,2017 年为 10.01%,其间提升了 1.43%,而在中、西部地区罚没占比提升分别仅为 0.74% 与 0.26%。这一测算利用各省平均数据计算而得,具体公式为:{2017 年增值税收入-(2016 年营业税+2016 年增值税收入)}/2017 年一般预算收入="营改增"改革缺口占比。

的调整明显滞后,地方政府仍承担着大量的支出责任,财权与事权的不匹配成为现有财政体制的突出矛盾。而罚没收入的征管与分配等制度仍不完善,具有自主权且监管困难的罚没收入也因此被地方政府视为补充财力缺口的重要渠道。这些宏观和微观因素使得地方罚没收入比重与规模均逆势上升。

基于上述背景,本文利用2007—2020年省级面板数据对我国地方罚没收入的增长变化及其影响因素进行了实证分析,主要发现:第一,分税制下财权与事权不匹配会刺激地方政府寻求罚没收入的"税收补偿";第二,罚没管理制度对罚没收入变化具有重要影响,"差额预算""经费自筹"等促使执法部门为了抵消执法成本而扩张罚没收入;第三,地区异质性分析表明,东部地区罚没收入增加主要是因为财政收入压力,而西部地区则主要是因为罚没管理制度不完善导致的腐败。

基于上述发现,本文提出以下建议:第一,财政体制安排需要考虑地方财力与事权的匹配,中央政府需通过转移支付、规范地方融资制度等方式促进地方财力与事权的平衡;第二,现有的罚没收支管理制度亟须完善,比如从征收方面推动落实"收支两条线",在分配方面改变"罚没征收与部门挂钩",并充分保障地区执法经费,减少经费挂钩与自筹;第三,需要不断完善财政制度的透明度,坚持打击地方贪污腐败,以确保罚没收入回归其公共财政的本质。

## 参考文献

财政部,2020,《关于印发〈罚没财物管理办法〉的通知》,http://szs.mof.gov.cn/zt/mlqd_8464/zcgd/202012/t20201230_3638000.htm。

财政部,2021,《2022年政府收支分类科目》,http://yss.mof.gov.cn/xiazaizhongxin/202110/t20211018_3758905.htm。

曹春方、马连福、沈小秀,2014,《财政压力、晋升压力、官员任期与地方国企过度投资》,《经济学(季刊)》第4期。

陈诗一、张军,2008,《中国地方政府财政支出效率研究(1978—2005)》,《中国社会科学》第4期。

崔青山,2009,《强化财政职能规范罚没收入管理》,《中国财政》第3期,第76页。

董彬彬,2014,《浅析我国罚没收入管理中存在的问题及对策》,《经济研究导刊》第

35期。

范子英,2011,《中国的财政转移支付制度——目标、效果及遗留问题》,《南方经济》第6期。

谷成、潘小雨,2020,《减税与财政收入结构——基于非税收入变动趋势的考察》,《财政研究》第6期。

郭路、刘海洋、李芳芳,2018,《财政支出结构、税收结构与经济增长》,《经济问题探索》第10期。

黄锡生、何江,2018,《我国罚没财物处置——规则、问题与纠偏》,《安徽大学学报》(哲学社会科学版)第1期。

冷必元,2019,《刑事罚没收入补支司法经费制度的形成与变革》,《湖南工业大学学报》(社会科学版)第2期。

李晶、赵余、张美美、魏永华,2016,《营改增后中国地方税体系重构》,《宏观经济研究》第4期。

李炜光,2008,《分税制的完善在于财权与事权的统一》,《税务研究》第4期。

李卫民,2014,《关于罚没收入预算的分析》,《人大研究》第5期。

梁城城、张淑娟,2020,《非税收入规模、官员腐败与财政透明度——基于中国省级数据的实证研究》,《商业研究》第4期。

刘佳、吴建南、马亮,2012,《地方政府官员晋升与土地财政——基于中国地市级面板数据的实证分析》,《公共管理学报》第2期。

刘建民、梁合昌、吴金光,2022,《地方财政压力与政府非税收入——基于营改增后增值税收入划分调整的视角》,《税务研究》第1期。

刘晓莲、马英俊,1998,《治乱减负的一项治本措施——对辽阳市收费罚没收入征管体制改革的调查》,《财经问题研究》第10期。

卢洪友、王云霄、祁毓,2016,《"营改增"的财政体制影响效应研究》,《经济社会体制比较》第3期。

卢凌波,2012,《基层政府非税收入预算管理现状调查——以唐山为例》,《地方财政研究》第4期。

马骏、於莉,2005,《公共预算研究——中国政治学和公共行政学亟待加强的研究领域》,《政治学研究》第2期。

祁欣健、袁崇坚,2019,《云南省罚没收入影响因素及管理研究》,云南大学硕士学位论文。

唐贺强,2021,《优化营商环境视角下非税收入的法律规制——以地方政府罚没收入为例》,《中国行政管理》第9期。

陶然、陆曦、苏福兵、汪晖,2009,《地区竞争格局演变下的中国转轨——财政激励和发展模式反思》,《经济研究》第7期。

陶然、苏福兵、陆曦、朱昱铭,2010,《经济增长能够带来晋升吗?——对晋升锦标竞赛理论的逻辑挑战与省级实证重估》,《管理世界》第12期。

王佳杰、童锦治、李星,2014,《税收竞争、财政支出压力与地方非税收入增长》,《财贸经济》第5期。

王永钦、张晏、章元、陈钊、陆铭,2007,《中国的大国发展道路——论分权式改革的得失》,《经济研究》第1期。

王峥、周全林,2014,《地方政府预算外收入与财政努力研究》,《当代财经》第12期。

王志刚、龚六堂,2009,《财政分权和地方政府非税收入——基于省级财政数据》,《世界经济文汇》第5期。

王周户、安子明,2007,《罚没收入使用制度研究》,《行政法学研究》第4期。

伍红、潘世华,2015,《破解县域财力困境的思考——基于某样本县数据的实证分析》,《财政研究》第6期。

武惠惠,2016,《我国国库管理的现状与监督体制的构建——以罚没收入为例》,《经济研究参考》第41期。

姚晓宙,2019,《中国罚没收入规模适度性分析》,云南财经大学硕士学位论文。

姚洋、张牧扬,2013,《官员绩效与晋升锦标赛——来自城市数据的证据》,《经济研究》第1期。

张军,2008,《分权与增长——中国的故事》,《经济学(季刊)》第1期。

张亚斌、彭舒,2014,《非税收入对经济增长有贡献吗?——基于湖南省非税收入结构视角的经验证据》,《经济与管理研究》第4期。

赵海益,2014,《财政分权体制下中国地方政府罚没收入诱因研究》,《现代财经(天津财经大学学报)》第3期。

赵海益,2015,《中国地方政府罚没收入为何连年快速增长——基于政府理财视角分析》,《经济与管理研究》第6期。

赵海益、贾驰,2016,《财政支出结构偏向刺激了中国地方政府罚没收入增长吗?》,《浙江社会科学》第10期。

赵喜仓、杨卫华,2012,《江苏省罚没收入规范管理研究》,《华东经济管理》第7期。

周飞舟,2006,《分税制十年——制度及其影响》,《中国社会科学》第6期。

周飞舟、赵阳,2003,《剖析农村公共财政:乡镇财政的困境和成因——对中西部地区乡镇财政的案例研究》,《中国农村观察》第4期。

周黎安,2007,《中国地方官员的晋升锦标赛模式研究》,《经济研究》第7期。

Blanchard, O. & Andrei Shleifer 2001, "Federalism with and Without Political Centralization China Versus Russia." *IMF Staff Papers* 48(1): 171-179.

Kamp, D., Peter Lorentzen & Daniel Mattingly 2014, "Racing to the Bottom or to the Top? Decentralization and Governance Reform in China." *World Development* 95: 164-176.

Li, Tianyu & Du Tongwei 2021, "Vertical Fiscal Imbalance, Transfer Payments, and Fiscal Sustainability of Local Governments in China." *International Review of Economics and Finance* 74: 392-404.

Liu, Yongzheng, Jorge Martinez-Vazquez & Wu Muluan 2016, "Fiscal Decentralization, Equalization, and Intra-Provincial Inequality in China." *International Tax and Public Finance* 24(2): 248-281.

Montinola, G., Qian Yingyi & Barry Weingast 1995, "Federalism, Chinese Style." *World Politics* 48(1): 50-81.

Xu, Chenggang 2011, "The Fundamental Institutions of China's Reforms and Development." *Journal of Economic Literature* 49(4): 1076-1151.

Zhang, Changdong 2017, "A Fiscal Sociological Theory of Authoritarian Resilience: Developing Theory Through China Case Studies." *Sociological Theory* 35(1): 39-63.

Zhang, Pengfei & Victor Shih 2008, "Deficit Estimation and Welfare Effects after the 1994 Fiscal Reform in China: Evidence from the County Level." *China and World Economy* 16(3): 22-39.

# "部门型"项目管理模式*
## ——中央对地方专项资金的分配与管理机制研究

焦长权**

**摘要**：专项转移支付体系与中央—地方间财政事权和支出责任安排密切相关，共同事权转移支付本质上仍然是一种专项转移支付，它在基本公共服务等领域得到了有效运用。专项转移支付主要采取了因素法、项目法展开分配，因素法更多适用于民生支出等最终补助到个人和家庭的支出，项目法主要适用于基础设施、产业政策等经济事务支出。项目制是一种"部门型"项目管理模式，它试图通过规范化、技术化的管理方式穿透中间各层级政府，将中央政策意图直接传达到基层并确保资金安全，这造成了专项资金的"碎片化"和低效率问题。

**关键词**：因素法　项目法　"部门型"项目管理模式

## 一、项目制：政府内部的透视

政府行为一直是社会学界的一个重要研究问题。总体来看，社会学者早期主要聚焦于基层政府行为研究。近年来，大家希望更进一步地研究政府行为，更直接地深入探讨基层政权以上更高层级的国家/政府行为，以突破对这一复杂庞大的国家机器的整体化想象和"脸谱化"认识。社会学界关于项目制的系列研究，就是在这一领域的重要尝试，并取得了有益进展。

社会学界关于项目制的研究，总体可分为两类。一类是关于项目制体制的研究。这些研究基本一致认为，分税制以来中央对地方的财政专项转移支

---

\* 本文系国家社会科学基金项目"县城基本公共服务均等化的实践机制研究"（项目批准号：22BSH144）的阶段性研究成果。
\*\* 焦长权（jiaochangquan@pku.edu.cn），北京大学马克思主义学院助理教授。

付是项目制的主要来源,由此形成了一种新型国家治理体制(折晓叶、陈婴婴,2011;渠敬东,2012;周飞舟,2012;周雪光,2015)。这些开拓性的研究敏锐地捕捉到了因财政体制变化所形成的一种较为特殊的国家治理体制,引发了学界对项目制的第二类探索。这类研究大都以项目制实施过程中的具体案例为分析对象,聚焦于项目的实践结果而非项目的组织和分配过程,更多关注项目实践的"末端"而非项目在政府内部的组织机制(荀丽丽、包智明,2007;冯猛,2009;黄宗智等,2014;李祖佩,2015;桂华,2014;龚为纲,2015;付伟、焦长权,2015;狄金华,2015;陈水生,2014;陈家建,2013;陈家建,2015;史普原,2015;蒋梓莹,2016)。当前,这成为项目制研究的主要路径。

仔细分析项目制的两种研究路径可以发现,第一种路径本质上希望将项目制纳入中央—地方关系框架下,深入研究政府组织内部的运行机制和新时期的国家治理逻辑。第二种路径实际上又回到了社会学界早期关于基层政府行为研究的路子,只是借助于项目制的实践案例,丰富呈现了新时期基层治理的新样态。若从深入政府行为研究的角度看,项目制确实是一个很好的切入点,它是政府组织运行中一个"牵一发而动全身"的枢纽性因素,同时勾连了不同层级政府间的关系和同层级不同部门间的关系,而且还与人事晋升、绩效考核、组织动员等各种正式、非正式因素交错叠加。

但是,由于田野调查便利性等方面的原因,学界关于项目制的研究越来越聚焦于项目制在基层的实践过程和治理结果,对项目制在政府内部的组织过程和分配机制的研究则明显不足,这在一定程度上形成了将项目制"抽离"到政府之外来分析的倾向。周雪光在2015年即准确指出了这一特征,"在项目制各个环节中,学术研究的着眼点集中于基层政府抓包的应对策略及其行为后果,我们对委托方的发包过程、项目设计及其意图知之甚少,可以说仍然是空白";"地方政府的打包行为虽然在研究文献中有所涉及,但大多是远距离的推测和勾勒,而不是近距离、细致的观察分析"(周雪光,2015)。应该说,周雪光的判断在目前依旧准确。

为此,一些学者尝试将项目制进一步"放回"政府内部进行分析,借助项目制来深入理解政府组织的内部过程和运行机制(陈家建,2017;陈家建等,2021;史普原,2016;史普原,2019;焦长权,2019;焦长权,2020)。实际上,早期的研究者已经指出:项目制是一个涉及中央政府"发包"、地方政府"打包"、基层政府和其他主体"抓包"的全过程,需要从分级治理机制的角度对项目制的不同环节展开总体性研究,并探讨"项目制与科层制的嵌套运行机制"。因此,所谓将项目制"放回"政府内部分析,客观而言也算不上一种全新的主张和思路,实际是想重新返回和重视项目制的第一种研究路径,以进一步深入政府内部探讨项目制的中前端机制,而不是去采集更多项目制在基层实践的个案故事。

一旦深入项目制在政府内部的组织和运行机制层面,两大方面的重要问题就无法回避。一是"委托方的发包过程、项目设计及其意图",即管理和"发包"项目的中央和上级政府对项目制的设计框架、意图及分配过程等。二是地方和基层政府主动对接项目,并重新"打包"整合,完成项目的组织分配的过程与机制。诚如周雪光所言,我们目前对这两大环节的研究,都还非常薄弱,尤其是对"委托方的发包过程、项目设计及其意图知之甚少,可以说仍然是空白"。

这些对项目制的认知盲点,大大影响了相关研究的深化。比如,由于我们对自上而下的专项资金在上、下级政府内部的分配过程和管理机制缺乏系统认识,学者就只能笼统地讨论项目制分配过程中的竞争性,并抽象地分析项目制管理中的"部门主义"和技术治理特征。关于这一问题,周飞舟(2012)的文章最早奠定了一个重要基础。他率先对从中央到地方的专项资金的类型进行了细致划分,并准确指出专项资金范围要远远大于专项转移支付,他同时对专项资金在中央到地方政府部门间的流动和管理模式进行了初步揭示。延续这一路径,焦长权(2019)的研究进一步分析了项目制在政府内部的体制基础和组织机制,并对专项资金的不同类型及其相互关系予以阐释,初步勾勒了上级纵向专项资金与地方横向专项资金相结合的过程,并指出项目制是一种以政府部门为基础的"部门型"项目管理模式。史普原等也以项目制运行中条块关系调整的四种模式为经验,对项目制在各层级政府间的管理和运行机制展开了一定讨论,揭示了项目制分配管理过程中的"碎片化"困境(史普原、李晨行,2021)。

本文继续对项目制这一"部门型"项目管理模式展开分析。重点从项目制背后的中央和地方间财政事权与支出责任安排,以及专项资金的分配方法和管理模式展开阐述,以对委托方的发包过程、项目设计及其意图展开阐述。

## 二、中央与地方:财政事权与支出责任

分税制改革后,中央和地方间逐渐形成了一个复杂庞大的财政转移支付

体系(周飞舟,2012)。但是,由于中国财政转移支付体系是通过渐进性的方式建立起来的,尤其是专项转移支付基本都是根据中央政策"一事一议"不断累积起来的,具有典型的"打补丁"特征。因此,在分税制改革近20年后,中国虽然建立了一个庞大复杂的转移支付体系,但其内部的各种弊病也不断显现,尤其是专项转移支付受到了社会各界的批评。为此,党的十八大后,中央对财政转移支付体系进行了一系列改革,其中的关键是中央和地方财政事权与支出责任改革。

分税制改革及其后续一系列中央和地方间财政收入分享改革,成功地从收入端对中央和地方财政关系进行了规范。但是,由于一些客观因素的限制,分税制改革后中央一直未能对中央和地方在财政支出端的权责进行明确规范划分,这是分税制改革后我国政府间财政关系最主要的遗留难题(楼继伟,2013:2、27—28、43、287、297)。中央和地方间财政支出端的权责划分,一般又称为中央和地方间财政事权与支出责任划分,财政事权是一级政府应承担的运用财政资金提供基本公共服务的任务和职责,支出责任是政府履行财政事权的支出义务和保障,通俗地讲就是要明确中央和地方各自该承担哪些支出责任,又如何在财政上保障其履行支出责任。

2014年6月30日,中央政治局会议审议通过了《深化财税体制改革总体方案》,提出了新时期财税体制改革的三大任务:改进预算管理制度、深化税收制度改革、调整中央和地方政府间财政关系。在这三大任务中,难度最大的是调整中央和地方政府间财政关系,其核心在于中央和地方财政事权与支出责任改革(楼继伟,2015:51—52)。2016年,中央发布了《国务院关于推进中央与地方财政事权和支出责任划分改革的指导意见》(国务院,2016),提出了中央和地方间财政事权与支出责任划分改革的基本原则和主要内容:

适度加强中央的财政事权。坚持基本公共服务的普惠性、保基本、均等化方向,加强中央在保障国家安全、维护全国统一市场、体现社会公平正义、推动区域协调发展等方面的财政事权。

保障地方履行财政事权。将直接面向基层、量大面广、与当地居民密切相关、由地方提供更方便有效的基本公共服务确定为地方的财政事权,赋予地方政府充分自主权,依法保障地方的财政事权履行,更好地满足地方基本公共服务需求。

规范中央与地方共同财政事权。考虑到我国人口和民族众多、幅员辽阔、发展不平衡的国情和经济社会发展的阶段性要求,需要更多发挥中央在保障公民基本权利、提供基本公共服务方面的作用,因此应保有比成熟市场经济国家相对多一些的中央与地方共同财政事权。

建立财政事权划分动态调整机制。财政事权划分要根据客观条件变化进行动态调整,对新增及尚未明确划分的基本公共服务,将应由政府提供的基本公共服务统筹研究划分为中央财政事权、地方财政事权或中央与地方共同财政事权。

在明确划分中央和地方财政事权的基础上,按照财政事权与支出责任相一致的原则,确立各自支出责任,相关基本原则是:(1)中央的财政事权由中央承担支出责任。属于中央的财政事权,应当由中央财政安排经费,中央各职能部门和直属机构不得要求地方安排配套资金。中央的财政事权如委托地方行使,要通过中央专项转移支付安排相应经费。(2)地方的财政事权由地方承担支出责任。属于地方的财政事权原则上由地方通过自有财力安排。对地方政府履行财政事权、落实支出责任存在的收支缺口,除部分资本性支出通过依法发行政府性债券等方式安排外,主要通过上级政府给予的一般性转移支付弥补。地方的财政事权如委托中央机构行使,地方政府应负担相应经费。(3)中央与地方共同财政事权区分情况划分支出责任。根据基本公共服务的属性,体现国民待遇和公民权利、涉及全国统一市场和要素自由流动的财政事权,如基本养老保险、基本公共卫生服务、义务教育等,可以研究制定全国统一标准,并由中央与地方按比例或以中央为主承担支出责任;对受益范围较广、信息相对复杂的财政事权,如跨省(区、市)重大基础设施项目建设、环境保护与治理、公共文化等,根据财政事权外溢程度,由中央和地方按比例或中央给予适当补助方式承担支出责任;对中央和地方有各自机构承担相应职责的财政事权,如科技研发、高等教育等,中央和地方各自承担相应支出责任;对中央承担监督管理、出台规划、制定标准等职责,地方承担具体执行等职责的财政事权,中央与地方各自承担相应支出责任。

中央和地方财政事权与支出责任改革涉及财政支出的所有领域,各领域具体情况千差万别,为此中央采取了分领域分别制定具体方案的办法,这首先在基本公共服务领域取得了进展。改革将涉及人民群众基本生活和发展需要、现有管理体制和政策比较清晰、由中央与地方共同承担支出责任、以人员或家庭为补助对象或分配依据、需要优先和重点保障的主要基本公共服务事项,首先纳入中央与地方共同财政事权范围。目前暂定为八大类18项:一是义务教育,包括公用经费保障、免费提供教科书、家庭经济困难学生生活补助、贫困地区学生营养膳食补助4项;二是学生资助,包括中等职业教育国家助学金、中等职业教育免学费补助、普通高中教育国家助学金、普通高中教育免学杂费补助4项；三是基本就业服务，包括基本公共就业服务1项；四是基本养老保险，包括城乡居民基本养老保险补助1项；五是基本医疗保障，包括城乡居民基本医疗保险补助、医疗救助2项；六是基本卫生计生，包括基本公共卫生服务、计划生育扶助保障2项；七是基本生活救助，包括困难群众救助、受灾人员救助、残疾人服务3项；八是基本住房保障，包括城乡保障性安居工程1项（国务院，2018）。

对上述18项基本公共服务，国家将制定基础国家标准，也就是确定具体的公共支出标准。目前，国家已明确制定了以下9个项目的国家基础标准：义务教育公用经费保障、免费提供教科书、家庭经济困难学生生活补助、贫困地区学生营养膳食补助、中等职业教育国家助学金、城乡居民基本养老保险补助、城乡居民基本医疗保险补助、基本公共卫生服务和计划生育扶助保障。地方在确保国家基础标准落实到位的前提下，可因地制宜地制定高于国家基础标准的地区标准，应事先按程序报上级备案后执行，高出部分所需资金自行负担。对困难群众救助等其余9项不易或暂不具备条件制定国家基础标准的事项，地方可结合实际制定地区标准，待具备条件后，由中央制定国家基础标准（国务院，2018）。

除上述18项外，已经在《国务院关于推进中央与地方财政事权和支出责任划分改革的指导意见》（国发〔2016〕49号）和《国务院关于印发"十三五"推进基本公共服务均等化规划的通知》（国发〔2017〕9号）中明确但暂时未纳入上述范围的基本公共文化等事项，在分领域中央与地方财政事权和支出责任划分改革中，根据事权属性分别明确为中央财政事权、地方财政事权或中央与地方共同财政事权。

因此，前述18项基本公共服务，被改革确立为典型的中央和地方共同财政事权与支出责任，在支出上由中央与地方按比例分担。具体分担方式如下：

一是中等职业教育国家助学金、中等职业教育免学费补助、普通高中教育国家助学金、普通高中教育免学杂费补助、城乡居民基本医疗保险补助、基本公共卫生服务、计划生育扶助保障7个事项，实行中央分档分担办法。具体而言：第一档包括内蒙古、广西、重庆、四川、贵州、云南、西藏、陕西、甘肃、青海、宁夏、新疆12个省（区、市），中央分担80%；第二档包括河北、山西、吉林、黑龙江、安徽、江西、河南、湖北、湖南、海南10个省，中央分担60%；第三档包括辽宁、福建、山东3个省，中央分担50%；第四档包括天津、江苏、浙江、广东4个省（市）和大连、宁波、厦门、青岛、深圳5个计划单列市，中央分担30%；第五档包括北京、上海2个直辖市，中央分担10%。

二是义务教育公用经费保障等6个按比例分担、按项目分担或按标准定额补助的事项，暂按现行政策执行。具体如下：义务教育公用经费保障，中央与地方按比例分担支出责任，第一档为8∶2，第二档为6∶4，其他为5∶5。家庭经济困难学生生活补助，中央与地方按比例分担支出责任，各地区均为5∶5，对人口较少民族寄宿生增加安排生活补助所需经费，由中央财政承担。城乡居民基本养老保险补助，中央确定的基础养老金标准部分，中央与地方按比例分担支出责任，中央对第一档和第二档承担全部支出责任，其他为5∶5。免费提供教科书，免费提供国家规定课程教科书和免费为小学一年级新生提供正版学生字典所需经费，由中央财政承担；免费提供地方课程教科书所需经费，由地方财政承担。贫困地区学生营养膳食补助，国家试点所需经费，由中央财政承担；地方试点所需经费，由地方财政统筹安排，中央财政给予生均定额奖补。受灾人员救助，对遭受重特大自然灾害的省份，中央财政按规定的补助标准给予适当补助，灾害救助所需其余资金由地方财政承担。

三是基本公共就业服务、医疗救助、困难群众救助、残疾人服务、城乡保障性安居工程5个事项，中央分担比例主要依据地方财力状况、保障对象数量等因素确定。

以上改革方案，对"十三五"时期国家基本公共服务领域的中央和地方财政事权与支出责任进行了初步明确，尤其是对18项民生领域基本公共服务进行了详细规定。国家发改委最新发布的《国家基本公共服务标准（2021年版）》，则对"十四五"时期国家各项基本公共服务的服务标准、支出责任等进行了明确，进一步规范了中央和地方间在基本公共服务领域中的财政事权与支出责任划分，为完善这一领域的财政转移支付体制奠定了重要基础。

根据中央的上述划分方案，各省也制定了本省基本公共服务领域省与市、县共同财政事权和支出责任划分改革方案，核心就是要明确各项基本公共服务在省内各层级政府间的支出责任。在此基础上，市、县级政府还制定了本辖区的相关方案，由于相关支出责任已经基本明确，市、县级方案主要聚焦于更细致的组织实施方案。

至此，我们简略勾勒了国家以18项基本公共服务为重点，开展中央和地方共同财政事权与支出责任改革的基本做法，它涉及中央、省、市、县等各个层级,并覆盖了诸多政府部门,是改革中央和地方关系,尤其是规范中央和地方间转移支付的关键环节。这18项基本公共服务,代表了国家公共支出在民生和公共服务领域的典型特点,即大量支出最终都按照一定标准补助至个人和家庭,因此只要明确了各层级政府的分担比例,就很容易通过公式精确地预算和分配,并最终落实到政策主体。

除基本公共服务领域外,过去几年,中央先后在诸多不同领域展开了财政事权和支出责任改革,比如先后发布了教育、医疗卫生等领域的具体改革方案(比如,在教育领域,参见国务院,2019)。根据财政部前部长楼继伟的介绍,十八大以后,截至2018年4月,党中央、国务院出台的重要文件中,涉及政府间事权和支出责任划分的共50件,涵盖经济体制、生态环保、市场监管、民生保障、政法、国防、外交等多个领域。其中,15件明确界定了相关领域中央和地方的事权与支出责任范围,包括人民防空、金融监管、环保监察、司法管辖、内贸流通、优抚安置、外交、外援、海域海岛管理等方面(楼继伟,2018)。但总体而言,我国中央和地方间财政事权与支出责任改革还有很长的路要走,许多改革方案并未实现像基本公共服务领域那样明确划分财政事权与支出责任,不少方案以"按照中央和地方事权划分,明确各级政府支出责任"的原则表述代替了具体划分。

## 三、专项转移支付的分配方式

在前述财政事权和支出责任划分框架下,中央和地方间财政转移支付体系也要同步改革。基本原则和要求是:属于中央事权的,原则上应通过中央本级支出安排,由中央直接实施;随着中央委托事权和支出责任的上收,应提高中央直接履行事权安排支出的比重,减少委托地方实施的专项转移支付。属于中央地方共同事权的,中央分担部分通过专项转移支付委托地方实施。属于地方事权的,由地方承担支出责任,中央主要通过一般性转移支付给予支持;少量的引导类、救济类、应急类事务通过专项转移支付予以支持,以实现特定政策目标(国务院,2014)。

2019年开始,财政部在转移支付预决算中,将中央和地方共同事权转移支付作为一个新的类别列入一般性转移支付中,资金规模占转移支付总量的43%。其实,共同事权转移支付也是一种典型的具有明确资金用途和支出标准的专项资金,同美国等西方国家在社会性支出中采取的专项转移支付非常相似(李萍,2010)。在中国,一段时期内专项转移支付的设立、分配和管理不规范,引来了社会各界的大量批评,使中央在政策上尽力压缩专项转移支付,才有了共同事权转移支付这一类别,它本质上只是专项转移支付的一种新形式。在中央大规模压缩、整合和规范专项转移支付的情况下,传统专项转移支付的规模则大大缩小,2019年仅占转移支付总额的10%。但是,一般性转移支付中仍然有大量资金具有明确的指定用途。比如,2019年,一般性转移支付中真正没有指定用途、地方政府可统筹安排的均衡性转移支付只有15 632亿元,仅占转移支付总量的21%。

可见,即使在中央极力压缩专项转移支付的情况下,具有明确指定用途的资金仍然占转移支付的绝对主体,它们本质上都是专项转移支付。主要原因在于:一方面,中国社会经济发展高度不平衡,同时又是一个特别强调全体人民逐渐实现共同富裕的社会主义国家。因此,这在客观上要求中央政府承担大量的宏观经济稳定、社会再分配等职能,而且随着社会经济发展,这些职能日益丰富和凸显。另一方面,与世界其他国家相比,中国中央政府的组织规模显著偏小,中央政府公务员占全国公务员总量的比重处于极低水平(楼继伟,2018)。这在客观上造成中央政府没有能力直接组织实施许多事项和履行职能,只能将不少职能委托给地方政府行使,为了确保地方政府在履行这些职能时严格体现中央政策意图,又不得不采取专项转移支付的形式。

目前,我国的大量中央和地方共同事权,及由此产生的共同事权转移支付,本质上都与此相关。即中央政府本来应该履行更多的职能事权,但由于诸多因素的影响,中央政府组织规模偏小,不具备直接履行相关事权的条件,进而不得不将其委托给地方政府行使。这就必然导致两个密切相关的结果:一是中央政府本级支出占全部财政支出比重极低,近年已经下降到15%左右,这在全世界范围内也是极低水平,这表明中央政府直接履行和实施的事权规模很小;二是中央和地方各级政府职能高度同构,"上下一般粗"。所谓"上下一般粗"是指除国防、外交等明显中央政府职能外,中央和地方各级政府各自的主要职能事权划分不清晰,同一事权由多层级政府共同参与,共同事权泛滥,行政效率偏低,这背后的重要原因之一是中央政府缺乏直接履行大量事权的组织能力。因此,本质上讲,大量中央和地方共同事权实际上是将中央事权委托给地方行使,共同事权转移支付只是专项转移支付的一种新形式。

可见,分税制改革以来,尤其是进入21世纪后,专项转移支付在中国财政转移支付体系中的普遍采用,就不简单是政策选择的结果,而是有更深层的结构性原因。正是因此,虽然十八大以来中央一直尝试以各种方式规范整合专项转移支付,但专项转移支付仍然是财政转移支付的主体。更深层来看,既然在目前中央和地方关系中,专项转移支付的大规模存在有其内在必然性,因此与其仅仅从政策选择上对专项转移支付展开批评,或者仅仅从形式上对其进行更名换姓式的表面整治,还不如深入探讨如何对专项转移支付展开更为规范化的分配管理,这是更加实质性的问题。①

根据资金性质和具体用途,中国专项转移支付在自上而下分配过程中,一般采取因素法、项目法、因素与项目法相结合等分配方法。② 所谓因素法,就是在分配专项转移支付过程中根据各种客观因素并制定权重,设计一个分配公式,并据此对各地区分配专项转移支付。

在具体执行中,专项转移支付在不同层级政府中也可能采取不同分配方式,典型的有以下几种组合:(1)"中央因素法、地方项目法"模式。中央财政采用因素法确定各省专项资金规模,地方政府则需要通过项目法将资金落实到具体项目并组织实施,这里运用项目法的地方政府,既可能是省级政府,也可能是更低层级的地市级基层政府。(2)"中央因素法、地方因素法"模式。中央和地方均采取因素法层层向下分配资金。(3)"中央因素法、地方自主"模式。中央采取因素法分配确定各省资金规模,各省相关部门自行安排地方分配方法。

"因素法"分配,本质上是一种资金指标分配方式。中央主管部门并不负责将财政资金明确分配到可组织实施的具体项目,他们只负责资金指标的分配,将财政资金切块分配下去,由地方政府部门负责分配到具体项目。形象地看,专项转移支付在地方和基层由资金指标到具体项目的转化,就像一束聚焦的灯光突然散射出去一般,每个县市每年获得的数百项资金指标都会在基层细化为成千上万的具体项目。比如,一个典型的例子就是中、西部农村的低保项目,项目资金基本都来自中央财政转移支付,但中央部门向下分配时都是按照一定因素分配资金指标,并一直要分配到乡村两级基层政府和组织,才能最终确立到具体项目对象。

---

① 实际上,从全世界范围来看,主要发达国家中央对地方转移支付也都是以专项转移支付为主体,并辅之以在一定范围内具有指定用途的"整块拨款"(block transfers)和部分一般性转移支付(李万慧等,2009)。
② 关于更早时期专项转移支付分配方法比较全面的阐述请参见李萍(2010:89—96)的相关研究。本文的论述结合了李萍的阐述和作者对专项转移支付最新分配方法的认识。

因素法也是发达国家分配专项转移支付的主要方法。比如,美国是没有一般性转移支付的国家,它的许多专项转移支付具有一定的均衡性功能(尤其是直接对公民的转移支付项目),但其大部分专项转移支付都采取因素法来分配(李萍,2010:282)。在联邦政府对州和地方政府的财政补助中,有三分之二是以现金或实物的形式发放给了符合条件的个人(海曼,2011:477)。运用公式性的因素法分配转移支付,基本成了现代转移支付体制最主要的共同特征,即无论是专项转移支付还是一般性转移支付,中央政府都倾向于用事先确立的公式向地方政府分配财政资金(楼继伟,2013:156—157)。

专项转移支付采取项目法分配的,主要是对"用于国家重大工程、跨地区跨流域的投资项目以及外部性强的重点项目"(国务院,2014)。按照项目法分配的项目都要求实行项目库管理,明确项目申报主体、申报范围和申报条件,规范项目申报流程,发挥专业组织和专家的作用,完善监督制衡机制。学界通常对项目制所连带的申请申报、评估评审、监督检查等一系列复杂程序的批评,最典型的就表现在以项目法分配专项转移支付的过程中。项目法分配具有典型的"一事一议"特征,需要上、下级政府以及不同部门间反复的协商论证,经常还伴随着一定的竞争性特征。因此,项目法分配经常导致项目预算分配周期漫长,资金支出进度和效率偏低,也容易滋生寻租腐败,是改革和完善专项转移支付分配过程的重点与难点。

专项转移支付的不同分配方式具有不同的特征。"因素法"的优点是分配依据客观变量,结果相对公平,行政成本较低,行政效率较高,资金预算安排周期短,一般能够在预算批复后很快下拨给下级政府,其缺陷是资金针对性不强,资金拨付方对接收方的控制权较弱;"项目法"则相反,上级政府对项目资金具有很强的控制权,资金针对性也更强,但分配过程中的主观性和"寻租空间"更大,行政成本更高,行政效率较低,预算安排周期长。

表1 专项资金分配方法对比

| 分配方式 | 行政成本 | 行政效率 | 预算安排周期 | 客观性 | 针对性 | 控制权 |
| --- | --- | --- | --- | --- | --- | --- |
| 因素法 | 较低 | 较高 | 较短 | 较强 | 一般 | 较弱 |
| 项目法 | 相对较高 | 较低 | 相对较长 | 部分主观性 | 较强 | 较强 |

实际上,专项转移支付具体采用什么分配方式,主要与财政资金的支出功能有关。总体来看,对于教育、医疗、社会保障等典型的民生支出,其中很大部分最终会直接补助到个人或家庭,这在西方国家称为"权利性支出",因此比较

容易用因素法展开分配。比如,以18项基本公共服务为代表的公共服务支出,由于具有明确的支出标准,最终很大部分也是补助到个人和家庭,因此就能够顺利用因素法在各级政府间分担。与之相反,基础设施、产业政策等经济事务支出,基本都得用项目法分配,尤其是"国家重大工程、跨地区跨流域的投资项目以及外部性强的重点项目",必然按项目法分配。

国家公共支出结构则与经济发展阶段密切相关。诸多经济史家的研究一致发现:在工业化和城市化的早中期阶段,国家公共支出必须履行大量公共投资职能,在基础设施(交通、道路等)方面投入大量资本;当经济发展进入成熟阶段后,公共支出的主要方向才会转向教育、医疗、社保等社会服务领域(马斯格雷夫,2017;格申克龙,2012)。中国当前仍然处于从中、高收入国家迈向高收入国家的关键阶段,国家工业化、城镇化过程中还有大量基础设施、产业政策短板需要弥补,因此公共支出中仍然会有较多的经济事务支出,而典型西方发达国家公共支出则以社会保障等社会性支出为主体,只有极少量的经济事务支出。同时,即使是教育、医疗、社会保障等社会性支出领域,目前在中国也有不小比例是基础设施等资本性支出,而不同于这一领域通常的维持性支出(工资福利、办公经费等)。改革开放以来,虽然中国公共支出中经济事务支出比例逐渐下降,民生和公共服务支出比重逐渐上升,但目前仍然是一个经济事务与民生支出的"双强格局",经济事务支出仍然占据重要位置,这在短期内还不会发生根本性的变化(焦长权,2018)。

因此,专项转移支付的分配方法才是最根本的,而这又与公共支出结构密切相关。当前,从中国专项转移支付的构成来看,它基本是一个经济事务和民生支出的"双强格局",近年来民生支出扮演的角色越来越重要。公共支出结构的逐渐变化,尤其是专项转移支付支出结构的变化,给进一步规范完善转移支付提供了可能,我国之所以在分税制改革20多年后才系统性地清晰划分并界定中央和地方财政事权与支出责任,也与中国公共支出结构的这一演变历程直接相关。

## 四、"部门型"项目管理模式

那么,自上而下的专项资金的分配具体如何实现?这就涉及专项资金的管理模式问题。实际上,无论是中央还是地方各层级政府设立的诸多项目,包括专项转移支付、非转移性项目支出,以及地方本级部门预算中的项目支出等,都是由不同政府部门来主要负责分配管理的,进而形成了一种"部门型"项目管理模式。自上而下的专项资金,在资金分配和管理过程中,长期在各层级政府部门内部相对封闭地运行,一直要到最终组织实施的层级,才在该层级政府的统筹下,由主管部门和基层政府协调组织实施。

以中央对地方专项转移支付为例。在资金管理分配过程中,由于大多数专项转移支付都涉及一些领域内非常专业的知识和信息,财政部没有能力单独完成相关信息收集和核实评审,因此各类专项转移支付都根据业务性质划归到了不同政府部门主管。财政部和这些部门互相配合,共同完成资金分配和管理。比如,2013年,中央对地方专项转移支付多达220项,资金管理涉及56个部门(中国财经报,2014);2014年,中央对地方专项转移支付共133个,实际执行中安排明细专项362个,审计署抽查的343个明细专项有43个部门参与分配(刘家义,2015;张洋等,2015)。总体而言,绝大多数专项转移支付都是财政部门和主管部门共同管理的"共管资金",只有极少数是由财政部门单独管理的。

因此,凡是参与主管中央对地方专项转移支付资金的中央部门,实质上都拥有两类专项资金:一是中央本级部门预算中的项目支出,二是主管分配的专项转移支付。发改委等具有二次预算分配权的单位,在资金分配上的自主性更大:一方面,财政部将中央基础设施建设资金整体切块给发改委,由它进行二次分配,它就具有了"小财政部"的特征;另一方面,中央对地方专项转移支付中的基础设施建设资金,也归口到发改委管理,它在项目分配上也具有很大的决定权,这属于一种特殊性质的"共管资金"。

从专项转移支付的设立申报审批过程来看,中央专项转移支付,都承载了一些重要政策目标,因此一般由国务院根据相关重要社会经济发展战略和政策设立,再由相关部门代表中央负责具体管理,财政部和其他政府部门无权自行设立专项转移支付。尤其是近年来中央大大加强了对专项转移支付的规范整合,原则上不再新设专项转移支付,确因经济社会发展需要新设立的专项转移支付,要求有明确的政策依据和政策目标,并需报国务院批准(财政部,2015)。专项转移支付的申报审批,一般按照以下程序:(1)由中央主管部门发布申报通知或年度立项指南;(2)地方和基层相应政府部门组织项目申报,将相关申报材料汇总报送中央主管部门;(3)中央主管部门单独或会同财政部门对申报项目展开资料审核、项目评审等工作,确立资金分配方案;(4)中央主管部门会同财政部门联合下达项目计划和资金指标。

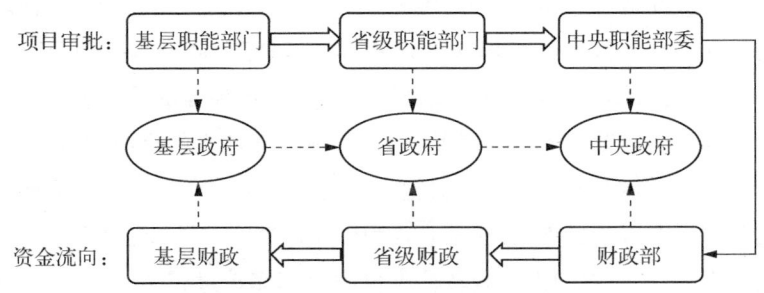

**图1  专项转移支付申报审批流程图**①

因此,自上而下的专项转移支付,类似于封闭管道中的水流,中央政府一次性给各条管道注入了大量资金,资金到达省级后,省级部门有可能会取出少量资金在本级直接支出,但大部分资金则会由省级部门进一步细化分流导入各个县、市主管部门的资金渠道。省级部门在向下细分专项转移支付时,会加上自身的政策意图,即根据自身的政策偏好和资金管理要求,将资金细分到县市一级政府部门。不仅如此,省级政府一般还会在这个过程中进行一轮注资,因此省级部门下达的专项转移支付,除了中央对省级下达的部分外,还包括省级财政另外增加的对市、县的专项转移支付。这既包括省级政府按照要求对中央某些专项转移支付的地方配套②,也包括省级政府根据本省工作计划另外设立的专项转移支付。

与专项转移支付不同,在中央本级部门预算的项目支出分配过程中,政府部门会发挥更大的主导作用,因此其又被称为"部门资金"。之所以如此,是因为这些项目支出的分配,专业性和政策性一般比专项转移支付更强,而且由于本身就属于中央部门支出,因此会更直接、清晰地体现部门政策意图。近年来,随着中央对专项转移支付合并整合,以及进一步改革并规范中央与地方间财政事权和支出责任,中央专项转移支付也大幅指向了民生领域,"因素法"分配的比重明显扩大,因此专项转移支付分配中的规范性显著增强,主管部门的随意性明显减弱。但是,中央本级部门预算的项目支出,在具体项目确定和分配过程中,政策性和专业性较强,基本都是"一事一议"的项目法,因此政府部门的主导性依然非常明显。

---

① 该图参照范子英相关研究中的作图(范子英,2014),但笔者对专项转移支付申报审批等具体流程的阐释,大大超出了范文的论述范围。
② 最典型的就是前文分析过的大量中央和地方共同事权转移支付省级分担的部分。

中央部门预算中的项目支出,有些项目会由中央部门直接组织实施,但也有不少项目会在地方省市区具体组织实施。在这个过程中,很多时候就需要通过与专项转移支付相似的程序展开项目申报评审,而且这些项目基本都是"国家重大工程、跨地区跨流域的投资项目以及外部性强的重点项目",因此评审过程更加严谨复杂。但在项目确立以后,项目在地方的组织实施管理过程,则与专项转移支付基本一致。正是这种相似性,使一些项目不易明确区分到底该列为中央本级项目支出,还是确定为中央对地方专项转移支付。

实际上,在中央对地方财政转移支付的改革完善过程中,如何明确区分中央部门直接项目支出和中央对地方专项转移支付,一直是一个难点。在目前的中央和地方间财政体制下,中央对地方专项转移支付有以下几种情况。(1)中央财政事权,中央安排专项转移支付委托地方行使;(2)中央和地方共同财政事权,中央分担部分通过专项转移支付委托地方实施;(3)地方财政事权,中央为实现特定目标,安排少量的引导类、救济类、应急类专项转移支付予以支持。前文已指出,目前共同事权转移支付成了中央与地方间专项转移支付的主体部分。

那么,在财政预算管理过程中,如何明确区分一些事项到底是中央对地方专项转移支付还是中央部门直接项目支出呢?其关键在于,这一项目支出是由中央直接组织实施,还是委托给地方组织实施。

中央明确要求,属于中央事权的,原则上应通过中央本级支出安排,由中央直接实施;随着中央委托事权和支出责任的上收,应提高中央直接履行事权安排支出的比重,相应减少委托地方实施的专项转移支付;属于中央地方共同事权的,中央分担部分通过专项转移支付委托地方实施(国务院,2014)。但是,在实际预算管理过程中,仍然会时不时出现将二者部分混淆的情况。比如,2019年,在预算执行过程中,中央对地方专项转移支付中基建支出等6个大项实施主体发生了变化,部分资金由对地方转移支付转列为中央本级支出,其中基建支出涉及金额约60亿元;可再生能源发展专项资金由地方实施的只占预算的66.7%,其余部分基本都转为由中央本级直接组织实施。同时,2019年共有农田建设补助资金等7个大项的共同财政事权转移支付中有部分资金被转列为中央本级支出(财政部。2020)。虽然这种预算执行中实施主体调整涉及的资金规模并不算大,但仍然反映出如何明确区分中央本级支出与对地方专项转移支付的难点。

比专项转移支付转为中央本级支出更为隐蔽的,是中央本级支出直接或间接的委托给地方政府组织实施。这种情况有直接明确的案例。比如,2019年中央对地方专项转移支付中的工业转型升级资金,在实际执行中就超出预算约10亿元(财政部,2020),其原因就在于部分资金由中央本级明确转为对地方转移支付,即实施主体由中央部门委托给了地方政府。但这更多是间接、隐蔽的,即这些财政资金从预决算上都是中央本级项目支出,但在具体组织实施中,却变相委托给了地方组织实施。这种情况很难清晰揭示出来,但应该说在中国政府运行中并不少见。其背后的本质问题仍然是,本来应该由中央政府直接履行和组织实施的中央事权,在财政预算上也将财政资金明确给了有关部门,但由于相关部门组织规模不足等无法直接组织实施项目,进而不得不将项目委托给地方组织实施。在这种情况下,中央部门的直接项目支出,和中央对地方专项转移支付已经没有实质差异,本质上成了中央事权委托地方执行。

对地方政府而言,无论是中央专项转移支付,还是中央部门直接项目支出,都是上级政府对本地的项目支持,也都需要地方政府向中央和上级进行争取。在专项转移支付中则主要争取项目法分配的项目,而因素法分配的项目有时与地方政府履职的积极性或绩效相关。对中央部门直接项目支出,也需要争取更多中央直接项目落地到本辖区;尤其是一些重大基础设施建设,经常由中央部门直接组织实施,但对地方发展而言却是命脉工程,因此地方尤其重视。

中央对地方专项资金,主要包括专项转移支付和中央部门预算中的项目支出两大方面。同样,省级政府对县市级政府的专项资金,也主要由这两方面组成,其具体分配管理机制,与中央到省级之间类似。从实践来看,这些专项资金,都由相关主管部门负责管理分配,并在上、下级相应部门之间相对封闭地运行,一直到其最终的组织实施部门。这就是学界所说的项目制这一国家治理体制的主要形态①,即在中央和地方、上级和下级的政府部门中相对封闭地运行,最终汇聚到基层政府统筹实施的各类项目。

这种以部门为主要管理和运行单位的项目制,可称为"部门型"项目管理模式。与西方国家曾经采用过的项目预算(或计划—项目预算)相比,它们是以跨部门的项目为中心,尝试彻底重构政府的治理模式;而中国的项目支出预

---

① 项目制的另一主要构成和形态是地方各级政府本级部门预算中的项目支出,它和自上而下的纵向专项资金相汇合,共同构成了地方政府的"项目池"(焦长权,2019)。

算,则仍然是以政府部门为基础,是在政府部门统筹管理分配的项目制,因此可以称为"部门型"项目管理模式(焦长权,2019)。

项目制之所以采用"部门型"项目管理模式,主要是为了确保专项资金的使用方向和资金安全。由于专项资金要经过多层级政府才能最终达到项目落点或实施主体,为防止各层级政府"雁过拔毛"或"腾挪转移",中央就直接刚性确定了资金用途和流通渠道,无论在中央部门直接项目支出还是中央对地方专项转移支付中都是如此。这种层层规范化、程序化和相对封闭化的部门管理,是一种典型的理性化、技术化治理模式,国家希望通过这种方式,实现中央和上级政府的政策意图,并确保资金运行安全。

## 五、"部门型"项目管理模式的影响

项目制所采用的"部门型"项目管理模式,也蕴藏着诸多内生的不足,最典型的包括以下两方面。

一是财政资金的"部门化"和"碎片化"。这种相对封闭的"部门型"项目管理模式,不可避免地导致财政资金的"部门化"和"碎片化"。① 具体实践中,不仅同一类型和用途的专项资金被切割到许多主管部门分别掌握,就是在同一个部门内部,一项专项资金也被分割成了很多细小专项分别由不同二级部门掌握,一直要细化和明确到主管部门内的基层行政单位,中央、省级部门就明确到了处(室),地市级细化到科(室),县级则分割到股(室)。这就是中央政府部门专项资金管理过程中反复出现的"司处化"和"碎片化"问题。

党的十八大以来,中央对专项转移支付改革的一个重点,就是整合规范专项转移支付的"碎片化"问题。改革要求将"目标接近、资金投入方向类同、资金管理方式相近的项目予以整合,严格控制同一方向或领域的专项数量";同时在资金管理中,特别强调"每一个专项转移支付都有且只有一个资金管理办法,对一个专项有多个资金管理办法的,要进行整合归并,不得变相增设专项";"资金管理办法要明确政策目标、部门职责分工、资金补助对象、资金使用范围、资金分配办法等内容,逐步达到分配主体统一、分配办法一致、申报审批

---

① 一些研究也从项目制在基层实践的角度论述讨论了其"碎片化"问题(杜春林、张新文,2017;豆书龙等,2018)。

程序唯一等要求"(国务院,2014)。之所以如此要求,就是原来专项转移支付管理分配中,出现了大量的"大项套小项",即一个大的专项转移支付,在实际执行中被主管部门再次分割成了诸多明细专项,由部门内部不同二级单位负责管理,导致一个大的专项转移支付,出现了不同分配主体、不同分配办法、不同申报审批程序等情况,这实际上是变相增设专项。

但是,从实践来看,项目整合仍然面临很大挑战。以 2014 年为例,虽然中央在专项转移支付项目上由 2013 年的 220 个压减到了 133 个,完成了政府工作报告提出的减少 1/3 专项转移支付项目的目标。但是实际执行中却又安排明细专项 362 个,审计署抽查的 343 个明细专项有 43 个部门参与分配,涉及 123 个司局、209 个处室。其中,农业部就参与分配 4 个大项(共 18 个子项),"公共卫生服务补助"专项则细分为 21 个明细专项,其中卫计委疾病预防控制局有 10 个处参与 13 个明细专项的分配。[①] 显然,实际执行中并未有效实现专项整合的目标,专项资金的"碎片化""司处化"问题仍然严重。

实际上,这是精密理性科层制的科层分工逻辑的必然结果,它一方面强调明确具体的科层分工,因此要将专项资金细分到部门内的基层行政单位才能明确权责关系。因此一个专项转移支付被划归政府部门主管后,一定要落实到部门内的最基层行政单元。另一方面,在这个过程中还需要处理和面对政府部门内部各部门间微妙的权责平衡,如果一项专项转移支付数额巨大,在一个中央部门中完全由一个二级部门掌握,则会形成各部门间权力与资源的严重不平衡,为平衡部门内部的权责关系,则几乎必然将大专项在部门内部切分为小专项,由不同二级部门分别管理,结果就造成了"大项套小项"。但是,从功能和用途来看,这又要求同一用途的专项资金不能过度细分,它既不利于专项转移支付的分配管理,也不利于项目在地方和基层的组织实施。

财政资金的"部门化"和"碎片化"也明显冲击了各级政府财政预算分配权的统一。从专项转移支付的分配管理来看,虽然是财政部门和业务部门共同管理,但由于专项转移支付涉及类型和领域繁多,财政部门缺乏相关领域的专业信息和业务知识,因此业务部门在这个过程中就拥有了很大的控制权。尤其是除部分民生支出外,目前专项转移支付中仍然有大量资金需通过"项目法"分配,这进一步扩大了业务部门对资金的分配管理权限。若是主要采用"因素法"分配,业务部门只需要负责收集审核相关客观性因素指标信息,再汇总到财政部门统一完成

---

① 参见范子英(2014)的相关研究。

资金拨付。若是采用"项目法"分配,则需要依赖业务部门组织复杂的项目申报评审,实际上是赋予了业务部门二次预算分配权,像发改委等本来就拥有二次预算分配权的单位则更甚,这直接冲击了各级政府财政部门预算分配权的统一。

二是财政支出进度慢和效率低。中国大规模的自上而下的专项转移支付,在主管部门层层规范化、程序化的管理过程中,在很大程度上造成了支出进度缓慢和效率低下。在很长时间内,由于大规模专项转移支付主要依赖项目法分配,审批权也集中在中央部门,年初预算时大量专项转移支付无法明确到具体地区和项目,需要等年中预算执行时进行细化分配。结果,大量专项转移支付资金都堆积到下半年才能拨付支出,甚至造成大规模的资金结转结余。专项转移支付到达地方政府后,也还需要再经过层层审批分配,进而在各层级政府中长时间"滞留",导致其最终到达基层政府的时间太晚,严重影响资金支出进度和效率(焦长权,2018)。

最近几年,中央要求各层级政府要加快专项资金审批和拨付进度,减少资金在中间层级政府的"滞留"时间。中央明确指出:除据实结算等特殊项目可以分期下达预算或者先预付后结算外,中央对地方一般性转移支付在全国人大批准预算后30日内下达,专项转移支付在90日内下达。省级政府接到中央转移支付后,应在30日内正式下达到本行政区域县级以上各级政府(国务院,2014)。但实际上,中央财政资金达到地方各层级政府后,往往还是难以按照规定时间快速下达。为此,自2020年起,中央又推出了项目资金的"直达"模式,即中央下达的部分专项资金直达县、市基层政府,以提高资金支出进度和效率。中央"直达"资金按照"中央切块、省级细化、备案同意、快速直达"的管理和分配机制,重点用于保民生、保就业、保市场主体方面,2020年资金规模达1.7万亿,2021年达2.8万亿。截至2021年5月,中央下达直达资金2.579万亿元,下达比例92.1%;省级财政已分配下达2.362万亿元,达到了中央财政下达的91.6%。其中,按照有关规定,省本级使用了0.869万亿元,下达市县1.493万亿元,市县财政接到上面直达资金指标后,已将1.428万亿元分配到资金使用单位,达到省级下达的95.6%(李烝,2021)。显然,财政直达资金机制确实有效提高了资金支出进度和效率,但是它能使用的范围仍然有限,主要还是限于那些能够直接补助到个人、家庭和企业的支出项目。其他大量专项转移支付,仍然面临着支出进度和支出效率的考验。

但是,需要特别指出的是,项目制这种"部门型"项目管理模式存在一些弊病,在一定程度上具有内生性和结构性,我们不能期待简单通过政策改革来毕其功于一役。比如，中国的公共支出结构，就在很大程度上影响专项转移支付的分配管理方式，但它却是由中国社会经济发展模式和发展阶段决定的，不可能在短期内随政策改革而发生根本性的变化。又如，中国中央和地方政府的组织规模也是在新中国成立后长期历史演变所形成的，中央政府组织规模偏小的结构特征也很难在短期内发生大的变化。一旦深入这些结构性层面，就提醒我们既要充分认识到项目制及其管理模式的弊病，也要对相关制度变革和结构变迁保持必要的历史耐心。

## 六、结论与讨论

分税制改革后，国家财政汲取效率明显上升，中央政府财政能力显著增强。在世纪之交，两方面因素共同作用，推动了项目制的形成。一方面，中央大力推动了公共预算体制改革，各级政府形成了以部门预算为基础、项目支出为核心的公共预算体制，这直接推动了各级政府公共支出的"项目化"。另一方面，随着中央财政能力实质强化，中央在平衡区域发展差异、引导地方政策导向等方面发挥的主导作用也日益强化，专项转移支付成了一个最主要的政策工具。中央专项转移支付和各级政府的部门预算体制互相组合形塑，形成了项目制这一新型国家治理体制。

可见，项目制是在分税制改革后，尤其是21世纪以来20多年的国家治理变迁中逐渐形成的，它不是简单的国家政策选择的结果，而是由中央和地方关系等诸多结构性因素塑造的。首先，中国作为一个广土众民的国家，其社会经济发展存在严重的不平衡问题，这在区域、城乡和人群等多方面都有表现。新中国成立以来70多年的治理理念和实践，又赋予了共同富裕以特殊的正当性，因此中央政府在中国承担着巨大的均衡地区、城乡和人群间发展差距的责任，即不可避免地承担大量的再分配职能。其次，由于中央政府组织规模偏小，中央本级直接支出占比也很小，大量中央事权、中央和地方共同事权，不得不直接或间接委托给地方政府具体执行。这些委托事权或共同事权，在执行中还必须体现中央政策意图，使得大规模专项转移支付基本不可避免，同时还产生了部分中央直接项目支出变相委托给地方执行的情况。最后，中国从计划经济向市场经济转型后，一直到目前为止，公共支出结构仍然是一个民生支出和经济事务支出的"双强格局"，经济事务支出规模大，使得公共支出的预算难度大大增加，尤其是中央到地方转移支付中的经济事务支出，预算和分配难度更大，使项目法成了专项转移支付分配中的一个重要方法，这也是滋生项目制诸种弊端的关键因素之一。

项目制采用了一种"部门型"项目管理模式，这是在中央对地方大规模转移支付实施20余年，以及国家公共预算改革推行20余年的过程中，逐步摸索形成的。党的十八大以后，中央以厘清中央和地方间财政事权与支出责任划分为核心，进一步从理论和制度上对财政转移支付体制进行了改革完善，但并未有意推翻和改变已有的"部门型"项目管理模式，而是进一步完善规范了这一模式。总体来看，"部门型"项目管理模式虽然在后续改革过程中可能还会进一步调整，但其主要框架、核心精神应该说已经基本定型。

当前，从国家治理的角度看，自上而下的专项资金是项目制的一个关键部分，也是"部门型"项目管理模式的典型代表。在这种管理模式下，项目根据中央和上级政府的政策意图，在自上而下的部门内部相对封闭地流动和管理，一直到项目组织实施的基层政府。中央试图通过规范化、技术化的项目管理模式，将自身的政策意图跨层级地传递到地方和基层，甚至直接对接到最终的项目主体，大量直接补助到个人和家庭的民生支出就是典型例子。这种从中央跨越多个中间层级政府，直接将政策意图传递和明确到基层甚至最终政策目标群体的做法，明显超越了中国多层级政府结构中"下管一级"的常态治理模式，确实在一定程度上重新塑造了中央和地方间关系。同时为了确保上述政策意图的实现，中央强化了专项资金在各层级政府部门流动和管理过程中的监控，以防止资金"跑冒滴漏"，最大限度确保资金安全。正是因为专项资金要"艰难"地越过多层级政府，不断承载中央到地方各层级政府相关主体的多种意图，就必然造成了专项资金分配和支出过程中的"碎片化"与低效率。

但是，自上而下的项目制形态，在通过漫长的相对封闭运行越过多个中间层级后，它的最终组织实施，还得依赖地方和基层政府的统筹协调。也就是说，它必须通过基层政府与地方社会相结合，并与基层政府自身的公共预算相融汇，最终由地方和基层政府对这些上级各条线下达的多样化项目进行重新排列组合与落地实施。在项目制的组织实施过程中，已经形成了"以县为主"的格局，县级政府扮演着枢纽性的角色。因此，如何从政府内部，深入揭示项目制在县级政府内部的重新排列组合过程与机制，是项目制研究亟需解决的难点。

# 参考文献

财政部,2015,《〈国务院关于改革和完善中央对地方转移支付制度的意见〉政策解读》,http://www.gov.cn/govweb/xinwen/2015-02/02/content_2813376.htm。

财政部,2020,《关于2019年中央对地方转移支付决算的说明》,http://yss.mof.gov.cn/2019qgczjs/202007/t20200706_3544613.htm。

陈家建,2013,《项目制与基层政府动员》,《中国社会科学》第3期。

陈家建,2015,《项目制与政府间权责关系演变》,《社会》第5期。

陈家建,2017,《项目化治理的组织形式及其演变机制》,《社会学研究》第2期。

陈家建、巩阅瑄,2021,《项目制的"双重效应"研究——基于城乡社区项目的数据分析》,《社会学研究》第2期。

陈水生,2014,《项目制的执行过程与运作逻辑——对文化惠民工程的政策学考察》,《公共行政评论》第3期。

狄金华,2015,《政策性负担、信息督查与逆向软预算约束——对项目运作中地方政府组织行为的一个解释》,《社会学研究》第6期。

豆书龙、王山、李博,2018,《项目制的复合型碎片化:地方治理的困境——基于宋村项目制的分析》,《公共管理学报》第1期。

杜春林、张新文,2017,《农村公共服务项目为何呈现出"碎片化"现象?——基于棉县农田水利项目的考察》,《南京农业大学学报》(社会科学版)第3期。

范子英,2014,《部长的政治关联效应与财政转移支付分配》,《经济研究》第6期。

冯猛,2009,《后农业税费时代乡镇政府的项目包装行为——以东北特拉河镇为例》,《社会》第4期。

付伟、焦长权,2015,《"协调型政权"——项目制运作背景下的乡镇政府》,《社会学研究》第2期。

格申克龙,亚历山大,2012,《经济落后的历史透视》,张凤林译,北京:商务印书馆。

龚为纲,2015,《项目制与粮食生产的外部性治理》,《开放时代》第2期。

桂华,2014,《项目制与农村公共品供给体制分析——以农地整治为例》,《政治学研究》第4期。

国务院,2014,《国务院关于改革和完善中央对地方转移支付制度的意见》,http://www.gov.cn/gongbao/content/2015/content_2818449.htm。

国务院,2016,《国务院关于推进中央与地方财政事权和支出责任划分改革的指导意见》,http://www.gov.cn/zhengce/content/2016-08/24/content_5101963.htm。

国务院,2017,《国务院关于印发"十三五"推进基本公共服务均等化规划的通知》,http://www.gov.cn/zhengce/content/2017-03/01/content_5172013.htm。

国务院,2018,《国务院办公厅关于印发基本公共服务领域中央与地方共同财政事权和支出责任划分改革方案的通知》,http://pingjiang.gov.cn/35048/35064/60585/content_1297875.html。

国务院,2019,《国务院办公厅关于印发教育领域中央与地方财政事权和支出责任划分改革方案的通知》,http://jdjc.mof.gov.cn/fgzd/202205/t20220526_3813414.htm。

海曼,大卫,2011,《财政学:理论在当代美国和中国的实践应用》,张进昌译,北京:北京大学出版社。

黄宗智、龚为纲、高原,2014,《"项目制"的运作机制和效果是"合理化"吗?》,《开放时代》第5期。

蒋梓莹,2016,《项目制的常规化何以可能?》,《社会发展研究》第4期。

焦长权,2018,《公共支出效率与现代预算国家——"项目制"实践过程中的"资金沉淀"问题研究》,《学海》第6期。

焦长权,2019,《从分税制到项目制——制度演进和组织机制》,《社会》第6期。

焦长权,2020,《项目制与项目池:财政分配的地方实践——以内蒙古自治区A县为例的分析》,《社会发展研究》第4期。

李萍,2010,《财政体制简明图解》,北京:中国财政经济出版社。

李万慧、刘夏阳、赵小蓉,2009,《中国究竟应当实行什么样的财政转移支付结构》,《地方财政研究》第2期。

李燕,2021,《建立常态化财政资金直达机制,让财政直达资金惠企利民》,《中国财政》第12期。

李祖佩,2015,《项目制基层实践困境及其解释——国家自主性的视角》,《政治学研究》第5期。

刘家义,2015,《国务院关于2014年度中央预算执行和其他财政收支的审计工作报告》,https://www.audit.gov.cn/n5/n26/c67491/content.html。

楼继伟,2013,《中国政府间财政关系再思考》,北京:中国财政经济出版社。

楼继伟,2015,《深化财税体制改革》,北京:人民出版社。

楼继伟,2018,《事权与支出责任划分改革的有关问题》,《比较》第4期。

马斯格雷夫,理查德,2017,《比较财政分析》,董勤发译,上海:格致出版社。

渠敬东,2012,《项目制——一种新的国家治理体制》,《中国社会科学》第5期。

史普原,2015,《科层为体、项目为用——一个中央项目运作的组织探讨》,《社会》第

5 期。

史普原,2016,《政府组织间的权责配置——兼论"项目制"》,《社会学研》第 2 期。

史普原,2019,《项目制治理的边界变迁与异质性——四个农业农村项目的多案例比较》,《社会学研究》第 5 期。

史普原、李晨行,2021,《从碎片到统合——项目制治理中的条块关系》,《社会科学》第 7 期。

荀丽丽、包智明,2007,《政府动员型环境政策及其地方实践——关于内蒙古 S 旗生态移民的社会学分析》,《中国社会科学》第 5 期。

张洋、彭波、王珂,2015,《关于 2014 年度中央预算执行和其他财政收支审计查出问题的整改情况》,http://www.gov.cn/xinwen/2015-12/23/content_5026690.htm。

折晓叶、陈婴婴,2011,《项目制的分级运作机制与治理逻辑》,《中国社会科学》第 4 期。

中共中央政治局,2014,《中共中央政治局召开会议审议〈深化财税体制改革总体方案〉等》,http://www.gov.cn/xinwen/2014-06/30/content_2710105.htm。

中国财经报,2014,《发挥财税体制在国家治理中的基础性、制度性、保障性作用——财政部部长楼继伟谈〈深化财税体制改革总体方案〉》,http://www.mof.gov.cn/zhuantihuigu/csgg/ljwcs/201407/t20140707_1109141.htm。

周飞舟,2012,《财政资金的专项化及其问题》,《社会》第 1 期。

周雪光,2015,《项目制——一个"控制权"理论视角》,《开放时代》第 2 期。

# "穷人当家"：县域政府如何开展财政治理？*
## ——对 A 区财政收支的组织过程研究

张　程　陈那波**

**摘要：** 经济发展与财政运行是县域治理的核心过程，一切关乎"钱"与财政收支的关联问题都被涵括其中。基于府际关系和政府行为两大视角，既有文献关于县域经济财政的研究，要么围绕专业性极强的财经数据，要么着力于简化抽象的能动行为，导致基于组织基础的收支过程及行为策略并未得到充分的展现。本研究选择撤县设区后的一个县级行政区作为案例对象，关注组织基础而非数字问题，致力于勾勒资源要素与关键行动者的构成和分布，还原一方县区在经济治理中围绕"钱"所形成的组织结构与收支过程，表现为县区内的关键行动者采取多元行动以确保合理性增收扩支的最大化。这些为进一步研究县域经济财政提供了坚实的微观基础和来自组织维度的中观认识。

**关键词：** 县域经济　地方财政　收支结构　组织过程

## 一、县域财政的结构与过程：问题与文献

党的十八大以来，习近平总书记高度重视县域发展和县域治理，自上而下的各级政府都对县域发展做出了一系列部署与规划。县域财政是县域治理的核心和基石，包括如何发展县域经济，直接或间接地增加财政收入，以及县域的各类公共服务开支、行政开支等支出问题，简言之，是县域治理中关乎"钱"及其"收"与"支"的问题。

---

\* 本文系国家社会科学基金重大项目"新时代县域社会治理能力建设研究"（项目批准号：18ZDA108）的研究成果。
\*\* 张程，中山大学政治与公共事务管理学院博士研究生；陈那波（通讯作者，chennabo@ruc.edu.cn），中国人民大学社会与人口学院教授。

已有研究主要从下述两个视角来阐述和分析县域①财政问题。一是府际财政关系视角。该视角借鉴央地财政研究,尤其是中央与省之间税收财力和分成安排(李明、毛捷、杨志勇,2014)、非税收入(王志刚、龚六堂,2009)、转移支付规模(刘小勇,2012)等的研究议题,借用这些研究的方法度量,使用县一级经济财政公开数据,描述或解释府际关系的发展脉络与分权格局(王敬尧、陶振,2008),形成了省以下财政分权与地方财力的测量和比较(Uchimura et al.,2009;张光,2011)、财政竞争与县域经济发展(王小龙、方金金,2015;李尚蒲、罗必良,2015)等多元议题。而另一系列的研究则关注府际层级的调整,如"省管县""撤县设区"等改革措施对县域财政的影响。例如,在省管县体制影响下实施强县扩权的实践改革使得地方财政级次得到压缩,地方财政链条逐渐缩短(贾俊雪、宁静,2015),省委与以县委书记为首的县域官员达成政绩治理合约(胡彬、胡晶,2016),进一步加大了县级政府以经济增长为导向的支出行为偏差,无论是扩充税收还是显性支出方面,县级政府都体现出较强的竞争性策略行为(杨志宏、郑岩,2017)。再如,在城市化驱动下开展的撤县设区举措,通过上收县级政府权力,原县级官员所能完全自主使用的政治资源被缩减,大举基建以追求经济增长的方式受到上级市政府的制约,导致以基础设施建设为主的生产性支出动机得到了弱化(张莉、皮嘉勇、宋光祥,2018)。

二是地方政府行为视角。这一系列的研究关注围绕财政议题而展开的地方政府行为。早期的研究关注在财政包干制及其后的分税制背景下地方政府公司化的运作行为特征,"地方性国家统合主义"(local state corporatism)(Oi,1995)、"地方政府企业"(Walder,1995)等理论概念由此被提出以解释县域乡镇的经济奇迹,基层政府表现出对经济运作和企业发展的主动介入性与积极干预能力。其后,土地、项目、行政权力等新的要素构建出新的县域政府行为特征,县域政府经历了从"企业"到"土地"再到"城市化"的经营模式转换(折晓叶,2014),其经营属性不断显著。面对分税制所带来的财政压力,地方政府在不同时期依赖各类预算外收入和制度外收入(武玉坤,2015),追求获得超过财政收入外的融资能力,造成了债务底数不清、风险累积的局势(刘尚希,2003)。另外,正式和非正式制度贯穿于经济与财政运行过程也是县域治理的重要特征,经济决策权力相对集中(王蓉,2004),领导指示和没有预算保障的

---

① 在本文中,"县域"指的是县一级的行政层级(包括县、县级市和地级以上市下辖区)所辖的管理空间和领域。

政策安排,以及突发事件构成了县级预算环境的非确定性维度(周隆武,2021)。面对强制的上级指示、有限的地方资源、多重的经济社会考核指标,基层政府基于地方社会网络和地方利益展开的共谋行为成为具有合法性基础、制度化的非正式行为(周雪光,2008),在权威—规则、利益—风险、关系—能力等方面进行权衡也成为县乡政府"局限下取利"的隐蔽治理逻辑(李永刚,2009)。

## 二、 新的视角与分析框架:
## 基于组织过程的县域财政收支

总的来说,伴随着经济的不断发展,各级政府财政收入状况整体得到改善,但财政收支矛盾一直是较为突出的问题,尤其在基层政府。可以说,上述研究充分展现了县域政府在面临财政收支平衡困难、地方财政风险逐渐加重的真实困境时展开多重策略行动的丰富图景。可见,即使整体财政收入实现了高增长,但财政收支倒挂日趋严重,县级财政状况并未发生根本性的扭转。县域财政收入无论多寡,都面临着可用财力有限等众多制约,县域政府必须要学会带入"当家人"的视角,在众多的制约中辗转腾挪,即便是预算很充分,也需要根据实际情况使出各种招数以求平衡。

上述研究从府际关系和政府行为两大视角为我们了解县域财政提供了卓有成效的描述与解释,但遗憾的是,两大视角的研究似乎都没有充分展现县域财政运行的实然图景。在府际关系视角下的县域财政研究中,我们看到了很多财政数据及其层级分配关系,却看不到政府行动者的行动和应对,可谓只见"财"不见"政";在政府行为视角下的县域财政研究中,我们总结了很多围绕着财政而产生的政府行为,然而这些政府行为是抽象和概括出来的,忽略了多个部门、多个主体的县域财政行为的角色和行为差异,可谓只见"行为"不见"政府"。这提醒我们,坚实的微观过程和制度基础的观察在目前相对缺失,但却十分重要。本研究立足于中国县域财政中普遍存在的困境制约,旨在聚焦县域经济与财政的组织基础,具体而言,我们尝试通过案例研究的方法呈现县域财政的组织结构和运作过程,描述县域财政运行中关键行动者的结构地位及角色,分析县域场景中的多元行动者如何围绕财政的"收"与"支"而展开组织运作,以实现当家治理(图1)。

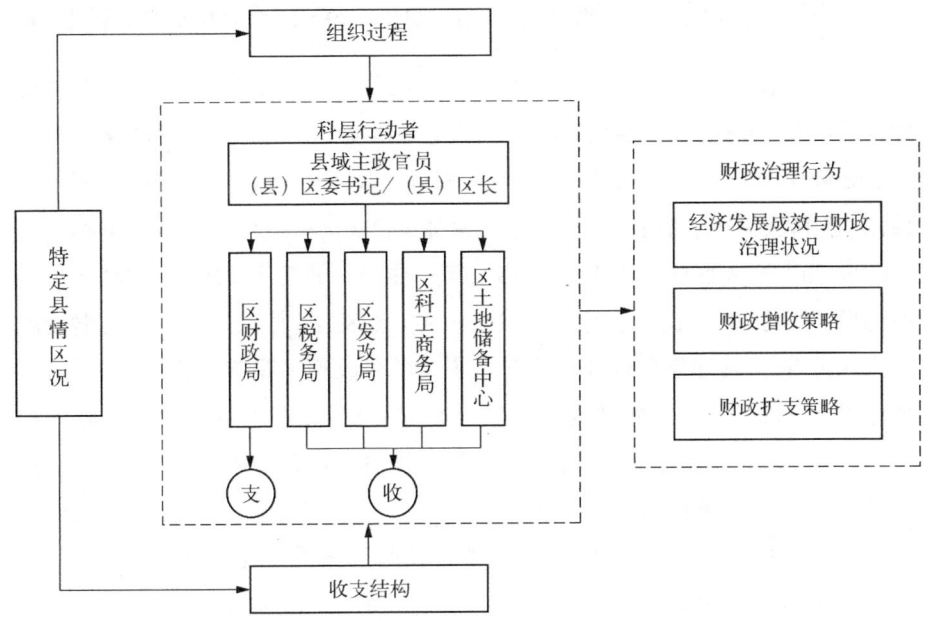

**图1 县域财政运行的行动者及行为策略**

资料来源:作者自制。

## 三、研究方法与案例简介

### (一)研究方法

我们选择了A区作为案例。A区位于S省西南沿海,从属于S省H市,在2014年由县改区,成为H市唯一一个沿海县级行政区,县改区的体制变迁使得A区的发展规划与市级政府实现全面整合对接,同时市区规模和人口集聚为县域经济提供了发展转型动力。十多年间,A区经济财政运行形成了截然不同的样貌与状态,具有一定的案例典型性。2019年8月,研究团队在A区以实习的形式开展了近两个月的参与观察,通过撰写观察日记、访问主要行动者、收集关联的文本资料,积累了相对丰富生动的经验资料。

## （二）基于财政数据的描述性介绍：县级经济社会的总体运行状况

县（区）级政府治理行为很大程度上可以在财政收支中有所体现，因此，财政收支数据并非简单财务意义层面的数字，可以有效体现地方一级政府运行过程中所面临的资源与约束。考虑到目前财政数据的对外开放性与财政部门内部调研的有限性，使用财政数据来描述县级经济社会的总体运行状况不失为一个不错的选择。

设区以来，A区区委提出了"一平二稳三提升"的工作要求，整体经济呈现平稳增长趋势，财政收入总量长期居全市各市（区）前列。但从A区的财政收支构成来看，当地建筑业以及土地开发相关的税收增加是其增收的主要来源，另外很大一部分来自上级政府的转移支付和补助，且补助收入占财政收入的比例也逐年增大（图2），但同时强调充分发挥财政资金的积极作用，以及重点项目、民生保障方面刚性支出的不断增加。虽然每年能够实现预决算账面上的财政收支平衡，但若剥除大额的、不断增长的上级补助收入与专用的政府性基金收入，A区的财政造血能力是相对有限的，加之增支责任的刚性压力，一定程度上存在相对突出的财政收支矛盾。这也提醒我们，对A区财政的组织结构和收支策略展开研究以揭示县域财政运行图景具有一定的研究意义。

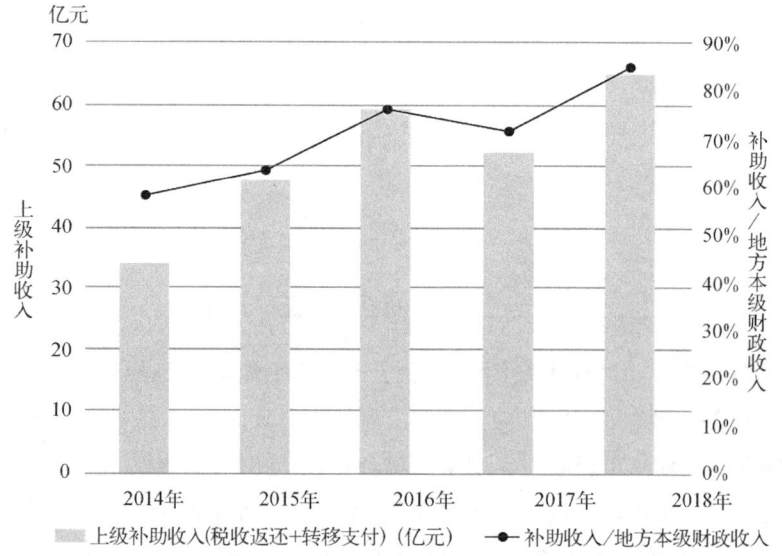

**图2 补助收入与财政收入的构成关系（2014—2018）**

数据来源：《A区政府决算公开报告》。

## 四、案例分析

### （一）县域财政的组织图景

和整体性政府视角不同，本研究认为，县域财政是一个由多个党政部门参与的互动过程，勾勒这些主体在县域财政中承担的不同功能与角色方可有效地理解县域财政的组织与过程。在经济发展与财政运行过程中，A区形成了以主政领导为牵引，财政局、税务局、发改局、科工商务局和土储中心多方资源互联的、分工不一的部门序列集合。

1. "拍板人"：区委书记、区长之于一区的财政决策

县（区）的经济与财政是主政领导肩头最重的责任。调研期间，正值A区党政领导的换届与经济责任审计时期。基于正式制度的视角，主政官员的经济权限与职责角色在其任期经济责任审计表格中得以体现：审计人员主要从财税收支、重大经济决策项目、重要经济指标完成情况、资产负债变动情况四个维度对县（区）级主政领导进行经济责任考察。自上而下审计工作的开展，实质上是对主要领导任期成绩的精细化考察，也大致呈现出区委书记和区长的经济责任分布。正式制度中的经济责任体现了上级政府对地方领导职责的规范性要求，但要理解县区领导在地方财政中的功能还是离不开基于科层运作过程的观察。基于对经费请示处理和区政府常务会议的多次参与与细致观察，笔者尝试勾勒出以下的资金决策流程和机制。

一是常规性的经费请示类决策。这一类决策依托文本流转，遵循日常的流转秩序，无须呈至区委书记和区长，便可完成资金请求与拨付（图3）。一般而言，其涉及经费规模不大，且下级在向上请示拨付时，具有相对明确的制度性依据，用以常规性业务类工作的开展。

二是特殊性的经费请示类决策。这类决策除了依托常规的文本流转，还需经历常务会的集体决策，才能完成资金拨付（图4）。这类经费具有一定规模，时有出于临时性任务或特殊性工作而开展的目的，体现了地方自主财政决策的特征。从决策流程来看，区委书记或区长在其中起到关键作用，是资金决

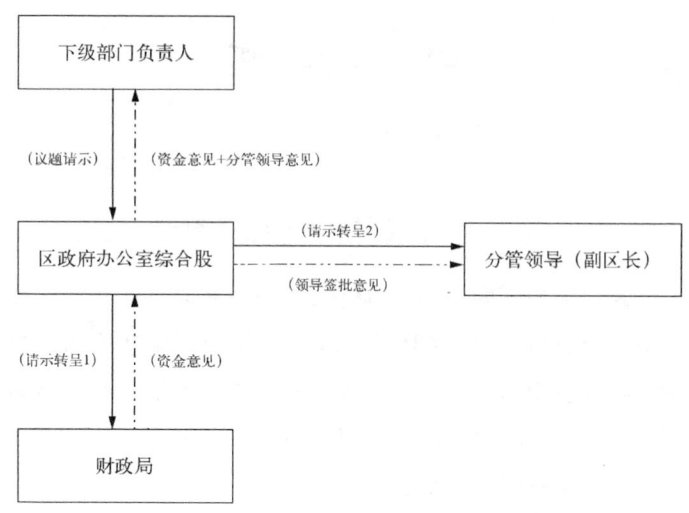

**图 3　常规性的经费请示类决策流程**

资料来源：作者自制。

策流程的核心。笔者曾参与过一次区府常务会，会上对一项资金使用议题进行了讨论和决策。从会议上的发言顺序来看，往往是相关议题的部门负责人先陈述汇报问题，然后区长依次询问财政局局长、审计局局长和分管副区长的意见，财政局局长意见是最为关键的一环，审计局意见更多作为弱化决策风险的保障性部分，最后区长综合以上意见进行定调发言。

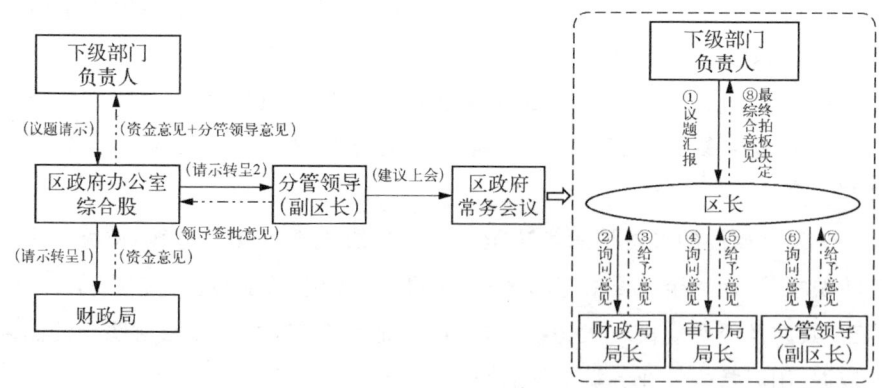

**图 4　特殊性的经费请示类决策流程**

资料来源：作者自制。

基于决策流程的观察描述可见，超越科层运转中的常规性资金，区长作为行政首脑，对于县（区）内大规模性的资金使用、拨付起到了关键性的作用，而超出预算 1 000 万以上的资金事项,则需要区政府常务会转至区委常委会进一步讨论决议,可见区长和区委书记充当着拍板定调的"掌舵者"角色。

### 2. "钱袋子":财政局之于一区的经济发展

财政局是我们常说的"钱袋子",若说区委书记和区长是党政体系中的"掌舵人",那么财政局的角色更像地方政府的"理财人",规划着全区的财政资金。这可从上述的常务会经费决策的观察中得到佐证,财政局领导的意见对于区长最后的拍板决策起到了关键性作用。从机构的职能设置上来看,区财政局内设股室与下设事业单位的数目以及在编人数均居多。在区一级的行政机构中,属于科室庞大的实权部门,具有很强的业务性,发挥着下达财政政策和引导财政资金的角色。另外,区财政局负责资金的拨付事项。首先,对上级安排的各项预算资金,财政局需要在第一时间分解下达,并督促单位加快资金支出进度,以提高资金使用效益。其次,财政局还通过制定拨付计划,与项目单位进行对接,来推进重点项目的建设。可以说,"钱袋子"的松紧,影响着一个区的经济项目和社会项目的推进效率。而资金的拨付顺序,更是财政局的一大决定权所在。在调研中,办公室中一位负责经费文件的工作人员曾说过:

> 钱到不到位,才是事情能不能推向前的关键所在。办事都是要花钱的,只是花大花小。下面要钱部门的条子打过去是一回事,财政局什么时候批下来是另一回事。不过,很多事说不清的,要钱要写明要钱的(政策)根据与花钱理由,财政局也不是随便给钱的,要经过核实的。这些在文件(来往)上都是要说明的、留痕迹的。不过,要是领导重视,推得紧一点,财政局也批得快。也有一些大概的规律,如果要的钱是专项资金,就拨得顺利一些,毕竟专项资金属于上级补助,这个钱专款专用,不拨出去反而要写报告说明。①

### 3. 收入"主力军":税务局之于一区的经济发展

税务系统一直以来承载着"为国聚财,为民收税"的使命,堪称各级政府的"收入局"。2018 年起国地税合二为一,新成立的 A 区税务局承继原有的征税义务,还承担起所辖区域内非税收入征管等职责,实质上成为县域收入的"主力军",并在 2020 年 H 市营商环境调查中获得缴纳税费指标排名第二的成绩。

---

① 访谈材料 QFB20190815,A 区区府办综合股工作人员。

作为一区财政收入的主力队伍,A 区税务局重视征管运行机制的顺畅,选择性地将更多资源分配到纳税服务、风险管理等主要面向纳税人的部门。征税成本和征税效率之间的权衡问题始终是税务系统运行的关键问题,机构改革以来,技术治理和地方性知识(local information)成为 A 区税务组织运行的两大特色。一方面,辖区内办税服务厅均已实现第三层级的"一厅通办",纳税人不再需要"多头管,多头跑,资料重复报",征税成本不断降低,征税效率大幅提高;另一方面,A 区税务部门组建服务队,开展纳税服务体验、税务党员走访服务、"跨城送税课"等创新活动,充分利用地方信息优势和非正式关系,为当地企业普及最新政策,解答涉税问题,有效缓解了企业资金压力,优化了营商环境。

### 4. "跑腿子":发改局之于一区的经济发展

发改系统一般被认为是"重权在握"的政府机构,决定着重大工业项目的批否,发挥经济综合管理作用。但在调研过程中,所在县区一级的发改局似乎一反我们对发改系统的传统认知。借助参与式观察,本文形成了如下的观察记录:

> 在大部制的调整以及简政放权的调整过程中,县一级发改局的职能总体上呈现出减少的趋势。(A 区)发改局的大部分工作是信息的收集、汇总、传达,并不直接参与到经济、产业的发展。发改局只是信息的收集方、各单位的协调方,其主要的职责是要求各部门报送相关的信息,收到信息后汇总,再上报区委区府、市发改局等上级部门。一位发改领导曾说过:"我们区的发改在项目过程中并没有能力去充分调动国土、环境这种部门。"①

在职责构建的规范性层面,我国现行的不同层级的发改部门,在职责范围、实际权力上存在着显著差异,国家、省、市发改部门具有职权递减的趋势。县(区)级发改局虽是辖区内统筹经济社会发展与改革的职能部门,但也是我国发改系统的最基层组织。县(区)级发改部门本身不具备法规和规范性文件的起草权与实施权,也不具有审批项目的真实权力,更没有宏观调控的职能,因此其对地方辖区内国民经济与社会发展的影响力并非十分突出。国家层面

---

① 观察日志 FGJ20190809,A 区发改局工作人员。

机构改革的更迭,导致发改系统职能定位的宏观变化,但在地方层面,发改机构职能角色的差异性还跟具体所在地域有着密切的关系。A区发改局原先核心的部分经济职能逐渐被区科工商务局所承接,且日趋演变为区政府向上要钱要项目、进行信息协调的部门,因此也被区发改局的工作人员调侃成"跑腿子"。相反,不少发达地区的发改机构还承担着促进经济增长的重要作用。

### 5. 增长"发动机":区科工商务局之于一区的经济发展

以上职能部门虽然与经济紧密相关,但本身并不直接具备促进辖区经济增长的职能。而真正促进A区经济增长的部门主要是区科工商务局。区科工商务局是一个与企业、产业、投资贸易等都有着直接紧密关联的职能部门,是A区招商引资的排头兵。以引资工作为例,A区实行的招商模式不断由政府推动型向市场运作型转变,形成了政府—市场互动型的招商模式——区政府领导挂帅推介机制与专业化的招商队伍建设机制相结合。

区政府领导挂帅推介机制,表现为A区政府领导在商业座谈会和大型推介活动中主动带队推介,以科工商务局为首形成系统配套的投资承接部门,承担制定产业政策、给予优惠政策、审批投资项目等工作,达到动员企业家乡贤资源的目标。长此以往,政府与企业家乡贤群体之间形成了良好稳定的互动联结关系,这一机制目前看来是具有成效的,如产业园中70%的园区企业都属于A区乡贤回乡所创办的企业;专业化的招商队伍建设机制,表现为以专业领域分类,探索建立招商小分队。区科工商务局下设的招商局根据主导产业特点,以A产业园投资开发有限公司为平台向外聘请招商专员,组建招商团队,并为专业招商队伍制定目标任务,完善考核机制。如根据接触客商人次、引进项目数量和质量、项目落地情况等内容进行打分,考核结果与工作绩效挂钩,实行竞争机制。自小分队启动招商以来,A招商引资工作的针对性、时效性和效果均得到了提升。

### 6. "土盘子":区土储中心之于一区的经济发展

A区土地储备中心机构(以下简称"区土储中心")是于2014年县改区后设立的副科级、为区人民政府直属管理的公益一类事业单位。其主要任务是开展土地储备工作,以增强政府对土地供应的调控力度。除了管理由区政府依法没收和收回的闲置、抛荒及其他无力继续开发的土地,将其纳入储备土地范围,做好对储备土地的资金测算平衡、招商洽谈以及投放市场的前期准备外,区土储中心还承担了管理、运作好由区财政拨付的土地储备资金这一重要任务。区土储中心虽仅是一个事业单位,但土地资源和财政资金这两大资源要素都在这个部门产生了集聚与联系。然而,这两大资源在土储中心的状态是流通性的,即土地储备所涉及的土地征(收)用、拆迁补偿等多个工作都需要大量的财政资金,按计划顺利支出后,土地才以储备的形式存留于土储中心的账面上。

## （二）A 区财政的收支策略

上述源自组织层面的观察提供了一个结构与功能兼具的行动者集合,企业、产业、土地、资金、信息等各类资源在主政领导与六大经济财政部门间流转运作。A 区的经济治理呈现以下特征:地方预算收入与支出间存在较大缺口,财政收入的有限性加上可支配财力的结构性问题构成了该区的收支困境,使其难以满足多重支出需求。基于这样的经济财政现状,A 区以主政领导为首、经济财政部门为主的行动者集合形成多重收支策略。

### 1. 财政增收的多重策略

（1）紧握重点税源:"选择性"发展和督查重点行业

伴随建筑业规模的扩张,A 区建筑业产值逐年稳步增加,在经济发展中发挥支柱作用,截至 2020 年,建筑业产值占全区 GDP 比重已高达 17%（图 5）。值得注意的是,该行业对该区的税收贡献历年来也处于高位,至 2021 年,建筑产业的税收收入已有 35.92 亿元①,但某种程度上也预示着该区税源的相对单一性。

在税源相对单一、收支压力巨大的背景下,A 区选择了紧握重点税源的应对策略,表现为"选择性"发展重点产业与督查重点行业两大抓手。首先,"选择性"发展重点产业实现开源创收。这里的重点产业指的是作为税源主体的 A 区建筑业,具体发展策略为:A 区政府不断加大对建筑业的扶持力度,帮助企业做大做强,通过吸纳更多的建筑企业落户 A 区,推进龙头企业的资质晋升,推动区内建筑企业由单一的劳务施工向技术型和综合型转变,从而实现建筑产业的创税稳定提升。同时,为了拓宽建筑企业的融资渠道,政府还为企业和金融机构之间提供联通机制,通过 A 区建设集团与 A 区农信社这样的金融机构进行股份合作,构建了伙伴关系:

---

① 数据来源:《A 区 2022 年政府工作报告》。

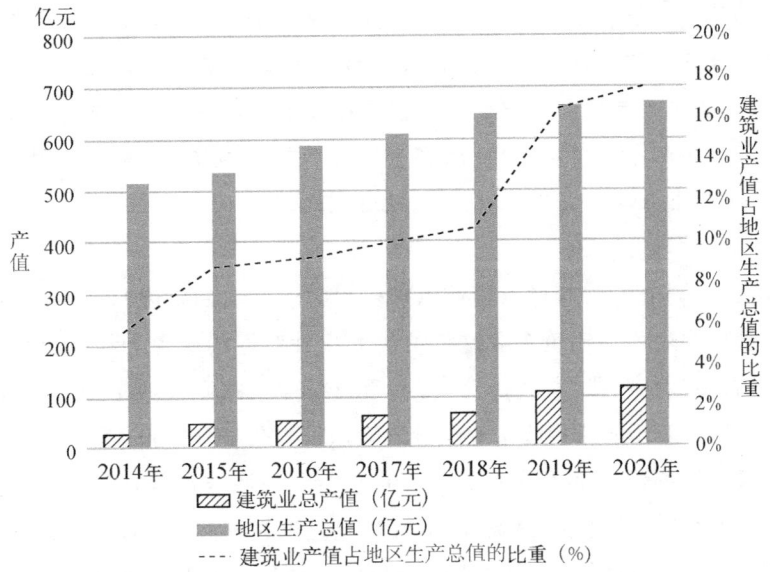

**图 5　A 区的建筑业产值与地区生产总值的占比情况**

数据来源:H 市统计年鉴(2014—2020)。

建筑是我们的支柱产业,是我们区的纳税大头,把建筑做大做强,是保税收的一大策略。2014 年,建筑业纳税 5 个多亿,再到 2018 年,创税就有十多亿。有政府的扶持、领导的重视,尽管外部整体经济下行,整个建筑行业的发展压力增大,但区内的建筑业发展态势还可以,就 2019 年上半年来看,创税收 8 个多亿,实现产值增值问题不大。虽然建筑就行业来讲属于利润率不高的行业,但它有利于把 GDP 和地方税收的盘子做大,这都是重要的考核指标啊!所以抓住自身的产业优势,抓建筑业发展是必然的。①

除了重点关注建筑产业发展以扩大税基,A 区政府还在建筑业税收缴纳上投入注意力。A 区税务局对建筑业提供完善的政府服务,着重帮助企业提高防范税收风险的能力,以提高税收收缴的效率:

我们的税务部门对建筑业的服务工作很到位。建筑企业跨县(市)经

---

① 访谈材料 QFB20190815,A 区区府办工作人员。

营的情况是很普遍的,再加上"营改增"的实施,建筑业被纳入试点,税收上的政策变化不少。针对区内大多数建筑企业总部不在区内办公的情况,A区税务部门每年都会组织专门的队伍赶赴外地召开座谈和培训会,把辅导和服务亲自送上门,送去个性化的税收政策"礼包",解决涉税问题,帮助企业享受税改红利,确保规避风险。①

其次,"选择性"督查重点行业以减少税收流失。如果说"选择性"发展重点产业策略通过给予建筑企业这种纳税大户针对性的服务和扶持,发挥出税收增加的正向效应,那么"选择性"督查重点行业策略则发挥了抑制财政收入流失的作用。对于异常税收企业进行风险识别与分析。"分散难管"一直是行业税源管理的难题,A区税务局建立了重点行业税源挂点督查制度,国税局通过后台数据筛查,导出年纳税额20万元以上且税收异常的企业名单,再结合纳税评估模型,对企业税收异常原因开展分析。在此基础上,税务部门的领导班子根据分析结果以及分管情况,分别挂点实地开展督查。这种筛查式精细化的税源管理,改善了税收征管过程中的信息不对称,克服了以往"广撒网"式的管理成本高与管理难度大的缺陷,有效地达到了"补短板促增收"的效果。

(2) 巧用"旧米":盘活和处置国有资产

建区之初,A区大量国有资产处于一盘散沙、低效无益的状态。A区通过盘活企业闲置资产、规范管理区属国有企业、增强国有经济活力,有效促进了地方财政增收。首先,处置闲置的国有资产,保障以较低的成本投入实现较好的直接收益,从而有效地增加了区级财力。财政局下属的A区国资办协同国土、房产、规划、公共资源交易中心等相关部门采取有效措施,聘请有资质的评估机构对闲置资产进行评估,以公开招标、招租、拍卖等市场运作方式进行处置,从而实现资产最大程度的增值。其次,A区政府还整合区内现有的城市建设和交通运输板块资源,实现国有企业重组,搭建地方融资融券平台,促成制度性资金筹措途径,即成立政府性投资公司进行融资,从而盘活原有的国有资产以提升自身的资金筹措能力,同时达到"以城建城"的效果。2014年,A区正式成立区城市交通建设投资集团有限公司,集团秉承"实施政府城市建设战略、建设A区品质新城"的价值目标,承建了A区大量的城建项目和民生工程。

---

① 访谈材料QFB20190815,A区区府办工作人员。

（3）做大"盘子"：招商引资，全力发展园区经济

A区依托园区进行招商引资，以做大经济"盘子"。其"做大"策略可总结为"三步走"。第一步是完善工业园区基础设施，提升园区承接产业发展能力。A区政府将工业园区基础设施建设作为引项目、促招商的依托，不断加大基础配套设施建设力度，前后共投入10亿多元资金完善基础配套设施。第二步是加强园区软环境建设，加大吸纳企业经济体的筹码。在B市各县区中，A区的科学研究与试验发展（R&D）经费一直都处于较高水平，并把2019年作为"园区提质建设年"，以优惠政策、投资环境、产业环境为园区软环境建设的多重抓手。第三步是重点把握招商王牌，打造产业集聚效应。A区在分析自身所具备的招商优势的基础上，打造招商引资"一号工程"：

> 自己资金少，就要吸纳外边投资。形成产业发展，产值和税收才能成规模，小打小闹是不行的，说到底就是搞好招商引资。第一个是回归反哺招商，我们区的"老板"多，区领导亲自接见，每年都组织他们返乡恳亲，看看我们的变化，还搞了个回归反哺创业园，目前已完成第一期建设。××公司回乡建设就是个成功案例，老板是我们A区人。第二个是主导产业招商，现在形成了六大主导产业。有了主导产业，就能吸引上下游企业。第三个是"园中园"招商，"招一个，引一串，带一片"，把自主权交给引进来的龙头企业。为了搞好产业发展，政府尽可能地在政策允许范围内，帮助企业突破用地、融资和项目审批的瓶颈。①

（4）学透用足政策：向上争取资金支持

在县改区之初，A区承担的政府性债务余额居于高位，历史遗留的债务包袱相当沉重。A区为应对体制变化，选择学透用足政策来积极争取上级的资金支持。调研发现，A区政府在利用政策上倚重两大策略：扩大上级转移支付基数和利用政府债券筹措资金。

一是扩大上级转移支付基数。来自上级转移支付的资金扩充，意味着地方政府支出压力的缩减。转移支付已逐渐成为上级政府扶持、动员激励下级政府的财政类治理工具。A区除注重把握日常的支出进度考核，还积极响应上级来争取奖励性资金。从奖励性资金的财政属性来看，省级奖励性资金是作

---

① 访谈材料QFB20190815，A区区府办工作人员。

为省级激励性转移支付而存在的,属于省级预算安排的一般性转移支付,由财政增量返还和协调发展奖两部分构成,资金的主要分配对象是S省欠发达地区。再结合S省财政厅发布的相关文件《关于压减省级财政专项转移支付扩大一般性转移支付的意见》,省级政府致力于完善和提升均衡性转移支付,试图发挥"强激励"和"保基础"的激励引导作用。对于地方政府而言,一般性转移支付实际增强了地方政府自主统筹安排资金的能力,突破了专项转移支付的财力使用约束。因此,自身财力薄弱的A区,在符合争取奖励性资金的条件下,能够获得奖励性资金将意味着其获得一般性转移支付的基数扩大,实现自主财力的增加,从而得以有效缓解收支压力:

> 那时候,我们区财政局认真研究了中央的、省里的财政政策,注重把握支出进度考核和转移支付资金这一块的政策变化。我们是"撤县改区"地区,这块上面都是有支持政策的。每一项能争取到的资金,都不放过。人家说"一穷二白的基础",我们那时候除了一穷二白,还身负重债。2014—2015年我们获得省级四税收入增量返还和协调发展奖金13个亿,其中协调发展奖励的2个亿列入了我区的转移支付基数,这些都缓解了收支矛盾。①

二是利用政府债券筹措资金。A区财力薄弱,仅靠地方财政投入是无法满足重大项目建设的大规模资金需求的。在不具备自行发债权的情况下,A区力争地方政府债券资金的使用:一方面,通过积极向省政府争取支持,力争低利率的新增政府债券资金,用于公益性项目支出;另一方面,A区利用投融资平台来发行建设类债券。如面临县域副中心建设亟待资金支持的难题时,其积极向上争取权限许可,通过组建A区产业园投资开发有限公司、A区水务投资集团等国有企业作为副中心投融资平台,以自营模式参与县域副中心建设,发行新增政府债券,保障了后续资金需求,有效缓解了地方财政压力。

以上可见,在财权向上集中的大背景下,下级政府收入来源里有一块相对灵活的收入份额取决于其向上争取资源的力度与精准度。

### 2. 财政支出的相机策略

财政资金具有"稳增长、调结构、惠民生、促发展"的积极作用,A区建区以

---

① 访谈材料QFB20190815,A区区府办工作人员。

来,财政支出足以保障全区工资发放和社会各项事业基本支出需要,但区财政局局长仍在每年的《A 区政府预算决算说明》中强调,区内的支出刚性需求在不断增强,财政运行困难仍然存在。这并不难理解,在财权上收、事权下沉的背景下,A 区政府和其他地方政府一样都在通过多种方式来实现财政支出的合理化以及支出效应的最大化。

(1) 过好"紧日子":预算的编制与调整

以 A 区公开的年度财政预算汇报内容为例,我们发现收入项目的调整变化不大,报告的有关说明相对简单,主要提及上级追加转移支付加上发行新增政府债券收入。而支出项目的扩支调整,则占据了主要篇幅,且条条项项都进行了详细的解释,借此总结出四大增支原因:一是本级预算追加,二是增员与调资追加,三是新增一般政府债券支出,四是上级专项转移支付追加。政府预算具有收入分配功能和资源配置功能,"穷人当家"式的预算编制体现出在收入相对有限、资源相对稀缺的情况下,A 区政府的基本支出决策相对保守。但预算支出的大幅调整,又证明了地方政府试图在合法性框架内寻求扩支合理化的努力与冲动:

> 本级预算是追加很正常的,只要钱用得有根据,出现增支的情况都是可以解释、汇报的。增员与调资也是刚性支出需求呀;政府债券也是有收必有支的,对省下达的新增债券资金,我们都是尽快报人大审批办理预算追加,发挥资金的使用效益;上级的专项转移支付下来了,第一时间进行下达。预算的编制与调整不是个容易活,要阳光透明,还要为地方财政支出的扩张提供合理性解释,账面上做好相对平衡。要学会过好"紧日子",把花出去的钱做到效益最大化,哪一块花多了,就要意味着另一块的钱要收紧一些,不能全面铺开。①

(2) 保重点支出:约束性指标的激励导向

A 区设区以来民生支出的占比居高不下,常年处于 70% 以上的高水平,民生支出的高占比与地区财力的有限性形成反差,这背后所体现的是县域政府财政决策的优先性问题。

首先,厘清民生支出的资金来源与构成是理解政府财政决策的第一步。

---

① 访谈材料 QFB20190722,A 区区府办工作人员。

无论是中央层面还是省级层面,政府间转移支付都呈现出追求公共服务均等化的倾向。S省更是提出"十大民生实事"等惠民政策,要求市、县对应落实,省级用于民生领域的转移支付规模也逐年追加。A区响应省、市的要求,集中财力保障低保、五保、孤儿、残疾人供养、医疗救助等"底线民生"需求,关于弱势群体补助等资金一律按照中央、省有关标准就高安排,资金投入力度持续加大。从S省财政厅公布的一些专项资金安排来看,针对省内欠发达地区,省级政府一般会给予更多的民生专项转移支付。可以说,中央、省、市以转移支付手段对地方支出行为形成了影响,而资金补助的形式直接影响了下级政府的优先发展目标。因此,民生领域中大规模的、来自上级转移支付以及民生的任务逐渐具备硬指标的约束性,使得A区政府对民生领域支出的反应具有敏感性:

2019年上半年我区教育、社会保障和就业等民生支出完成430 310万元,占全区一般公共预算支出的85.41%。在促进教育均衡发展、加强住房保障等民生实事方面得到有力保障。保工资、保运转、保重点主要依赖上级补助资金,财政收支矛盾十分尖锐。①

其次,政府对于不同民生项目任务的反应也存在差异。在分税制的背景下,事权上移,责任下移,上级政府条条块块下指标、布置任务,俗称"上面点菜,下面买单"。近年来,中央层面要求降低地方财政支出不确定性风险,各类专项资金应运而生,变成了"上面点菜,专项+配套做菜"的模式。但从县区的实际层面,似乎"小马拉大车"没有变,在可支配财力有限的情况下,支出压力依然艰巨,A区也表明存在区级配套资金任务重大的情况。

笔者尝试从目标清晰度、上级财政投入程度、项目本身属性多个因素来分析地方政府推进"上面点菜"项目的支出优先级。目标清晰度指的是政策绩效目标的明确程度,从笼统的原则性目标到可逐级分解、易被衡量的目标;上级财政投入程度指的是上级补助的占比以及资金下达效率,目标清晰度和上级财政投入程度两者可以形成一个由低及高的连续统;项目本身属性,指的是项目是不是大型的工程类建设项目,还是数字指标类的民生项目。一般来说,目标清晰度高、上级财政投入高、项目本身不复杂的民生项目,如"城乡居民基本

---

① 资料来源:A区财政局《A区2019年上半年一般公共预算执行情况的分析报告》。

养老保险基础养老金最低标准从每人每月148元提高到170元"这类补助对象易界定的专项资金项目,其完成进度是相对顺利的,但若涉及像贫困户这类动态性的特定补助对象,界定补助对象本身就是一项复杂的技术性工作,建档补助的实际推进过程则会相应缓慢;而像一些目标本身不太清晰、上级补助占比低,或者省、市资金下拨进度缓慢,项目又是长周期的、涉及复杂流程的工程建设项目,如"危桥改造35座""人民医院改扩工程"这类大型工程项目都很难顺利推进支出。总的来说,三个因素中,上级财政投入程度起到了相对主导的影响作用,地方政府一般会赋予政策资源、财政资源充裕的大项目一定的优先性,通过完善"大专项+任务清单"的资金统筹机制,集中财力办大事,同时,任务清单中的优先级序列是"先约束性任务,后指导性任务":

> 很多事我们地方政府想做,上级政府也想做,对老百姓提升幸福感也有作用。很多都是走专项,说白了,也是硬任务,上面都要考核的。如果区级配套任务不重的,自己稍微出一点,努力一下就做成了。再加上又属于民生支出,在预算上来看也是有利于政治考量的。现在大趋势就是地方政府要从财政支出力度上表现惠民态度,都说保运转、保民生、促发展,这年头尤其是欠发达地区,民生支出会是这三项开支里的大头。我们区这几年推的"十大民生实事",其实都是上面给的任务,包装一下,作为重点项目任务放在前面去推,加快项目支出进度,做好了也是区里的政绩,何乐不为!①

访谈内容进一步揭示出,支出决策的先后次序中,民生支出建设具备硬任务的约束性,基于此,地方政府会策略性地将上级考核与自身政绩建设需求进行巧妙的结合和包装,保障重点项目发挥出财政资金的使用效益。

(3)借力支出:推广PPP模式暂缓压力

针对地方财政支出压力大、基础设施和市政建设短板亟待改善的形势,A区开始积极推广PPP模式以支持地方基础设施和市政项目,试图吸纳社会资本来支持重点项目建设、缓解财政支出的压力。具体资金方法为,对通过财政承受能力论证并经市政府审核同意的PPP项目,市财政部门在编制中长期财政规划时,将项目财政支出责任纳入预算统筹安排,分年度向建设和运营企业

---

① 访谈材料:QFB20190915,A区区府办主任,2019年9月15日。

支付政府应负担的费用。推广 PPP 模式,体现了地方政府在土地财政不可持续的情况下的借力支出决策。建区以来,A 区政府利用土地财政撬动了显著的财政收入,但当土地财政的不可持续性逐渐显露时,区财政资金用于建设的能力将面临有限性。如果不用 PPP 模式,就需要动用大规模的财政资金,地方财政需在短期投入大量建设资金,短期的资金压力将显著增加。而借力 PPP 模式,在整个项目周期内,地方政府的项目资金付出模式将比较均衡,有助于平滑政府即期的财政支出压力,保证经济平稳发展。在大举建设新设区的当下,推广 PPP 模式已然成为 A 区政府缓释资金投入压力、保障重大项目落地的借力策略:

> 市政项目前期投入大,成本回收期长,财政支出负担重,光靠政府是吃不下这么多项目的。以前的 PPP 说白了都是简单的 BT、BOT,现在讲究风险共担、利润分享。我们区要搞县域副中心建设,也需要大量资金。我们考虑 PPP,来引入社会资本,借力搞建设。目前投资 2.2 亿元的北部互联公路 PPP 项目已通过了省财政厅审核。因为还没有投入运营,现在还看不出收益成效。至少前期,不用政府一下子投入那么多钱,也算是借力使劲的权宜之计。[①]

## 五、结论与讨论

本文选择撤县设区后的一个县级行政区作为探究县域经济财政的研究对象,A 区作为后发地区,借助先天区位优势,加之行政体制的演变为其带来后天的区划利好,无论是经济总量发展还是产业项目建设都呈现出蹄疾步稳的良好态势,与县改区前的落后样貌形成了巨大反差。情境场域的复杂性确保了案例的丰富性,而出于我国上下职责的同构性,组织过程和制度基础具备稳定性与相似性,故 A 区不失为一个兼具一定典型性与代表性的、值得观察研究的县域治理单位。

本文通过厘清资源要素与关键行动者,关注组织基础而非数字问题,还原出一方县区在经济发展和财政运行中围绕"钱"所形成的组织结构与收支过

---

① 访谈材料 QFB20190915,A 区区府办主任,2019 年 9 月 15 日。

程:县级党政首脑"掌舵"定调,财政局"持家"管账,税务局积极开源,科工商务局牵头引资,土储中心保障土地供给,发改局协调配合,多个关键行动者联动采取紧握重点税源、盘活闲置资产资源、开展融资融券活动、积极向上争取资金支持等多重手段进行增收,同时保障财政支出的合理化以及支出效应的最大化。这些具有代表性的收支行为与策略,都展现出一个县级行政区在面临自身财政造血能力有限的约束下如何学会"穷人当家",如何因地制宜地应用治理工具和选择发展策略以完成经济建设任务并展开财政治理的丰富图景,揭示出县域收支的组织机制和丰富独特的互动过程。

财政作为"国家治理的基础和重要支柱",将组织行为置于地方财政治理背景下讨论深具现实意义。以往财政研究中的两大视角,即府际关系视角和政府行为视角往往容易形成只见"财"而不见"政"或是只见"行为"而不见"政府"的关注偏失。所谓财政,以"政"领"财",以"财"辅"政",本研究认为只运用财政数据或只关注基层政府作为整体性行动者来研究县域财政都是不够充分的,只有在把握关键地方经济财政数据的基础上进一步探究一级政府内多个部门、多个主体在县域财政行为中的角色行为差异,才能够真正理解地方经济财政活动所面临的资源与约束以及与之对应的治理策略。

# 参考文献

胡彬、胡晶,2016,《"强县扩权"的体制困境——行政层级间的博弈》,《中国工业经济》第 12 期。

贾俊雪、宁静,2015,《纵向财政治理结构与地方政府职能优化——基于省直管县财政体制改革的拟自然实验分析》,《管理世界》第 1 期。

李明、毛捷、杨志勇,2014,《纵向竞争、税权配置与中国财政收入占比变化》,《管理世界》第 5 期。

李尚蒲、罗必良,2015,《地方政府竞争:财政赤字扩张及其攀比效应——来自县域的证据》,《学术研究》第 9 期。

李永刚,2009,《多重比大小——地方官员的隐蔽治理逻辑》,《经济社会体制比较》第 2 期。

刘尚希,2003,《财政风险——一个分析框架》,《经济研究》第 5 期。

刘小勇,2012,《分税制、转移支付与地方政府财政努力》,《南方经济》第5期。

王敬尧、陶振,2008,《分税制视野下府际关系的特征与走向——府际间财政资源分配的视角》,《江汉论坛》第4期。

王蓉,2004,《中国县级政府教育财政预算行为——一个案例研究》,《北京大学教育评论》第2期。

王小龙、方金金,2015,《财政"省直管县"改革与基层政府税收竞争》,《经济研究》第11期。

王志刚、龚六堂,2009,《财政分权和地方政府非税收入——基于省级财政数据》,《世界经济文汇》第5期。

武玉坤,2015,《中国地方政府非税收入汲取研究——一个财政社会学分析框架》,《贵州社会科学》第10期。

杨志宏、郑岩,2017,《省管县体制下县级财政竞争特征分析、存在性检验与治理路径》,《地方财政研究》第10期。

张光,2011,《测量中国的财政分权》,《《经济社会体制比较》》第6期。

张莉、皮嘉勇、宋光祥,2018,《地方政府竞争与生产性支出偏向——撤县设区的政治经济学分析》,《财贸经济》第3期。

折晓叶,2014,《县域政府治理模式的新变化》《中国社会科学》第1期。

周隆武,2021,《县级政府预算支出分配机制——一个分析框架》,《地方财政研究》第4期。

周雪光,2008,《基层政府间的"共谋现象"——一个政府行为的制度逻辑》,《社会学研究》第6期。

Oi, J. 1995, "The Role of the Local State in China's Transitional Economy." *China Quarterly* 144: 1132-1149.

Uchimura, H. & J. Jütting 2009, "Fiscal decentralization, Chinese style: good for health outcomes?" *World Development* 37(12), 1926-1934.

Walder, A. 1995, "Local Governments as Industrial Firms: An Organization Analysis of China's Transitional Economy." *The American Journal of Sociology* 101 (2): 263-301.

# 学术论文

# 从数字治理走向数字赋能

## ——基层治理现代化的路径选择*

闵学勤**

**摘要:** 基层治理体系与治理能力现代化建设在其发轫之初,即与全面开启的数字时代迎面相遇,数字化转型成为基层政府的路径选择。N市Q区创建的"掌上云社区"见证了基层数字治理从初创走向数字赋能的全过程,"掌上云社区"五年多的发展历程显示数字治理并不天然具有自助赋能的功效,只有数字驱动和治理驱动同频共振,政府赋能和公民赋能同步推进,才能真正从数字治理走向数字赋能,进而推进基层治理的现代化进程。

**关键词:** 数字治理 数字赋能 "掌上云社区" 基层治理现代化

推进国家治理体系和治理能力现代化作为完善和发展中国特色社会主义制度和全面深化改革的总目标在2013年党的十八届三中全会被提出后,时隔六年,党的十九届四中全会重申这一目标,并进一步明确时间表和路线图,提出坚持和完善共建共治共享的社会治理制度必须"构建基层社会治理新格局"(新华社,2019),在国家战略和顶层设计之下,创新基层治理作为实践路径之一呼之欲出。不仅如此,2020年习近平总书记在浙江视察时指出,运用技术推动城市管理手段、管理模式、管理理念创新,从数字化到智能化再到智慧化,是推动城市治理体系和治理能力现代化的必由之路(黄其松,2022)。2021年《中共中央关于制定国民经济和社会发展第十四个五年规划和二〇三五年远景目标的建议》强调"加强国家治理体系和治理能力现代化建设,破除制约高质量发展、高品质生活的体制机制障碍",要求"提升大数据等现代技术手段辅助治

---

\* 本文系国家社会科学基金重大项目"大数据驱动的网络社会心态发展规律与引导策略研究"(项目批准号:19ZDA149)、南京市社会科学基金重点项目"特大城市智慧治理路径研究"(项目批准号:21ZY02)的研究成果。

\*\* 闵学勤(minxueqin@ nju. edu. cn),南京大学社会学院教授、博士生导师。

理能力"(新华社,2020),这一系列的国策安排为创新发展基层治理指明了前行方向,并打开了数字视野。

一直以来,基层是国策落地施行的最后一棒,扮演着极其重要的角色,向下它直接触及民生民情,向上它承载国之根本。在改革开放的40多年里,基层治理从城乡社区的建设发展出发,拓展到城市的区县和农村的乡镇,逐渐找到与高速经济发展相匹配的"小切口,大创新"的基层社会发展之道,并对市域治理、省域治理的范式转换和模式创新起到实验性的积极推动作用。随着信息技术的不断迭代升级,数字技术向基层治理的渗透也带来了新场景:一方面超负荷的基层治理急需技术减负,并实现多方的提质增效;另一方面数字技术又需要更新的理念、更宽广的平台、更富实践经验的基层人才与之对应,基层治理再次迎来新的挑战。

# 一、数字时代的基层治理总动员

进入21世纪以来,随着互联网迭代为移动互联网,紧接着物联网、大数据、云计算、区块链和人工智能等数字技术相继出现,全面数字化时代已经开启,它率先变革的是受市场驱动的经济领域,进而向个体生活的数字化蔓延。这一过程中,在线消费、在线社交和在线参与等几乎无法选择地便成为大多数个体的日常,且经济生活、社会生活的数字化突变进程完全不按线性逻辑发展,此时身处其中的政府部门如果不主动拥抱数字化,很可能会沦为市场和社会之外的落后部门(Dunleavy et al., 2006)。于是,各国政府纷纷出台数字化转型战略,旨在加快推进政府数字服务,促进跨政府部门建设数字化平台,提高政府数字服务效能,改善政府与民众之间的关系(张晓、鲍静,2018)。中国政府也不例外,各类信息网络技术被广泛地运用于各级城市的电子政务、社区治理、社会监督、社会诚信、街道管理、公共服务和公共安全等治理的所有领域(俞可平,2021)。而2020年以来在全球暴发的新冠肺炎疫情更加快了政府数字化的步伐,为了与时间赛跑,有效控制疫情蔓延,在百姓默认大数据信息共享的基础上,数字技术被广泛应用于疫情监测、病毒溯源、医疗救治、资源调配、联防联控、社区管理、复工复产、疫期生活、辟谣防护、政务服务等(薛小荣,2020)疫情期间的日常治理中,特别是直接影响疫情防控"最后一公里"的基层治理被卷入这一中心,基层政府的数字化程度和数字化治理效度比以往任何时候都备受社会关切。

基层治理作为国家治理的核心场域,受地方政府的委托、组织和控制,在贴近公众生活多层次的地理空间内,要依托于政府组织、社会组织和民间组织等各种组织化的网络体系,及时有效地应对地方出现的公共问题(孙柏瑛,2003),共同完成公共治理目标。而数字化时代,基层政府除了要面对市场、社会与公众外,一个新的变量——数字技术成为治理中不可或缺的重要支撑。在数字化转型面前,基层政府处于复杂的两难选择中:一方面,基层常常被视为"船小好掉头"而被推向转型或创新的前沿,也因此各类改革举措或创新实验容易导入基层去实践或试错,加速基层与百姓的互动,一些成功的改革创新模式容易被感知、被推广,将中国的基层政府视为改革的前哨并不为过;但另一方面,以数字技术运用为支点来撬动基层治理,相当于以小博大、由弱碰强,其难度和问题还是超乎想象的。

首先,基层政府在不具备专属技术部门、不拥有大数据人才的情形下就被快速卷入数字治理的草莽时代(即使现在也仍未突破这一时期),来自上级部门、平级同行及市场和所辖区域百姓的多方呼声都将基层政府推向技术逐鹿的前沿,他们所拥有的行政思维和技能要在最短时间里与陌生的数字技术进行嫁接,并被期待结出低成本、高显示度和高获得感的创新成果。这一系列的推波助澜确实将一小部分思维敏捷、行动果敢的基层政府推到了浪尖,大数据、代码、算法、AI或VR等专业词汇在某种程度上成为他们新的治理要素,这些极少数"吃螃蟹"的基层政府也正试图尽快挤进数字政府、智能政府或智慧政府的标准化制定者行列。但对大多数基层政府而言,何为数字治理、如何进行数字治理、数字治理带来的变革将如何影响政府行政和百姓感知仍然不清晰、不明朗。其次,与此同时有一股风潮很快席卷基层,被视为集硬件、软件和系统集成于一体的大屏开始高频出现在尝试数字治理的基层行政空间里,无论是区县政府、街道还是乡镇,无论是为网格化或城管系统的数字升级,还是因"三社联动"或城市运营的数字化改造,"大屏在墙"确实在表面上提升了数字化的可见性,而通常所谓的"大屏治理"需跨部门汇聚全域数据,完善治理机制,运用各种传感器终端、智能感知终端和泛在网络接入,对城市运行体征和城市活动场景进行全方位、多层次、多维度的跟踪、监控,在探索打造城市运行管理全景展示、定期数据汇总分析、高发问题决策研判、突发事件协同作战联合指挥方面显现实战功效。而事实上通过多地调研发现,"一屏纵览""一键治理"通常只是出现在上级或同行的参观中,日常大多数基层的高清数字大屏仅供展示使用。最后,在基层治理与数字技术的多轮合作互动中,有学者认为其来到了一个新阶段,即重"技术"轻"治理"的阶段——多将算法、平台、系统等数字技术作为研究重点,而少有在中国地方政府的治理语境下,对影响治理效果的因素进行挖掘分析(于君博、戴鹏飞,2021),表现在不仅各类大屏功能使用率低下甚至闲置,各地政府的 APP 也呈泛滥趋势,为满足各地政府 KPI 的数字化考核指标,通过行政捆绑进入各类政务 APP 的民众,事实上绝大部分都极少点开,最终沦为"僵尸粉"。虽然数字技术与治理内涵在多中心、扁平化、协商性和公平感上有诸多契合点,但大多数基层政府在硬件和软件堆砌的所谓"数字平台"上并未能够深度思考数字技术对治理要义的践行,也还远未体悟到数字赋能对政府行政创新的意义,而盲目跟风或应付参观成为基层数字化趋势的一种常态,当然技术治理蕴含的以行政技术和工具理性吸纳社会领域价值诉求的问题,或许需要相当长时间、更为艰巨的认知领域的变迁才能化解(黄晓春、嵇欣,2016:72—79)。

即便如此,各地政府探索治理数字化的帷幕已经拉开,特别在市域和省域层面,上海的"一网统管"(陈水生,2021)、浙江的"最多跑一次"(郁建兴、高翔,2018)和广东的"数字政府"(蒋敏娟,2021)等由于持续投入与不断迭代,在全国已具有一定影响力并吹响了数字治理总动员的号角,而基层政府的数字化探索,例如本文要研究剖析的 N 市 Q 区"掌上云社区",扎根基层已五年有余,笔者有幸从最初创意策划到落地运营全程参与,从治理理念的回归践行到数字技术的融合运用探索,"掌上云社区"走出了一条自己的基层治理数字化之路。

## 二、"掌上云社区"的发展历程

"掌上云社区"(前身为"掌上社区")创建于 2016 年夏秋之际的 N 市 Q 区,当时全国各地想率先在数字治理上一试身手的基层政府大多受困于政务 APP 的高成本、不活跃及低效用,而微信作为替代 QQ、MSN 的免费私域社交平台正迅速崛起并具备相当的黏性,基层数字治理在借微信"出海"、由私域向公域转换、让政府和百姓保持高频互动上并未有太多的探索,为此 Q 区政研室与课题组共同商讨未来基层治理的创新之路时,不约而同将数字技术支撑聚焦到微信上。一方面以智能手机为平台的移动互联网已进入高速发展期,另一方面要实现基层政府借助技术平台在"一掌之间"实现"政民零距离"的初衷,微信有天然的优势,当然前提是基层有意愿、有能力,并且不惧怕与百姓时时"在一起",于是"以社区居委会为主导,并协同社区居民、驻区单位、物业和社区组织,依托微信群、微信公众号等移动互联网平台,在线治理社区事务,并与线下网格融合,提升自治能力,共建社区家园的'掌上云社区'基层治理模式"①,便由此开启近六年的运行发展历程,从创意、调研、动员、试点,到全区推广并在江苏和全国形成一定的影响力,大致经历了三个阶段。

## (一) 第一阶段:启动试点阶段

Q区地处N市城郊接合部,地形狭长,网格化推动较早,客观上要求尽早利用移动互联网技术实现"线上网格"与"线下网格"的融合。当"掌上社区"的创意提出时,政研室用一周的时间写就《领导参阅》报告《建议在我区尽快启动建设"掌上社区"》,时任书记和区长一周后分别回复:

> 运用互联网思维和技术来推进社会治理工作是大势所趋,请社建委在学习借鉴外地经验基础上先行选择试点,不断总结、推进,"掌上社区"是进一步加强和改革社会治理的创新之举,能调动和激发广大居民(群众)积极参与社区治理(管理)主动性和激情,同时也是我们工作进一步公开透明并能更多地接受监督的好方法,可在做好相关准备工作前提下先行先试。②

这给了各方极大的信心,即便在开启九个街道关于推行"掌上社区"的调研时,收到三分之一的反对之声,课题组和Q区政研室的同人们仍踏上了引导首批26个社区的先行先试征程。

初期对创建"掌上社区"的疑虑主要来自两个方面:一是如果党群都在一个微信群里,遇到不和谐之音没有退路怎么办;二是基层工作者已经超负荷运转了,再加上24小时不打烊的微信群线上工作,如何承受。其实这两个维度的意见主要指向基层政府对技术治理扁平化的恐惧,和对技术治理可能带来的效度和效率的担忧,这些并未超出一般性新技术对社会变迁冲击的认知。在

---

① 详见《N市Q区"掌上社区治理模式"指导手册》(1.0版)。
② 详见2016年7月27日N市Q区《领导参阅》报告《建议在我区尽快启动建设"掌上社区"》。

完成全区的实地调研、顶层设计和动员大会后,经自荐和遴选,2016年11月起来自九个街道的26个试点社区开始迈出第一步,即以社区的名义、以社区人员做群主的方式开始建立"掌上社区"第一批微信群。

"掌上社区"建群之初的两个月,对于社区工作者而言,既要在常态化工作之余学习微信技术的运用,又要在拉居民进群后应对很现实的日常社群运营问题。诸多困难扑面而来,为了缓解群主们的焦虑,也为了将"掌上社区"治理模式说得明白、传导下去,自2017年1月6日至春节前课题组每天下午2点在Q区共同建设的"全景掌上社区"(后改为"全景掌上云社区")微信群里开启自问自答"二十问"(表1),这些问题部分来自群主们运营"掌上社区"中的困惑,部分来自课题组的预设,也有部分来自居民中积极分子的提问。

表1 "掌上云社区"初期运营"二十问"①

| 序号 | 问答时间<br>(2017年) | 二十问 |
| --- | --- | --- |
| 第一问 | 1月6日 | 社区微信群已达百人规模,加员有难度,还需扩大规模吗? |
| 第二问 | 1月7日 | 社区微信群十分活跃,但常有不实信息甚至谣言散布,轻则有居民反感退群,重则有居民上当受骗,如何应对? |
| 第三问 | 1月8日 | 社区微信群建得越多,牵扯精力越多,有些顾不过来。若不能时常关注微信,如何保证回应群内信息的常态性? |
| 第四问 | 1月9日 | 如何在社区微信群或公众号里发布社区工作信息? |
| 第五问 | 1月10日 | 社区微信群中若居民提及物业相关问题,如何应对? |
| 第六问 | 1月11日 | 如何看待社区微信群里的沉默大多数? |
| 第七问 | 1月12日 | 如何面对掌上社区中不同类型、不同阶层的居民,是否需要和他们发展私人往来? |
| 第八问 | 1月13日 | 何为掌上社区里的意见领袖?为何要发现并与他们保持密切互动? |
| 第九问 | 1月14日 | 如何在掌上社区里协商社区公共事务? |
| 第十问 | 1月15日 | 如何面对掌上社区里有关敏感话题的讨论? |
| 第十一问 | 1月16日 | 昨日,中央两办印发了《关于促进移动互联网健康有序发展的意见》,对掌上社区的推进有何影响? |

---

① 若读者对"二十问"的答案有兴趣,可随时向作者索要。

续表

| 序号 | 问答时间（2017年） | 二十问 |
| --- | --- | --- |
| 第十二问 | 1月17日 | 如何应对掌上社区中某些居民的"刷屏"现象？ |
| 第十三问 | 1月18日 | 如何通过掌上社区引导居民线下参与社区活动？ |
| 第十四问 | 1月19日 | 如何应对掌上社区里居民的在线掐架行为？ |
| 第十五问 | 1月20日 | 掌上社区已经建起来，但线上沟通、线下联动做得并没有起色，怎么办？ |
| 第十六问 | 1月21日 | 如何应对掌上社区里发广告、拉票或众筹的行为？ |
| 第十七问 | 1月22日 | 当社区里有突发事件发生，掌上社区应扮演何种角色？ |
| 第十八问 | 1月23日 | 在掌上社区里如何表达真诚？为什么要表达真诚？ |
| 第十九问 | 1月24日 | 春节里，掌上社区如何运行？ |
| 第二十问 | 1月25日 | 通过掌上社区如何让居民实现自治？ |

随着全区范围内关于"掌上社区"的多轮工作推进会、各街道关于"掌上社区"的各级案例分享会的召开，以及试点社区利用各种线上线下机会扩大"掌上社区"的规模，很快第一个500人群在B街道D村诞生，M街道率先提出下辖13个社区全部启动"掌上社区"，第一批表现优异的十大群主被命名为"掌红"，课题组推出《N市Q区"掌上社区治理模式"指导手册》(1.0版)也通过六个方面全方位指导各"掌上社区"的日常运行(图1)。转型较快的社区已经开始初尝在线治理的便捷高效，居民在"掌上社区"中基本实现共话社区生活、共

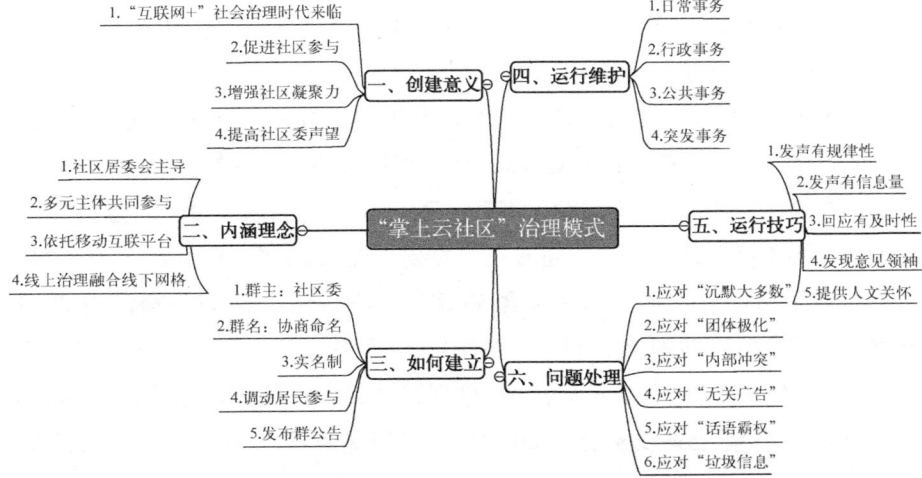

图1 《N市Q区"掌上社区治理模式"指导手册》(1.0版)脑图

享社区信息、共担社区问题、共叙社区情谊的场景,而且除了居民外,网格员、物业、驻地单位代表和相关社区组织等也都被拉进群中,当居民提出一个现实问题,"三社联动,八方呼应"的场景还是超出了大家的想象,虽然"沉默大多数"、"刷屏"、言语冲突等大多数微信群里容易发生的现象在"掌上社区"里一样存在,但是规模化效应已经开始显现,截至2017年底,全区126个社区均设有"掌上社区",有些社区已开始建二群、三群,"掌上社区"的粉丝也突破10万,媒体也开始用"打通任督二脉"、"破解民生难题"(陈云松、陈宁、顾巍钟,2017)、"创新在线治理"(闵学勤、贺海蓉,2017)等来形容"掌上社区"的开局。

## (二)第二阶段:升级发展阶段

"掌上社区"的规模化开局还引发了一些基层治理的附加效用,例如由于"掌上社区"里居民的日常问题大多指向群内的物业代表,相比其他地区,Q区的物业因与社区和居民共在一个群,被较早卷入基层社会治理;基层治理中最难破解的中青年群体弱参与问题,在"掌上社区"里也得到了一定程度的缓解;一些青年社工因其熟练掌握微信使用技巧,常常被推选为群主负责"掌上社区"的运营,他们的成长和职业获得感同步提升,也因此降低了困扰基层多年的社工流失率过高问题。但是这些不可多得的善治场景背后是社工24小时不打烊的付出,进群的居民越多,诉求也越多,一般"掌上社区"的群主工作日晚上或周末"秒回"居民的"@"和发问是家常便饭,比如2018年初的几场大雪中,关于扫雪和出行问题,凌晨三四点钟"掌上社区"都有密集互动,显然这不是技术治理应有的减负状态,一个为协助社工回应居民常态化需求的政务机器人"小Q"应运而生,"掌上社区"也顺势升格为"掌上云社区"。

"小Q"被植入"掌上云社区",通过不断机器学习来及时自动回复居民在群内提出的区级层面的共性问题,以及街道和社区的个性问题。此外,"小Q"还承担着全区宣传大使的职责,在一定程度上弥补了"掌上云社区"迅速规模化后的内容不足问题。"小Q"还有一个重要功能,就是将"掌上云社区"中有效的民情民意带出来,形成每月包含30多万条有效信息的大数据库,自2018年6月起课题组连续21个月(因疫情而中断)向Q区委、区政府递交基于"掌上云社区"大数据库进行分析研判的《Q区月度民生民情大数据报告》。截至2018年底,"小Q"已在线实现5 200项"小Q"智能回复,接入"不见面审批"事项590多条,其运营部门也由区政研室转交至区民政局,并因其内容的不断扩展链接,与区委组织部、区住建局、区政务办、区文明办等进行广泛业务对接,在三家数据公司的共同运营维护下,于2019年建成"掌上云社区全域治理平台"。平台主要承载党建云社区、信息交流、智能回复、"不见面"服务、工单流转、协商议事、多群管理和大数据分析等八大功能模块,基本完成"掌上云社区"由规模化战略向在线治理、大数据治理和平台型治理的转型(闵学勤、陈丹引,2019:56—63)。

在基层治理的数字化转型中,"掌上云社区"从实现社区日常治理在线化或线上线下同步,到形成大数据库并实现由大数据分析汇聚当月十大焦点问题,到政府各部门回应和解决焦点问题的闭环式大数据治理,再到由"掌上云社区"平台延伸出"掌上云家园""Q区云学院""小Q益行""掌上党建""掌上政务"和"掌上物业"等,不断在政社之间、政企之间和百姓之间进行自动链接和创新叠代。在整体类似三级跳的升级发展过程中,一个非常重要的支撑是区委、区政府敢于创新、勇于实践的基层治理精神,以及来自126个社区上千名基层工作者的日夜探索前行,也因此在2018年10月上海"2018全球城市论坛"中,"掌上云社区"获得首届"长三角城市治理最佳案例",2019年6月通过实地考察和现场答辩在北京大学荣获"首届中国城市治理创新奖"。这一阶段来自媒体的报道,例如《"掌上云社区"用大数据获取民生焦点》《16万Q区人住进"掌上云社区"24小时服务不打烊》《N市Q区"掌上云社区":打造惠及17万人的网上智能服务厅》《N市Q区:小小微信群构筑基层治理大阵地》等也基本概括了"掌上云社区"数字治理的阶段性特征。

### (三) 第三阶段:"一体两翼"阶段

走过规模化的初创阶段和技术升级的发展阶段,"掌上云社区"已全面运用数字技术中的移动互联网、大数据和人工智能等技术,部分街道也尝试用区块链技术来实现"掌上云积分",这些因数字技术应用而带来的基层治理变革,政府和百姓都有感知:对基层政府而言,以往的线下网格转型为线上线下双网治理基本实现,且随时随地可通过"掌上云社区"全域治理平台在一掌之间了解当下的民情民意,特别是与民生直接相关的部门都希望通过植入小程序来收集民众的意见与建议,而月度大数据报告又系统地提供了近期焦点问题,基层政府对此的积极反馈和应对促进了数字治理的闭环与高效度;对百姓而言,"掌上云社区"不同于物业群和业主群,由社区来管理提高了其可信度,百姓可以在任何状态下随意"@"社区领导来表达个体诉求,对于社区久而未决的公共问题也可以随时在"掌上云社区"中进行商讨,大大减少了社区参与的时间成本,对治理因多元参与而可能降低效率的诟病似乎在数字治理中有一定程度的消弭。

进入2021年,"掌上云社区"实现全区120个社区全覆盖,建立微信群1 494个,入群人数达33.92万人,占常住人口超三分之一,占户籍人口超60%,基本实现每户常住家庭即有1名家庭成员入群。虽然相比政务APP中捆绑的粉丝,"掌上云社区"中的"云粉"黏性更高,但仍存在数据后台显示群内的活跃度仍不够高、一般在线社群中的"沉默大多数"仍难以回避、"小栖"对语义识别不够也影响群内的有效互动、线上和线下治理之间的融合度也不如预期等问题,对此Q区民政局汇同课题组、数据公司和各部门经常召开相关推进会、研讨会进行总结与反思,当技术为治理打开了一扇新的窗,要看到真正美丽的风景仍然需要回到治理本身,回到公众内心真实的需求,回到基层社会运行真正的内核,所谓的"一体两翼"战略也正是在这样的反思中提出的。

"一体"是指"掌上云社区"这一母体平台,两翼为"社区营造"和"社区协商",即在"掌上云社区"这一数字骨架基础上,丰满其羽翼,推动基层治理中以内容为王的"社区营造"和以路径为王的"社区协商",前者倡导"由社区空间更新和美化引发的,以社区居民美好生活为愿景,依托社区地缘文化,汇聚社区各组织、各阶层力量的可持续协同行动"(闵学勤,2018),后者推崇"以社区为主导,通过社区微信群在线协商公共事务,开启基层的微协商、微治理,卷入进来的不仅有基层政府,更有大多数不分年龄层、职业层的社区居民,以及物业、社区组织和驻区单位等"(闵学勤、王友俊,2017)。在Q区委、区政府的《Q区社区总体营造实施计划》和课题组的《社区协商与社区营造推进手册》先行设计引导下,在"社区营造"这一翼,通过连续申报、培育和孵化,在社区微更新、社区人文环境打造、公共空间功能改造和社区服务增能等方面,到2021年底,以社区为主体、社会组织协同参与共完成"社区微幸福"项目144个,重点打造的具有代表性、示范性和借鉴性的项目共20个;在"社区协商"这一翼,初步形成"线上线下""自上而下+自下而上"的双线协商模式,并通过"协商小程序"和"投票小程序"解决了一部分"急难愁盼"的社区关键问题,同时在协商的规模化、常态化和品牌化,以及协商人才的培育方面也进行了提前布局。

在"一体两翼"推进阶段,"掌上云社区"同时经历了自2020年持续至今的抗疫大考,无论是全民防控时的政策宣讲和信息更新,还是"云上团购"和复工复产的步步推进,或是抗疫新常态下的疫苗预约、核酸检测等,"掌上云社区"确实彰显了其规模优势和数字平台优势,使数字抗疫成为现实,那些"掌上云社区"初创期对"政民零距离"有畏惧心理的基层工作者也因抗疫这波大范围的实际应用逐渐接受和认同这样的"扁平化"治理模式。

在基层治理拥抱数字技术,数字平台又回到治理本身的来回打磨、不断成长中,"掌上云社区"作为N市Q区推动城市基层大数据治理创新案例入选《中国改革年鉴:地方全面深化改革典型案例(2020年)》(QX视点:2020),2021年度也被列入江苏省民政标准化建设试点项目,自2022年起在"掌上云社区"基础上,Q区正在开启由国家八部委批复的国家智能社会治理(社区治理)实验基地的创建工作(2021—2025)。

## 三、从数字治理到数字赋能

借用结构行动论来梳理"掌上云社区"五年多的发展历程,来自数字时代的技术涌动,以及来自国家治理体系与能力现代化战略对基层的涌透,这两股力量的汇合促发了"掌上云社区"的创建和步步推进。同时,"掌上云社区"从理念创新、平台搭建到群内每天常态化的互动,又进一步促使基层政府吸纳更新的数字技术和更有针对性的制度设计来推动其升级发展,这一回合有机会将以行政为中心的基层治理拉回到以公民为中心的轨道上来,来自"掌上云社区"的声音、诉求和大数据信息均发端于民众,长期自上而下进行施政的基层政府要打破惯习让百姓说话、让数字说话、让平台说话,仅有这一个回合还远远不够。同时,这一回合中大多数Q区百姓在"掌上云社区"中确实实现了随时可以发声、有需求必定有回应,但是短短的五年仍不足以让百姓摆脱长期以来的政府依赖,通过数字治理走向基层自治还需有完备的数字赋能过程。

通常数字治理将新兴数字技术与治理理论、治理实践进行融合以形成新型治理模式,其外在形式是数字技术平台,其本质始终是以公民为中心,并通过持续赋能向行政系统渗透(Milakovich, 2012: 191),促使公共部门改革管理机制,实现权力分散化并逐步实现社会善治(Dunleavy et al., 2006)。大多数数字治理的目标都是通过一个技术治理方案,推动政府更好地服务民众,增强与民众的有效沟通、互动和协作,提升民众的满意度,但培养民众的自我觉察、克服自身的知识惰性、实现自助互助在数字治理中往往会被忽略,因此本文在"掌上云社区"五年运行的实践基础上,提出从数字治理走向数字赋能,应在组织赋能和个体赋能这两个维度上进行同步提升。

数字赋能概念最早起源于20世纪60年代末70年代初的"自助"及"政治察觉"运动(陈海贝、卓翔芝,2019)。当时的数字概念更多是指数字资源、数据信息,随着数字技术在21世纪的蓬勃发展,数字赋能特指通过移动互联和物联网、云计算、大数据、区块链和人工智能等数字技术赋予个体和组织能力。在"掌上云社区"走过初始的规模化阶段后,如何通过数字技术进行赋能一直是其升级发展阶段的焦点和难点,特别是初始阶段让已处于超负荷运转状态的基层再加码一个数字平台,相当多的传统社工是有畏难情绪的。出乎意料的是"掌上云社区"运行不到一年,最先进入各方视线的是一批80后、90后群主,他们在传统的基层社区治理中,身份多半是普通社工或大学生村官,与他们的领导——那些基层经验丰富,处理事务得心应手、雷厉风行的社区书记、主任相比,他们需要在基层锻炼多年才有可能进入"两委"班子。随着"掌上云社区"在Q区的全面导入,他们因年轻、相对熟悉新技术很快被推到"云群主"的岗位上,工作模式从线下的走家串户、宣导巡查、开展活动、记账备查等行政工作转向线上微信群的日常维护,与他们年龄相匹配的图片视频处理、小程序应用、表情包和新兴人类话语投放等数字技术改变了他们的日常社区工作模式,民众在"掌上云社区"里对他们工作的认可,也给了他们参与基层治理的获得感和荣誉感。此外,每年的"掌红"评选,Q区组织部经常下基层了解动态,最新一轮的Q区社区委班子调整都给了他们实质上的地位提升,五年累积下来,超50位这样的"掌红"在"掌上云社区"的多轮技术更新和内容扩版中,通过自我赋能走到了基层数字治理的最前沿。Q区民政局联合课题组通过建立"掌红社群中心"为这批"掌红"开展常态化的赋能培训,由此也拉开"掌上云社区"数字赋能行动的帷幕:在"掌上云学院"推行"让一部分人先赋能起来"的系列课程,通过为"掌红"们拍摄"回到社区"专题系列小视频赋能更多群主,2020年"掌上云社区"的年度分享会也以"赋能·乐享·善治"进行主题命名(陈芳琴,2021),这些都是将数字赋能更扩大化、更显性化的尝试,而Q区各部门也纷纷通过"数字党建""数字物业""数字政务""数字人大""数字乡村"等与"掌上云社区"进行平台化的协同赋能。

从运用多元化数字技术扎根基层治理,到多方位激发数字赋能来持续推动基层治理前行,这一不断循环往复的过程中,数字技术驱动、基层创新驱动和民众对美好生活愿望的驱动几乎是同步叠加的。作为基层治理体系和治理能力现代化的重要路径,数字治理正在成为基层政府数字化的必选项,"掌上云社区"发展历程给我们的启示是不仅要从数字治理走向数字赋能,而且要探索政府赋能和公民赋能的双管齐下、同频共振。结合中共中央、国务院于2021年7月印发的《关于加强基层治理体系和治理能力现代化建设的意见》中提出的加强"行政执行能力""为民服务能力""议事协商能力""应急管理能力""平安建设能力"等五大基层政权治理能力建设,以及"做好规划建设""整合数据资源""拓展应用场景"(新华社,2021)等基层智慧治理能力建设的要求,在梳理"掌上云社区"实践经验基础上,笔者尝试提出从数字治理到数字赋能的流程框架(图2)。

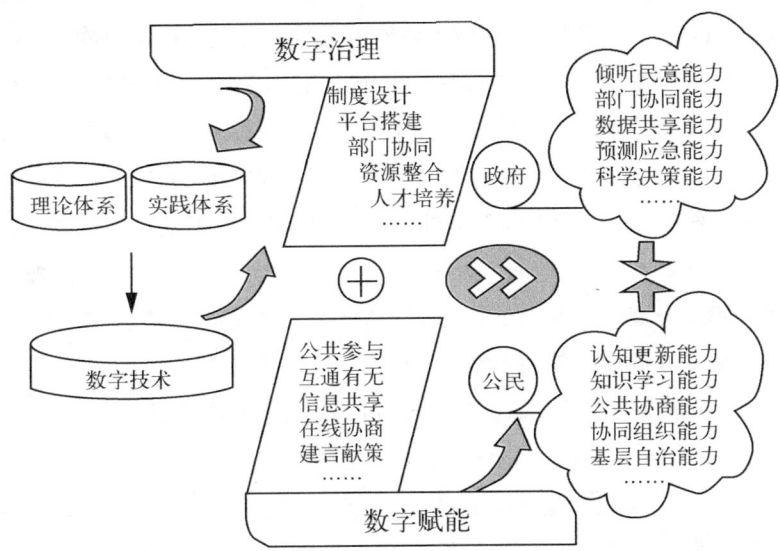

**图 2　从数字治理到数字赋能的流程图**

首先,基层政府在数字化转型初始都会面临一个不可回避的问题:调用多大资金成本和人力成本来使用数字技术?从过往他国或其他地区的先行先试效果看,有相当多的政府数字示范服务成本甚至超过收益,其带来的变化远未达到之前的预期,无法确定政府数字化转型是更省钱还是更费钱(张晓、鲍静,2018)。因此,在推开基层数字政府这扇大门前不如先基于现有的本地本土的实践体系,探究政府治理和社会治理中最迫切需要解决的痛点在哪里,以及数字技术的运用能否有针对性地来直面这样的痛点,从这一在地化需求出发并根植于一定的治理理论体系,再去叠加数字技术,由此开启的数字治理至少在其投入的初级阶段即能评估其效用,并在理论指导下对未来发展有一个相对科学的预判。"掌上云社区"在创建初期一个很明确的指导思想是希望通过

"政民零距离",解决中青年群体弱参与的短板,实现一定程度的基层治理扁平化,这是大部分基层政府共同的治理目标之一,只是各自选择的路径不一。"掌上云社区"在其规模化阶段虽已基本达成上述初心,并完成了"制度设计""平台搭建"等数字治理的前端工作(图2),但各"掌上云社区"群里的内容创新、共治共享,以及相关部门协同、治理人才培养等并不是单纯利用数字技术、借用数字平台即能实现的,数字赋能的需求随之而来。

其次,当依赖数字技术、搭建数字平台,进入数字治理的行动阶段,政府和公民这两端都应加入行动框架。政府一般比较擅长制度设计和平台搭建,让市场主体或社会主体在这一架构下自主运行,其间政府最多扮演监督调控的角色。但与其他政府行为不同,数字治理、数字政府都是数字时代的创新产物,大数据、区块链以及人工智能等数字技术的运用对政府原有的条块分割、各负其职、分工协作,甚至科层制等常态化运行机制都带来了巨大的冲击,数字治理本质上要求打破数据孤岛、共享数据资源,因此对部门协同、资源整合的需求大大超过任何其他治理模式,"掌上云社区"也不例外。① 而且数字治理不仅对外部技术公司有人才需求,如果政府内部没有储备或培养数字人才、数字官员,数字治理的引领性、前瞻性就无从谈起。例如,长三角发达地区已涌现各类基层"数字官"的培训,开始重视来自政府内部的数字人才培育。当然,数字技术不断演进,数字治理人才的储备和培育是一项长期工程。同时在另一端,被数字技术卷入数字生活、数字消费的民众大多数并没有准备好进行公共数字参与,即便"掌上云社区"没有采用官方APP,而是直抵百姓最常用的微信平台,持续21个月的大数据报告显示公众在其中最常态的表达还是与物业相关,真正让公共生活更美好的参与还需通过"一体两翼"战略来加以引导。没有什么是一蹴而就的,"弱参与""搭便车"等惯习仍会时常泛起,因此公民如何能在数字治理的实践中从理念到行动方面都提升"公共参与""互通有无""信息共享""在线协商""建言献策"的质量(图2),是数字治理导向数字赋能做好准备的关键。

最后,数字治理并不因对数字技术的全方位应用而天然具有自助赋能的功效,虽然不排除当人们经历十多年甚至几十年的数字技术应用之后,数字鸿

---

① 在"掌上云社区"这一数字治理模式创新之前,Q区在"放管服"改革中创建了"不见面审批",通过"不见面审批"的不断推进,Q区已率先在一定程度上打破部门割据、条块分割,为"掌上云社区"运行过程中持续引入多部门资源创造了条件,例如组织部("云党建")、住建局(物业考评)、政务办("不见面审批")、文明办(文明城市创新)及九个街道等很早就通过微信小程序或微信公号与"掌上云社区"进行对接,互通资源,互借平台。

沟逐渐消弭，数字公平已在大多数应用场景中实现，数字赋能也因时间的加持而多方自主受益，但至少目前包括"掌上云社区"在内的基层数字治理实践表明，数字赋能须建立在内需与外力同步共进、政府和民众齐心协力的基础上。一方面，数字治理有大量机会提供自下而上的民意和多点共享的大数据信息，如果基层政府愿意俯身倾听民意，愿意打破部门割据，愿意以数字信息为基础对公共事务进行预判和决策，数字赋能对基层政府而言就不是一句空话；另一方面，数字治理比任何治理都更需要公众的高频和深层介入，在基层数字治理中公众集主客体于一身，亟需在普遍意义上提升"认知更新能力""知识学习能力""公共协商能力""协同组织能力""基层自治能力"（图2），这些能力既是社会快速变迁对公众的要求，也是由数字治理扁平化、自主化和高互动性特征所决定的，只有获得来自公众自身、来自社会整体和来自政府等多方的协同努力，才能跟上数字治理的进程，并互相保有共建共治共享的各种可能，同时各方也才有机会在数字时代获得持续前行的动能。

## 参考文献

陈芳琴，2021，《"掌上云社区"让生活更美好》，http://www.qunzh.com/pub/qzzzs/qzxlk/jczx/2021/202102/202101/t20210122_94447.html。

陈海贝、卓翔芝，2019，《数字赋能研究综述》，《图书馆论坛》第2期。

陈水生，2021，《数字时代平台治理的运作逻辑——以上海"一网统管"为例》，《电子政务》第8期。

陈云松、陈宁、顾巍钟，2017，《三项创新举措，破解民生难题》，《新华日报》5月8日，第2版。

黄其松，2020，《充分发挥数字政府作用，着力提升治理现代化水平》，《光明日报》4月13日，第2版。

黄晓春、嵇欣，2016，《技术治理的极限及其超越》，《社会科学》2016年第11期。

蒋敏娟，2021，《地方数字政府建设模式比较——以广东、浙江、贵州三省为例》，《电子政务》第6期。

闵学勤，2018，《社区营造——通往公共美好生活的新路径》，《江苏行政学院学报》第6期。

闵学勤、陈丹引,2019,《平台型治理:通往城市共融的路径选择——基于中国十大城市调研的实证研究》,《同济大学学报》(社会科学版)第5期。

闵学勤、贺海蓉,2017,《掌上社区——在线社会治理的可能及可为》,《江苏社会科学》第3期。

闵学勤、王友俊,2017,《移动互联网时代的在线协商治理——以社区微信群为例》,《江苏行政学院学报》第5期。

QX视点,《"掌上云社区"入选〈中国改革年鉴〉》,http://www.njqxq.gov.cn/qxzx/zwyw/202010/t20201021_2455645.html。

孙柏瑛,2003,《当代发达国家地方治理的兴起》,《中国行政管理》第4期。

新华社,2019,《中共中央关于坚持和完善中国特色社会主义制度,推进国家治理体系和治理能力现代化若干重大问题的决定》,http://cpc.people.com.cn/n1/2019/1106/c64094-31439558.html。

新华社,2020,《中共中央关于制定国民经济和社会发展第十四个五年规划和二〇三五年远景目标的建议》,http://www.gov.cn/zhengce/2020-11/03/content_5556991.htm。

新华社,2021,《关于加强基层治理体系和治理能力现代化建设的意见》,http://www.gov.cn/xinwen/2021-07/11/content_5624201.htm。

薛小荣,2020,《重大公共卫生事件中市域社会治理的数字赋能》,《江西师范大学学报》(哲学社会科学版)第3期。

于君博、戴鹏飞,2021,《打开中国地方政府的数字治理能力"黑箱"——一个比较案例分析》,《中国行政管理》第1期。

俞可平,2021,《中国城市治理创新的若干重要问题——基于特大型城市的思考》,《武汉大学学报》(哲学社会科学版)第3期。

郁建兴、高翔,2018,《浙江省"最多跑一次"改革的基本经验与未来》,《浙江社会科学》第4期。

张晓、鲍静,2018,《数字政府即平台——英国政府数字化转型战略研究及其启示》,《中国行政管理》第3期。

Dunleavy, P., Helen Margetts & Simon Bastow 2006, *Digital Era Governance : IT Corporations, the State, and E-Government*, Oxford: Oxford University Press.

Milakovich, M. 2012, *Digital Governance : New Technologies for Improving Public Service and Participation*, London: Routledge.

# 间接群际接触对缅甸与中美日印民众社会距离的影响[*]
## ——来自 2019 年缅甸综合社会调查(MGSS)的微观证据

许庆红 丁定芹 黄小丽[**]

**摘要**：文章基于 2019 年缅甸综合社会调查(MGSS)数据，从间接群际接触理论视角分析了缅甸与中美日印民众之间的社会距离及其影响因素。研究发现：第一，缅甸民众与中国民众社会距离最近，接着是日本民众和美国民众，与印度民众的社会距离最远；第二，以模拟群际接触为代表的间接群际接触经历对缅甸民众与他国民众的社会距离具有重要影响；第三，使用对外社交网站及接触文化产品越多，缅甸民众感知到的与外国民众社会距离越近；第四，对于不同国家，大国关系感知各因素对社会距离感知的作用发挥受到民众主观排序的影响。因此，在推进民心相通过程中，中国应重视对以缅甸为代表的周边国家文化产品的传播，积极构建良好的双边国际关系，关切"一带一路"沿线国家民众的关键发展需求。

**关键词**：间接群际接触 大国关系 社会距离 民心相通

# 一、问题的提出

中国是一个发展中的世界大国，周边是中国至关重要的安全空间和利益空间。2013 年 10 月，新中国成立以来首次周边外交工作座谈会召开，习近平

---

[*] 本文系国家社会科学基金一般项目"基于东南亚社会调查的中国国家形象及影响因素研究"（项目批准号：20BSH092）、中国高等教育学会 2021 年专项课题"受众视角下中国在湄公河国家影视文化传播的能力提升研究"（项目批准号：21YDYB21）的研究成果。

[**] 许庆红（通讯作者，qinghongxu@163.com），云南大学民族学与社会学学院社会学系副研究员；丁定芹，云南大学民族学与社会学学院社会学硕士研究生；黄小丽，华东师范大学人口学专业博士研究生。

总书记首次提出"亲诚惠容"的周边外交理念。2017年10月,党的十九大报告明确提出要"按照亲诚惠容理念和与邻为善、以邻为伴周边外交方针深化同周边国家关系",周边关系成为新时期中国外交布局重点(宋效峰,2018)。中国在周边乃至全球的身份定位开始从参与者、建设者逐渐转变为引领者、贡献者(卢光盛、别梦婕,2019)。周边涉及的核心问题之一是如何塑造、维持一个稳定的周边(王震,2019)。

缅甸是中国重要邻国,中缅胞波情谊源远流长、日益深化,两国山水相连、民族同源、文化相通、习俗相近。缅甸既是东南亚国家中与新中国建交的首批国家之一,也是中国与东南亚国家中关系正常化最持久的国家(祝湘辉、范宏伟,2020)。睦邻友好、互利合作一直是两国关系主线。自1988年以来,由于西方国家集体对缅甸实行制裁,以及缅甸国内政治和中美经略偏好的差异,中国在缅甸取得了相对于美国的优势地位(高程、王震,2020)。自2011年缅甸大选开启民主化进程后,大国在缅竞争日趋激烈,美国、日本、印度等大国在缅甸的竞争导致中国在缅甸影响力下降(王震,2019)。但2015年缅甸大选之后,民盟政府重新调整了对华政策,中缅两国各领域合作再次快速发展。在2020年中缅建交70周年之际,习近平主席访缅又将中缅关系向前推进一步,两国关系从全面战略合作伙伴关系升级为中缅命运共同体。①

然而,中缅关系却面临美国、日本、印度为主的大国竞争的干扰。一直以来东南亚地区都呈现经济秩序与安全秩序相互分离的二元格局(周方银,2012)。中国在周边地区的经济中心地位只是初现端倪,仅仅展示出未来发展的可能性,这一态势还颇为脆弱(周方银,2014)。美国、日本和印度出于制衡中国影响力的目标,加大了介入缅甸的力度。缅甸不仅是中国进入印度洋的重要入口,也是美国的"印太"战略、日本的"亚洲自由之弧"以及印度的"东向行动"政策的重要战略支撑点(王震,2019)。从奥巴马政府时期的"亚太再平衡"战略到特朗普政府的"印太"战略的出台,缅甸对于美国的战略地位上升的同时,美国对缅经济制裁也逐渐松动。日本也在缅甸民主化改革后更加重视日缅关系,其在缅甸土瓦经济区的建设取得了较好的效果,密切了两国的经济关系。印度作为亚洲地区第二人口大国,面对中国崛起以及中美之间的紧张

---

① 2020年1月17—18日,中国国家主席习近平应缅甸总统温敏邀请,开年首访缅甸,并于访问前夕在《缅甸之光》《镜报》《缅甸环球新光报》同时发表署名文章《续写千年胞波情谊的崭新篇章》,强调中方愿同缅甸朋友携手努力,推动构建更为紧密的中缅命运共同体,续写千年胞波情谊的新乐章(习近平,2020)。

关系,也在不断加强与美国在印度洋的合作和"印太"塑造,防止中国主导该地区(吴琳,2020)。有学者指出,日本在缅甸重新燃起的兴趣和经济影响力,以及美国、印度和欧盟所扮演的角色,可能会削弱中国在缅甸的地位(Zhao, 2014)。由此可见,中国与缅甸的友好往来在未来受到的域外大国介入的影响将更为凸显,如何推进中缅的民心相通成为保障中缅命运共同体建设的重要基础。

根据北京大学"一带一路"五通指数研究课题组的测算,2017年东南亚11国与中国的"五通"指数排名中,缅甸与中国的设施联通指数排名第1,但民心相通指数排名却非常靠后,仅为第9。这表明中缅之间民心相通程度明显低于设施联通程度(陈艺元,2019)。在此背景下,对比分析缅甸与主要大国民众之间的民心相通现状和影响因素就十分重要。在群际关系的研究中,社会距离是衡量群际关系的一个重要指标。一般而言,两个群体之间社会距离越近,群际关系也就越好,群际社会距离可反映两国民众的民心相通程度。由此本文基于2019年缅甸综合社会调查(MGSS)数据,在间接群际接触理论框架下,考察缅甸民众对中美日印四国民众的认知和接纳程度,并分析影响缅甸民众与这四国民众社会距离的因素,探寻增进中缅两国民众层面民心相通的途径。

## 二、 文献回顾与研究假设

社会距离是衡量社会群体之间的接纳程度及排斥状况的重要指标。社会距离(social distance)最早由塔德(Tarde,1921)提出,用以强调不同社会阶层之间的差异程度。随后齐美尔(1999)将这种差异程度表述为人与人之间保持的一道"内在屏障"。帕克则明确提出,社会距离是一种可以测量和描述人与人之间亲密程度的概念(Park, 1924)。随后,社会距离研究的集大成者博格达斯(Bogardus, 1925)进一步扩展了帕克的定义,他认为社会距离"能够表现一般前社会关系与社会关系特征和亲密等级、程度,且社会距离能够揭示实际的或潜在的社会冲突"。在此基础上,博格达斯设计出包含七个问题的社会距离量表,用来测量美国人对其他民族的态度:(1)愿意与其通婚;(2)愿意让其参加本社团的活动;(3)愿意让其成为邻居;(4)愿意让其成为同事;(5)愿意让其成为美国公民;(6)愿意让其成为美国游客;(7)不愿意让其与美国发生任何接触(卢国显,2005)。博格达斯量表的可操作性使之被广泛用于测量各类群体之间的社会距离（Brinkerhoff & Mackie, 1986; Johnson & Marini, 1998; Verkuyten & Kinket, 2000），及对不同时期群体之间社会距离的比较（Parrillo & Donoghue, 2005）。同时，也有学者用种族偏见指标、情感温度计来测量不同国家民众及其他群体之间的社会距离（Ford, 2010; Gong & Nagayosh, 2019）。部分研究者甚至将社会距离的测度等同于种族差异的测度（Canon & Mathews, 1971; Payne et al, 1974）。另外，研究者分别从阶层地位（Park, 1924; Laumann, 1965; Bell & Robinson, 1980）、文化或宗教信仰差异（吴泽霖，1992）等角度考察了群体间社会距离产生的根源。

近些年来，国内学者研究主要关注流动农民与市民的社会距离的基本特征和影响因素。研究者发现除社会经济地位因素之外，居住分异（李强、李洋，2010）、居住空间（徐延辉、邱啸，2017）、社会资本与邻里交往（李向健、孙其昂，2016）、城乡区域双重分割（王桂新、胡健，2018）对流动农民与市民之间的社会距离均存在不同程度的影响。此外也有研究开始对不同宗教信仰群体、不同地区、不同国家民众的社会距离进行测度（孔建勋、张晓倩，2017；莫莉，2016；许庆红等，2019）。本文用使用最新的缅甸社会综合调查（MGSS）中的社会距离量表测度缅甸民众与中美印日民众的社会距离，并重点关注间接群际接触和大国关系感知对社会距离的影响。

## （一）间接群际接触与社会距离

群际接触理论（intergroup contact theory）是社会心理学领域关于如何通过群际接触缩小群际社会距离、减小偏见、化解群际冲突的一套理论体系。该理论认为与外群体的接触经历可以让人们看到外群体的真实状况，消除对外群体的偏见和误会，其理论核心为"接触减少偏见"（姜术容，2015）。这一领域集大成者奥尔波特（Allport, 1954）发表《偏见的本质》这一经典著成为群际接触理论形成的标志。

群际接触理论的早期研究主要考虑直接接触，但时空限制以及面对面接触易产生的焦虑、恐惧等负面情绪使得群际直接接触研究受到限制。20世纪90年代末，以莱特等人（Wright et al., 1997）提出扩展接触效应（extended contact effect）为标志，群际接触研究由直接接触研究转向间接接触研究。学者们先后提出扩展接触（extended contact）、想象群际接触（imagined contact）、替代群际接触（vicarious contact）和模拟群际接触（parasocial contact）四种间接接触形式,在有效弥补直接接触研究不足的同时,也极大地扩展了群际接触理论的解释力度和应用范围(郝亚明,2015)。

20世纪90年代以来,随着大众媒体和互联网的普及,电视、广播和社交网站成为内群体成员获取外群体成员信息的主要来源。人们越来越倾向于借助大众媒介和互联网来"认识"更多的人。夏帕等人(Schiappa et al.,2005)提出了模拟群际接触,认为大众媒介可以产生类似于面对面接触的真实效果,虚拟接触场景中的接触过程及体验会影响群际态度。

模拟接触假设认为,社交网站中获取的群际互动经验有助于个体充分了解国外群体状况,最终减少对其他外群体的偏见。在认知层面,个体在社交平台与外群体成员间接接触时,易感知到社会身份的复杂性及多元性,减弱了"自我—他人"的群体类别边界。同时通过归类、去归类、再归类等心理归类机制,将这种接触经验转移到外群体其他成员乃至其他外群体,最终产生间接群际接触的外群体辐射作用(曲映蓓、辛自强,2016)。可见相较于与国际社交媒体接触越少的个体,使用国际社交媒体频率越高的个体,对外国群体的态度越积极。Facebook(脸书)早在2008年便成为全球最大社交网站,汇集了包括缅甸、美国、日本等世界各地的多国用户。近年来Facebook国际市场的用户人数增长迅速,这一网络社交平台成为全球民众获取他国信息、进行跨国群际互动交流的重要模拟接触媒介。由此可推测缅甸民众对于Facebook的接触可以产生积极的群际接触效果,能够增进缅甸民众对外国群体的了解,提高缅甸民众对外国群体的友善态度。基于此,本文提出研究假设1.1:

使用Facebook频率越高的缅甸民众,其感知到的与中美印日国家民众平均社会距离越近。

模拟接触研究表明,群体偏见与电视节目的接触相关(Schiappa et al.,2005;Weisbuch et al.,2009)。个体在收看影视中的准社会交往过程时,与传媒载体中的人物所建立的情感联结有利于减少其对相应外群体的内隐偏见(Turner & Crisp,2010)。情感依赖的建立或积极的群际接触情感体验有助于个体对外群体建立共情视角,产生积极情感扩散效果,从而推动个体对相应外群体态度的改善(Stathi & Crisp,2008)。网络的普及及其独特优势甚至有助于敌对群体建立积极联系(Yair & Mckenna,2006)。2015年缅甸综合社会调查(MGSS)的数据也表明,经常观看外国节目和喜欢中国文化的缅甸民众与中国人的社会距离更近(许庆红等,2019)。从模拟群际接触视角来看,民众越经常观看或收听对象国的电视剧、电影及音乐等,其对该国的间接接触就越多,对

该国的偏见就越少,彼此之间的距离就更近,更易形成积极的群际态度。因此,可提出假设1.2:

经常收看或收听对象国文化节目的缅甸民众,其感知到的与对象国民众的社会距离越近。

## (二) 大国关系感知与社会距离

与接触效应相反的偏见效应推进了群际接触效应研究视野从个体延伸至群体层面。在群体层面,接触能否带来偏见的减少存在一定争论,尤其是政治学家福布斯对群际接触理论进行了近乎彻底的批判(郝亚明,2015)。偏见效应提示,个体层次和群体层次接触效应的表现并不一致,群际接触的积极或消极效用发挥与个体所感知到的群际接触条件及环境密切相关。如庞琴等人(2017)发现,民众的经济发展受惠度会影响东亚国家民众对中国的态度评价。群体成员如何看待群体之间合作与竞争关系,成员对整个外群体与所属群体的利益关系感知会影响群际接触意愿,即群际接触条件对于个体的群际态度具有重要影响(李森森等,2010)。

资源竞争理论是现代族群理论的一个重要范式,它将族群视作服务于资源竞争目的的社会工具。当群体间处于竞争关系时,利益关系在群际态度中扮演着重要角色。当外群体实现目标的过程可能阻碍内群体目标实现时,就容易引起内群体对外群体的负面态度或形成不良的刻板印象(Dovidio et al.,2011)。此外,恐惧管理理论认为,威胁感知会刺激恐惧提升,激发内群体对构成挑战的外群体成员的偏见和歧视(高明华,2015)。对威胁恐惧的情绪体验,会显著增强个体的群际焦虑这一群际接触中的典型情绪反应(Stephan & Stephan, 2014)。焦虑易导致不同群体之间产生系列消极反应,如强化刻板印象、干扰有效沟通、影响群际互信等(Husnu & Crisp, 2011)。当外群体不能兼顾甚至威胁该群体利益时,该群体则会对外群体产生失望情绪。结合资源竞争理论与恐惧管理理论可知,对外群体的威胁感知会强化群体之间的紧张关系,易引发群体之间的敌意,降低群际积极接触意愿。鉴于此,可提出假设2.1:

认为对象国将威胁到本国的缅甸民众,其感知到的与对象国民众的社会距离越远。

新功能主义范式下的溢出效应理论认为,一国的跨国经济活动将对对象国的民众特别是精英产生一种观念上的溢出效应。理性个体在经济利益的驱动下,会对提供利益的外部国家产生积极认知(庞琴等,2017)。同样在群际接触过程中,个体对外群体能否给内群体带来最大利益的感知,能够溢出影响其群际接触意愿。群体间的相互依存关系对转变群体间的态度及行为起直接调节作用,群体间的合作关系有助于提升对外群体的好感,改善群际关系。尤其是当与外群体处于合作关系时,个体将对群际接触前景感到更舒适、更少焦虑(Crisp,2009),从而带来积极的群际接触结果。这一积极结果有助于个体对外群体产生积极联想并建立正向归因,群际接触期望及群际态度也将更加乐观。因此,对外群体组织的相关活动及形象的积极认知有助于提升外群体对个体的吸引力,进一步减少群际偏见(Gaertner et al.,2003)。

一方面,溢出效应揭示,民众更愿意与对本国发展有利的该国民众进行接触。当个体感受到该国所对应组织在本国经济发展中扮演着重要角色时,表明个体对该国的经济活动存在正向认知,即认为该国有利于本国发展。考虑到缅甸经济发展相对落后,在经济发展过程中对他国援助的依赖度较高,且援助带有公益性质,相比于其他经济活动,援助更易受到缅甸民众的积极情感评价,对援助国成员产生积极情感认同,从而形成积极群际接触态度,因此,本文重点关注援助对于缅甸民众与四国民众社会距离评价的影响,提出假设2.2:

认为对象国给予本国援助最多的缅甸民众,其感知到的与对象国民众的社会距离越近。

另一方面,因群体层面的利益关系对于个体对外群体成员的接触意愿影响较大,对外国国家层面的积极评价可能辐射至对该国群体成员的态度,因此对外国的正面评价有利于产生积极的群际接触情感联系。当缅甸民众将他国视为本国学习的榜样时,表明该民众对该国充满好感,与榜样国成员接触则将对该民众具有更大吸引力。此时,可认为缅甸民众与榜样国的民众接触具备了良好的群际接触条件,缅甸民众对榜样国民众将产生更加亲近的社会距离评价。据此,可提出假设2.3:

认为对象国是本国的学习榜样的缅甸民众,其感知到的与对象国民众的社会距离越近。

## 三、数据、变量与方法

### （一）数据

研究使用2019年缅甸综合社会调查（MGSS）数据。该调查是缅甸迄今为止最权威的全国性抽样调查数据。按分步骤、多阶段的PPS抽样，调查范围包括全国14个省邦和内比都特区①总样本量为5 000个。其中城市样本2 532个（占总样本的51%），抽样单元为127个街区（wards），农村样本为2 468个（占总样本的49%）。农村样本的初级抽样单元为89个乡（township），二级抽样单元为123个村（village）。城乡共形成250个抽样点，每个抽样点随机抽取20个家庭住户样本，最终抽样单元为家庭住户中的一名18岁及以上成年个体。调查内容涉及受访者个人和家庭基本情况、社会交往、经济评价与政治态度、社会参与和政治参与及对外关系感知等多个方面。根据各问题的回答情况，本文最后确定的有效样本数为3 840个。

### （二）变量

本文将缅甸民众与中美日印民众之间的社会距离作为因变量。按照学界的操作化方式（曾东林、吴晓刚、陈伟，2021），社会距离的测量使用修正后的博

---

① 本次调查抽样框涵盖缅甸下辖的七个省、七个邦和一个中央直辖市，具体为伊洛瓦省（Ayeyarwaddy）、勃固省（Bago）、马圭省（Magway）、曼德勒省（Mandalay）、实皆省（Sagaing）、德林达依省（Tanintharyi）、仰光省（Yangon）、钦邦（Chin）、克钦邦（Kachin）、克耶邦（Kayah）、克伦邦（Kayin）、孟邦（Mon）、若开邦（Rakhaing）、掸邦（Shan）和内比都特区（Nay Pyi Daw），省是缅族主要聚居地，邦多为少数民族聚居地。与2015年调查相比，2019年增加了克耶邦和钦邦，对缅甸全国具有充分而有效的代表性。

格达斯量表。① 为增强博格达斯量表在测量两国民众关系中的适用性,缅甸综合社会调查(MGSS)参考 CGSS 2005 年调查问卷中对城里人和外来人口的社会距离量表,对博格达斯量表的测量项目5和项目7进行了微调。缅甸民众与其他国家民众(美国人、中国人、日本人和印度人)的社会距离量表包含7个问题,分别为:1.是否愿意与之结婚;2.是否愿意与之成为密友;3.是否愿意与之成为隔壁邻居;4.是否愿意与之成为同事;5.是否愿意与之成为熟人;6.是否愿意与之住在同一城市;7.是否愿意其来缅甸旅行。每个问题情境之间是递进关系。根据社会距离量表的累积性假设,本文将量表中的7个问题整合为1个社会距离指数,用以表征缅甸民众对中美日印民众的整体心理接纳程度。具体方法按上文顺序将7个问题分别赋值1—7分,选择"愿意"则得到相应的分值,而"不愿意"则记为0分。用28减去以上7个问题的得分和,最后得到社会距离指数。缅甸民众与中美日印四国民众之间的平均社会距离,通过将缅甸民众与中美日印四国民众之间的社会距离总和除以4得到。分值越大,两国民众之间的社会距离越远,反之则越近。

本文的自变量涉及间接群际接触及大国关系感知两个维度。一方面,间接群际接触维度包括四个变量:一是使用 Facebook 的频率;二是是否知道对象国在本国的电视台;三是观看中美日印四国电影、电视剧的频率;四是收听中美日印四国音乐的频率。本文将"从不"及"很少"使用 Facebook 合并为"很少"一类,将"有时"项仍保持为"有时",将"经常"和"每天"使用合并为"频繁"一类;考虑到各国在缅电视台入驻现状,本文依次选取中国中央电视台(CCTV)、美国广播公司(ABC)、日本广播协会(NHK)作为测量缅甸民众是否知道中国、美国及日本电视台的变量。因印度在缅电视台的普及率低,调查未询问是否知道印度在缅电视台情况,所以对此不做分析。在观看及收听四国影视及音乐变量处理方面,将选项"从不""很少"合并为"很少"一类,将"有时""经常"和"非常频繁"合并为"经常"一类。另一方面,大国关系感知包括三个变量:分别是"知道中美日印哪个国家对缅给予了最多援助""中美日印哪

---

① 国内社会学界有关社会距离的研究均采用修正后的博格达斯量表。如曾东林、吴晓刚、陈伟对城市市民与外来人口之间社会距离的量表包括五种情境:1.您是否愿意和他/她一起工作? 2.您是否愿意他/她居住在您的社区? 3.您是否愿意他/她居住在您家隔壁? 4.您是否愿意邀请他/她来您家? 5.您是否愿意您的子女/亲属与他/她谈恋爱? 每个情境之间是递进关系,均按二分法的方式评分:得分1表示"愿意",得分0表示"不愿意"。作者采用 Moken Scale 的方法对量表进行再处理,根据距离程度计算而得到一个1—6分的社会距离得分。分数越高,表示社会距离越大。

个国家成为世界性力量,对本国存在最大威胁""中美日印哪个国家最应该作为缅甸未来发展的学习榜样"。三个变量皆处理为二分变量,即是否认为该国对缅给予了最多援助,是否认为该国对本国存在最大威胁,是否认为该国是本国学习榜样。

控制变量包括受访者的社会经济地位,社会经济地位以月收入、职业和受教育程度为测量变量。月收入取对数。职业分为普通职业(农场工、非熟练工、低端服务从业者、无业)及优势职业(农场主/经理、熟练工、文书/销售、高端服务从业者)两类。受教育程度分为小学及以下、初/高中(包括初中、高中与职中)、大学及以上三大类。同时还涉及性别、年龄、族群、宗教和城乡五个控制变量,除年龄分为18—34岁、35—50岁及50岁以上三类外,其他皆设定为二分变量。表1列出了相关变量的描述性统计情况。

表1 变量的描述性统计　　　　　　　　　　N=3 840

| 变量 | 类别(均值) | 标准差(百分比) | 最小值 | 最大值 |
| --- | --- | --- | --- | --- |
| 因变量 | | | | |
| 与四国的平均社会距离 | 5.05 | 7.40 | 0 | 28 |
| 与中国的社会距离 | 4.48 | 7.61 | 0 | 28 |
| 与美国的社会距离 | 4.93 | 7.88 | 0 | 28 |
| 与日本的社会距离 | 4.79 | 7.89 | 0 | 28 |
| 与印度的社会距离 | 5.99 | 8.64 | 0 | 28 |
| 自变量 | | | | |
| Facebook 使用频率 | 1=很少 | 62.08 | — | — |
| | 2=有时 | 13.96 | — | — |
| | 3=频繁 | 23.96 | — | — |
| 知道中国电视台 | 1=知道 | 42.79 | — | — |
| 知道美国电视台 | 1=知道 | 17.32 | — | — |
| 知道日本电视台 | 1=知道 | 82.73 | — | — |
| 看美国电影、电视剧的频率 | 1=经常 | 49.17 | — | — |
| 听美国音乐的频率 | 1=经常 | 28.83 | — | — |
| 看中国电影、电视剧的频率 | 1=经常 | 49.19 | — | — |
| 听中国音乐的频率 | 1=经常 | 19.19 | — | — |
| 看日本电影、电视剧的频率 | 1=经常 | 34.09 | — | — |

续表

| 变量 | 类别(均值) | 标准差(百分比) | 最小值 | 最大值 |
| --- | --- | --- | --- | --- |
| 听日本音乐的频率 | 1=经常 | 8.41 | — | — |
| 看印度电影、电视剧的频率 | 1=经常 | 56.33 | — | — |
| 听印度音乐的频率 | 1=经常 | 22.71 | — | — |
| 认为中国对本国援助最多 | 1=是 | 77.34 | — | — |
| 认为中国对本国存在最大威胁 | 1=是 | 30.36 | — | — |
| 认为中国是本国的最佳学习榜样 | 1=是 | 17.11 | — | — |
| 认为美国对本国援助最多 | 1=是 | 14.66 | — | — |
| 认为美国对本国存在最大威胁 | 1=是 | 17.06 | — | — |
| 认为美国是本国的最佳学习榜样 | 1=是 | 28.31 | — | — |
| 认为日本对本国援助最多 | 1=是 | 20.60 | — | — |
| 认为日本对本国存在最大威胁 | 1=是 | 5.10 | — | — |
| 认为日本是本国的最佳学习榜样 | 1=是 | 77.19 | — | — |
| 认为印度对本国援助最多 | 1=是 | 1.41 | — | — |
| 认为印度对本国存在最大威胁 | 1=是 | 11.25 | — | — |
| 认为印度是本国的最佳学习榜样 | 1=是 | 2.73 | — | — |
| 控制变量 | | | | |
| 收入(对数) | 11.69 | 0.88 | 8.01 | 15.32 |
| 教育 | 1=小学及以下 | 47.06 | — | — |
| 教育 | 2=初中/高中/职中 | 41.43 | — | — |
| 教育 | 3=大学及以上 | 11.51 | — | — |
| 职业 | 1=优势职业 | 44.43 | — | — |
| 性别 | 1=男 | 46.59 | — | — |

续表

| 变量 | 类别(均值) | 标准差(百分比) | 最小值 | 最大值 |
|---|---|---|---|---|
| 年龄 | 18—34 岁 | 30.05 | — | — |
|  | 35—50 岁 | 36.33 | — | — |
|  | 50 岁以上 | 33.62 | — | — |
| 族群 | 1=缅族 | 59.43 | — | — |
| 宗教 | 1=佛教 | 86.51 | — | — |
| 城乡 | 1=城市 | 38.65 | — | — |

## (三) 方法

本文研究的因变量为 1—28 的连续变量,因此主要采用一般线性回归模型(OLS)进行统计分析,同时使用稳健标准误对参数估计予以修正。根据研究需要,本文构建 3 个模型考察缅甸民众与中美日印四国民众的社会距离的影响因素。模型 1 关注缅甸民众对 Facebook 这一重要涉外媒介的接触对其自身与外国群体平均社会距离的总体影响;模型 2 聚焦于缅甸民众的模拟群际接触对社会距离感知的间接群际接触效果;模型 3 重点考察大国关系感知对缅甸民众的社会距离感知影响。"Social Distance"表示计算出来缅甸民众与中美日印四国民众的社会距离,"Mean Social Distance"表示缅甸民众与中美日印四国民众的平均社会距离,二者为因变量。"sex"表示性别,"age"表示年龄,"ethnic group"表示族群,"religion"表示宗教信仰,"residential place"表示居住地,"income"表示月收入,"occupation"表示职业,"education"表示受教育程度,以上变量均为控制变量;"Facebook usage"表示 Facebook 使用频率,"indirect intergroup contact"表示间接群际接触,"perception of national relationship"表示大国关系感知,以上变量为自变量;α 为截距,β 表示各变量的回归系数,μ 为误差项。

**模型 1**

$$Mean\ Social\ Distance = \alpha + \beta_1 sex + \beta_2 age + \beta_3 ethnic\ group + \beta_4 religion + \beta_5 residential\ place + \beta_6 income + \beta_7 occupation + \beta_8 education + \beta_9 Facebook\ usage + \mu$$

**模型 2**

$$Social\ Distance = \alpha + \beta_1 sex + \beta_2 age + \beta_3 ethnic\ group + \beta_4 religion + \beta_5 residential\ place$$

$$+\beta_6 income + \beta_7 occupation + \beta_8 education + \beta_9 indirect\ intergroup\ contact + \mu$$

**模型 3**

$$Social\ Distance = \alpha + \beta_1 sex + \beta_2 age + \beta_3 ethnic\ group + \beta_4 religion + \beta_5 residential\ place$$
$$+\beta_6 income + \beta_7 occupation + \beta_8 education + \beta_9 indirect\ inter\ group\ contact + \beta_{10} perception\ of\ national\ relationship + \mu$$

## 四、数据分析结果

### (一) 缅甸民众对四国民众的接纳程度比较

本文比较了缅甸民众对四国民众的接纳程度(表2)。每个国家在各个项目的被接纳百分比均从上至下依次递增,表明修订后的社会距离量表同样具有很好的累积性。缅甸民众对中美日印民众的平均社会距离分别为4.57、5.02、4.89和5.98。说明缅甸民众与中国民众社会距离最近,其次是日本和美国民众,与印度民众的社会距离最远。与2015年调查数据结果有明显不同的是(许庆红等,2019),缅甸民众对中国人的接纳程度已经在所有情境中高于美国人,中缅民众友好关系有了进一步提升,发展势头良好。

表2 缅甸民众对中美日印民众的社会距离频率分布　　%,N=5 000

|  | 中国人 | 美国人 | 日本人 | 印度人 |
| --- | --- | --- | --- | --- |
| 愿意与之结婚 | 12.26 | 11.64 | 12.02 | 8.38 |
| 愿意成为朋友 | 74.70 | 70.90 | 73.50 | 66.98 |
| 愿意成为邻居 | 78.60 | 75.54 | 77.08 | 71.66 |
| 愿意成为同事 | 81.82 | 79.82 | 80.38 | 75.04 |
| 愿意点头之交 | 81.82 | 79.82 | 80.38 | 75.04 |
| 愿意住在同城 | 85.16 | 83.54 | 83.62 | 78.90 |
| 愿意其访缅 | 97.26 | 97.10 | 97.12 | 96.56 |
| 平均社会距离 | 4.57 | 5.02 | 4.89 | 5.98 |

中缅民众友好关系得到明显改善这一结果可结合"一带一路"倡议下中缅政治互信显著增强、中缅经济合作进一步深入、缅甸民众对中国投资态度有明显好转来理解。首先,与吴登盛政府执政时期中缅关系波动较大不同,2016年初昂山素季领导的民盟上台执政后,昂山素季意识到中缅关系对立发展将冲击缅甸的国家安全和政治稳定,因而对华采取了务实的接触态度(祝湘辉、范宏伟,2020)。2016年8月,昂山素季率团正式访华,中国是其成为国务资政之后访问的东盟以外的首个国家。双方表示将推动中缅"全面战略合作伙伴关系"发展。① 2017年11月,中国国务委员兼外交部长王毅在内比都提出建设"人字形"经济走廊。② 2015—2017年,中、美、日、印四国与缅甸之间的高层互访频次分别为21、5、9和7次。同时在该期间内,中、美、日、印四国在缅甸的非对称依赖权力数值分别为130.02、5.85、25.28和20.19(王震,2019)。这表明相比其他三国,中国在缅甸的影响力仍旧占有优势地位。其次,中国多次在国际社会上就罗兴亚人问题维护缅甸,反对欧美国家提出的制裁缅甸法案。最后,在"密松事件"之后的民盟执政期间,缅甸民众对中国的投资项目未出现大规模抵制行动。缅甸民众感知到与中国民众的社会距离已经近于美国,表明中缅双方关系从政府到民间都呈向好发展态势。

## (二) 间接群际接触与社会距离

本文运用多元线性回归模型进一步考察间接群际接触相关因素对缅甸民众与四国民众社会距离的影响。由于所用数据采取分步骤、多阶段的PPS抽样设计,同一单位的样本不一定完全独立,可能影响统计检验结果,为此使用稳健标准误对参数估计予以修正。从表3可发现,关于间接接触的研究假设得到了充分验证。

---

① 2016年8月19日下午,中国国家主席习近平在北京钓鱼台国宾馆会见缅甸国务资政昂山素季。习近平强调,中方愿同缅方一道,弘扬传统,继往开来,推动中缅全面战略合作伙伴关系不断取得新进展,为两国人民带来更多实实在在的利益,使两国人民永做好邻居、好朋友、好兄弟、好伙伴,缅方也表示愿同中方共同努力,密切两国高层交往,增进两国人民友谊,加强两国各领域互利合作(张朔,2016)。

② 2017年11月19日,外交部长王毅在内比都与缅甸国务资政兼外交部长昂山素季共同会见记者时表示,中方提议建设"人字形"中缅经济走廊,打造三端支撑、三足鼎立的大合作格局。在两人举行的会谈中,昂山素季表示,缅方赞赏中方提出的建立中缅经济走廊的倡议,这一倡议与缅国家发展规划有很多契合之处(李可坤、范凌志,2017)。

表3　缅甸民众与中美日印民众社会距离的线性回归分析　　N=3 840

| | 模型1<br>四国平均<br>社会距离 | 模型2<br>中国 | 模型3<br>美国 | 模型4<br>日本 | 模型5<br>印度 |
|---|---|---|---|---|---|
| Facebook使用频率(参照项:"很少"或"从不") | | | | | |
| 有时 | -1.912***<br>(0.315) | — | — | — | — |
| 频繁 | -2.010***<br>(0.285) | — | — | — | — |
| 知道对象国电视台 | — | -1.438***<br>(0.238) | -0.973***<br>(0.268) | -1.531***<br>(0.256) | — |
| 看对象国电视的频率 | — | -1.600***<br>(0.250) | -2.420***<br>(0.289) | -2.329***<br>(0.235) | -2.488***<br>(0.307) |
| 听对象国音乐的频率 | — | -1.147***<br>(0.257) | -1.177***<br>(0.258) | -0.307<br>(0.332) | -1.269***<br>(0.291) |
| 教育(参照项:小学及以下) | | | | | |
| 初/高中 | -0.825**<br>(0.268) | -0.782**<br>(0.276) | -0.766**<br>(0.283) | -1.084***<br>(0.286) | -0.766*<br>(0.309) |
| 大学及以上 | -2.092***<br>(0.319) | -1.907***<br>(0.322) | -2.187***<br>(0.326) | -2.342***<br>(0.341) | -2.630***<br>(0.383) |
| 收入(对数) | -0.502***<br>(0.135) | -0.401**<br>(0.140) | -0.563***<br>(0.143) | -0.431**<br>(0.143) | -0.494**<br>(0.157) |
| 职业 | -0.680**<br>(0.230) | -0.837***<br>(0.238) | -0.477*<br>(0.243) | -0.707**<br>(0.246) | -0.789**<br>(0.272) |
| 性别 | -1.567***<br>(0.234) | -1.146***<br>(0.242) | -1.032***<br>(0.255) | -1.407***<br>(0.253) | -1.717***<br>(0.274) |
| 年龄(参照项:18—34岁) | | | | | |
| 35—50岁 | -0.298<br>(0.276) | -0.319<br>(0.285) | -0.443<br>(0.289) | 0.030<br>(0.291) | -0.682*<br>(0.326) |
| 50岁以上 | -0.308<br>(0.319) | -0.280<br>(0.321) | -0.232<br>(0.331) | 0.047<br>(0.321) | -0.711*<br>(0.353) |
| 缅族 | -0.040<br>(0.262) | 0.087<br>(0.276) | 0.090<br>(0.279) | 0.171<br>(0.280) | -0.224<br>(0.312) |

续表

|  | 模型 1 | 模型 2 | 模型 3 | 模型 4 | 模型 5 |
| --- | --- | --- | --- | --- | --- |
|  | 四国平均社会距离 | 中国 | 美国 | 日本 | 印度 |
| 佛教 | 3.919*** (0.239) | 2.687*** (0.269) | 3.331*** (0.254) | 3.471*** (0.254) | 4.314*** (0.307) |
| 城市居民 | -1.255*** (0.231) | -1.237*** (0.238) | -1.073*** (0.245) | -1.032*** (0.251) | -1.278*** (0.280) |
| 截距 | 10.616*** (1.521) | 10.560*** (1.590) | 12.242*** (1.619) | 9.873*** (1.626) | 12.613*** (1.772) |
| $R^2$ | 0.117 | 0.104 | 0.133 | 0.119 | 0.120 |

注：*** $p<0.001$；** $p<0.01$；* $p<0.05$。括号里的数字为回归系数的标准误。

模型1关注了Facebook使用状况对缅甸民众与中美印日民众的平均社会距离的影响。结果显示，在控制了其他变量的条件下，越经常使用Facebook的缅甸民众，其感知到的与中美印日四国民众的平均社会距离显著越近。这表明，缅甸民众通过使用Facebook这一重要对外社交平台可能获取到了更多外国群体信息，增进了其对外国群体的了解，从而改善了其对接触到的甚至是尚未接触到的其他外国群体的态度。且这一研究结果与已有研究一致。由此，验证了研究假设1.1。

模型2至模型5分别以模拟群际接触为重点，考察了间接群际接触对缅甸民众与中美印日民众的社会距离感知的影响。研究发现，第一，在电视台接触方面，在控制了其他变量的条件下，知道对象国电视台的缅甸民众，其感知到的自身与中美印日民众的社会距离明显更近。第二，在影视接触方面，经常收看对象国影视的缅甸民众，其感知到的与中美日印民众的社会距离同样更近。第三，在音乐接触方面，除日本以外，经常收听对象国音乐的缅甸民众，其感知到的与中美印民众的社会距离更近。经常收听日本音乐并没显著缩小缅甸民众对与日本民众的社会距离感，这可能与经常收听日本音乐的缅甸民众占比不足一成（8.41%）有关。整体来看，民众越经常观看或收听对象国的电视台、影视或音乐等，其对对象国的间接接触就越多，对对象国的偏见就越少，感知到的社会距离就越近，更易形成积极的群际态度。在间接群际接触影响方面，四个模型的结果表现出高度的一致性，研究假设1.2得到较好验证。

## (三) 大国关系感知与社会距离

同样采用多元线性回归模型分析大国关系感知相关因素对缅甸民众与四国民众社会距离的影响,并使用稳健标准误对参数估计进行修正。从表4中可见,总体而言,大国关系感知方面的大部分研究假设得到验证,但也有部分结果值得深入探索。

表4 缅甸民众与中美日印民众社会距离的线性回归分析　　N=3 840

| | | 模型1<br>中国 | 模型2<br>美国 | 模型3<br>日本 | 模型4<br>印度 |
|---|---|---|---|---|---|
| 大国关系认知 | 认为对象国对本国援助最多 | -0.501<br>(0.262) | -0.628*<br>(0.316) | -0.894**<br>(0.287) | -0.011<br>(1.146) |
| | 认为对象国对本国存在最大威胁 | -0.129<br>(0.245) | -0.668*<br>(0.312) | 1.805**<br>(0.634) | 1.074*<br>(0.457) |
| | 认为对象国是本国最佳学习榜样 | -0.767*<br>(0.301) | 0.040<br>(0.265) | -1.015***<br>(0.268) | -1.819**<br>(0.696) |
| 间接群际接触 | 知道对象国电视台 | -1.415***<br>(0.238) | -0.925***<br>(0.269) | -1.468***<br>(0.257) | — |
| | 看对象国电视的频率 | -1.521***<br>(0.252) | -2.369***<br>(0.290) | -2.298***<br>(0.234) | -2.480***<br>(0.306) |
| | 听对象国音乐的频率 | -1.116***<br>(0.258) | -1.175***<br>(0.258) | -0.197<br>(0.334) | -1.272***<br>(0.292) |
| 控制变量 | 教育(参照项:小学及以下) | | | | |
| | 初/高中 | -0.781**<br>(0.278) | -0.757**<br>(0.283) | -0.946***<br>(0.286) | -0.776*<br>(0.309) |
| | 大学及以上 | -1.959***<br>(0.325) | -2.197***<br>(0.334) | -2.125***<br>(0.344) | -2.635***<br>(0.384) |
| | 收入(对数) | -0.400**<br>(0.140) | -0.560***<br>(0.144) | -0.422**<br>(0.142) | -0.482**<br>(0.157) |
| | 职业 | -0.873***<br>(0.238) | -0.484*<br>(0.243) | -0.662**<br>(0.245) | -0.774**<br>(0.272) |
| | 男性 | -1.054***<br>(0.245) | -1.027***<br>(0.257) | -1.313***<br>(0.257) | -1.688***<br>(0.274) |

续表

| | | 模型 1<br>中国 | 模型 2<br>美国 | 模型 3<br>日本 | 模型 4<br>印度 |
|---|---|---|---|---|---|
| 控制变量 | 年龄（参照项：18—34 岁） | | | | |
| | 35—50 岁 | -0.312<br>(0.285) | -0.428<br>(0.290) | 0.034<br>(0.293) | -0.688*<br>(0.326) |
| | 50 岁以上 | -0.294<br>(0.320) | -0.194<br>(0.334) | 0.108<br>(0.325) | -0.714*<br>(0.353) |
| | 缅族 | 0.137<br>(0.276) | 0.129<br>(0.279) | 0.160<br>(0.280) | -0.245<br>(0.312) |
| | 佛教 | 2.684***<br>(0.274) | 3.362***<br>(0.255) | 3.405***<br>(0.256) | 4.270***<br>(0.306) |
| | 城市居民 | -1.223***<br>(0.240) | -1.055***<br>(0.245) | -1.010***<br>(0.249) | -1.254***<br>(0.280) |
| | 截距 | 10.718***<br>(1.591) | 12.283***<br>(1.626) | 9.958***<br>(1.623) | 12.430***<br>(1.780) |
| | $R^2$ | 0.107 | 0.135 | 0.126 | 0.122 |

注：*** $p<0.001$；** $p<0.01$；* $p<0.05$。括号里的数字为回归系数的标准误。

首先，对于不同国家，威胁感知对缅甸民众的社会距离感知的影响效果表现存在差异。对于日本及印度而言，在控制其他变量不变的条件下，认为日本或印度对本国存在最大威胁的缅甸民众与两国民众的社会距离明显更远。由此，假设 2.1 在日本和印度两国得到验证。一方面，对日本的威胁感知与对其接触意愿的降低作用可能来自二战时期日本对缅侵略的历史记忆，这一历史记忆可能激化了缅甸民众对日本民众的负面情绪，从而因威胁感降低了缅甸民众与日本民众的接触意愿。另一方面，对印度的威胁感知可能受到缅甸与印度在国际分工中相似位置的影响。在经济发展过程中可能的竞争关系和相近的地缘位置激发的威胁感知易引发群体间敌意，从而降低缅甸民众与印度民众的接触意愿。

但与日本及印度的结果相反，在控制了其他变量不变的条件下，认为美国对缅甸存在最大威胁的缅甸民众，反而与美国民众有更近的社会距离。这一结果与研究假设相违背，然而进一步观测数据可发现，认为美国对缅甸存在最大威胁的缅甸民众中有近四成民众（38%）认为美国在本国发展过程中具有榜样作用，且该部分民众中有七成以上民众（74.30%）与美国民众社会距离非常亲近(愿意与美国民众成为伴侣或朋友)。因此本文推测,榜样效应的发挥及其他因素的干扰或许抑制了威胁感知对社会距离的负面作用,甚至直接掩盖威胁感知对社会距离的负面效果,相反却表现出拉近社会距离的虚假作用。虽然中国模型此项并不具有显著性,却也表现出与美国类似的负向相关趋势。

其次,在对缅援助方面,认为对象国对本国援助最多对促进缅甸民众与对象国民众的积极社会距离感知的影响(假设2.2)仅在部分国家得到验证。具体来看,在控制包括间接接触等变量不变的条件下,认为美国对缅甸援助最多的缅甸民众,相较于不认为美国对缅甸援助最多的缅甸民众,其感知到的与美国民众的社会距离更近。此外,认为日本对缅甸援助最多同样具有拉近其与日本民众社会距离的效果。但在印度及中国的模型中,这一效果并不显著。印度的这一结果可能与印度对缅甸援助较少相关,认为印度对缅援助最多的占比不足两个百分点也印证了这一事实。然而,中国对缅甸援助最多的这一客观事实虽得到缅甸民众的充分认知,即认为中国对缅甸援助最多的民众占比接近八成(77.34%),但并未起到显著的群际态度促进作用,这一现象值得注意。

最后,在榜样作用方面,除美国外,认为对象国是本国最佳学习榜样对于促进缅甸民众与对象国民众的社会距离感知具有促进效果。具体来看,在控制了其他变量不变的条件下,认为中国、日本或印度是本国最佳学习榜样的缅甸民众,与中国、日本或印度民众的社会距离更近。这表明国家层面的榜样作用对于群际接触意愿提升具有较大的溢出效应,对榜样国的好感也会提升缅甸民众与榜样国成员交往的吸引力。由此,研究假设2.3基本得到验证。

综上,以威胁感知、援助效应、榜样作用为主的大国关系感知三项研究假设在日本得到了完整验证,表明日本在对缅援助等方面实现了较好的拉近社会距离的效果。同时,印度也有两项得到了验证。但在中国仅一项得到验证,其他两项均不显著。美国虽然有两项表现出显著性,但对威胁的感知却呈现出拉近社会距离的负相关。这说明相较于印度、日本两国,缅甸民众对与中国、美国民众的社会距离感知与大国关系感知间关系更为复杂,可能受到其他因素影响。

## 五、结论与讨论

自"一带一路"倡议提出以来,中国愈加重视周边外交,力图通过构建新型周边关系来打造周边命运共同体,并使其与"一带一路"倡议深化对接,共同构成中国外交的战略前沿和新增长点（卢光盛、别梦婕，2019）。一方面，中国愿意提供越来越多的公共产品，欢迎周边国家搭乘中国经济发展的"快车""便车"，惠及周边国家，"一带一路"倡议正为此提供了平台和机会；另一方面，中国也在承担更多的国际责任（周鑫宇，2011）。在"一带一路"倡议经过多年建设之后，有必要从外国民众对中国民众的接纳程度层面进行分析与总结。在间接接触理论视角下，结合跨国民众群际态度嵌入国家间关系情境的特点，本文以缅甸为例，深入对比分析了影响缅甸民众对中美日印民众的社会距离感知的因素，有如下主要发现。

首先，2019年缅甸综合社会调查数据显示，与2015年相比，缅甸民众与中国民众的社会距离已经最近，中国民众被接纳程度已高于美国民众。这反映出中缅民心相通建设取得良好成果并有着良好的发展态势。

其次，本文考察了间接群际接触对缅甸民众社会距离感知的影响，发现模拟群际接触对拉近社会距离的效果十分显著：一是涉外社交网站的使用对增进缅甸民众与其他国家民众的社会距离效果明显；二是对对象国文化产品的接触显著影响了缅甸民众对中美日印四国民众的社会距离。经常收看对象国电视台、影视和经常听对象国音乐的缅甸民众，其与中美日印四国民众更亲近。这表明加强以缅甸为代表的周边国家的中华文化产品传播是夯实"一带一路"倡议民心相通社会基础的有效路径。政府应进一步加大有关电影、电视剧、音乐、书籍的多语种文化产品的翻译与海外出版、发行。分阶段建设针对各国不同语言的网络电视台，形成"一带一路"网络媒体联盟，联动宣传中华文化优秀价值观、"一带一路"建设理念与目的。

最后，本文从大国关系感知因素出发，发现民众对于不同国家在本国发展中的定位的确会影响民众对与该国民众社会距离的感知，即群际接触意愿与群际接触的宏观接触条件相关。研究结果表明，对于不同国家，大国关系不同因素在影响不同缅甸民众对社会距离感知的过程中扮演着不同角色，各因素的影响情况受到民众主观排序的制约。尤其是面对中美这样对缅甸具有多维且重要影响的大国，缅甸民众对包括社会距离在内的两国相关评价会因多元考虑而表现出不稳定性特征。因此在促进民心相通的过程中，需进一步梳理两国关系认知与社会距离感知之间的具体联系及因果方向。有效区分处于不同发展阶段的"一带一路"沿线国家民众的重点发展需求，把握不同社会阶层的民众社会距离评价规律，探索促进民心相通的可行机制。另外，中国对缅甸援助最多虽得到缅甸民众的充分认知，但并未起到显著的群际接触促进作用，这一结果提示中国需要重新思考对外援助的工作思路和宣传重点，可借鉴日本在对外援助方面的有效经验。中国须通过多渠道立体化的文化传播方式增强软实力，促进东道国民众对两国关系的正向认知，推动共建、共享"一带一路"发展成果的理念深入人心，助推人类命运共同体建设。

## 参考文献

陈艺元，2019，《2017年东南亚国家"一带一路"五通指数解读》，《东南亚研究》第1期。

高程、王震，2020，《中国经略周边的机制化路径探析——以中缅经济走廊为例》，《东南亚研究》第1期。

高明华，《偏见的生成与消解——评奥尔波特〈偏见的本质〉》，《社会》2015年第1期。

郝亚明，2015，《西方群际接触理论研究及启示》，《民族研究》第3期。

姜术容，2015，《论群际接触理论的核心：过失无知抑或其他——兼与陈晶、佐斌教授商榷》，《民族论坛》第10期。

孔建勋、张晓倩，2017，《当前缅甸不同宗教群体之间的社会距离及其影响因素》，《世界宗教文化》第2期。

李强、李洋，2010，《居住分异与社会距离》，《北京社会科学》第1期。

李森森、龙长权、陈庆飞，2010，《群际接触理论——一种改善群际关系的理论》，《心理科学进展》第5期。

李司坤、范凌志，2017，《中方提出建设"中缅经济走廊"，昂山素季：赞赏中方此倡议》，https://world.huanqiu.com/article/9CaKrnK5MCM。

李向健、孙其昂，2016，《居住空间、邻里交往与社会距离——基于CSS 2011的城镇居民与农民社会距离的影响因素研究》，《西北人口》第2期。

卢光盛、别梦婕，2019，《新型周边关系构建内涵、理论与路径》，《国际观察》第6期。

卢国显，2005，《中西方社会距离的研究综述》，《学海》第5期。

莫莉，2016，《台湾大学生对大陆的社会接触及社会距离感知研究》，《青年研究》第4期。

庞琴、梁意颖、潘俊豪，2017，《中国的经济影响与东亚国家民众对华评价——经济受惠度与发展主义的调节效应分析》,《世界经济与政治》第 2 期。

齐美尔,格奥尔格,1999,《现代性的诊断》,成伯清译,杭州:杭州大学出版社。

曲映蓓、辛自强,2016,《中小学生民族偏见与歧视的成因及干预策略——群际接触的视角》,《心理技术与应用》第 2 期。

宋效峰,2018,《习近平新时代中国特色社会主义外交思想探析》,《社会主义研究》第 5 期。

王桂新、胡健,2018,《城乡—区域双重分割下的城市流动人口社会距离研究》,《中国人口科学》第 6 期。

王震,2019,《制衡中国?——中美日印在缅甸影响力对比分析》,《南亚研究》第 2 期。

吴琳,2020,《印度对中美竞争的认知与应对》,《国际问题研究》第 4 期。

吴泽霖,1992,《美国人对黑人、犹太人和东方人的态度》,北京:中央民族学院出版社。

习近平,2020,《续写千年胞波情谊的崭新篇章》,http://world.people.com.cn/n1/2020/0117/c1002-31553192.html。

许庆红、孔建勋、陈瑛,2019,《缅甸人心目中的中国人——社会距离及其影响因素》,《社会发展研究》第 2 期。

徐延辉、邱啸,2017,《居住空间、社会距离与农民工的身份认同》,《福建论坛》(人文社会科学版)第 11 期。

曾东林、吴晓刚、陈伟,2021,《移民的空间聚集与群体社会距离——来自上海的证据》,《社会》第 5 期。

张朔,2016,《习近平会见昂山素季》,https://www.chinanews.com.cn/gn/2016/08-19/7978516.shtml。

周方银,2012,《中国崛起、东亚格局变迁与东亚秩序的发展方式》,《当代亚太》第 5 期。

周方银,2014,《周边环境走向与中国的周边战略选择》,《外交评论》第 1 期。

周鑫宇,2011,《中国国际责任的层次分析》,《国际论坛》第 6 期。

祝湘辉、范宏伟,2020,《中缅关系 70 年"胞波"关系的新陈代谢》,《南洋问题研究》第 1 期。

Allport, G. 1954, *The Nature of Prejudice*, Cambridge: Addison-Wesley.

Bell, W. & V. Robinson 1980, "Cognitive Maps of Class and Racial Inequalities in England and the United States." *American Journal of Sociology* 86(2): 320-349.

Bogardus, E. 1925, "Social Distance and Its Origins." *Journal of Applied Sociology* 9

(216): 216-226.

Brinkerhoff, M. & M. Mackie 1986, "The Applicability of Social Distance for Religious Research: An Exploration." *Review of Religious Research* 28(2): 151-167.

Canon, L. & K. Mathews 1971, "Ethnicity, Belief, Social Distance and Interpersonal Evaluation: A Methodological Critique." *Sociometry* 34(4): 515-523.

Crisp, R., S. Stathi & R. Tumer et al. 2009, "Imagined Intergroup Contact: Theory, Paradigm and Practice." *Social and Personality Psychology Compass* 3(1): 1-18.

Dovidio J., S. Gaertner & K. Kawakami 2003, "Intergroup Contact: The Past, Present, and Future." *Group Processes & Inter-group Relations* 6(1): 5-21.

Ford, R. 2010, "Is Racial Prejudice Declining in Britain?" *British Journal of Sociology* 59(4): 609-636.

Gong, S. & K. Nagayoshi 2019, "Japanese Attitudes Toward China and the United States: A Sociological Analysis." *Chinese Sociological Review* 51(3): 251-270.

J. Gullahorn & C. Loomis 1996, "A Comparison of Social Distance Attitudes in the United States and Mexico." *Studies in Comparative International Development* 2(6): 89-103.

Husnu, S. & R. Crisp 2011, "Enhancing the Imagined Contact Effect." *Journal of Social Psychology* 151(1): 113-116

Johnson, M. & M. Marini 1998, "Bridging the Racial Divide in the United States: The Effect of Gender." *Social Psychology Quarterly* 61(3): 247-258.

Laumann, E. 1965, "Subjective Social Distance and Urban Occupational Stratification." *American Journal of Sociology* 71(6): 26-36.

Park, R. 1924, "The Concept of Social Distance as Applied to the Study of Racial Attitudes and Racial Relations." *Journal of Applied Sociology* 8(6): 339-344.

Parrillo, V. & C. Donoghue 2005, "Updating the Bogardus Social Distance Studies: A New National Survey." *The Social Science Journal* 42(2): 257-271.

Payne, M., C. York & J. Fagan 1974, "Changes in Measured Social Distance over Time." *Sociometry* 37(1): 131-136.

Schiappa, E., P. Gregg & D. Hewes 2005, "The Parasocial Contact Hypothesis." *Communication Monographs* 72(1): 92-115.

Stathi, S. & R. Crisp 2008, "Imagining Intergroup Contact Promotes Projection to Outgroups." *Journal of Experimental Social Psychology* 44(4): 943-957.

Stephan, W. 2014, "Intergroup Anxiety: Theory, Research, and Practice." *Personality* and *Social Psychology Review* 18(3): 239 - 255.

Tarde, G. 1921, *Les Lois de L'imitation*, Paris: Librairie Felix Alcan.

Turner, R. & R. Crisp 2010, "Imagining Intergroup Contact Reduces Implicit Prejudice." *British Journal of Social Psychology* 49(1): 129-142.

Verkuyten, M. & B. Kinket 2000, "Social Distances in A Multi Ethnic Society: The Ethnic Hierarchy among Dutch Preadolescents." *Social Psychology Quarterly* 63(1): 75-85.

Weisbuch, M., K. Pauker & N. Ambady 2009, "The Subtle Transmission of Race Bias via Televised Nonverbal Behavior." *Science* 326(5960): 1711-1714.

Wright, S., A. Aron, T. McLaughlin-Volpe & S. Ropp 1997, "The Extended Contact Effect: Knowledge of Cross-group Friendships and Prejudice." *Journal of Personality and Social Psychology* 73(1): 73-90.

# 中国三孩政策下的超低生育率与人口发展理念迷思*

王 军**

**摘要：** 中国超低生育率研究的当务之急并不是简单地拿来国外各类生育支持政策药方，而是要引入"历史性"视角，基于学术史角度去全面解构超低生育率下的生育限制思维及人口发展理念体系，从而为应对超低生育率和人口过快老龄化创造思想前提。生育限制思维在当前超低生育率时代依然存在，其理论基石是马尔萨斯主义、新马尔萨斯主义与"适度人口论"的杂糅。在超低生育率形势下，生育限制思维会明显弱化对过低生育率和人口过快老龄化问题严峻性的认识，而建立在生育限制框架下的生育支持政策不仅收效甚微，并且存在出现政策方向和策略双重失误的风险。本研究还对与生育限制思维紧密相关的人口发展"工程视角"和人口"分母效应"进行了批判性分析。

**关键词：** 三孩政策 超低生育率 生育限制思维 人口发展理念 适度人口

## 一、引言

中国三孩政策下的超低生育率形势不仅未见明显缓解迹象，而且今后生育率继续走低的风险非常大（王军、李向梅，2021；王军、王广州，2022）。根据国家统计局公布的《2021年国民经济和社会发展统计公报》，作为实施三孩政策的开局之年，2021年中国出生人口规模仅为1 062万人，相比2020年全国第七次人口普查（简称"七普"）公布的1 200万不升反降，又减少了138万。以

---

\* 本文系国家社会科学基金一般项目"中国多元城镇化路径对生育意愿的影响及对策研究"（项目批准号：21BRK041）的研究成果。
\*\* 王军（15801036989@163.com），哈尔滨工程大学人文社会科学学院教授、博士生导师。

"七普"1.3 的总和生育率粗略估计,中国 2021 年的总和生育率很可能已经明显低于 1.2。2022 年中国的出生人口规模可能会更加不容乐观,这是因为:一方面人口少子化文化已经形成,生育旺盛期育龄妇女人数在今后将持续锐减,人口负增长惯性已经累积了 30 年;另一方面,纵观全球,近年来经济发展放缓、疫情等外在冲击性因素将为民众就业、收入等带来较大负面效应,这一系列连锁反应很可能使得本已较为低迷的生育意愿雪上加霜。

在当前超低生育率人口形势下,生育支持类政策研究俨然已经成为显学。人口学尤其是生育研究因为自身话题与民众的天然亲和性而显得更接地气,但这也对人口学家提出了挑战,即如何能从专家和专业的角度提出超过百姓街谈巷议的观点和主张。不过,在 2014 年以来的人口政策调整过程中,民众对人口学家的观感和印象一直较为负面,并呈现出一定的不信任态度。导致这一结果的重要原因就是很多人口学家自身仍然局限于生育限制思维框架内,而缺乏对低生育现实的敏感性。在生育限制思维框架内谈生育支持问题,不仅会使得很多人口学家勉为其难甚至非常尴尬,而且这一问题自身可能就是一个逻辑悖论和无解难题。

当前仍有相当数量的学者对中国生育支持类政策采取了拿来主义态度,即试图将国外生育支持类政策的制度框架和具体做法作为拯救中国当前过低生育率的良药。不过,从逻辑上来讲,生育支持类政策可以采取拿来主义的前提是国外开出的药方本身有效,但事实可能并非如此。国外人口政策实践表明,无论是发放生育补贴、促进男女平等还是增加育儿服务支持力度,其对生育率的提升效果即使存在但也往往较为有限。实际上,目前除了斯堪的纳维亚地区比如瑞典、挪威诸国之外,其他国家的生育支持政策基本收效不大。

既然国外支持生育甚至鼓励生育的政策效果并不明显,那么如何期望这些药方对提振中国当前过低生育率有效呢?很遗憾,目前还未见到相关讨论文章。本研究认为,在国内人口学界占绝对主流观点的生育限制思维,更是大幅降低了简单拿来的各种国外生育支持政策对于过低生育率的提振效果预期。也就是说,即使在完全生育自由甚至鼓励生育的社会环境下,这些生育支持类政策也大多没有明显提振生育率,那么如何能够期望其在仍实行生育限制,并且社会整体对生育尤其多育仍持一定负面态度的社会文化中能够起到良好效果呢?

诚然,作为试图改变中国当前超低生育率的一种探索和尝试,借鉴国外生育支持政策有值得肯定的一面。不过,本研究认为,要有效应对当前超低生育率形势,要做的不是简单的拿来主义,而是要在生育支持政策研究中注重"历史性",首先要做到正本清源,回溯中国从较高生育率向较低生育率的转变过程,围绕较高生育率时期的一些典型人口发展理念在较低生育率时期的实际演进过程展开研究。尤其要对生育限制思维逻辑在较高生育率时期的生成以及在较低生育率时期的延续进行深入探讨和深刻反思,彻底解构生育限制思维逻辑在较低生育率时期的合理性,从而为真正培育生育友好的社会生态打开机会之窗。有鉴于此,本研究将针对中国当前三孩政策下的超低生育率,基于人口研究的历史性视角,对形塑了生育限制思维的传统人口发展理念迷思进行全面剖析,以期通过对人口理念和理论的正本清源,为今后择机全面取消生育限制并真正开始全面建设生育友好型社会奠定思想基础。

## 二、从"人口爆炸"到"人口内爆":生育限制思维为何一直存在?

### (一)"人口爆炸":对人口增长的恐惧溯源

在广大发展中国家,民众通常或多或少对于人口增长持一定负面态度。不过,从思想史溯源的角度,民众对人口增长的这种负面认知并不具有历史恒久性。在工业革命之前,绝大多数时间内各国人口处于波动状态,虽然在经济繁荣时期人口会显著增长,但一遇战争和饥荒,人口则马上呈现快速减少状态。因此,总人口即使有所增长但其增速也通常比较缓慢。在这种情境下,人口增长被看作经济繁荣、社会稳定和国家强盛的标志。无论是政府、学者还是民众,其对人口增长大多持较为积极正面的态度。

真正开始从理论上建构人口增长负面色彩的当属马尔萨斯(Malthus, 1798)。虽然古希腊时期的柏拉图、亚里士多德以及中国战国时期的韩非子等学者均表达了对人口增长的某种忧虑,但直到马尔萨斯才真正从理论上论证了人口增长的负面效应,并且其思想对后世人口理念产生了重大影响。马尔萨斯的生活年代虽然处于工业革命时期,但其显然没有注意到技术进步的革命性力量,而是对工业革命所导致的人口快速增长和工人失业问题充满了担忧。按照马尔萨斯的观点,人口增长速度(几何级数)总是倾向于明显超过食物增长速度（算数级数），而当实际人口数量超过食物能供养的人口规模时，人类将陷入贫困、饥荒甚至引发战争和瘟疫，这样将导致人口大幅减少，之后食物又变得相对充裕，然后人口又重新快速增长，从而开启了下一次循环（Malthus, 1798）。总之，马尔萨斯严重质疑社会将不断进步并趋于完善的观点，认为在没有道德自律的情况下，人口与食物的这种循环很可能是人类无法摆脱的命运（Malthus, 1798）。

不过，欧洲国家工业革命时期的实际人口发展并没有使马尔萨斯预言成真，即欧洲国家快速的人口增长不仅没有导致贫困和各种罪恶，而且广大民众生活更加富裕，国家也更加强盛。这是因为：一方面，工业革命带来了巨大技术进步，生产力得到了极大提高，其创造的财富不仅满足了不断增长的人口的基本需求，而且使得人均福祉明显提高；另一方面，这段时期内欧洲向美洲和大洋洲地区较大规模的移民也疏解了欧洲部分国家与地区的人口增长压力。

大约在19世纪末20世纪初，随着欧美国家先后完成人口转变，马尔萨斯人口理论被公认为并不符合欧美国家人口发展实际，而只适合亚非拉等欠发达国家。从当时欧美学者的著作、论文和研究报告中可以看出，20世纪初至二战结束之前近半个世纪的时间里，这些学者对欠发展国家的人口充满了马尔萨斯式的忧虑，认为这些国家的民众缺乏节育意识，也没有节育工具和手段，因此人口发展处于放任状态，民众处于贫困、饥荒、战争和瘟疫的巨大风险中（Caldwell, 2005）。

如果说20世纪上半叶西方学者对欠发达国家人口增长呈现一定忧虑情绪，那么二战以后，传统马尔萨斯主义、各种新马尔萨斯主义以及人口转变论这三种人口理念则一起将人口增长与恐惧情绪联系在一起（Notestein, 1967; Ehrlich, 1968; Meadows, 1972）。对于二战以后发展中国家出现的快速人口增长，欧美国家人口学者对此深切关注，并认为发展中国家的人口增长如果不加以控制将可能导致灾难性后果（Lam, 2011）。此时，传统马尔萨斯主义、新马尔萨斯主义和人口转变论三种人口思潮出现了合流。其中，传统马尔萨斯主义认为发展中国家人口快速增长将导致贫困、饥荒甚至战争，从而威胁到国际秩序和安全（Lam, 2011）；新马尔萨斯主义则认为，发展中国家人口快速增长势头如果不加以有效抑制，将导致经济增长停滞、资源枯竭和环境灾难，并最终使得人类走向灭绝（Ehrlich, 1968; Meadows, 1972）。

不过，马尔萨斯主义和新马尔萨斯主义的思想与主张毕竟过于极端，这也使得人口转变论一举成为全球计划生育运动的科学理论基础（Hodgson, 1983;

Demeny，1988）。按照人口转变论的观点，随着工业化、城镇化等现代化进程，一个国家的人口会经历从"高出生、高死亡、低增长"向"低出生、低死亡、低增长"的转变，而在转变过程中会出现"高出生、低死亡、高增长"的过渡阶段（Davis，1945）。而全球计划生育运动的主要目的，就是通过发达国家向发展中国家输出避孕和节育知识、技术和药物等，人为加速发展中国家的人口转变进程，通过降低其人口转变期间的人口增长压力来有效缓解人口增长对发展中国家经济、社会发展造成的不利影响（Hodgson，1983；Demeny，1988）。

## （二）"人口内爆"：低生育对传统人口理念的冲击

其实正是从全球计划生育运动搞得热火朝天的20世纪六七十年代开始，欧美国家再次出现了低生育现象，并且一直延续至今。与此同时，许多发展中国家于20世纪90年代基本完成了人口转变，即生育率下降到2.1的更替水平附近。但令人始料不及的是，一方面，欧美国家没有迎来第二个婴儿潮，其低生育态势不仅没有明显逆转迹象，而且许多国家甚至出现了极低生育率（总和生育率低于1.3）；另一方面，许多新兴和发展中国家的生育率也并没有如人口转变论预言的那样停留在更替水平，而是继续下行，至今已有不少新兴和发展中国家生育率同样处于极低生育率水平。

大约从20世纪末开始，尤其21世纪初以来，少部分人口学者开始显示出人口理念的180度转弯，从以往担心"人口爆炸"转变为对"人口内爆"，即对于人口过快衰减的深深忧虑（Eberstadt，1997；Eberstadt，2001）。按照人口转变理论，低生育率即使存在也只是暂时现象，生育率最终会像二战后的婴儿潮那样至少回升到更替水平或以上。但低生育从20世纪60年代再次出现并一直延续至今的现实却表明，人口转变论关于生育率最终将稳定在更替水平的预言很可能是一种错觉。而后来提出的第二次人口转变论则试图解释低生育的产生原因，即以工业化、城镇化为特征的现代化过程同时导致了个体化生活方式和生育态度的产生，比如传统家庭观念的弱化、同居现象的增多以及生育价值取向由家庭向个体的转换等（Kaa，1987）。按照"第二次人口转变论"，低生育的出现不仅有其合理性，而且也许并不是一个暂时现象，甚至是一个长期过程。

此外，部分国家还出现了极低生育率现象，比如南欧、西欧德语系国家、东欧和东亚地区，而"低生育陷阱假说"则试图解释极低生育率现象（Lutz et al.，

2006）。按照该假说,长期极低生育率（比如总和生育率低于1.5）将导致育龄女性的明显减少、社会少子化文化的形成以及年青一代收入更低而消费期望更高,这三个因素叠加在一起,会使得极低生育率国家如同进入陷阱之中而无法自拔。可以说,以"人口内爆""低生育陷阱假说"为代表的人口理论表达了一种低生育危机意识（Eberstadt, 2001; Lutz et al., 2006）。具体来说,长期过低生育率将导致人口快速衰减、人口快速老龄化,并进而导致经济发展丧失活力、消费潜力大幅缩水、劳动力供应出现严重短缺、养老金系统不堪重负等危机性情景。其实,这种对长期低生育率及其可能导致后果的担忧有时也被称为"反向马尔萨斯"（Bricker & Ibbitson, 2019）。

## （三）生育限制思维在低生育时代为何依然存在?

从人口政策角度来看,在较高生育率时期一般伴随人口的快速增长,这时起主导作用的人口思潮是马尔萨斯主义、新马尔萨斯主义和人口转变论的混合体,一般鼓励家庭计划生育甚至在特定时期提倡高生育国家实行计划生育配额指标等生育限制政策（Greenhalgh, 1996; Demeny, 2011）。而到了低生育时期,由于人口过快增长势头已经明显减缓,长期低生育还将累积人口负增长惯性,而人口负增长也只是时间问题,因此,此时人口发展的主要矛盾已经从高生育率导致的人口过快增长转换为长期低生育率导致的人口负增长、人口老龄化及其经济、社会后果,此时国家一般不会再对生育进行限制,并且许多国家已经开始实行鼓励生育的人口政策（Demeny, 2011）。

但是,许多实现低生育的新兴或发展中国家曾经一度继续坚持限制生育的人口政策,即生育限制思维在低生育下依旧顽强存在（沈可等,2012）。比如韩国于20世纪80年代就已实现低生育,但直到90年代才彻底取消对生育的限制,泰国、越南等发展中国家也曾经就是否在实现低生育之后取消生育限制进行过激烈争论。在低生育时期坚持继续实行生育限制的原因之一,就是人口正增长惯性问题,即虽然实现了低生育水平,但由于较为年轻的人口年龄结构,人口仍会继续增长一段时间（比如30年或更长）。也就是说,低生育时期虽然人口过快增长势头大幅减缓,但由于人口正增长惯性,人口规模仍在继续增加,而此时的主要担心已经从人口增长速度转换为人口规模问题。

关于人口规模问题,人口转变论对此并没有涉及,而马尔萨斯人口理论则将人口与食物联系在一起,各种新马尔萨斯主义理论进一步将人口规模与经济发展、资源利用和环境保护紧密相联(Ehrlich,1968;Meadows,1972)。可以说,许多发展中国家之所以在实现低生育后一定时期内仍旧实行生育限制政策,其背后反映的生育限制思维与马尔萨斯主义和新马尔萨斯主义所表达的对人口规模增加所持的负面态度有着密切关系。

除了马尔萨斯主义和新马尔萨斯主义,早已被欧美学术界抛弃的"适度人口论"一跃成为捍卫低生育水平下生育限制思维的终极武器(王军、周思瑶,2021)。虽然马尔萨斯人口理论和各种新马尔萨斯主义人口理论都明确提出或暗含"过剩人口"这一概念,但毕竟没有对过剩人口进行详细界定和测量。而适度人口则填补了这一理论盲区,其一般根据基于研究者个人偏好的经济、资源、环境的某一理想标准,计算出一个国家或地区的适度人口规模,而现实人口与适度人口规模之差就是马尔萨斯和各种新马尔萨斯主义所宣称或暗含的过剩人口(索维,1983;郭志刚、王军,2020)。虽然适度人口存在高于实际人口规模的可能性,但可能由于高生育率时期养成的偏好人少的倾向,实际计算的适度人口基本都要明显低于实际人口,即普遍存在相当规模和比例的过剩人口。

为了更加清楚地说明低生育时代生育限制思维存在的合法性宣称,可以按照低生育和人口规模增减划分为两个阶段,即由于人口增长惯性导致人口继续增长的低生育初期阶段、由于人口负增长惯性累积导致人口持续负增长的低生育中后期阶段。其中,在人口继续增长的低生育初期,马尔萨斯主义、新马尔萨斯主义以及"适度人口论"这三种观点持有者对于人口规模的继续增加都赋予了较强的负面色彩,此时的生育限制思维也凭借这三种人口理念获得自身合法性基础,即低生育水平下仍旧需要实行生育限制政策并借此尽可能抑制人口增长以及缩短距离实现人口峰值的时间间隔(郭志刚、王军,2020);在人口持续负增长的低生育中后期,人口减少已成事实,那么此时是否还需实行生育限制政策?对这一问题的回答直接关系到人口负增长时期生育限制思维存在的合法性问题。显然,马尔萨斯主义和新马尔萨斯主义都无法回答这个问题,而"适度人口论"则成为人口负增长时期生育限制思维存在的主要支柱,其逻辑很简单:即使人口负增长,但如果实际人口规模仍然显著高于适度人口规模,那么不是应该继续实行生育限制吗?

## 三、中国超低生育率下的生育限制思维及其对人口政策的误导性

### （一）中国超低生育率下的生育限制思维

目前回溯来看，在1992—2013年超过20年的时间内，中国人口政策一直未予调整的确有着比较复杂的原因（王军、刘军强，2019）。首先，在人口事实层面，历次人口普查、小普查和抽样调查都得到极低生育率，但人口学界主流却选择视而不见，认为这是大规模出生漏报和瞒报的结果，在缺乏经验证据的情况下将生育率主观调整到1.8或以上，这无疑淡化了低生育的严峻性和紧迫性。其次，在人口理念层面，生育限制思维为了维系其低生育下的合法性，将人口发展的主要矛盾从人口过快增长转移到人口规模过大这一马尔萨斯经典话题中，认为应该继续通过生育限制政策尽可能缩短低生育水平初期由于人口正增长惯性导致人口继续增长的延续时间，从而尽可能减少峰值人口规模（邬沧萍，2000）。另外，生育限制思维还选择性地忽视了由于低生育长期累积所导致的今后人口负增长以及人口过快老龄化问题，并且夸大了人口政策限定下低生育水平的不稳定性，即一旦人口政策有所放宽很可能会导致出生人口的大幅反弹。

而近年来人口政策调整尤其当前三孩政策下的人口事实表明，中国已经进入超低生育率阶段，并且持续快速的人口负增长即将于2025年前后开始启动（王广州、王军，2019）。超低生育率和即将开始的人口负增长，宣告了人口正增长惯性的基本结束和累积了30年的人口负增长惯性的即将显现，这也终结了生育限制思维以往论证其存在合法性的人口正增长惯性导致人口规模继续增加这一宣称。同时，人口政策调整过程中也并没有出现生育限制思维以往宣称的因政策调整导致的人口规模大幅反弹。事实是正好相反，虽然人口政策不断放宽，但近年来出生人口规模却年年下降。

以上诸种迹象，结合当前提倡的各类生育支持政策，是否表明生育限制思维的彻底完结呢？答案可能出乎大多数民众预料，因为生育限制思维依然存在并且在人口学界仍旧占据主流地位。这里需要注意，在当前超低生育率形

势下,生育限制思维支持者表面上也鼓励生育支持政策,也宣称要在生育政策规定范围内挖掘生育潜力,初看与生育限制思维反对者好像并无显著不同,但其实不然。

生育限制思维的一个显著不同,就是其倡导一种所谓的低于更替水平的适度生育率。在2014年之前长达20多年的时间里,生育限制思维持有者一直将1.8的总和生育率作为适度生育率,而近年来在低生育态势日趋明显的情境下又有学者将适度生育率标准进一步调低为1.7甚至更低一些(翟振武、邹华康,2018)。按照人口学规律,2.1的更替水平才是实现人口稳定的最低生育率标准,如果长期低于更替水平(即维持低生育率),那么人口迟早会出现负增长,并且生育率越低人口负增长幅度越大,速度也越快。即使1.8的总和生育率,也将导致中国未来人口较为快速的下降。由此可以看出,生育限制思维虽然在当前超低生育率形势下表面上鼓励各类生育支持政策,但其本质上还是认为对于当前人口规模较大的中国来说,一定程度的人口负增长未必是坏事。

## (二) 生育限制思维对人口政策存在误导

本研究认为,生育限制思维虽然当前也披着鼓励实施生育支持政策的外衣,但其对积极应对过低生育率和过快人口老龄化的人口政策具有较为严重的误导。第一个误导,就是生育限制思维会明显弱化对过低生育率和过快人口老龄化严峻性的认识(郭志刚,2015;郭志刚、王军,2020)。在生育限制思维支持者看来,低生育未必是坏事,毕竟当前人口规模过大即存在大量过剩人口,因此生育支持政策只需要适度提升过低生育率至某一水平,比如1.5或1.6以上即可。其实,即使是有些学者主张的1.8的适度生育率也仍旧明显低于更替水平。可以看出,生育限制思维支持者对极低生育率形势并不是非常担心,甚至某些情况下表示欢迎,其主张的生育支持措施和力度自然也会较为有限。

第二个误导,就是生育限制思维本身就注定了建立在该框架下的生育支持政策的低效性。这是因为,生育支持政策对提振过低生育率有效的基本前提,是要首先肯定生育的积极意义,然后在此基础之上着手全面建设生育友好型社会生态。生育限制思维本身对生育持一种负面或不友好的态度,经过50多年的历史积淀,目前在全社会层面呈现的是一种对生育、对母婴并不友好的社会文化生态(王军、李向梅,2021)。"多生愚昧、少生先进""人口是负担"

"要想富,少生孩子多种树"等观念已经深入人心,少子化已经成为一种文化和价值导向,并通过个人青少年时期的社会化过程和舆论的广泛宣传内化为人们的生育行为规范。即使当前的三孩政策,其实也并没有太多改变对于生育长期赋予的负面态度。因此,生育限制思维下的生育支持政策本身就是一个逻辑悖论,在这个框架下即使实行生育支持政策,其政策效果也并不会太显著。

第三个误导,就是超低生育率背景下生育限制思维的核心基石"适度人口论"有可能使得人口政策出现方向性和策略性双重错误。首先,如果生育限制思维持有者心目中的适度人口只有2亿或3亿,那么当前的超低生育率形势正是其所期望的,甚至有些还觉得更低一些会更理想(李小平,2002;程恩富、王新建,2010)。因此,如果适度人口规模远低于实际人口规模,那么其人口政策主张就很可能不是生育支持而是保持极低生育率,甚至倡导加大生育限制力度来进一步压低当前的极低生育率,这就出现了与当前人口政策大方向的背道而驰(李小平,2002;程恩富、王新建,2010)。其次,"适度人口论"对于所谓"适度人口"的界定容易趋向于一个世纪前就已成为举世公敌的优生学价值观,即将实际人口与适度人口之间的差异视为过剩人口,而又主观将过剩人口界定为低素质人口。这种优生学价值观和适度人口论的支持者会倡导一种差异化人口政策实施策略,比如鼓励高素质人群包括大学及以上受教育程度、城市中产及以上家庭等育龄人群多生育,而初中及以下、农村或城市底层家庭尽量少生或不生。

## 四、人口发展"工程视角"和人口"分母效用"的学术史检视

鉴于作为生育限制思维核心基石的适度人口论早已被国外人口学界所否定,本文对此不再详述(王军、周思瑶,2021;王军、李向梅,2021;Cohen,1995)。除了"适度人口论"之外,生育限制思维还与两种人口发展理念密切相关,第一种是人口发展"工程视角",即试图事先设计好人口发展的最优方案或轨迹,然后通过人口政策等人为去实现这一预先的设想和设计蓝图;第二种是人口"分母效应",即人口规模对经济发展具有稀释效应,因此控制人口增长甚至减少人口规模有利于经济发展。其实,"适度人口论"本身就体现了人口发展"工程

视角"和人口"分母效应"。试想,如果不是深信人口发展可以人为最优设计,怎么可能出现适度人口规模的理念并试图付诸实施？如果不是相信人口多是负担,怎么可能出现所谓"过剩人口"并试图消灭之？

## (一)"工程视角":人口发展能否人为最优设计？

国内外人口发展和人口研究实践表明,人们喜欢凭借主观美好愿望,借助各种学术观点和理论包装,试图充当人口发展的工程师,来预先规划和设计所谓的最优人口发展目标和最佳实现路径。比如,作为 20 世纪五六十年代兴起的全球计划生育运动的理论性指导纲领,人口转变论从一种对欧美以往人口发展过程的纯经验描述一跃成为指导广大发展中国家未来人口发展的蓝图(Hodgson,1983; Demeny,1988)。但超低生育率和人口负增长的出现与蔓延,却使得人口转变论提供的"低出生、低死亡、低增长"以及生育率稳定在更替水平这一美好蓝图成为幻影,也使得全球计划生育运动从 20 世纪 90 年代开始陷入低潮。虽然西方人口学界少数学者在 20 世纪八九十年代曾一度对于人口转变论及其指导的全球计划生育运动进行了一定反思,但大多数人口学家至今仍在刻意回避这段历史(Hodgson,1983; Demeny,1988)。

国内自然科学家和人口学家曾联手在 20 世纪 70 年代末对中国未来 100 年人口发展轨迹进行了模拟分析,即著名的人口百年预测(宋健等,1982; Greenhalgh,2003)。该百年预测使用了当时最先进的计算机技术以及系统论、控制论等自然科学前沿方法,首席研究者本人也是声名显赫的工程师。正是借助自然科学家的崇高声望和自然科学的权威地位,这个人口百年预测曾一度成为指导中国人口政策和人口决策的学理基础。今天看来,这种依据"工程视角"对中国人口发展进行的百年预测与后来的实际人口发展可谓相差悬殊,而中国人口发展为此也付出了较为沉重的代价。

又一个典型案例是中国人口学者提出的生育率 U 形轨迹理论(刘铮等,1992;郭志刚、王军,2020)。20 世纪八九十年代有人口学者提出,生育率的 U 形轨迹是中国人口发展的最佳路径(刘铮等,1992)。首先,要通过实行限制性生育政策,让生育率尽快下降到更替水平以下(比如总和生育率下降到 1.8)并保持一定时间(比如 20 年左右)。待人口快速增长阶段结束之后,再通过取消或放宽生育限制,从而使得生育率回升到更替水平,这样最终得到的人口规模不至于过大并且人口年龄结构较为均衡。如果中国实际人口发展能够按照生育率 U 形轨迹设计者规划的那样,那么这样得到的人口规模和人口年龄结构的确是一个比较理想的折中结果。但中国超低生育率的现实却使得生育率 U 形轨迹只是成功实现了前半段,即通过生育限制使得生育率尽快降到更替水平以下,但却很可能永远无法实现后半段,即生育率回升至更替水平已经显得遥遥无期甚至不可能。

通过以上案例可以看出,国内外人口发展的各类"工程视角"无论拥有怎样的科学光环,披着怎样的学术外衣,由于其本身的演绎逻辑与现实的脱嵌性,最终往往摆脱不了被人口现实所否定的命运。其实,"适度人口论"本身就是秉承人口发展"工程视角"的典范。该理论持有者俨然一位人口发展的工程师,手握适度人口规模、过剩人口规模的人口说明书以及有关人口未来发展的各种理想指标,而要做的就是想方设法保证未来人口发展轨迹能不断趋近于研究者设计的人口理想国。但问题是,如何论证适度人口规模、过剩人口规模的合理性和正确性?当然,最大的问题是,在当前超低生育率背景下,即使将来真的达到了其宣称的适度人口规模,但由于人口处于持续且不可控的快速削减状态,这种所谓的"适度人口规模"也只是昙花一现而已(郭志刚、王军,2020)。

## (二) 人口"分母效应"的学术史溯源

人口"分母效应"是另一个与生育限制思维紧密关联的人口发展理念。说明人口"分母效应"的一个常见例子是,一个蛋糕即使做得再大,如果分蛋糕的人增加,那么每人分到的一份则可能会减少。马寅初先生的《新人口论》表达的也是类似的观点,即人口具有稀释经济增长甚至降低人均福利的"分母效应"。在当前国内人口学界,主流声音仍然认为人口增长及其导致的人口规模增大会对经济发展产生负面效应,而低生育由于其长期累积所导致的对人口规模的削减效应,其对经济增长和人均福利的提高可能是有利的,因此低生育不仅并不可怕,并且适度低生育是受欢迎的(邬沧萍,2000)。

与人口发展"工程视角"类似,人口"分母效应"与"适度人口论"也存在很大相通之处,即适度人口论提出的过剩人口正是人口"分母效应"对经济进行稀释的重要原因。目前已有学者对于人口"分母效应"从经济发展思维模式等方面进行了批判式分析,但基于学术史角度来解构人口"分母效应"的研究还相对较少(Wang et al., 2012)。通过梳理国际人口与经济发展关系的研究脉络可以看出，人口"分母效应"很可能是为了实行限制性生育政策而进行的人为主观建构，这一建构大致开始于20世纪50年代末，并于20世纪六七十年代达到顶峰，但从20世纪80年代开始风向突变，该人口发展理念受到较为严峻的挑战。

虽然有关人口"分母效应"的观念和思想古已有之，但通过统计图表展现高生育率对总体经济增长和人均经济指标的抑制作用却始于20世纪50年代两位美国人口学者的研究（Coale & Hoover, 1958）。该研究以印度为例，基于人口与经济数据系统呈现了人口对于经济发展的"分母效应"，并以此为基础试图说服当时的印度政府实行限制生育的人口政策（Coale & Hoover, 1958）。美国科学院20世纪70年代初的研究报告更是将人口"分母效应"发挥到了极致，认为人口增长不仅将降低总体经济增速、人均经济指标和人均福利，还将对资源、环境等造成较为严重的负面影响（National Academy of Sciences, 1971）。

不过，从20世纪80年代开始，就经济发展而言，人口"分母效应"这一理念遭到越来越多的质疑。以诺贝尔经济学奖获得者西蒙等为代表的学者对于人口"分母效应"进行了猛烈批判，认为人是最宝贵的资源，而人口增长不仅不会抑制反而会明显促进经济发展和人均福利的提高（Simon, 1983）。美国科学院20世纪80年代专门组织了一批人口学界著名学者针对人口与经济问题进行重新研究，其研究结论几乎全盘推翻了之前的人口"分母效应"观点，转而认为人口增长即使对经济发展有负面作用也是较为微弱的，并且在很多情况下人口增长有利于经济发展，即人口增长与经济发展是相伴而生的，而人口减少往往意味着经济的不景气甚至衰退（National Research Council, 1986）。可以说，这一时期对于人口与经济发展之间关系的认识至少在欧美国家内部发生了根本逆转，从人口是负担转变为人口是财富和希望之源。

通过人口与经济之间关系的学术史梳理可以看出，人口对于经济的"分母效应"更像是美国人口学者自编自演后来又主动退出的一出闹剧，其产生的根本动机主要是为在发展中国家尤其像印度这样的人口大国实行生育限制政策寻找学理依据，而其彻底告别历史舞台也是由于美国于20世纪80年代对生育限制政策态度的根本转变。但遗憾的是，国内对人口与经济发展关系的这段学术史好像并不清晰，因此人口"分母效应"仍然是国内人口学界的主流观点，其和"适度人口论"、人口发展"工程视角"一起成为当前超低生育率下生育限制思维依然存在的人口发展理念基础。

## 五、结论与讨论

中国三孩政策下的超低生育率形势可能会更加不容乐观。其原因除了长期低生育积累导致的育龄妇女大幅减少及其自身生育意愿的低迷不振之外，生育支持政策效果不佳也是重要影响因素。本研究认为，要认识中国的低生育问题，光靠简单拿来国外各种应对低生育的药方是远远不够甚至是有误导性的。这是因为，与绝大多数低生育国家不同，中国的低生育是生育限制性人口政策和社会经济发展在长达半个世纪的时间里共同形塑的。而生育限制性人口政策所反映的人口发展理念甚至已经形成了一种偏好少子化的生育文化，这种固化的生育规范和生育文化正是导致中国当前超低生育率的重要原因。因此，无论是中国低生育研究还是生育支持政策研究，都需要引入"历史性"视角，通过学术史的角度去解构生育限制思维及其背后的人口发展理念体系，从而为中国更好应对超低生育率和人口过快老龄化创造思想前提，同时也为真正着手营造生育友好的社会文化生态开启机会窗口。

生育限制思维产生于人口快速增长时期，但在低生育甚至当前超低生育率形势下依然存在，其中"适度人口论"思想可谓功不可没。高生育时期生育限制思维的人口理念武器库包括马尔萨斯主义、新马尔萨斯主义、人口转变论和适度人口论，对人口快速增长的担忧或恐惧使得不同人口理念共同趋向于支持实行生育限制性人口政策。但从"人口爆炸"转变为"人口内爆"，在人口快速增长已经或即将成为过去而人口负增长已经或即将成为现实的背景下，生育限制思维却依然存在。此时，人口转变论因为对于低生育缺乏预见性和解释力而逐渐被逐出低生育水平下生育限制思维的工具箱，而马尔萨斯主义、新马尔萨斯主义与"适度人口论"却神奇地杂糅在一起，通过制造远低于现有人口的适度人口规模，从而成功将高生育率时期对于人口快速增长的恐惧转变为超低生育率时期对于过剩人口的担心和忧虑。

无论是在中国以往人口政策的调整过程还是当前对于超低生育率的应对中，生育限制思维都具有极大误导性。中国自20世纪90年代初进入低生育水平以来，生育限制思维一直致力于淡化低生育的严峻性，并悄悄将人口发展的主要矛盾从人口过快增长转移到人口规模过大，大力渲染低生育水平下由于人口正增长惯性导致人口规模继续增大这一问题的严峻性。在当前超低生育率形势下，生育限制思维主要有三方面的误导。其中，第一个误导是生育限制思维会大幅弱化对当前过低生育率和人口过快老龄化问题严峻性的认识,并经常表现出一种无所谓甚至较为乐观的态度。第二个误导是生育限制思维基本注定了建立在该框架体系下的生育支持政策的低效性,这是因为生育支持政策的有效性是以生育友好社会文化生态为前提的,而生育限制思维与生育友好很难兼容。第三个误导是生育限制思维的基石"适度人口论"有可能使得人口政策出现政策方向和策略的双重错误,即政策方向上继续维持极低生育率甚至希望生育率更低一些,政策策略上也容易表现出优生学倾向。

鉴于"适度人口论"早已被国际人口学界否定和抛弃,本研究指出的超低生育率下"适度人口论"已成为生育限制思维核心基石这一事实本身,其实就是对于超低生育率背景下生育限制思维最大的质疑和否定。除此之外,本研究还对与生育限制思维和"适度人口论"紧密相关的另外两种人口发展理念进行了学术史溯源和解构。第一种理念是人口发展的"工程视角"。通过人口转变论、中国百年人口预测、生育率U形轨迹这三个典型案例可以发现,人口发展往往并不能被事先人为地最优设计,并且强行设计的结果通常事与愿违,甚至造成较为严重的后果。第二种理念是人口的"分母效应"。基于人口与经济发展关系的学术脉络梳理,本研究发现人口对于经济发展的"分母效应"很可能是一个精心编造的神话,在特定情境下人口增长和人口规模对于经济增长即使具有"分母效应"也可能比较微弱。而且,大量事实和研究均表明,人口增长和人口规模在更多情境下对经济发展与人均福祉提高均具有正向促进作用。

基于以上研究结论,本文尝试在人口发展理念和人口政策方面提出相应建议。首先,在人口发展理念方面,政府有关部门、人口学界和社会各阶层今后要择机尽早彻底抛弃生育限制思维(顾宝昌,2015)。要充分认识到生育限制思维背后的"适度人口论"、人口发展"工程视角"和人口"分母效应"的重大缺陷及危险性,坚决拒绝人口负增长战略,从而真正开启全面建设生育友好社会生态进程,也为切实发挥各类生育支持政策奠定良好制度框架。要真正以人为本,吸取人口政策和人口研究的历史经验与教训,不再将人口仅视为达到经济发展、资源和环境保护的工具与手段,而要将人口自身生态建设置于核心地位。要充分认识到如果没有良好的人口生态,那些试图凭借人口作为手段和工具去实现的美好愿望不仅难以如愿,并且很可能会适得其反。

其次,在人口政策方面,在当前超低生育率形势下,未来继续放宽甚至完全取消生育限制应提上议事日程,并在此基础之上着手打造一揽子生育支持政策体系。要对超低生育率现实保持清醒认识,当前生育支持政策着力点应聚焦于尽量减少育龄人群生育意愿与生育行为的差异（王军、王广州，2022）。从长期来看，不能局限于只是就生育谈生育，而是要拓宽生育支持政策视野，在培育生育友好社会生态和文化氛围的基础上，注重经济发展、阶层和代际等因素对于生育意愿的提升潜能。具体来说，要通过深化改革，解决或缓解形塑当前超低生育率的经济、社会诸方面深层次矛盾，全面提振经济以增强民众对未来的乐观预期，多措并举彻底扭转阶层收入差距的扩大化趋势，并将全球疫情对民众的负面影响尽量降到最低，从而通过提高育龄人群的幸福感和安全感来提升其生育意愿。同时，生育支持政策要体现代际视角，认识到在国家、地区和家庭诸层面，育儿与养老在经济资源投入、精力与时间分配等方面存在的冲突和挤占效应，努力做到生育支持政策和人口老龄化政策的联动与协调。此外，还要注重生育支持政策实施的预期收益与代价权衡，以及政策实施效果的群体异质性和非预期后果分析，注重政策的有效性、公平性和各阶层民众的可接受性。

## 参考文献

程恩富、王新建，2010，《先控后减的"新人口策论"——回应十点质疑》，载程恩富主编：《激辩"新人口策论"》，北京：中国社会科学出版社。

顾宝昌，2015，《实行生育限制的理由已不复存在》，《人口与社会》第2期。

郭志刚，2015，《清醒认识中国低生育率风险》，《国际经济评论》第2期。

郭志刚、王军，2020，《中国人口发展战略研究中的分歧与演进》，《国际经济评论》第4期。

李小平，2002，《进一步降低生育率的必要性和可能性》，转引自本刊编辑部：《中国人口数量——究竟多少亿才合适？》，《人口研究》第4期。

刘铮、张象枢、李建保等，1992，《中国人口发展战略》，太原：山西人民出版社。

沈可、王丰、蔡泳，2012，《国际人口政策转向对中国的启示》，《国际经济评论》第1期。

宋健、田雪原、于景元、李广元，1982，《人口预测与人口控制》，北京：人民出版社。

索维、阿尔弗雷，1983，《人口通论》，查瑞传、邬沧萍、戴世光等译，北京：商务印书馆。

王广州、王军，2019，《中国人口发展的新形势与新变化研究》，《社会发展研究》第

1期。

王军、李向梅,2021,《中国三孩政策下的低生育形势、人口政策困境与出路》,《青年探索》第4期。

王军、刘军强,2019,《在分歧中寻找共识——中国低生育水平下的人口政策研究与演进》,《社会学研究》第2期。

王军、王广州,2022,《中国三孩政策下的低生育意愿研究及其政策意涵》,《清华大学学报》(哲学社会科学版)第2期。

王军、周思瑶,2021,《中国人口长期发展战略与未来人口政策选择》,《青年探索》第1期。

邬沧萍,2000,《关于长期稳定低生育水平的理论思考》,《人口与经济》第4期。

翟振武、邹华康,2018,《把握人口新动态加强人口发展战略研究》,《人口研究》第2期。

Ansley, J., Edgar Hoover 1958, *Population Growth and Economic Development in Low-Income Countries : A Case Study of India's Prospects,* Princeton: Princeton University Press.

Bricker, Darrell & John Ibbitson 2019, *Empty Planet : The Shock of Global Population Decline,* New York: Crown.

Caldwell, John 2005, "Demographers' Involvement in Twentieth-Century Population Policy: Continuity or Discontinuity?" *Population Research and Policy Review* 24(4): 359-385.

Cohen, Joel 1995, *How Many People Can the Earth Support?* New York: W. W. Morton and Company.

Davis, Kingsley 1945, "The World Demographic Transition." *Annuals of the American Academy of Political & Social Science* 237(1): 1-11.

Demeny, Paul 1988, "Social Science and Population Policy." *Population and Development Review* 14(3): 451-479.

Demeny, Paul 2011, "Population Policy and the Demographic Transition: Performance, Prospects, and Options." *Population and Development Review* 37: 249-274.

Eberstadt, Nicholas 1997, "World Population Implosion?" *Public Interest*: 3-22.

Eberstadt, Nicholas 2001, "The Population Implosion." *Foreign Policy* 123: 42-53.

Ehrlich, Paul 1968, "The Population Bomb." *Ballantine Books*: 214-220.

Greenhalgh, Susan 1996, "The Social Construction of Population Science: An Intellectual, Institutional, and Political History of Twentieth-Century Demography."

*Comparative Studies in Society and History* 38(1): 26-66.

Greenhalgh, Susan 2003, "Science, Modernity, and the Making of China's One-Child Policy." *Population and Development Review* 29(2): 163-196.

Hodgson, Dennis 1983, "Demography as Social Science and Policy Science." *Population and Development Review* 9(1): 1-34.

Kaa, D. 1987, "Europe's Second Demographic Transition." *Population Bulletin* 42(1): 1-59.

Lam, David 2011, "How the World Survived the Population Bomb: Lessons from 50 Years of Extraordinary Demographic History." *Demography* 48(4): 1231-1262.

Lutz, Wolfgang, Vegard Skirbekk & Maria Testa 2006, "The Low Fertility Trap Hypothesis: Forces that May Lead to Further Postponement and Fewer Births in Europe." *Vienna Yearbook of Population Research* 4(4): 167-192.

Malthus, Thomas 1798, *An Essay on the Principle of Population,* [S. l.]: St. Paul's Church-Yard.

Meadows, Donella 1972, *The Limits to Growth : A Report for the Club of Rome's Project on the Predicament of Mankind,* London: Universe Books.

National Academy of Sciences 1971, *Rapid Population Growth : Consequences and Policy Implications,* Baltimore: Johns Hopkins University Press.

National Research Council 1986, *Population Growth and Economic Development : Policy Questions,* Washington, D. C. : National Academy Press.

Notestein, Frank 1967, "The Population Crisis: Reasons for Hope." *Foreign Affairs* 46 (1): 167-180.

Simon, Julian 1983, *The Ultimate Resource,* Princeton: Princeton University Press.

# 企业社会责任的宗族烙印*
## ——基于中国家谱总目的研究

卢建川 罗崇佳**

**摘要**：宗族是民族文化内涵的丰厚载体，是维系中国社会结构的重要纽带。本文基于非正式制度视角，探讨宗族对企业社会责任的影响机制，研究发现：企业家所在的宗族一方面通过教化，促使他们践行兼济天下的治理理念，创造更大的社会效益；另一方面通过强化共同情感，增进族员的联结与互动。进一步研究发现，受到明清乡约化制度和后发优势的双重作用，宗族成立年限与企业社会责任呈 U 形关系。同时，宗族内部网络为企业家带来无形的社会资本，正向调节了"宗族—企业社会责任"路径。研究为洞悉宗族文化的社会及经济效益、探讨宗族传承的延续性提供了新的量化证明。

**关键词**：宗族文化 企业社会责任 族谱数据 非正式制度

## 一、研究背景

企业社会责任（corporate social responsibility, CSR）是研究企业行为的重要概念之一。赛思（Sethi, 1975）提出，企业社会责任，就是企业需要承担的经济与法律以外的能创造社会效益的责任。自党的十九大以来，企业履行更高程度的社会责任已然成为社会共识。① 面对疫情侵袭，一大批优秀企业通过款项

---

\* 本文系中国人民大学 2020 年度"中央高校建设世界一流大学（学科）和特色发展引导专项资金"、中国人民大学 2021 年"案例中国"项目（项目批准号：RUCCX2021146）的研究成果。作者诚挚感谢胡霞、孙圣民、陆方文、林展等学者和审稿人的批评意见。

\*\* 卢建川，博士，广州大学数学与信息科学学院、广州大学数学与交叉科学广东普通高校重点实验室副教授；罗崇佳（通讯作者，luochongjia@126.com），中国人民大学经济学院科研助理，高级外经贸业务员。

① 党的十九大报告提出，要建立贯彻新发展理念的新企业、生态文明建设的先锋企业和解决民生问题的生力军企业，对企业创造社会效益、保障民生福祉提出了更高要求。

筹集与物资捐赠，为社会创造了巨大价值，成为践行社会责任的典范。值得一提的是，作为西方概念的企业社会责任，在中国特殊的社会文化环境影响下，或存在植根本土、独具一格的内在意涵与形成路径。换言之，企业履行社会责任不只依赖于西方惯常探讨的正式监管力量，更依赖于中国特色、传承千年、深入人心的非正式制度（戴亦一等，2016）。通过文化熏陶与教化，企业家吸收了其中的积极成分，内化为兼济天下的中华传统优良品德与文化自信，深刻影响着企业治理和企业行为。

遗憾的是，已有文献多聚焦于正式制度与企业绩效的关联，往往忽视了非正式制度的作用；虽有少数文献探究了非正式制度对于企业社会责任的影响，包括企业文化（靳小翠，2017）、宗教信仰（曾建光等，2016）、儒家文化（淦未宇，2021），却忽略了对中国社会经济发展有重要影响的宗族文化（潘越，2019a）。中国关系型社会的背景为宗族发挥非正式联结作用提供了土壤：一方面，在差序结构的人际网络中，宗族赋予了企业家对拥有共同文化背景的个体更多的偏好（Tajfel，1982），企业家更愿意帮助、接纳其所偏好的群体，并内化为企业履行社会责任的动力源泉；另一方面，传承千年、影响深远的宗族文化，深刻影响着企业实际控制人独特的价值观念与个人特质（潘越等，2019b）。高层梯队理论（upper echelon theory）进一步指出，这会影响企业的战略决策与发展导向（Hambrick & Mason，1984）。受到宗族教化与熏陶的企业家具有更高尚的品质与道德素养，更愿意践行"人富而仁义附，人贫而能顾恤，仁义者也"的族规家训，履行更多的社会责任。宗族文化填补了企业履行社会责任背景的空白，解释了经济诉求（王艺明、刘一鸣，2018）以外由企业家内在心理契约约束的部分，而这部分被认为更加关键（段晓峰，1998：101—105）。

既有文献在度量方法上也存在着若干不足。非正式制度的代理变量饱受争议，常见变量如宗教信徒百分比（Chintrakarn et al.，2019）、孔庙数量（Kung & Ma，2014）、贞节牌坊（古志辉，2015）等难以获得足够微观的区域数据，而省市级数据无法保证绝对的外生性，并且由于区域过于广泛、年代过于久远，往往让人难以信服（淦未宇，2021）；此外，已有文献集中考察文化的地域作用，忽视了非正式制度影响的多元性。除了地域性影响，文化是否还可能通过宗族等渠道进行传承？如果可能，宗族教化到底对于企业家特质有何作用，又如何进一步影响企业行为？上述问题仍待探索。

潘越等（2020）提出了相同姓氏高管之间存在的认本家情结，深刻阐发了企业治理背后的宗族文化底色。在此基础上，本文主要贡献如下：其一，丰富了宗族研究在社会层面的理论文献。以往的经济学文献侧重研究宗族对个人的潜在影响,如收入、信誉等,而忽视了以个人为中介对企业及社会的效益。本文以上市公司 CEO 为样本,进一步探究了这一路径。其二,改进了传统度量方式。通过族谱数据而非地域数据匹配,对宗族进行了更为精准的识别。同时,以宗族的迁移数据构造了工具变量,以消除样本选取可能导致的内生性问题。其三,进一步细分了宗族对企业社会责任的影响,分别考察了宗族历史渊源、内部网络及区域异质性的作用。本文扩充了宗族文化影响企业治理的理论边界:一方面,本文将既有文献对家族企业的研究内容(潘越等,2019b)扩展至非家族企业;另一方面,本文延伸了潘越等(2020)提出的认本家理论。尽管企业高层同姓认本家情结促进了企业协作,但引入公司互动后,公司高层之间的认本家行为,意味着企业高层非同姓具备获得更多宗族资源支持的优势。本文为进一步洞悉宗族的经济与社会效益、发掘传统中国宗族文化延续性及社会性问题提供了新的经验证据。

## 二、文献回顾与理论假设

### (一)宗族与企业社会责任

宗族是维系中国社会结构的纽带,是千年中华民族文化内涵的重要承载者。狭义上说,宗族是由共同祖先界定出来的血缘群体(科大卫、刘志伟,2000),传统的血缘关系维系着人们相互联结的纽带,成为中国深厚宗族文化之滥觞。明清以来,随着经济与政治的发展,血缘关系在愈发复杂的关系网中占比越来越小,人们开始接纳无血缘关系的外人加入他们的行为圈中(杨宜音,1999)。在中国呈差序格局的关系层中,共同的姓氏代表着相通的文化符号,往往被认为"五百年前是一家",具有共同的祖先和起源(潘越等,2020)。同时,相近的地域往往具有相似的方言和文化习俗,能够减少沟通壁垒,因而地域的邻近性也会促进交往与互动。共同的姓氏与地域更容易让人加入内群体①,并逐渐演变为中国人扩展宗族关系的重要途径(Watson,1982)。因此,广

---

① 参见 Tajfel et al. (1971),其提出的社会认同理论认为,个体将通过社会分类,对自己划定的群体产生内群体偏好。相同姓氏承载着共同的情感,相近地域则在习俗、语言等方面具备更大的相似性,因此姓氏和地域成为内群体的重要划分标准。

义上的宗族已经逐渐突破传统的血缘关系，成为一种兼具血缘与地缘关系，集政治、经济与法律功能于一身的社会组织（吴琦等，2019）。由姓氏联结的大型宗族在明清大量盛行，也为本文族谱数据来源及基于姓氏匹配的"企业家—宗族"识别方案提供了理论支撑。直至当代，同姓宗亲会等宗族文化活动，以及合族祠等文化建筑①依旧兴盛不衰，成为每一位族员的情感归属与精神依托。

"管摄天下人心，收宗族，厚风俗，使人不忘本。"在同姓氏、跨地域的广义宗族中，血缘、地缘关系带来的亲切感被姓氏相通所取代，深刻影响着族员特质与族内互动。一方面，宗族通过印载于族谱的乡约族规，或是祖辈的口耳相传，号召每一位族人时刻铭记祖先遗训与宗族规训，发扬扶危济困的宗族理想。宗族会对履行美德、做出贡献的族员形成道德美誉（Xu & Yao, 2015），即非正式激励；而对于破坏族规、拒绝遵守族约的族员，宗族则有权杖罚、除名，甚至送官严究（常建华，2008）。另一方面，宗族为同姓族员提供了相互信任的归属地。在同一个姓氏始祖的血统下，子孙们通过共同的祖先崇拜（Cohen, 1990），在祭祀等仪式中获得了更高的社会认同。姓氏相同时认本家的现象，促进了族员之间的非正式联结，通过宗族网络相互信任并扶持，为族员所控制的企业带来无形的社会资本。

企业社会责任迎合了宗族扶危济困的理想，在过去，有能力的族员往往被要求建立学堂，以保证宗族成员的受教育与发展（杨善华、孙飞宇，2015）。考虑到同姓氏跨地域宗族的庞大性，企业家更可能被要求履行更多的社会责任，以惠及数以万计的宗族成员。

## （二）宗族成立年限与企业社会责任

高层梯队理论进一步指出，不同宗族教化下的企业家会形成多样的特质与价值观念，并在塑造企业战略中扮演了重要角色（Hambrick & Mason, 1984；陈国辉、殷健，2018），而受到不同时期文化的影响，不同宗族在教化层面具有明显的差异性（科大卫、刘志伟，2000），这就鼓励我们首先将目光投向明清宗

---

① 譬如，坐落在广州的陈家祠便由广东省七十二县的陈姓宗亲群体合资兴建，每一地方性宗族以"房"的名义捐赠，其尊远祖为舜帝，始祖为胡公满，而非近代的出众人杰，目的就是兼收并蓄，以求凝聚、扩大同姓宗族的影响力。

族乡约化下的发展背景。① 明朝以来,在较长时期的和平环境中,聚族而居的宗族人数迅速增长,拥有上千丁人口的大宗越来越多(冯尔康、常建华,2009:288)。直至清代,宗族获得进一步组织化和规模化发展,成为基层社会最重要的民间乡里组织。

然而,宗族势力的增强并不利于宗族对成员进行儒家伦理的教化:一方面,宗族庞大之后,宗族内部以及宗族之间的矛盾激增,引致涉讼、械斗(冯尔康,1990),族间争斗严重阻碍了宗族团结互助的树人目标;另一方面,随着明清政府对基层社会的关注度不断上升,宗族的功能逐步由"以善致善"转向"惩恶扬善"。由于清朝实行"如有作奸犯科者,除将本人定罪外,族正房长予以连坐"的连坐制度,宗族家法多用于惩治作奸犯科之人。宗族的训诫、惩罚作用被放大,教化作用则被削弱。

因此,自明清乡约化进程以来,尽管同姓宗族势力愈发庞大,宗族合并以强化势力,构建同姓氏跨地域宗族的情况大量出现,但究其本质,却是为了对抗宗族之间的纷争,儒家倡导的"宗族团结""达济天下"信念则由于族内外关系的破裂与冲突而搁置,进而弱化了宗族的社会关怀效应。宗族规训也由礼仪熏陶逐渐转向宗族维系与恶行惩办(科大卫、刘志伟,2000)。这些印载于族谱或刊刻于宗祠的族规作为文化载体,随着宗族的发展而传承至今,深刻影响着族员企业家履行社会责任的意愿。

宗族成立年限受到宗族势力和基层秩序的影响,但宗族成立时间的长短本身也反映了宗族的兴衰。少数研究肯定了历史文化底蕴在塑造价值观与美德方面的优势(Peng,2004),但本文认为,宗族的后发优势更为显著。换言之,成立时间长的宗族未必比后建宗族表现得更好。具体而言,后发优势通过以下途径,对族员(尤其是被寄予厚望的族员)的行为规范提出了更高的要求。

其一,考虑到宗族本质上是血缘与地缘构成的社会组织(杨善华、孙飞宇,2015),而组织已经被公认具有生命周期,因而宗族的兴衰同样可能与生命周期理论相契合,会经历开创期、成长期、衰退期等阶段。已有研究同样证明,与宗族功能相似的农村社会组织具有诞生、发展、成熟、分化(衰退或完善)的生

---

① 自宋代以后,士大夫与国家主张以宗族、乡约、保甲治理基层社会(常建华,2008);明嘉靖十五年(1536),官方允许祭祀始祖,为宗祠大量出现提供了契机,宗族逐步由贵族阶层下潜到平民和士人阶层。政府希望能通过宗族的约束和监管,治理国家难以触及的广大乡村地区,让宗族成为国家政权的社会基础,因此大力推动宗族乡约化进程。

命周期(赵晓峰、刘涛,2012)。后成立的宗族正处于发展期,宗族秩序的维持更需要有效治理。出于提高社会地位、威望、荣耀的考虑,宗族会对成员提出更高的要求,以满足宗族发展的需要。

其二,后成立的宗族在构建共同记忆方面更具优势。"家之有谱,犹国之有史",族谱与宗祠承载着宗族文化的精髓,成为宗族认同的重要证据(潘越等,2019b)。修续谱牒、修祠立庙作为宗族成立的标志,需要大量的人力物力成本。只有相对兴旺的宗族,才能有足够的实力建立。加之我们探讨的是市级及省级范围的宗族,族谱的建立需要多个小宗共同努力方能完成,因而我们观测到的成立时间较短的宗族,往往是因具有足够经济实力与文化背景而成立的强盛宗族。此外,编撰族谱、修建宗祠等活动,强化了其共同的文化记忆(Su et al., 2011),而早期成立的宗族,文化符号在近代史的坎坷历程中更可能丢失或断层,出现文化失忆现象。

综上所述,一方面,在明清乡约化的发展背景下,宗族的地位和规模不断提升。宗族强盛之后,族内、族间争斗愈发频繁,兼济天下的礼仪逐渐被舍弃,宗族专注于维系自身的生存与壮大。上述思想伴随着族规等文化载体传承至今,或会使得企业家降低对社会责任的履行意愿。另一方面,宗族发展也存在后发优势。后成立的宗族往往位于发展期,且在维持共同记忆方面存在优势,因此成立时间越短的宗族,族内企业家或许越会积极履行社会责任,彰显宗族的兴盛。在上述两方面力量的共同作用下,或会出现如下结果:明代至清代中期成立的宗族,随着宗族势力壮大和械斗加剧,宗族教化下的企业家弱化了对企业社会责任的履行度;清代中期至今成立的宗族,随着政府对宗族的政策由支持转向抑制,后发优势逐步体现,使得这段时间内成立的宗族教化下的企业家履行社会责任的意愿有所增加。

基于以上分析,我们提出假设 1:宗族成立年限对企业社会责任的影响呈 U 形关系。

## (三) 宗族内部网络的调节效应

然而,宗族成立年限仅仅衡量了宗族自上而下的教化与传承。除此之外,宗族还能为族员提供无形的社会资本,进一步促进宗族教化落地于社会责任的实践。作为非市场力量,社会资本被理解为影响个人互动的网络关系,以及个人利用人际关系网络获取稀缺资源的能力(Durlauf & Marcel, 2004)。如前所述,在中华民族人际交往的差序格局中,同一宗族的成员因为方言和姓氏等文化标签的相似,更容易被纳入内群体而获得帮助与支持。当宗族成员创业并担任上市公司的高层干部时,宗族身份便成了企业家互动并带动企业合作的重要桥梁。宗族为企业家建构了稳定的非正式联结,由此形成的宗族内部网络对企业治理和企业绩效存在显著影响。

在同一宗族内部,族员互动能够促进宗族教化对企业家履行社会责任的影响。一方面,无论是族员互动的密切度还是族员担任上市公司高层的人数,都能够反映宗族的兴衰。宗族网络中心度越高的企业,宗族生命力越强,"兼济天下"族规的约束力也就越大。族员互动之间形成的相互监管和相互比照,也能够敦促企业家将宗族教化付诸实践。另一方面,族员之间的信息交流是宗族文化积淀的产物,族员互动能够提高企业家履行社会责任的能力,助力企业家实施宗族理想。企业家履行社会责任并非无成本的善举,企业的慈善和公益开支需要充足的资源支持(卢建川、罗崇佳,2022)。希雷贝尔(Heberer,2008)发现,身份认同能够促使企业家形成新的集体意识,使得企业家与其信任的合作伙伴共享就业等经济和社会资源。由此可以推断,当企业家履行社会责任的意愿受能力限制时,拥有相同宗族情缘的其他企业家会对该企业予以资源支持,帮助企业家履行社会责任,这实则是增强了宗族教化对企业社会责任的影响效应。

一旦在企业关系网络中嵌入多个宗族,宗族带来的社会资本优势就能被进一步凸显。处于宗族网络中心的企业有着更为密切的宗族联系,能享受更多的宗族资源。尽管潘越等(2020)发现当董事长和总经理存在本家关系时,股东和管理层的代理成本更低,但在企业最高阶管理者属于不同宗族的情况下,企业亦能获得多个宗族的资源倾斜。特别是,多个宗族支持下的企业能够调动更为庞大的声誉资源。有研究发现,当企业不被消费者信赖时,企业履行社会责任会进一步降低顾客满意水平。而宗族积攒的声誉有利于增加消费者的积极响应,增大企业履行社会责任的绩效反馈(Becker-Olsena et al.,2006)。

上述分析说明,企业家所在宗族互动越密切,为企业带来的宗族资源越丰富,越有利于企业家以履行社会责任的形式,践行兼济天下的宗族规训。基于此,我们提出假设2:宗族网络中心度在"宗族成立—企业社会责任"影响路径下起正向调节作用。

## 三、研究设计

### （一）样本选择和数据来源

本文以 2010—2018 年上市公司为样本,并进行如下筛选:第一,剔除银行、保险等金融机构;第二,剔除宗族数据、财务数据以及企业社会责任数据样本缺失的公司;第三,对相关财务指标做滞后一期处理;第四,对连续变量在 1% 与 99% 分位上做缩尾处理,最终获得一份包含 554 个样本的非平衡面板。其中,企业社会责任数据来源于润灵环球责任评分;高管个人资料、政治关联、教育与财务数据来源于国泰安(CSMAR)数据库,部分财务数据由 Wind 数据库补充;宗族数据来源于中国家谱总目(Comprehensive Catalogue of Chinese Genealogies, CCCG)[①];文化宫数据来源于中国文化文物统计年鉴。

### （二）模型设计和变量说明

1. 自变量:本文将 CEO 的籍贯、姓氏和 CCCG 族谱数据匹配,得到了 CEO 对应宗族的数据。为了保证匹配结果的可信度,我们采用精准匹配的处理方法。我们仅仅匹配市级和省级的宗族,并确保这些宗族是在全市或全省范围内建立起来而且有族谱记载的。也就是说,CEO 出生后便已经被纳为这个宗族的一份子。对于同一个城市中出现的多个宗族,我们认为是宗族的分合所形成的多个支脉(付来友、王丽霞,2015),因此我们选择最古老的一支来进行匹配。由于族谱刊刻是宗族崛起和兴盛的标志,我们采用族谱编撰年份衡量宗族成立,最终获得企业当年 CEO 所在宗族的成立年限(year of compiling, YFC)。

2. 因变量:企业社会责任缺乏统一的定义导致了衡量的困难性。近年来,学界倾向于使用和讯网与润灵环球等第三方评级的社会责任指数作为企业社

---

[①] 数据经 Harvard Dataverse(Mark & Wang, 2020)整理,参见 https://scholar.harvard.edu/yuhuawang/home。

会责任的替代变量。其优势是第三方机构在构建综合指标方面往往比自建量表更加全面、稳健,最大限度避免了量化企业社会责任时遗漏变量的问题。由于和讯网在构建指数时已经纳入了净资产收益率、主营业务利润率等企业财务指标,影响了控制变量的作用,故我们采用国际主流的润灵环球指数进行度量(贾兴平、刘益,2014;王清刚、徐欣宇,2016),并获得各企业的社会责任评分(CSR)。

3. 调节变量:中心度是网络中心状态的常用衡量指标,中间中心度测量了企业对资源控制的程度(Freeman, 1979)。具体而言,参考赵子乐等(2020)的研究,本文首先以企业家的姓氏与籍贯地作为同宗标识构建宗族网络。当企业家籍贯地在同一省份并且姓氏相同时,认为企业家属于同一宗族,则他们存在联系,否则不存在联系,由此构建无向邻接矩阵。这样做的好处是,姓氏是企业家的公开信息,又是先天给定的,因此外生性较强(马光荣、杨恩艳,2011),无须过多担心由内生性引发的估计偏误。同时,我们的数据集证明,省市级大范围的同姓宗族在明清已经广泛存在,这就为同省同姓氏宗族网络的构建提供了历史基础。在企业家的高层结构中,董事长与 CEO 的二元管理架构构成了中国企业中最基本的高阶梯队(Kato & Long, 2006),CEO 与董事长之间的异质性被证明对企业决策与治理有显著影响(张建君、张闫龙,2016)。因此,为了缓解企业之间高管数目不同导致的选择偏差,我们仅仅考虑 CEO 与董事长所构成的姓氏网络。

在网络中,假设企业 $j$ 和 $k$ 之间存在的捷径数目用 $g_{jk}$ 来表示,$j$ 和 $k$ 之间存在的经过点 $i$ 的捷径数目用 $g_{jk}(i)$ 来表示,则 $i$ 处于点 $j$ 和 $k$ 之间的捷径上的概率 $b_{jk}(i)$ 满足:

$$b_{jk}(i) = \frac{g_{jk}(i)}{g_{jk}}$$

$b_{jk}(i)$ 为企业 $i$ 能够控制此两点的交往的能力,则每个企业的绝对中间中心度($C_{ABi}$)对应于网络中所有其他企业的中心度之和:

$$C_{ABi} = \sum_{j}^{n} \sum_{k}^{n} b_{jk}(i), j \neq k \neq i \text{ 且 } j < k$$

为了使得不同年份所构造的网络可比,采用相对中心度 $C_{RBi}$ 以去除量纲:

$$C_{RBi} = \frac{2 C_{ABi}}{n^2 - 3n + 2}$$

其中 $n$ 为节点数目，由此得到中间中心度的百分数值（betweenness）。

4. 控制变量：本文的控制变量分为以下三类：第一类是 CEO 个人特征，包括 CEO 年龄（age）与性别（sex）（林宏妹等，2020）；第二类是企业财务、高管特征和行业特征变量，包括企业员工数的自然对数（lnemployers）、成立时间（time）、每股综合收益 TTM（epsttm）、总资产周转率（tatr）、企业价值（tobin-q）、机构投资者持股比例（inst）、是否为国有企业（domestic）、高管平均学历（education）和市场竞争强度（cr）。为了排除宗族以外的其他潜在文化型渠道的影响，本文还加入了第三类控制变量，包括以单位面积文化宫数目衡量的社会文化（culture）和以政治关联等级衡量的政治文化（pclevel）。各变量详细定义如表 1 所示。

表 1　变量名称与定义

| 变量类型 | 变量定义 | 变量度量 |
| --- | --- | --- |
| 因变量 | 企业社会责任 | 润灵环球企业社会责任评分数据（corporate social responsibility, CSR） |
| 自变量 | 宗族成立年限 | 企业当年 CEO 所在宗族的成立年份，用族谱编撰年份衡量（year of compiling, YFC） |
| 调节变量 | 宗族网络中间中心度 | 所有存在 CEO 或董事长姓氏数据的上市公司，以同省同姓为原则构成无向矩阵，并依据 Freeman（1979）计算中间中心度（betweenness）的百分数 |
| 控制变量 | CEO 个人特征 | CEO 年龄（age） |
| | | CEO 性别（sex）：性别为"男"取 1，性别为"女"取 0 |
| | 企业指标 | 企业员工数的自然对数（lnemployers） |
| | | 企业成立时间（time） |
| | | 每股综合收益 TTM（epsttm） |
| | | 总资产周转率（total assets turnover ratio/tatr） |
| | | 企业价值（tobin-q） |
| | | 机构投资者持股比例（inst） |
| | | 是否为国有企业（domestic）：国有企业取 1，否则取 0 |
| | | 高管平均学历（education）：对所有披露教育程度的高管，根据 1＝中专及中专以下，2＝大专，3＝本科，4＝硕士研究生，5＝博士研究生赋分，并计算公司当年的平均学历 |
| | | 市场竞争强度（competition intensity, cr）：该行业前四大企业占全市场的份额 |

续表

| 变量类型 | 变量定义 | 变量度量 |
|---|---|---|
| 控制变量 | 文化遗漏变量 | 单位面积文化宫数目(culture):各省文化宫数目与土地面积的比值 |
| | | 政治关联等级(pclevel):参考罗喜英、刘伟(2019)的做法,将企业董事长或总经理的政治关联等级按照科级、处级、厅级、部级(在政府、党委或纪委、人大或政协常设机构、检察院和法院任职)或区县级、市级、省级、国家级(担任党代表、人大代表或者政协委员)分1—4赋值。如两种级别定义方式都有数据,则取较高值计算;无政治关联的设为0 |
| 工具变量 | 地域因子 | 迁出地与迁入地坐标的交互项(loc)= 迁出地经度×迁出地纬度×迁入地经度×迁入地纬度 |
| | 时间因子 | 宗族迁移时间(mig):族谱记载的宗族成立之前由迁出地转向迁入地的时间 |

## (三)工具变量

尽管宗族成立年限外生性已经较强,但是我们仍然认为内生性很可能存在,并来源于两方面:一方面,尽管对于固定的企业管理者,企业社会责任不可能逆向作用于宗族的影响,但由于企业CEO变更普遍存在,企业社会责任履行度较高的企业,更倾向于寻找能获得宗族支持的CEO,而企业社会责任履行度较低的企业则在并不热衷于社会公益的宗族内选择CEO,因此存在逆向因果关系;另一方面,由于本文在度量宗族成立年限时采用了年份最早的数据,与真正影响企业家的宗族可能不同,因此度量方式的不完美会导致估计系数的偏差。比如,即便企业家从属于大宗分离出的某一分支,也不能排除在履行社会责任的热衷度上与大宗的差异。为了去除宗族成立年限的内生性,我们以宗族迁移数据构造了一对工具变量。

中国历史上发生了数次大规模的人口迁移,民众由于战乱等各种原因不断迁徙,后在迁入地定居下来(肖锐,2015),建立宗族并将祖先的迁移史记载于族谱之上。我们以迁出地与迁入地的经纬度互动项,构建了第一个工具变量(loc),后以宗族的迁移时间作为第二个工具变量(mig)。两个工具变量分别从地域和时间维度,共同作用于宗族的成立。值得一提的是,并非所有宗族都经历了人口迁移,但由于选择偏差,我们无法仅通过族谱数据识别出没有人口迁移经历的宗族。因此,采用工具变量将牺牲样本数目。然而,由于工具变量的下列优势,我们认为这种取舍是值得的。

第一,宗族迁移并非完全随机,但在满足如下条件后,宗族可以被认为是外生的:首先,宗族迁移主要是为了躲避灾害,因为自然灾害被认为是随机且外生的(董竹、潘凌云,2020);其次,宗族在迁移选址时,愿意选择文化氛围更符合宗族特质的地域进行落户,而地域文化的传承具有连续性(Voigtländer & Voth, 2011)。一方面,社会文化深刻影响着价值观的代际传递(Barni et al., 2013),历史上械斗频繁的地区或会抑制当地人民的利他行为,使得该地区的企业家对承担社会责任持更为消极的态度;另一方面,由于明清的宗族与政权相互作用(冯尔康、常建华,2009:288),政治文化的延续也会通过影响当代地方政企关系进而影响企业治理行为。本文控制变量已经包括社会文化和政治文化。除此之外,不认为宗族迁移能够通过其他渠道影响企业履行社会责任。

第二,宗族迁移被认为与宗族成立紧密相关。外部环境的恶化促使宗族迁移并到相对安全的地方定居。从地域上看,战乱、饥荒等外部灾害的区域性除了影响宗族对迁移地的选址,也同样影响宗族在迁移后能否迅速恢复元气,建立新的宗族。此外,宗族定居到新的地方后,也面临土著居民和其他宗族的抵制与竞争(孔永松、李小平,1995:16),这就迫使宗族必须尽快整合资源,加强宗族共同体建设。从时间上看,宗族迁移后总是迫切希望尽快通过修谱、修祠等方式成立新的宗族,维持集体记忆,建构和强化宗族认同。由此说明,工具变量与宗族成立在理论上存在联系。

第三,相关性检验证明,两个工具变量与宗族成立均在1%水平上显著相关,同时,两个工具变量单独加入检验,Cragg-Donald Wald F 统计量分别为16.226和17.004,均为强工具变量;合并加入回归,一阶段回归F统计量为16.443,两个工具变量对核心解释变量无影响的F检验为6.64,能在1%水平上拒绝工具变量与核心解释变量无关的原假设。上述检验均说明弱工具变量可能性较小。Hansen J 统计量为2.081,p值大于10%,通过了过度识别检验。因此从计量上,我们可以明确拒绝弱工具变量的假设。

### (四)模型设定

本文在选取数据时采用的是面板数据,优势在于纳入随时间变化的 CEO

变更的考量。但是考虑到宗族数据均不随时间变化,同时面板数据的估计方法很可能过度考察企业管理者变更而非企业间的异质性影响,因此我们采用混合 OLS(Pool OLS)方法进行回归,并加入稳健标准误来控制误差;为使结论具备普遍意义,在稳健性检验中我们同样汇报了面板数据回归的结果。此外,由于我们添加了行业竞争强度作为控制变量,以控制不同行业效应,同时润灵环球在构建综合变量时已经纳入了行业异质性的考量,因此无须再添加行业固定效应的虚拟变量(马胡杰等,2013;刘春济、朱梦兰,2018),故本文只控制年份效应。考虑到 U 形关系的存在,本文构建模型 1[①]:

$$CSR = \beta_0 + \beta_1 YFC + \beta_2 YFC^2 + \sum \varphi_k controls + year_t + \varepsilon$$

更进一步,引入模型 2 以考察宗族网络的调节效应。为了避免多重共线性,参照陈钰芬等(2020),本文对相关变量做中心化处理:

$$CSR = \beta_0 + \beta_1 YFC + \beta_2 YFC^2 + \beta_3 Betweenness + \beta_4 YFC \times Betweenness + \beta_5 YFC^2 \times Betweenness + \sum \varphi_k controls + year_t + \varepsilon$$

## 四、研究发现

### (一)描述性统计

表 2 列出了主要变量的描述性结果。经过匹配,我们获得了 554 份有效样本[②],宗族成立年限(YFC)由 1476 年至 2003 年,横跨了明清与近现代,具有较高的全面性。

图 1 展示了宗族成立年限的频率直方图与核密度曲线。本文使用的数据中,宗族成立年限最早为 1476 年,说明自明代中期开始,宗族才逐渐兴盛。到

---

① 模型均采用工具变量法,且使用广义矩估计,但仅列出第二阶段回归式。为了说明结果可信度较高,稳健性检验中也汇报了两阶段最小二乘法的估计结果。
② 较小的样本量为显著性检验提供了更宽广的接受域,使得系数显著难度加大。由于宗族成立是无可改变的历史事实,相较于系数大小,本文更关心的是系数的显著性及方向。因此某种意义上,较小的样本为本研究带来了更高的严谨性。

了清代,宗族成立数目比明代大大增加,宗族势力也愈发庞大。近代以来,宗族在 19 世纪中期与 20 世纪中后期出现了两次低潮,分别与第二次鸦片战争及"文化大革命"相对应,这反映出外部环境对于宗族运行的巨大影响。其余变量的描述性统计详见表 2。

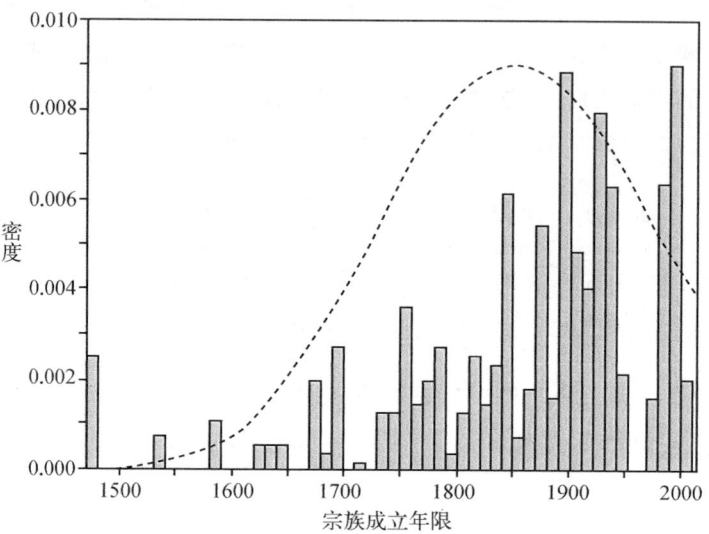

**图 1　宗族成立年限直方图与核密度曲线**

表 2　描述性统计

| 变量 | 样本量 | 均值 | 标准差 | 最小值 | 最大值 |
| --- | --- | --- | --- | --- | --- |
| CSR | 554 | 39.285 | 13.212 | 19.180 | 76.612 |
| YFC | 554 | 1 861.134 | 116.078 | 1 476 | 2 003 |
| betweenness | 481 | 0.066 | 0.386 | 0 | 5.393 |
| age | 554 | 51.316 | 6.216 | 34 | 72 |
| sex | 554 | 0.942 | 0.234 | 0 | 1 |
| lnemployers | 554 | 8.559 | 1.516 | 5.278 | 12.035 |
| time | 554 | 19.161 | 5.701 | 5 | 38 |
| epsttm | 554 | 0.579 | 0.696 | -0.868 | 3.367 |
| tatr | 554 | 0.717 | 0.477 | 0.098 | 2.442 |
| tobin-q | 554 | 1.899 | 1.175 | 0 | 7.160 |
| inst | 554 | 0.498 | 0.214 | 0.017 | 0.888 |

续表

| 变量 | 样本量 | 均值 | 标准差 | 最小值 | 最大值 |
|---|---|---|---|---|---|
| domestic | 554 | 0.473 | 0.500 | 0 | 1 |
| education | 554 | 3.509 | 0.458 | 2 | 4.333 |
| culture | 554 | 131.051 | 72.498 | 6.439 | 337.513 |
| pclevel | 554 | 1.700 | 1.767 | 0 | 4 |
| cr | 549 | 0.325 | 0.199 | 0.109 | 0.895 |
| loc | 150 | $1.211 \times 10^7$ | $2.460 \times 10^6$ | $6.883 \times 10^6$ | $2.400 \times 10^7$ |
| mig | 303 | 1 353.571 | 282.646 | 763 | 1 778 |

## （二）回归结果分析

### 1. 宗族成立年限对企业社会责任的影响

在回归模型估计之前，本文先对变量进行相关分析。经检验，变量间相关系数较小，所涉及变量的 VIF 值远小于 10，说明多重共线性出现的可能性较小。另外，关键变量之间存在显著关系，说明变量选择较为合理。

表3汇报了相应模型结果。模型1检验了宗族成立年限与企业社会责任是否存在 U 形关系。YFC、$YFC^2$ 均在1%水平上显著，且 $YFC^2$ 系数为正，说明 U 形关系成立，假设1得以证明。我们参考林德等人（Lind & Mehlum, 2010）的框架，对 U 形关系进行检验。如图2所示，计算出的极值点为1746年，处于自变量取值范围内。U 形关系总体检验 t 值为2.18，说明能在5%统计水平上拒绝曲线单调或倒 U 形关系的假设；U 形关系斜率范围为[-0.364, 0.319]，涵盖了正值，亦说明无法拒绝 U 形关系。

表3 回归方程结果

| 变量 | 模型1 | 模型2 |
|---|---|---|
| YFC | -2.279** <br> (0.810) | 0.026 <br> (0.033) |
| $YFC^2$ | 0.001** <br> (0.000) | 0.001* <br> (0.000) |
| betweenness | — | -24.531+ <br> (14.703) |

续表

| 变量 | 模型 1 | 模型 2 |
|---|---|---|
| YFC×betweenness | — | -0.661+ <br> (0.381) |
| YFC$^2$×betweenness | — | 0.017** <br> (0.006) |
| age | -0.385+ <br> (0.234) | -0.275 <br> (0.177) |
| sex | -8.141 <br> (5.024) | -24.044*** <br> (6.312) |
| lnemployers | 1.824+ <br> (1.063) | -1.615 <br> (1.293) |
| time | 0.780+ <br> (0.460) | 1.009*** <br> (0.315) |
| epsttm | 0.736 <br> (1.314) | 0.145 <br> (1.212) |
| tatr | -0.640 <br> (2.840) | 2.116 <br> (1.907) |
| tobin-q | -5.556*** <br> (0.902) | -6.333*** <br> (0.960) |
| inst | 30.586*** <br> (5.613) | 26.198*** <br> (5.519) |
| domestic | 1.355 <br> (2.756) | 1.495 <br> (2.273) |
| education | -4.774 <br> (3.602) | -2.207 <br> (2.825) |
| cr | 21.554*** <br> (6.312) | 10.101+ <br> (5.611) |
| culture | 0.046* <br> (0.023) | 0.080** <br> (0.025) |
| pclevel | -0.854 <br> (0.549) | 0.250 <br> (0.627) |
| Constant | 2 026.396** <br> (745.422) | 59.561*** <br> (9.603) |
| 年份固定效应 | 已控制 | 已控制 |
| 样本量 | 147 | 127 |
| R-squared | 0.332 | 0.623 |

注：*** $p<0.001$；** $p<0.01$；* $p<0.05$；+$p<0.10$。括号里的数字为回归系数异方差稳健的标准误。

基于点估计结果,二次曲线顶点为1746年,既有史料良好地解释了这一发现。清雍正四年(1726),中央设族正制以弥补保甲乡约制的阙漏①,完整的"乡约—保甲—族正"基层社会组织体系得以形成(常建华,2006)。族正制的本意是通过承认宗族权威,发挥宗族力量约束族人,从而维持乡土治安(王洪兵,2014)。通过同姓连宗,族正制进一步促进了同姓聚落体的发展(王先明,1996),但最终结果却不甚理想。随着宗族尊长被赋予族正的称号,他们获得了朝廷赐予的宣讲圣谕、制止械斗、管理族产、处理民事纠纷等权力(冯尔康,2011)。然而,宗族尊长作为宗族这个基层自治共同体的代言人,当国家利益与宗族利益不一致时,其往往优先考虑后者。这就导致族正制施行之后,械斗不仅没有得到抑制,反而有所加剧。瞿同祖(2017:78—79)认为械斗起源于宗族的血亲复仇观念,在族间械斗中取胜被认为是宗族"联合的责任",而不必关心复仇的正当性。故对于族正而言,制止械斗的要求往往让位于默许械斗。部分大宗的族长获得族正地位后,甚至利用权力加剧械斗,以此扩大宗族势力。因此,族正制施行之后,无论是宗族势力还是族间械斗,都达到了顶峰。在这段时间内成立的宗族,对于行善的教化也跌至低谷。

对于左半支斜率为负的状况,我们认为明清乡约化与族正制乃一脉相承,宗族争斗与势力博弈并不利于实现团结互助的儒家理想,从而剥离了企业社

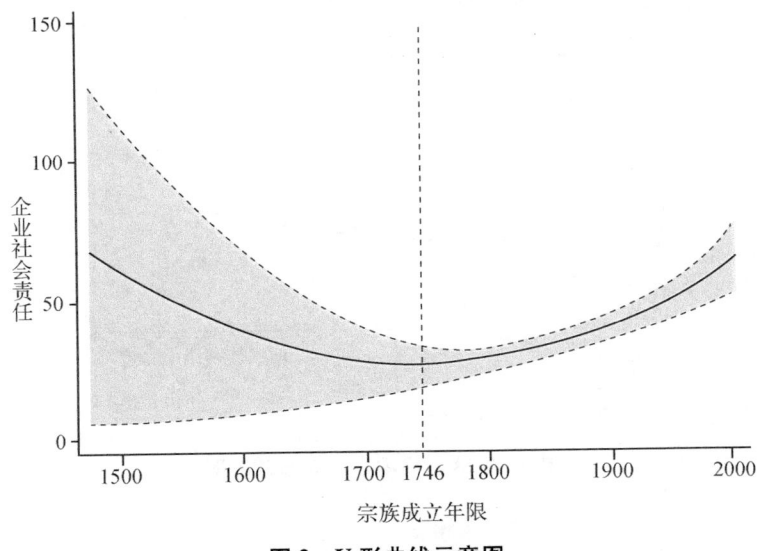

图2 U形曲线示意图

---

① 考虑到对于具有庞大势力的宗族,保甲并不能进行有效监管,因此雍正四年规定,拣选族中人品刚方、素为阖族敬惮之人,立为族正,实施教化及监管的权力,这成为族正制的开端。

会责任的内在意涵。事实上,自明代晚期起,礼仪的关注点就发生了变化,《霍渭崖家训》《庞氏家训》以及后来许多见诸族谱中的家训规章,重点其实都不在礼仪,而是家族的维系(科大卫、刘志伟,2000)。而右半支斜率为正的情况,则是由于宗族势力失控后,族正制难以维系,清代政府开始对宗族采取抑制性措施。由此可以推断,随着族规重新重视儒家礼仪规范,加上宗族成立的后发优势,被宗族教化的企业家更愿意贯彻"邻有急难,曲为周全"的族规准则,并内化为履行社会责任的不竭动力。

### 2. 宗族网络中心度调节效应

模型 2 在模型 1 基础上加入了 betweenness、YFC×betweenness 和 YFC$^2$×betweenness 以考察是否存在调节效应。同理,在认为工具变量能有效估计自变量时,工具变量与调节变量的交互项也是自变量与调节变量交互项的有效工具变量,因此我们仍能使用工具变量法缓解内生性问题,并采用 GMM 估计和稳健标准误汇报结果。

模型 2 中,YFC×betweenness 在 10%显著性水平下显著为负,YFC$^2$×betweenness 在 5%显著性水平下显著为正,说明企业家中认本家现象广泛在同姓之间存在,由此形成的宗族网络为企业家提供了无形的社会资本,在宗族文化影响企业社会责任的路径中发挥正向调节作用,助力宗族理想落地于社会责任的实践。图 3 证明了这一点。

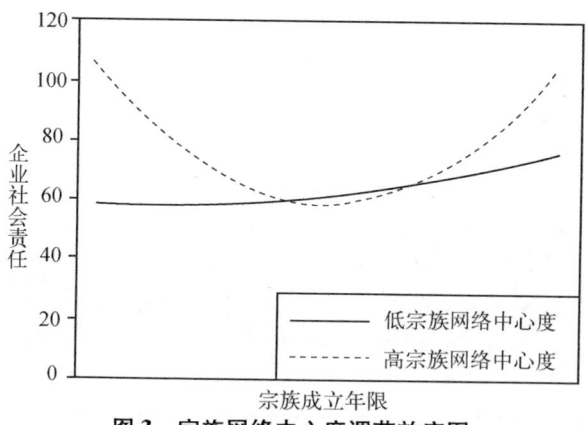

图 3 宗族网络中心度调节效应图

## (三) 稳健性检验

为了增强结论的可靠性,我们主要做四个方面的稳健性检验。一是关于工具变量的检验。只有当宗族迁移的时间和位置足够外生时，工具变量法才能得到一致估计。然而，宗族迁移的时间与方向除了受灾害的影响，或许还受到其他潜在因素的干扰。唐代后期以来，由于社会动荡和经济重心的南移，人口出现了数次大规模南迁，人口南迁的方向和南方部分区域的崛起或会成为宗族选择迁移地的考量因素。而南方经济的崛起和繁荣，对当代区域经济格局仍有影响。比如，清朝在广州十三行的通商实践，就使得广州迅速成为汇聚晋商、徽商和行商的商业中心，广州也由此成为富庶之地。而冷东(2013)发现，广州十三行深刻影响了岭南文化的形成和发展，并对广州城市化存在促进作用。这表明，如果经济因素与宗族迁移和企业社会责任同时相关，工具变量将不满足外生性要求。

本文试图说明，上述路径分析对工具变量外生性的影响有限。本文对迁移的方向进行了描述性统计。在样本中，向东迁移的宗族占总数的54.67%，向西迁移的宗族占45.33%；向北迁移的宗族占40%，向南迁移的宗族占60%。而在中国家谱总目的总数据中，不同迁移方向的差异更小。向东迁移的宗族占47.16%，向西迁移的宗族占52.84%；向北迁移的宗族占46.74%，向南迁移的宗族占53.26%。这说明宗族迁移的方向较为随机，满足外生性要求。我们推测主要是以下两个原因所致：第一，宗族的兴盛发端于明代，而人口南迁潮集中于晚唐和南宋，这在时间上降低了人口南迁影响宗族迁移的可能性；第二，明清以来，战乱的影响与日俱增，相比之下人口南迁的影响较为微弱。特别是在清代后期，战争和鼠疫频发，光绪时期还出现了波及山西、河南、直隶等省份的特大灾荒(曹树基，2005：12—14)。自然灾害对工具变量解释力的增强，使得工具变量的外生性进一步得到保证。

除此之外，外生动乱对人口南迁具有很强的解释力(林立平，1983)，这同样减弱了人口南迁对本文研究策略的影响。然而，我们难以完全剔除上述影响，这会带来遗漏变量偏误的问题，因此后文还使用了 Rosenbaum 边际估计进行进一步检验。

二是关于宗族成立年限对企业社会责任影响的检验。除了工具变量法，我们还使用对方程结构依赖度更小的倾向得分匹配法，进一步探讨宗族成立年限对企业社会责任的影响。如前所述，明清乡约、保甲、族正制下宗族势力的日渐庞大和族间械斗的日益频繁，使得族训弱化了对儒家礼仪的重视，转向维系宗族的发展。在大一统的中央集权体制下，有理由认为政府制度对宗族发展产生了重要影响。因此，我们以明清宗族制度变迁的重要节点为切分点，选择械斗频繁的时间段作为处理组,将剩余年份作为对照组,并使用倾向得分匹配法进行匹配。倾向得分匹配通过选出特征相似的对照组和实验组,判断两组在企业社会责任产出方面是否存在明显差异。

我们选择的切分始点为顺治元年(1644)。同年八月,摄政王多尔衮正式下令,在各府州县卫所属乡村推行保甲制,保甲制得以草创(原彦平,2004)。切分终点则为道光二年(1822)。选择的依据,其一是族正制在雍正四年设立,在乾隆期间仍然有所运用,此后虽然难以维系,但没有明确的废止年限;其二是嘉庆年间械斗仍然十分猖獗,故道光帝上任后,要求各地查明械斗原因,并对宗族械斗采取严厉的抑制措施(冯尔康、常建华,2009:281—282)。同年还制定了《惩办械斗章程》,将械斗纳入刑律,对参加或放任械斗的族长予以严惩。在切分出 1644—1822 年的样本作为处理组后,选择其余年份作为对照组。匹配之后两组间的企业社会责任水平差异用处理组平均处理效应(ATT)表示。由于 1644—1822 年恰好位于族正制施行前后,即 U 形曲线的低谷处,那么如果能确保这段时间内成立的宗族,企业家履行社会责任的意愿更低,就能进一步证明假设 1 成立。为了确保结论的稳健性,我们分别采用核匹配法、半径匹配法、近邻匹配法(n=5)对总体样本的 ATT 值进行估计,估计方程形式也分别采用 Probit 和 Logit。普通标准误和异方差稳健的 Bootstrap 标准误(抽样次数 500 次)结果与对应显著性如表 4 所示。

分析过程中,只有 4 个样本无法被匹配,相比工具变量法显著增加了样本量。ATT 显著为负数,说明族正制设立前后成立的宗族,族内的企业家社会责任履行度更低,由此再次证明了宗族成立年限对企业社会责任的 U 形曲线假设成立。

表 4　倾向得分匹配检验结果　　　　N=549

| 被解释变量 | 方程形式 | 估计方法 | ATT 值 | 普通标准误 | ATT 值 | Bootstrap 标准误 |
|---|---|---|---|---|---|---|
| CSR | Logit | 半径匹配法 | -2.977* | 1.290 | -2.977* | 1.397 |
| | | 核匹配法 | -3.028* | 1.482 | -3.028* | 1.401 |
| | | 近邻匹配法 | -3.576* | 1.598 | -3.576* | 1.660 |
| | Probit | 半径匹配法 | -2.977* | 1.290 | -2.977* | 1.406 |
| | | 核匹配法 | -3.386* | 1.478 | -3.386** | 1.320 |
| | | 近邻匹配法 | -3.575* | 1.622 | -3.575* | 1.406 |

注:*** $p<0.001$;** $p<0.01$;* $p<0.05$;+ $p<0.10$。

然而,倾向得分匹配只能解决纳入回归的协变量所导致的偏误,无法处理潜在偏误问题。譬如,处理组的划分依据为清代政府乡村治理制度的关键节点,而制度通常被认为是内生的(比如,Acemoglu, Johnson & Robinson, 2001),是社会、经济和文化等难以衡量的因素的综合产物。基于此,我们采用 Rosenbaum 边际估计作为倾向得分匹配法之后的进一步检验,因为该方法可以检验无法观测异质性的存在是否会显著影响估计结果(Rosenbaum, 2002: 110-119)。如果存在无法观测的因素影响了制度施行,那么根据协变量匹配后的不同样本中,宗族成立年限以及宗族是否归类于处理组的可能性也会存在差异(李云森,2013)。通过设定不同的 Gamma 值,Rosenbaum 检验可以给出不同的显著性水平、Hodges-Lehmann 点估计和置信区间的上下限。Gamma 值为 1 即说明不同宗族成立年限归类于处理时间段的可能性是相同的。随着 Gamma 值的扩大,不同宗族成立年限归类于处理时间段的可能性差异也随之扩大。表 5 展示了 Rosenbaum 检验结果。当 Gamma 值为 1.8 时,显著性水平下限为 10.7%,置信区间下限为 0.684,置信区间存在大于 0 的子区间段。这说明,当 Gamma 值为 1.7—1.8 时,上述划分对企业社会责任的影响可能是 0。但当异质性导致不同样本归类于处理时间段的可能性差异不大,即 Gamma 值小于 1.7 时,原有因果关系仍然成立。此外,HL 点估计结果始终为负,由此进一步说明了倾向得分匹配结果的稳健性。

表 5 Rosenbaum 检验结果

| Gamma 值 | 显著性水平 | | HL 点估计 | | 置信区间 | |
| --- | --- | --- | --- | --- | --- | --- |
| | 上限 | 下限 | 上限 | 下限 | 上限 | 下限 |
| 1.0 | 0.000 | 0.000 | −5.360 | −5.360 | −6.914 | −3.391 |
| 1.1 | 0.000 | 0.000 | −5.831 | −4.895 | −7.319 | −2.832 |
| 1.2 | 0.000 | 0.001 | −6.209 | −4.420 | −7.720 | −2.293 |
| 1.3 | 0.000 | 0.004 | −6.545 | −3.934 | −8.050 | −1.775 |
| 1.4 | 0.000 | 0.010 | −6.839 | −3.496 | −8.286 | −1.216 |
| 1.5 | 0.000 | 0.021 | −7.122 | −3.079 | −8.574 | −0.683 |
| 1.6 | 0.000 | 0.040 | −7.393 | −2.739 | −8.798 | −0.156 |
| 1.7 | 0.000 | 0.068 | −7.651 | −2.361 | −8.990 | 0.241 |
| 1.8 | 0.000 | 0.107 | −7.894 | −2.049 | −9.206 | 0.684 |
| 1.9 | 0.000 | 0.156 | −8.082 | −1.675 | −9.365 | 1.079 |
| 2.0 | 0.000 | 0.215 | −8.235 | −1.320 | −9.509 | 1.500 |

三是改变估计方法和模型设定。一方面,我们在模型3、4中汇报了使用两阶段最小二乘法估计的结果。如表6模型3所示,宗族成立年限及其平方项仍然在1%水平上显著,且模型4调节效应方向符合预期。另一方面,我们通过更换面板回归模型,对宗族成立年限的显著性进行检验。面板回归能够更好处理时变的企业社会责任变量,且在控制遗漏变量方面具有显著优势。如模型5所示,宗族成立年限在1%水平上显著,平方项在10%水平上显著为正,由此进一步证明了假设1的正确性。

四是更换因变量。润灵环球企业社会责任评分下设四个零级指标:macrocosm(整体性)、content(内容性)、technique(技术性)、industry(行业性)。由于不同行业在技术、内容方面的差异,后三个指标在不同行业差距较大。譬如,综合业与其他制造业的后三个指标权重与其他行业有所差异,加之我们采用的并非面板数据,无法良好处理行业差距,因而将这些指标纳入企业社会责任可能会增大估计误差。为了保障结论的有效性,我们将企业社会责任更换为零级指标整体性。表6中模型6、7即为模型1、2在更换因变量后的结果。我们发现,主要变量仍然显著,说明结论稳健。

表6 稳健性检验结果

| 变量 | 企业社会责任 | | 企业社会责任整体性 | | |
|---|---|---|---|---|---|
| | 模型3 | 模型4 | 模型5 | 模型6 | 模型7 |
| YFC | −2.253** (0.783) | 0.016 (0.031) | −2.218+ (1.147) | −0.668* (0.293) | −0.006 (0.015) |
| $YFC^2$ | 0.001** (0.000) | 0.001+ (0.000) | 0.001+ (0.000) | 0.000* (0.000) | 0.000 (0.000) |
| betweenness | — | −18.958 (13.831) | — | — | −8.160 (6.349) |
| YFC×betweenness | — | −0.553 (0.380) | — | — | −0.287+ (0.161) |
| $YFC^2$×betweenness | — | 0.014** (0.005) | — | — | 0.007** (0.003) |
| 控制变量 | 已控制 | 已控制 | 已控制 | 已控制 | 已控制 |
| 年份固定效应 | 已控制 | 已控制 | 已控制 | 已控制 | 已控制 |
| 样本量 | 147 | 127 | 147 | 147 | 127 |
| R-squared | 0.332 | 0.643 | 0.314 | 0.325 | 0.478 |

注:*** $p<0.001$;** $p<0.01$;* $p<0.05$;+ $p<0.10$。括号里的数字为回归系数异方差稳健的标准误。

## (四) 宗族地域异质性探究

如前所述,宗族的异质性对于企业履行社会责任具备显著影响。进一步,我们探究了宗族影响下的企业社会责任是否具有地域溢出效应。我们利用2018年润灵环球企业的社会责任数据,按平均值分配于各个省份,并以区域是否相邻作为无向邻接空间权重矩阵,分别计算了全局和局部莫兰指数,并得到了支持以往文献的结果。

结果之一是企业社会责任不存在全局溢出效应,这说明在差序结构的交往方式中,宗族影响是短半径的。普特南(Putnam, 1995)指出,组织内信任水平的强化往往会导致组织外信任水平的下降。基于姓氏相同的宗族信任对族内成员具有显著促进作用,而对于宗族以外的"生人",这种信任则被完全抹杀,导致宗族之间难有积极互动。这一结论也支持了阮荣平、郑风田(2013)的研究。

结果之二是北京和广东存在局部溢出效应。其中,北京的局部莫兰指数为2.570,广东为-3.815,均在10%水平上显著。我们猜测,北京是自古以来的文化中心,宗族能对周围地区起到正向溢出作用并表现于企业社会责任上,因此指数为正;相较于大部分相邻省份,广东宗族势力已被公认较强(Freeman, 1966: 20-21;常建华,1999),相较于周边地区在企业社会责任履行上具有显著的优势,因此指数显著为负;其余地区指数均不显著。

图4展示了我国各省份(不含港澳台地区)企业社会责任得分状况,青海、吉林、甘肃等地的企业社会责任履行度相对较低,我们认为与宗族势力衰微亦有关联。新中国成立之后,国家对乡村社会进行全面掌控,宗族文化一度被贴上封建文化的标签(潘越等,2019a),宗族权威也就失去了治理乡村的制度环境。上述地区由于乡村众多,受影响相对较大。这也启示,在当下乡村振兴战略的实施进程之中,不仅需要通过正式制度促进乡村社会的经济发展,更需要防止非正式制度的缺位。宗族不仅能唤醒民众心中的乡土情怀,更能通过非正式契约约束与宗族教化,成为民众践行遵纪守法、团结协作优良传统的文化内核,以及企业履行社会责任、创造社会效益的内生动力。①

---

① 需要承认,各省份企业社会责任履行度除受宗族文化影响之外,还受到经济、社会等因素的显著影响,宗族文化不可能完全解释各省份企业社会责任履行度的差异。此外,宗族成立时间和宗族文化认同度在各地也存在显著的异质性,这同样会导致不同区域内宗族对企业社会责任的影响程度有所差别。

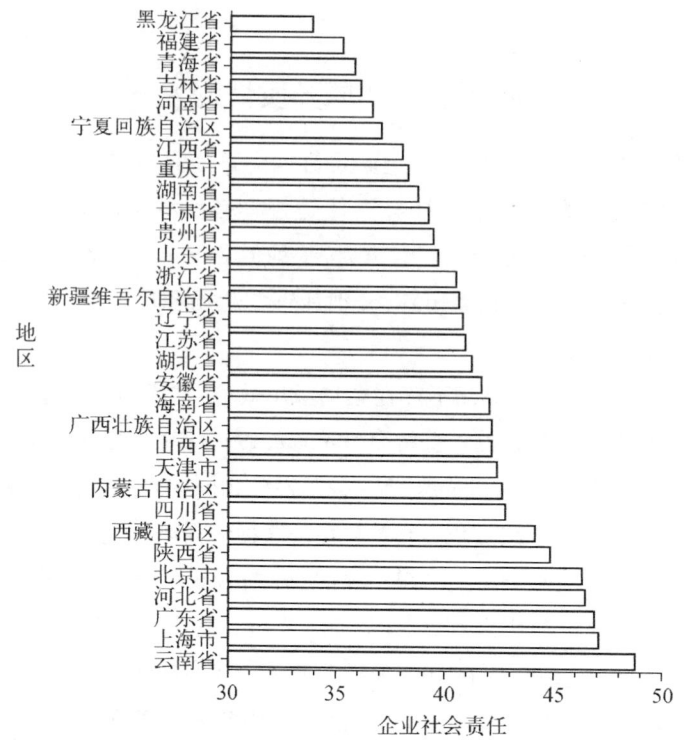

图4 中国各省份企业社会责任得分图

## 五、结论与启示

本文突破了非正式制度的地域影响框架,从更为微观的宗族维度考察了企业社会责任背后的中国文化底色。利用族谱数据和润灵环球的企业社会责任评分数据,实证研究发现:不同时代背景下成立的宗族,族规对礼仪的强调程度并不相同。宗族对族员的教化内化为企业家独特的价值观念,从而影响了企业家履行社会责任的意愿。受到明清乡约化的制度和宗族后发优势的双重影响,宗族成立年限与企业社会责任呈U形关系。此外,认本家现象广泛存在于姓氏、籍贯相同的企业家之间,这种非正式互动为企业家提供了无形的社会资本,正向调节了宗族对企业社会责任的影响效应。

宗族文化是中华文化中不可或缺的部分,是族员凝聚一体、共克万难的纽带,宗族提供了共同情感的栖息地,其所倡导的团结互助理念转化为当今普遍的认本家情结,形成独特的社会交往结构(陈海盛,2020);而兼济天下的主张则促进企业家通过合作共赢、捐赠慈善等活动(Greif & Tabellini, 2017),履行更多的社会责任。基于上述研究,本文得到如下启示:首先,宗族文化为企业突破传统逐利模式,转向企业与社会效益并重的可持续发展方式提供了契机。面对高质量发展如何推动"十四五"规划开局的议题,除了需要不断完善法律监管等正式制度,同样需要宗族等非正式制度进行补充。我国数千年的文化积淀孕育了丰厚的宗族文化,宗族教化引导一代代企业家践行见利思义的高尚品格,"不义而富且贵,于我如浮云",促进企业更加注重企业品牌建设和信誉维护,承担社会责任。其次,乡村是宗族的发源地。考虑到宗族文化对中国经济运行具有积极效应(戴亦一等,2016),在当下的乡村振兴战略中,亦当促进蛰伏于乡间民舍的宗族发挥更大的作用。具体而言,应当通过宗族文化,培育乡民的文化自信;鼓励乡村企业、家族企业履行社会责任;同时利用宗族深厚的文化氛围,创设更好的营商环境,进一步发挥宗族的社会与经济效应。当然,就历史进程而言,宗族在近代的复兴与蓬勃发展,以及宗族文化作为企业社会责任植根本土的内生源泉等结论,也进一步印证了中华优秀传统文化的澎湃生命力,为诸如近代史坎坷历程导致中华文明出现断层等悲观言论提供了一定的反驳依据。

## 参考文献

曹树基,2005,《中国人口史》第五卷·上,上海:复旦大学出版社。
常建华,1999,《二十世纪的中国宗族研究》,《历史研究》第5期。
常建华,2006,《乡约·保甲·族正与清代乡村治理——以凌(火寿)〈西江视臬纪事〉为中心》,《华中师范大学学报》(人文社会科学版)第1期。
常建华,2008,《清代宗族"保甲乡约化"的开端——雍正朝族正制出现过程新考》,《河北学刊》第6期。
陈国辉、殷健,2018,《CFO任职经验与会计信息可比性——基于高层梯队理论的实证分析》,《山西财经大学学报》第12期。
陈海盛,2020,《宗族文化、信用环境与融资约束》,《南大商学评论》第4期。
陈钰芬、金碧霞、任奕,2020,《企业社会责任对技术创新绩效的影响机制——基于社会资本的中介效应》,《科研管理》第 9 期。

戴亦一、肖金利、潘越,2016,《"乡音"能否降低公司代理成本?——基于方言视角的研究》,《经济研究》第 12 期。

董竹、潘凌云,2020,《官员晋升压力与公司研发》,《南开经济研究》第 2 期。

段晓峰,1998,《非正式制度对中国经济制度变迁方式的影响》,北京:经济科学出版社。

冯尔康,1990,《清代宗族制的特点》,《社会科学战线》第 3 期。

冯尔康,2011,《政府规制与民间舆情的互动——以清代族正制的制度内涵及存废推展为中心》,《社会科学辑刊》第 3 期。

冯尔康、常建华,2009,《中国宗族史》,上海:上海人民出版社。

付来友、王丽霞,2015,《宗族的裂变与合并——一个山东村庄的个案考察》,《北方民族大学学报》(哲学社会科学版)第 5 期。

淦未宇,2021,《儒家文化对企业社会责任的影响——基于第十次全国私营企业抽样调查的实证检验》,《暨南学报》(哲学社会科学版)第 1 期。

古志辉,2015,《全球化情境中的儒家伦理与代理成本》,《管理世界》第 3 期。

贾兴平、刘益,2014,《外部环境、内部资源与企业社会责任》,《南开管理评论》第 6 期。

靳小翠,2017,《企业文化会影响企业社会责任吗?——来自中国沪市上市公司的经验证据》,《会计研究》第 2 期。

科大卫、刘志伟,2000,《宗族与地方社会的国家认同——明清华南地区宗族发展的意识形态基础》,《历史研究》第 3 期。

孔永松、李小平,1995,《客家宗族社会》,福州:福建教育出版社。

冷东,2013,《〈广州十三行与清代中外关系〉国际学术研讨会综述》,载赵春晨、冷东主编:《广州十三行与清代中外关系》,广州:世界图书出版广东有限公司。

李云森,2013,《自选择、父母外出与留守儿童学习表现——基于不发达地区调查的实证研究》,《经济学(季刊)》第 3 期。

林宏妹、陈选娟、吴杰楠,2020,《高管任期与企业社会责任——基于"职业生涯忧虑"的研究视角》,《经济管理》第 8 期。

林立平,1983,《唐后期的人口南迁及其影响》,《江汉论坛》第 9 期。

刘春济、朱梦兰,2018,《谁影响了谁——产权性质、企业社会责任溢出与表现》,《经济管理》第 12 期。

卢建川、罗崇佳,2022,《企业社会责任对创新绩效的影响研究——基于政府嵌入和企业网络的分析框架》,《广州大学学报》(自然科学版)第 3 期。

罗喜英、刘伟,2019,《政治关联与企业环境违规处罚:庇护还是监督——来自 IPE 数据库的证据》,《山西财经大学学报》第 10 期。

马光荣、杨恩艳,2011,《社会网络、非正规金融与创业》,《经济研究》第 3 期。

马胡杰、徐泰玲、石岜然,2013,《社会资本、制度环境与企业社会责任——基于 2009—2011 年 A 股上市公司面板数据》,《首都经济贸易大学学报》第 3 期。

潘越、宁博、戴亦一,2020,《宗姓认同与公司治理——基于同姓高管"认本家"情结的研究》,《经济学(季刊)》第 1 期。

潘越、宁博、纪翔阁、戴亦一,2019a,《民营资本的宗族烙印——来自融资约束视角的证据》,《经济研究》第 7 期。

潘越、翁若宇、纪翔阁、戴亦一,2019b,《宗族文化与家族企业治理的血缘情结》,《管理世界》第 7 期。

瞿同祖,2017,《中国法律与中国社会》,北京:商务印书馆。

阮荣平、郑风田,2013,《市场化进程中的宗族网络与乡村企业》,《经济学(季刊)》第 1 期。

王洪兵,2014,《清代华北宗族与乡村社会秩序的建构——以顺天府宝坻县为例》,《东北师大学报》(哲学社会科学版)第 6 期。

王清刚、徐欣宇,2016,《企业社会责任的价值创造机理及实证检验——基于利益相关者理论和生命周期理论》,《中国软科学》第 2 期。

王先明,1996,《晚清士绅基层社会地位的历史变动》,《历史研究》第 1 期。

王艺明、刘一鸣,2018,《慈善捐赠、政治关联与私营企业融资行为》,《财政研究》第 6 期。

吴琦、周黎安、刘蓝予,2019,《地方宗族与明清商帮的兴起》,《中国经济史研究》第 5 期。

肖锐,2015,《论中国姓氏文化研究意义》,《中南民族大学学报》(人文社会科学版)第 4 期。

杨善华、孙飞宇,2015,《"社会底蕴"——田野经验与思考》,《社会》第 1 期。

杨宜音,1999,《"自己人"——信任建构过程的个案研究》,《社会学研究》第 2 期。

原彦平,2004,《清代顺康雍乾四朝保甲制的变迁》,《青海社会科学》第 2 期。

曾建光、张英、杨勋,2016,《宗教信仰与高管层的个人社会责任基调——基于中国民营企业高管层个人捐赠行为的视角》,《管理世界》第 4 期。

张建君、张闫龙,2016,《董事长—总经理的异质性、权力差距和融洽关系与组织绩效——来自上市公司的证据》,《管理世界》第 1 期。

赵晓峰、刘涛,2012,《农村社会组织生命周期分析与政府角色转换机制探究——以鄂东南一个村庄社区发展理事会为例》,《中国农村观察》第5期。

赵子乐、林建浩、朱元冰,2020,《企业家姓氏网络的出口外溢效应》,《经济学动态》第2期。

Acemoglu, Daron, SimonJohnson& James Robinson2001, "The Colonial Origins of Comparative Development: An Empirical Investigation." *American Economic Review* 91(5): 1369-1401.

Barni, Daniela, SaraAlfieri, ElenaMarta& RosaRosnati2013, "Overall and Unique Similarities Between Parents' Values and Adolescent or Emerging Adult Children's Values." *Journal of Adolescence* 36(6): 1135-1141.

Becker-Olsena, Karen, B. Cudmoreb& Ronald Hill2006, "The Impact of Perceived Corporate Social Responsibility on Consumer Behavior." *Journal of Business Research* 59(1): 46-53.

Chintrakarn, Pandej, PattanapornChatjuthamard, PornsitJiraporn& Young Kim2019, "Exploring the Causal Effect of Religious Piety on Dividend Policy: Evidence from Historical Religious Identification." *Applied Economics Letters* 26(4): 306-310.

Cohen, Myron 1990, "Lineage Organization in North China." *Journal of Asian Studies* 49(3): 509-534.

Durlauf, Steven& Fafchamps Marcel2004, "Social Capital." NBER Working Paper, No. 10485.

Freedman, M. 1966, *Chinese Lineage and Society: Fukien and Kwangtung*, New York: Humanities Press.

Freeman, Linton1979, "Centrality in Social Networks Conceptual Clarification." *Social Networks* 1(3): 215-239.

Greif, Avner& GuidoTabellini2017, "The Clan and The Corporation: Sustaining Cooperation in China and Europe." *Journal of Comparative Economics* 45(1): 1-35.

Hambrick, Donald& Phyllis Mason1984, "Upper Echelons: The Organization as A Reflection of Its Top Managers." *Academy of Management Review* 9(2): 193-206.

Heberer, Thomas2008, "Ethnic Entrepreneurs as Carriers of Ethnic Identity: A Case Study among the Liangshan Yi(Nuosu) in China." *Asian Ethnicity* 9(2): 97-119.

Kato, Takao& CherylLong2006, "CEO Turnover, Firm Performance, and Enterprise Reform in China: Evidence from Micro Data." *Journal of Comparative Economics* 34(4): 796-817.

Kung, James Kai-sing& MaChicheng2014, "Can Cultural Norms Reduce Conflicts?

Confucianism and Peasant Rebellions in Qing China." *Journal of Development Economics* 111: 132-149.

Lind, Jo Thori& HalvorMehlum2010, "With or Without U? The Appropriate Test for A U-Shaped Relationship." *Oxford Bulletin of Economics and Statistics* 72（1）: 109-118.

Mark, Dincecco& WangYuhua2020, " Internal Conflict, Geopolitics, and State Development: Evidence from Imperial China." Working Paper, https://ssrn.com/abstract=3209556.

Peng, Yusheng2004, "Kinship Networks and Entrepreneurs in China's Transitional Economy." *American Journal of Sociology* 109(5): 1045-1074.

Putnam, Robert1995, "Bowling Alone: America's Declining Social Capital." *Journal of Democracy* 6(1): 65-78.

Rosenbaum Paul2002, *Observational Studies*, New York: Springer.

Sethi, S. 1975, " Dimensions of Corporate Social Responsibility: An Analytical Framework." *California Management Review* 17(3): 58-64.

Su, Fubing, TaoRan, SunXing& LiuMingxing2011, "Clans, Electoral Procedures and Voter Turnout: Evidence from Villagers' Committee Elections in Transitional China." *Political Studies* 59(2): 432-457.

Tajfel, Henri1982, "Social Psychology of Intergroup Relations." *Annual Review of Psychology* 33(1): 1-39.

Tajfel, Henri, M. Billig, R. Bundy& ClaudeFlament1971, "Social Categorization and Intergroup Behaviour." *European Journal of Social Psychology* 1(2): 149-178.

Voigtländer, Nico& Hans-JoachimVoth2011, "Persecution Perpetuated: The Medieval Origins of Anti-Semitic Violence in Nazi Germany." *The Quarterly Journal of Economics* 127(3): 1339-1392.

Watson, James. 1982, "Chinese Kinship Reconsidered: Anthropological Perspectives On Historical Research." *China Quarterly* 92(4): 589-622.

Xu, Yiqing& YaoYang2015, " Informal Institutions, Collective Action, and Public Investment in Rural China." *The American Political Science Review* 109（2）: 371-391.

# 关注经济金融信息程度更高的人有更强的购房动机？
## ——基于 CHFS 数据的研究

刘 璐 邱琳妲[*]

**摘要：**住房一直是中国经济和老百姓生活中涉及民生的重要问题，而我国居民的购房需求持续保持在一个较高水平。本文基于 2015 年中国家庭金融调查（China Household Finance Survey, CHFS）的数据，从人们对经济金融信息的关注程度与购房计划之间的关系视角，分析家庭的购房动机。本文的实证分析结果显示，对经济金融信息关注程度越高的家庭，计划购房的趋势越大，并且越倾向购买易交易类住房。住房的财富效应激励了家庭的购房动机，投资或投机动机使得购房需求居高不下。这也解释了现有文献中住房的财富效应并未显著增加家庭消费支出的情况，因为住房的财富效应激励了家庭的购房动机，而使得拥有新购房动机的家庭减少消费支出。

**关键词：**关注程度 经济金融信息 购房动机 财富效应

# 一、引言

改革开放以来我国经济高速发展，城镇化进程不断推进，人口迁移越来越频繁，人们的购房需求也不断增大，随之住房市场的问题日益显著。住房相关问题是中国经济和老百姓生活中涉及民生的重要问题。自 1998 年住房商品化以来，中国居民的购房需求持续上涨，推高了整体房价，特别是从 2003 年开始，房价年均上涨 10% 以上，大城市的房价更是具有涨速快、涨幅大的特点。房价

---

[*] 刘璐（liulu@swufe.edu.cn），西南财经大学经济学院教授，博士生导师；邱琳妲，西南财经大学经济学院博士研究生。

上涨给居民家庭带来了较大的购房压力,同时,近年居民家庭消费表现出动力不足的趋势,这二者成为中国经济持续发展的阻碍(杨赞、张欢、赵丽清,2014)。

2016 年中央经济工作会议强调"房子是用来住的,不是用来炒的",明确了中国房地产市场的发展方向。虽然一系列的调控政策对房地产市场起到了降温的作用(刘璐,2013),但人们的购房需求却仍然位于较高水平。那么,究竟是什么样的购房动机驱动了人们保持较高的购房需求呢?

2021 年,习近平总书记在庆祝中国共产党成立 100 周年大会和中央财经委员会第十次会议上强调,我国要努力实现高质量发展,推动共同富裕。在此大背景之下,本文从居民家庭关注经济金融信息程度的角度来研究居民家庭的购房动机,进而分析住房的何种效应在居民家庭消费问题上发挥着主要作用,由此为寻求刺激居民家庭消费的方法提供一个新的房地产视角,以助力中国经济高质量的可持续发展和实现共同富裕。

## 二、 文献综述

住房具有消费和投资的双重属性(杨赞、张欢、赵丽清,2014),因此本文所关注的居民家庭的购房动机,实质上也是关注家庭是否将购房作为其资产配置与投资的重要手段。所以,家庭资产配置与投资方面的相关文献是本文的研究基础。住房财富是中国家庭资产配置中的重要和主要构成部分(甘犁等,2013)。随着家庭投资渠道的不断增加,对比 2013 年与 2015 年 CHFS 的数据可知,一方面,住房的投资吸引力呈下降趋势,但仍在居民家庭资产中占最大比例,此外金融资产在居民家庭资产中的增幅最大(李凤等,2016)。金融发展水平在短期和长期内都对家庭资产的投资组合产生了重要的影响(吕学梁、王美玲、吴卫星,2014),而发展金融市场提高金融可得性有助于居民家庭更多地在正规金融市场配置资产(尹志超、吴雨、甘犁,2015)。此外,由于金融产品供给结构和投资门槛的问题,在家庭金融投资领域,中国的保守型和冒进型家庭都较多,呈 U 形分布(路晓蒙等,2017)。另一方面,由于我国房地产市场的快速发展且房价持续上涨,住房资产仍是大多数家庭实现资产保值增值的重要选择。张浩、易行健和周聪(2019)的研究指出,对于那些住房在家庭资产中占比较低和住房投资属性较强的家庭而言,住房对其带来的财富效应会更大。

同时,随着房价的上涨,住房财富的提升会使得家庭配置更多的风险资产(陈永伟、史宇鹏、权五燮,2015),但是,房价的上升也会刺激人们增加购房需求,对金融资产的配置产生一定的挤出效应(张吉鹏、葛鑫、毛盛志,2021)。众所周知,家庭的投资行为主要是依据其当前的家庭财富情况而做出的,而住房投资对家庭在其他流动性资产上的投资会产生显著的挤出效应(吴卫星、易尽然、郑建明,2010)。此外,居民家庭的收入情况对家庭资产的配置也有着显著的影响,主要表现在家庭投资组合的多样性和风险资产的投资比例上(徐巧玲,2019)。工资性和财产性收入水平越高的家庭,在金融资产上的配置比例也越高,其投资组合的有效性也越高(李超伟、万佳乐、秦海林,2018)。

另外,居民家庭金融素养的差异会对家庭资产的配置产生重要影响,金融素养和金融知识水平的提高会提升风险资产在家庭资产中的配置,降低家庭金融排斥的概率,同时提高家庭资产投资组合的有效性(尹志超、宋全云、吴雨,2014;秦海林、李超伟、万佳乐,2018;张号栋、尹志超,2016;胡士华、黄天鉴,2021)。随着数字经济的发展,吴雨等人(2021)的研究指出数字金融的发展对家庭金融资产组合的有效性产生显著的积极影响,特别是对于具有数字金融水平优势的家庭。这项研究启发了本文从居民金融知识的角度去分析家庭的购房动机。

由于住房问题的复杂性,住房的房奴效应和财富效应对人们的购房动机会产生不同的影响,同时作用于家庭的消费和储蓄方面。相关文献与本文对购房动机的研究有一定关联性,但现有研究结论存在一定的差异和继续探讨的空间。一方面,大量文献研究指出房价的上涨带来的房奴效应会使得家庭提高储蓄率减少消费,特别是对于有购房打算的租房家庭和年轻家庭,学者们分别基于不同地方的数据得到了相同的结论,比如美国(Skinner, 1989; Sheiner, 1995)、日本(Moriizumi, 2003)、中国(颜色、朱国钟,2013;陈彦斌、邱哲圣,2011;陈斌开、杨汝岱,2011;李雪松、黄彦彦,2015;杨赞、张欢、陈杰,2014);另一方面,还有一些文献指出住房的财富效应会使得家庭储蓄随着房价上涨而降低,同时会促进家庭消费(赵西亮、梁文泉、李实,2013;薛晓玲、臧旭恒,2020),特别是增加非住房类消费(李春风、陈乐一、刘建江,2013)、教育支出(陈永伟、顾佳峰、史宇鹏,2014)等。同时,房价的波动会通过住房的财富效应而影响家庭的消费差距(周建军、孙倩倩、鞠方,2018;汪伟、沈洁、王文鹏,2020)。但是,有一些学者得出了不同的研究结果,认为房价上涨带来的财富效应会刺激家庭消费,但同时会对家庭非住房类消费产生挤出效应,两种效应会相互产生抵消作用(张冲,2017;熊平,2019;Sinai & Souleles, 2005; Liu, Wang & Zhang, 2019)。虽然住房的财富效应对家庭消费有一定的刺激作用,但总体来看对家庭消费更多地是呈抑制作用的(李江一,2017;刘颜、周建军,2019)。此外,住房的财富效应对位于不同区域(杨赞、张欢、赵丽清,2014)、不同收入(何兴强、杨锐锋,2019)、拥有不同数量住房(何兴强、杨锐锋,2019)、不同年龄段(杨锐锋、何兴强,2021)的家庭产生的影响也不同。值得注意的是,一些学者指出我国居民家庭的住房资产主要表现为消费属性,不具有住房的财富效应(李涛、陈斌开,2014;万晓莉、严予若、方芳,2017)。

关于研究购房动机的现有文献并不是很多。现有文献指出,居民购房动机主要来自改善、投资、投机、炫耀(贺锋、余清鸿、彭小贵,2014)。我们从最主要的投资、投机动机来看,我国家庭通过购置房产以达到家庭资产保值增值的目的,住房的财富效应会激励家庭刚需和投资型购房需求的上升(周广肃、王雅琦,2019)。更具体地,居民家庭成员中妻子相对教育水平越高的家庭购房动机更强(何林浩,2019)。此外,盛夏、王擎和王慧(2021)指出,房价的上涨促使了中国家庭基于投机动机而加杠杆,特别是非首套房的家庭。在投资或投机动机的购房需求与家庭的消费问题上,现有文献呈现了不同的研究结论。杨赞等(2014)指出投资性动机带来的购房需求并没有对消费产生负向影响。但是,臧旭恒和张欣(2018)指出,住房投资会使得家庭挤出流动性资产的配置,从而抑制家庭消费。此外,有研究结果显示在外部投机需求较高的地区,房价上涨对当地居民家庭消费主要表现为挤出效应(Liu, Wang & Zhang, 2019)。这一问题的研究结论上的差异给本文提供了研究空间,本文希望通过研究人们的购房动机来分析住房的何种效应对居民家庭的资产配置产生了主导影响,从而影响了人们的消费。

基于现有研究,本文通过分析人们对经济金融信息的关注程度与家庭购房计划之间的关系,从另一个视角去分析人们的购房动机,进一步探究究竟是住房的何种效应对人们购房需求起到了更强的激励作用,以期为相关文献做出一定的边际贡献。

## 三、数据与模型

居民关注经济金融信息程度的高低,能够在一定程度上反映出家庭的金融知识水平（尹志超、宋全云、吴雨，2014），而居民家庭金融素养和金融知识水平的差异会对家庭资产的配置产生重要影响（尹志超、宋全云、吴雨，2014；秦海林、李超伟、万佳乐，2018；张号栋、尹志超，2016；胡士华、黄天鉴，2021）。因此，本文选择"对经济金融信息的关注程度"作为关注解释变量来研究家庭的购房动机是否出于投资目的。本文研究使用的数据来自西南财经大学中国家庭金融调查与研究中心组织管理的中国家庭金融调查（CHFS）项目，采用2015年CHFS微观样本数据（甘犁等，2019），选取适合的变量。根据调查问卷内容对部分变量数据进行了处理，同时将家庭成员个人信息、家庭信息、区位信息等数据进行了整合。

## （一）变量选取

**表1　描述性统计**

| 变量 | 观测数据量 | 均值 | 标准差 | 最小值 | 最大值 |
| --- | --- | --- | --- | --- | --- |
| Y（是否计划购房） | 3 994 | 0.089 | 0.285 | 0 | 1 |
| econk（对经济金融信息的关注程度） | 3 994 | 2.164 | 1.104 | 1 | 5 |
| d_house（是否拥有自有住房） | 3 994 | 0.919 | 0.273 | 0 | 1 |
| total_income（总收入，单位：10万元） | 3 994 | 0.712 | 2.045 | 0 | 50 |
| total_consump（消费总支出，单位：10万元） | 3 994 | 0.500 | 0.552 | 0.013 | 10 |
| asset（总资产，单位：10万元） | 3 994 | 9.757 | 15.849 | 0 | 200 |
| kids（子女数量） | 3 994 | 2.102 | 1.174 | 0 | 10 |
| gender（性别） | 3 994 | 1.473 | 0.499 | 1 | 2 |
| age（年龄） | 3 994 | 61.101 | 12.118 | 20 | 95 |
| d_stock（是否有股票账户） | 3 994 | 0.098 | 0.298 | 0 | 1 |
| house_plan（计划购房面积） | 487 | 3.460 | 1.071 | 1 | 7 |
| houses_sq（所居住住房面积，单位：平方米） | 487 | 65.413 | 38.680 | 8 | 350 |
| house_value（所居住住房市值，单位：10万元） | 487 | 8.071 | 12.010 | 0.0003 | 150 |

本文主要选取了以上变量，具体设定将在后续模型中进行解释。被解释

变量 Y"是否计划购房"表示该家庭是否有购房计划,1 表示有,0 表示没有。重点关注解释变量是 econk"对经济金融信息的关注程度",为了便于解释,对该变量进行反向编码[①]:1 表示从不关注,2 表示很少关注,3 表示一般,4 表示很关注,5 表示非常关注。d_house"是否拥有自有住房"、d_stock"是否有股票账户"这两个为 0、1 变量,1 表示有,0 表示没有,其中 d_stock 是本文选取的工具变量。

调查问卷内容显示,当受访者有购房计划(也就是 Y=1)时,才会进行后续关于购房计划更具体的询问,因此,从 house_plan"计划购房面积"开始各个变量的样本数量有所减少。house_plan"计划购房面积"的选项为 1—7,分别指的是:1 表示 50 平方米以内,2 表示 50—70 平方米,3 表示 70—90 平方米,4 表示 90—120 平方米,5 表示 120—144 平方米,6 表示 144—200 平方米,7 表示 200 平方米以上。kids"子女数量"表示受访者的子女个数;gender"性别"变量,1 表示男性,2 表示女性。age"年龄"指的是 2015 年时受访者的年龄,剔除了 16 岁以下部分。[②] 变量还包括:total_income"总收入"、total_consump"总消费支出"、asset"总资产"、houses_sq"家庭所居住住房面积"、house_value"家庭所居住住房市值"。

## (二)模型设定

本文主要研究家庭对经济金融信息的关注程度对其购房动机的影响。第一个关注点是家庭是否有购房动机,选取的代理变量"是否计划购房"是一个二分变量,因此使用二项选择模型 probit 模型来进行估计分析。模型 1 设定如下式:

$$Y_i = \beta_0 + \beta_1 econk_i + \beta_2 X_i + \mu_i \tag{1}$$

被解释变量 $Y_i$ 表示"是否计划购房",重点关注解释变量 $econk_i$ 表示"关注经济金融信息的程度",控制变量 $X_i$ 中包含了 $d\_house$、$total\_income$、$total\_consump$、$asset$、$kids$、$gender$、$age$,$\mu_i$ 表示扰动项。后面的实证分析中分别分析了未引入和引入虚拟变量 $d\_house_i$ 的情况,来分析家庭是否拥有自有住房对实证结果是否产生显著影响。

值得注意的是,有购房计划的家庭也许会更关注经济金融信息,那么就可

---

[①] 感谢匿名审稿人提出的建议,笔者对此变量进行了反向编码,此变量在调查问卷中的原始表述为:1 表示非常关注,2 表示很关注,3 表示一般,4 表示很少关注,5 表示从不关注。
[②] 问卷显示,受访者若为 16 岁以下就不会接受后续的询问,会更换受访者,并且 16 岁以下共 48 人,仅占总样本的 0.13%,所以可以剔除这部分样本。

能存在互为因果的内生性问题。因此,将变量 $econk_i$ 看作内生变量,选取变量 $d\_stock_i$("是否有股票账户")作为其工具变量。因为拥有股票账户的人通常会更关注经济金融信息,即"是否有股票账户"与变量 $econk_i$ 相关,但是个人"是否有股票账户"对于"是否计划购房"这个变量来说可以看作外生的。在后续的实证检验中,参考已有文献的做法(王天宇、彭晓博,2015),借用线性模型的弱工具变量检验方法对涉及工具变量的模型进行检验,均通过了弱工具变量检验,代表此工具变量是可行的。

此外,对于 probit 模型来说,当被解释变量是一个 0、1 变量的时候,解决内生性问题不能直接使用传统的工具变量法。由于内生变量 $econk_i$ 不是连续变量,因此也不能直接使用 IV-probit 来进行估计。所以,本文参考相关研究,包含内生变量的 probit 和有序 probit 模型可以结合工具变量法与条件混合过程(conditional mixed process,CMP)估计法来进行回归分析解决内生性问题(Roodman,2011)。CMP 方法是将一系列多重方程、多级和条件递归混合过程的估计量进行拟合,适用于 probit 模型中内生变量不是连续变量的情况。CMP 估计法基于最大似然估计的灵活性,较传统估计法更有效且准确。

据市场数据显示,较小面积的住房交易更活跃,较大面积的住房更多用于自住,因而交易活跃度较低。因此,计划购房面积在控制了家庭的总收入和现在所居住住房面积之后,能够反映一定的购房动机。"计划购房面积"是一个有序的离散变量,1—7 分别表示由小到大的面积,因此建立有序多项 oprobit 模型来分析"关注经济金融信息的程度"对"计划购房面积"的影响。模型 2 设定如下式:

$$house\_plan_i = \alpha_0 + \alpha_1 econk_i + \alpha_2 d\_house_i + \alpha_3 total\_income_i + \alpha_4 house\_value_i + \alpha_5 house\_sq_i + \varepsilon_i \qquad (2)$$

在这个模型中,重点关注解释变量依然是 $econk_i$ "关注经济金融信息的程度",虚拟变量 $d\_house_i$ 表示"是否拥有自有住房",加入控制变量总收入 $total\_income$、所居住住房市值 $house\_value$、所居住住房面积 $houses\_sq$。为了更好地分析变量的经济意义,本文进行了边际效应分析。

进一步,由于我国经济发展存在明显的区域差异,因此除港、澳、台外,根据东、中、西部进行分组,分析这一问题是否存在区域异质性。分组依据如表 2 所示。

表 2　东、中、西部地区划分情况

| | |
|---|---|
| 东部 | 北京、天津、河北、辽宁、上海、江苏、浙江、福建、山东、广东、海南 |
| 中部 | 山西、吉林、黑龙江、安徽、江西、河南、湖北、湖南 |
| 西部 | 内蒙古、广西、重庆、四川、贵州、云南、西藏、陕西、甘肃、青海、宁夏、新疆 |

在 probit 模型中依据区域变量 $region_i$ 进行分组回归,1 表示位于东部地区,2 表示位于中部地区,3 表示位于西部地区。

## 四、实证结果分析

### （一）关注经济金融信息的程度对购房动机的影响

根据前述模型的设定,本文选取了适当的数据进行实证分析,模型 1 的实证结果见表 3。

表 3　关注经济金融信息的程度对购房动机的影响

| 被解释变量 | probit 估计法 | | CMP 估计法（引入工具变量） | |
|---|---|---|---|---|
| | Y (1) | Y (2) | Y (3) | Y (4) |
| econk | 0.1431*** (0.0262) | 0.1434*** (0.0261) | 0.2630** (0.1138) | 0.2512** (0.1144) |
| total_income | 0.0043 (0.0097) | 0.0043 (0.0098) | −0.0006 (0.0138) | −0.0001 (0.0138) |
| total_consump | 0.1237** (0.0490) | 0.1173** (0.0490) | 0.1054* (0.0548) | 0.1010* (0.0549) |
| asset | −0.0020 (0.0024) | −0.0012 (0.0023) | −0.0028 (0.0021) | −0.0018 (0.0021) |
| kids | −0.0617** (0.0310) | −0.0567* (0.0309) | −0.0509 (0.0333) | −0.0471 (0.0333) |
| gender | −0.1020* (0.0604) | −0.1098* (0.0604) | −0.0657 (0.0685) | −0.0771 (0.0688) |

续表

| 被解释变量 | probit 估计法 | | CMP 估计法(引入工具变量) | |
|---|---|---|---|---|
| | Y (1) | Y (2) | Y (3) | Y (4) |
| age | −0.0219*** (0.0026) | −0.0218*** (0.0025) | −0.0216*** (0.0026) | −0.0216*** (0.0026) |
| d_house | — | −0.2610*** (0.0952) | — | −0.2614*** (0.0986) |
| d_stock | — | — | 0.7696*** (0.0589) | 0.7716*** (0.0589) |
| 数据量 | 3 994 | 3 994 | 3 994 | 3 994 |

注：*** $p<0.01$，** $p<0.05$，* $p<0.1$，括号里的数字为回归系数的标准误。

表3中的列(1)和列(2)汇报了 probit 回归结果，列(2)的结果考虑了虚拟变量 $d\_house_i$，即家庭是否拥有自有住房，结果表明是否引入虚拟变量 $d\_house_i$ 对估计结果几乎没有影响，也就是说家庭"是否拥有自有住房"对回归结果没有太大影响。由于家庭财富的差异会影响家庭的购房计划，因此控制了家庭总收入、消费总支出、总资产这三个变量，来消除家庭财富的差异性。同时，控制了受访者个体信息变量，即性别、年龄、子女个数，来弱化个体差异。总体实证结果显示是比较稳健的。

实证结果显示，在95%的置信区间上，"关注经济金融信息的程度"对"是否计划购房"有显著的影响。固定其他因素不变，"关注经济金融信息的程度"每上升一个程度级别，平均来说，计划购房的趋势会增加0.143个标准差。也就是说，对经济金融信息关注的程度越高，计划购房的趋势越大。

表3中的列(3)和列(4)报告了引入工具变量之后使用 CMP 估计法进行估计的结果，列(4)结果同样表明了是否引入虚拟变量 $d\_house_i$ 对估计结果没有太大影响。控制各因素之后，工具变量 $d\_stock_i$ 是显著有效的，并且关注解释变量 $econk_i$ 的系数比原 probit 回归的系数略微增大。实证结果显示，考虑了内生性之后，$econk_i$ 的系数仍然是显著的，表示"关注经济金融信息的程度"对"是否计划购房"有正向的显著影响。固定其他因素不变，"关注经济金融信息的程度"每上升一个程度级别，平均来说，计划购房的趋势会增加0.251个标准差。

参考已有文献的做法(王天宇、彭晓博，2015)，借用线性模型的弱工具变量检验方法对涉及工具变量的模型进行检验，Wald F 值为171.2(大于10)，通过了弱工具变量检验，表示工具变量具有有效性。

综上所述,对经济金融信息的关注程度较高的家庭有着更强的购房动机。这可能是由于投资动机产生的影响,因为对经济金融信息的关注程度较高的人往往比较关注投资领域。因此,即便是在房地产市场降温的情况之下,购房需求依然保持在一个较高的水平,说明住房的财富效应对人们的吸引是远超过房奴效应的。也就是说,房价的上涨带来的财富效应激励了人们的投资(保值增值目的)动机,从而增加了购房需求。在对现有文献进行分析时,我们发现一些研究结果表明财富效应并未显著增加家庭消费支出,本文认为这可能是因为财富效应增加了再购房动机,而新的再购房动机使得家庭减少了消费支出。

## (二) 关注经济金融信息的程度对计划购房面积的影响

本文对购房动机进行了进一步的分析。根据模型2的设定,在控制了家庭的总收入和现在所居住住房面积之后,家庭的"计划购房面积"能够在一定程度上反应购房动机。因此,本文对关注经济金融信息的程度对计划购房面积的影响进行了实证分析,结果见表4。

表4 关注经济金融信息的程度对购房面积的影响

| 被解释变量 | oprobit 估计法 | | OLS | 2SLS | CMP 估计法(with IV) |
|---|---|---|---|---|---|
| | house_plan (1) | house_plan (2) | house_plan (3) | house_plan (4) | house_plan (5) |
| econk | 0.0901** (0.0425) | 0.0874** (0.0429) | 0.0834** (0.0421) | 0.2318** (0.1173) | 0.1451* (0.0876) |
| d_house | | 0.3638*** (0.1002) | 0.0400** (0.0167) | 0.0346** (0.0155) | |
| total_income | −0.0089** (0.0043) | −0.0103** (0.0045) | 0.0063*** (0.0013) | 0.0068*** (0.0013) | −0.0091** (0.0043) |
| house_value | 0.0066*** (0.0013) | 0.0066*** (0.0013) | 0.3458*** (0.0953) | 0.3516*** (0.0982) | 0.0066*** (0.0013) |
| houses_sq | 0.0901** (0.0425) | 0.0874** (0.0429) | 0.0834** (0.0421) | 0.2318** (0.1173) | 0.1451* (0.0876) |
| d_stock | | | | | 0.9591*** (0.1125) |
| 数据量 | 487 | 487 | 487 | 452 | 487 |

注:*** $p<0.01$,** $p<0.05$,* $p<0.1$,括号里的数字为回归系数的标准误。

表 4 中的列（1）和列（2）汇报了有序多项 oprobit 回归结果，结果表明是否引入虚拟变量 $d\_house_i$ 对关注解释变量的回归结果没有什么影响。然后，我们控制了家庭总收入、所居住住房市值、所居住住房面积这三个变量，来弱化家庭的个体差异性，结果显示是比较稳健的。实证结果显示 $econk_i$ 的系数是显著为正，表示"关注经济金融信息的程度"对"计划购房面积"有正向的显著影响。

列（3）是 OLS 回归的结果，可以看到与有序多项 oprobit 回归结果几乎没有太大差异，因此，我们尝试用线性模型二阶段最小二乘估计法（2SLS）引入工具变量来解决内生性问题，以增加稳健性。列（4）报告了 2SLS 的结果，两个回归结果均显示 $econk_i$ 的系数是显著为正。

列（5）报告了引入工具变量之后结合 CMP 估计法进行估计的结果，结果显示工具变量是显著有效的，$econk_i$ 的系数显著为正。同样地，我们借用线性模型的弱工具变量检验方法对上述涉及工具变量的模型进行检验（王天宇、彭晓博，2015），Wald F 值为 70.394（大于 10），通过了弱工具变量检验，证明了工具变量是有效的。

为了更好地分析变量的经济意义，我们对表 4 中的有序多项 oprobit 模型结果进行边际效应分析。

表 5 关注经济金融信息的程度对购房面积边际效应分析

| 计划购买住房面积 | 关注经济金融信息的程度对购房面积的边际效应 dy/dx |
| --- | --- |
| 1（50 平方米以内） | −0.006** <br> （0.003） |
| 2（50—70 平方米） | −0.016** <br> （0.008） |
| 3（70—90 平方米） | −0.012** <br> （0.006） |
| 4（90—120 平方米） | 0.019** <br> （0.009） |
| 5（120—144 平方米） | 0.010** <br> （0.005） |
| 6（144—200 平方米） | 0.004* <br> （0.002） |
| 7（200 平方米以上） | 0.002 <br> （0.002） |

注：*** $p<0.01$，** $p<0.05$，* $p<0.1$，括号里的数字为回归系数的标准误。

表 5 报告了有序多项 oprobit 模型的边际效应,实证结果显示,在 95% 的置信区间上,"关注经济金融信息的程度"对"计划购房面积"的边际效应几乎都是显著的,1—3 项的系数显著为负,4—6 项的系数显著为正。也就是说,固定其他因素不变,"关注经济金融信息的程度"每上升一个程度级别,平均来说,"计划购房面积"在 90 平方米以下的概率在减少。但是,随着"关注经济金融信息的程度"级别的上升,平均来说,计划购买 90 平方米以上住房的概率在增加。

值得注意的是,边际效应影响系数绝对值最大的是计划购房面积 90—120 平方米这一项。实证结果显示,"关注经济金融信息的程度"每上升一个程度级别,平均来说计划购买 90—120 平方米住房的概率会增加 1.9%。据市场数据搜集显示,在房地产二手交易市场上,90—120 平方米左右的住房属于易交易类住房,交易活跃度很高。这说明"关注经济金融信息的程度"对计划购买易交易类住房的影响是最大的。也就是说,对经济金融信息关注程度越高的家庭越倾向购买易交易类住房。由此可见,投资(保值增值目的)动机推动了家庭对易交易类住房的购房需求,也显示了住房的财富效应在家庭的购房计划上发挥着激励作用。

### (三) 东、中、西部区位异质性分析

基于我国经济发展的区域差异,本文按照东、中、西部进行分组回归分析,以考察区域异质性问题。结合模型 1,实证结果如表 6 所示。

表 6 关注经济金融信息的程度对购房动机的影响——东、中、西部分组分析

|  | (1) 东部地区 | (2) 中部地区 | (3) 西部地区 |
| --- | --- | --- | --- |
| econk | 0.1341*** (0.0369) | 0.1536*** (0.0496) | 0.1289** (0.0595) |
| d_house | −0.2974** (0.1309) | −0.0208 (0.2231) | −0.5478** (0.2214) |
| total_income | −0.0093 (0.0189) | 0.0144 (0.0240) | 0.1843 (0.1122) |
| total_consump | 0.1402** (0.0641) | 0.0585 (0.1042) | −0.0403 (0.2062) |
| asset | −0.0011 (0.0023) | 0.0129* (0.0077) | −0.0024 (0.0111) |

续表

|  | （1）<br>东部地区 | （2）<br>中部地区 | （3）<br>西部地区 |
|---|---|---|---|
| kids | −0.0807<br>（0.0492） | −0.1170**<br>（0.0585） | 0.0245<br>（0.0654） |
| gender | −0.0840<br>（0.0815） | −0.2519**<br>（0.1167） | 0.0085<br>（0.1381） |
| age | −0.0208***<br>（0.0033） | −0.0197***<br>（0.0057） | −0.0266***<br>（0.0061） |
| 数据量 | 2 239 | 983 | 772 |

注：*** $p<0.01$，** $p<0.05$，* $p<0.1$，括号里的数字为回归系数的标准误。

根据表6中东、中、西部的实证结果可以看出，在95%的置信区间上，不论是位于整体经济水平较高的东部，还是位于整体经济水平较低的西部，"关注经济金融信息的程度"对"是否计划购房"均有显著的正向影响。也就是说，对经济金融信息关注的程度越高，计划购房的趋势也就越大。这与前面的主要结论保持一致。

此外，东、中、西部之间存在一定的区域异质性。实证结果显示，固定其他因素不变，在东部地区，"关注经济金融信息的程度"每上升一个程度级别，平均来说计划购房的趋势会增加0.1341个标准差。从系数绝对值来看，东部地区的变量系数居中，中部地区的变量系数最高且高于整体水平，西部地区的变量系数最低。这可能是因为东部地区的房价已经位于较高的水平，在调控政策之下房价未来上涨空间有限，因此对家庭的购房计划没有产生很大的激励作用，家庭的投资动机不强。然而，中部地区变量系数绝对值最大，表示中部地区家庭的购房动机更易受到对经济金融信息关注程度高低的影响。这可能是因为中部地区平均房价水平不高，同时人们预期房价未来有较大的上涨空间，住房的财富效应会加强人们的投资动机，这样的投资动机对家庭的购房计划产生了较大的激励作用。西部地区变量系数绝对值最小，意味着投资动机对西部地区家庭的购房计划的影响较小。这与市场上人们对西部地区房价的预期基本符合，住房的财富效应引起的投资动机在西部地区是较小的，对家庭购房计划产生的激励作用也较小。

## 五、 结论和建议

基于 2015 年中国家庭金融调查的数据,本文从另一个视角分析了居民家庭的购房动机,通过研究人们对经济金融信息的关注程度与家庭购房计划之间的关系,分析住房的何种效应对人们的购房需求起到了更强的激励作用。采用二项选择 probit 模型、有序多项 oprobit 模型,结合了 CMP 估计法来解决内生性问题,并得出了具有一定现实意义的结论。

模型 1 实证结果显示,对经济金融信息的关注程度越高,计划购房的趋势越大。然后,引入工具变量来解决内生性问题,结果显示固定其他因素不变,关注经济金融信息的程度每上升一个程度级别,平均来说计划购房的趋势会增加约 0.26 个标准差。基于已有文献,我们知道对经济金融信息的关注程度较高的人也比较关注投资领域,房价上涨带来的财富效应会加强人们的投资(保值增值目的)动机,从而增加了购房需求。此外,模型 2 实证结果显示,关注经济金融信息的程度对计划购房面积有正向的影响。进一步分析边际效应,结果显示,固定其他因素不变,关注经济金融信息的程度每上升一个程度级别,计划购买面积 90—120 平方米住房的概率增加幅度最大为 1.9%。因此,对经济金融信息关注程度越高越倾向购买易交易类住房(90—120 平方米住房)。由此可见,投资(保值增值目的)动机增加了家庭对易交易类住房的购房需求。此外,东、中、西部地区存在明显的区域异质性,实证结果显示,中部地区的变量系数绝对值最大,表示位于中部地区的家庭的购房动机更易受到对经济金融信息关注的程度高低的影响,其次是东部地区,西部地区最低。得到此结果的原因可能是,目前中部地区平均房价水平不高,同时人们预期房价有较大的上涨空间,住房的财富效应加强了家庭的投资动机,对家庭购房计划产生了较大的激励作用。

综上所述,对经济金融信息的关注程度越高,同时如果对房价未来有较高预期,那么计划购房的趋势就会越大,越倾向购买易交易类住房。因此,住房的财富效应激励了家庭的购房动机,这样的投资或者投机动机使得购房需求居高不下。这也解释了现有文献中住房的财富效应并未显著增加家庭消费支出的情况,因为财富效应激励了家庭新的购房动机而使得家庭减少消费支出。

根据本文的研究结果,同时基于住房具有消费和投资的双重属性,拥有住房的家庭既有住房使用的支付成本也有住房投资的机会成本(杨赞等,2014)。因此,本文建议一方面可以通过控制稳定房价来降低人们的住房投资的机会成本,从而减少投资动机带来的购房需求,进而推动居民家庭消费;另一方面,还可以通过增加税收和费用来增加住房使用的支付成本,从而减少多套房的购房需求,这也会对居民家庭消费产生一定的积极影响。这样可以有助于缓解居高不下的购房热情和较低迷的消费需求之间的矛盾,进而推动中国经济可持续的高质量发展。

## 参考文献

陈斌开、杨汝岱,2011,《土地供给、住房价格与中国城镇居民储蓄》,《经济研究》第1期。

陈彦斌、邱哲圣,2011,《高房价如何影响居民储蓄率和财产不平等》,《经济研究》第10期。

陈永伟、顾佳峰、史宇鹏,2014,《住房财富、信贷约束与城镇家庭教育开支——来自CFPS2010数据的证据》,《经济研究》增刊第1期。

陈永伟、史宇鹏、权五燮,2015,《住房财富、金融市场参与和家庭资产组合选择——来自中国城市的证据》,《金融研究》第4期。

甘犁、吴雨、何青、何欣、弋代春,2019,《中国家庭金融研究(2016)》,成都:西南财经大学出版社。

甘犁、尹志超、贾男、徐舒、马双,2013,《中国家庭资产状况及住房需求分析》,《金融研究》第4期。

何林浩,2019,《补偿性购房动机——持续改善的高等教育性别比与房价上涨》,《财经研究》第1期。

何兴强、杨锐锋,2019,《房价收入比与家庭消费——基于房产财富效应的视角》,《经济研究》第12期。

贺锋、余清鸿、彭小贵,2014,《武汉市城镇居民二次购房意愿的实证研究》,《湖北社会科学》第8期。

胡士华、黄天鉴,2021,《金融素养、信息渠道与家庭投资理财收益》,《投资研究》第3期。

李超伟、万佳乐、秦海林,2018,《收入结构、金融资产选择与投资组合有效性——基于中国家庭追踪调查数据的实证检验》,《金融与经济》第 3 期。

李春风、陈乐一、刘建江,2013,《房价波动对我国城镇居民消费的影响研究》,《统计研究》第 2 期。

李凤、罗建东、路晓蒙、邓博夫、甘犁,2016,《中国家庭资产状况、变动趋势及其影响因素》,《管理世界》第 2 期。

李江一,2017,《"房奴效应"导致居民消费低迷了吗?》,《经济学(季刊)》第 1 期。

李涛、陈斌开,2014,《家庭固定资产、财富效应与居民消费——来自中国城镇家庭的经验证据》,《经济研究》第 3 期。

李雪松、黄彦彦,2015,《房价上涨、多套房决策与中国城镇居民储蓄率》,《经济研究》第 9 期。

刘璐,2013,《限贷和限购政策对一般均衡中房价的影响》,《管理科学学报》第 9 期。

刘颜、周建军,2019,《城市房价上涨促进还是抑制了城镇居民消费?》,《消费经济》第 1 期。

路晓蒙、李阳、甘犁、王香,2017,《中国家庭金融投资组合的风险——过于保守还是过于冒进?》,《管理世界》第 12 期。

吕学梁、王美玲、吴卫星,2014,《金融发展与家庭金融资产投资——基于中国数据的分析》,《商业经济与管理》第 10 期。

秦海林、李超伟、万佳乐,2018,《金融素养、金融资产配置与投资组合有效性》,《南京审计大学学报》第 6 期。

盛夏、王擎、王慧,2021,《房价升高促使中国家庭更多地"加杠杆"吗——基于购房动机异质性视角的研究》,《财贸经济》第 1 期。

万晓莉、严予若、方芳,2017,《房价变化、房屋资产与中国居民消费——基于总体和调研数据的证据》,《经济学(季刊)》第 2 期。

汪伟、沈洁、王文鹏,2020,《房价与居民消费不平等》,《山东大学学报》(哲学社会科学版)第 6 期。

王天宇、彭晓博,2015,《社会保障对生育意愿的影响——来自新型农村合作医疗的证据》,《经济研究》第 2 期。

吴卫星、易尽然、郑建明,2010,《中国居民家庭投资结构——基于生命周期、财富和住房的实证分析》,《经济研究》增刊第 1 期。

吴雨、李晓、李洁、周利,2021,《数字金融发展与家庭金融资产组合有效性》,《管理世界》第 7 期。

熊平,2019,《房地产价格对居民消费率影响研究——基于 VAR 模型和脉冲响应函数分析》，《价格理论与实践》第2期。

徐巧玲，2019，《劳动收入、不确定风险与家庭金融资产选择》，《云南财经大学学报》第5期。

薛晓玲、臧旭恒，2020，《房价变动影响我国居民消费的中介效应分析——基于家庭财富配置的视角》，《山东大学学报》（哲学社会科学版）第6期。

颜色、朱国钟，2013，《"房奴效应"还是"财富效应"？——房价上涨对国民消费影响的一个理论分析》，《管理世界》第3期。

杨锐锋、何兴强，2021，《中国房价与家庭消费关系的主导机制识别——基于生命周期模式的证据》，《中山大学学报》（社会科学版）第3期。

杨赞、张欢、陈杰，2014，《再购房潜在动机如何影响住房的财富效应？——基于城镇住户大样本调查数据的微观层面分析》，《财经研究》第7期。

杨赞、张欢、赵丽清，2014，《中国住房的双重属性——消费和投资的视角》，《经济研究》增1期。

尹志超、宋全云、吴雨，2014，《金融知识、投资经验与家庭资产选择》，《经济研究》第4期。

尹志超、吴雨、甘犁，2015，《金融可得性、金融市场参与和家庭资产选择》，《经济研究》第3期。

臧旭恒、张欣，2018，《中国家庭资产配置与异质性消费者行为分析》，《经济研究》第3期。

张冲，2017，《房价波动对居民消费的影响研究——基于消费总量与结构的双重视角》，《价格理论与实践》第4期。

张号栋、尹志超，2016，《金融知识和中国家庭的金融排斥——基于CHFS数据的实证研究》，《金融研究》第7期。

张浩、易行健、周聪，2019，《房产价值变动、城镇居民消费与财富效应异质性——来自微观家庭调查数据的分析》，《金融研究》第8期。

张吉鹏、葛鑫、毛盛志，2021，《家庭住房需求和资产配置——基于包含人力资本和禀赋异质性的生命周期模型》，《经济研究》第7期。

赵西亮、梁文泉、李实，2013，《房价上涨能够解释中国城镇居民高储蓄率吗？——基于CHIP微观数据的实证分析》，《经济学（季刊）》第1期。

周广肃、王雅琦，2019，《住房价格、房屋购买与中国家庭杠杆率》，《金融研究》第6期。

周建军、孙倩倩、鞠方，2018，《房价波动、收入差距与消费差距》，《消费经济》第5期。

Liu, Lu, Wang Qiuyun & Zhang Anquan 2019, "The Impact of Housing Price on Non-Housing Consumption of the Chinese Households: A General Equilibrium Analysis." *The North American Journal of Economics and Finance* 49: 152-164.

Moriizumi, Yoko 2003, "Targeted Saving by Renters for Housing Purchase in Japan." *Journal of Urban Economics* 53(3): 494-509.

Roodman, David 2011, "Fitting Fully Observed Recursive Mixed-Process Models with CMP." *The Stata Journal* 11(2): 159-206.

Sheiner, Louise 1995, "Housing Prices and the Savings of Renters." *Journal of Urban Economics* 38(1): 94-125.

Sinai, Todd & Nicholas Souleles 2005, "Owner-Occupied Housing as A Hedge Against Rent Risk." *Quarterly Journal of Economics* 120(2): 763-789.

Skinner, Jonathan 1989, "Housing Wealth and Aggregate Saving." *Regional Science and Urban Economics* 19(2): 305-324.

# 家庭信息技术使用、父母网络监管与青少年认知能力研究
## ——来自 CEPS 面板数据的证据

高嘉诚　刘　钥*

**摘要**：认知能力是青少年人力资本形成的关键因素，也是其实现全面发展的基础。在当前数字化背景下，信息技术对青少年认知能力的影响值得深入探究。本文基于中国教育追踪调查（China Education Panel Survey，CEPS）基线数据（2013—2014）与追访数据（2014—2015），采用随机效应面板分位数回归方法研究了家庭信息技术使用、父母网络监管对青少年认知能力的影响，运用倾向得分匹配模型进行了稳健性检验。研究结果显示：第一，家庭信息技术的使用对青少年认知能力发展具有促进作用，但对不同认知能力水平的青少年产生了差异性影响；第二，父母网络监管对认知能力较低的青少年的认知发展呈倒 U 形影响；第三，青少年与父母之间的"教育期望摩擦"限制了青少年认知能力的发展。研究结论揭示了家庭信息技术使用与父母网络监管对青少年认知能力提升的重要性，对于当前教育信息化建设具有启示意义。

**关键词**：信息技术使用　父母网络监管　认知能力　青少年

## 一、引言

青少年是实现中华民族伟大复兴的后备力量，青少年的全面发展关系着国家的未来和民族的希望。教育平等是保障每一位青少年全面发展的必然要求，但长期以来，我国教育资源时空分布失衡所导致的教育不平等问题一直未

---

\* 高嘉诚，白俄罗斯国立大学博士研究生；刘钥（通讯作者，18646335496@163.com），白俄罗斯国立大学博士研究生。

得到有效消解。然而随着数字时代的到来,得益于信息技术的高速发展,教育信息化已能够突破时空限制,这被认为是教育治理和教育模式的一场深刻革命(郑磊、郑逸敏,2021),通过推进教育信息化缩小区域数字差距、促进教育公平被决策层寄予厚望。在此背景下,我国相继通过了《教育信息化十年发展规划(2011—2020年)》《教育信息化"十三五"规划》《教育信息化2.0行动计划》等纲领性文件,教育信息化步入快速发展阶段。据统计,目前全国中小学校的互联网接入率已经接近90%,80%的中小学校也已实现多媒体教室的普及(曹丹丹等,2018)。

随着教育信息化的深入推进,学术界对教育信息化与青少年发展的研究与日俱增,这些研究为考察教育信息化对教育不平等的破解作用提供了有益的思路,但仍然存在诸多不足。首先,这些研究大都以学业表现作为代理指标,聚焦的是信息技术使用对青少年学业成绩的影响(林子植、胡典顺,2018)。林子植和胡典顺(2018)探究了课堂信息技术使用对青少年数学学业成绩的影响,认为教师课堂信息技术使用能够提高青少年的数学素养和机试成绩。然而,当前的教育目标已经发生明显改变,由过去的单纯追求学业成绩转变为注重全方位发展的培养,而认知能力被认为是青少年全面发展更恰当的表征变量。认知能力不仅是人脑提取、存储和利用信息的能力,突出表现为对事物构成、特性和发展规律的把握,涉及感知觉、注意力、记忆力和逻辑思维等,还是预测未来教育成就的有效指标(Autor,2014)。此外,由于认知能力的形成具有典型的累积性特征(Cunha et al.,2010),青少年时期的认知能力差距会在后续成长过程中不断放大,从而成为工资水平的有效预测因素(曹丹丹等,2018)。因此,青少年的认知能力水平不但作为衡量教育质量的重要指标,还成为考察教育信息化影响的有效变量,考察信息技术使用对青少年认知能力的影响对于检视教育信息化的作用更为直接有效。其次,学校和家庭都是利用信息技术设备进行数字化学习的场域,然而现有研究主要关注了学校场域(林子植、胡典顺,2018;田亚惠等,2020),一定程度上忽视了家庭场域。最后,研究设计方面,这些研究多基于截面数据开展研究(陈纯槿、顾小清,2017;方超、黄斌,2018;林子植、胡典顺,2018;曹丹丹等,2018;赵宁宁等,2020;田亚惠等,2020;郑磊、郑逸敏,2021;郑磊等,2021),而截面数据很难进行准确的因果推断。

为此,本研究基于中国教育追踪调查(CEPS)基线调研数据(2013—2014)与追访数据(2014—2015),采用随机效应面板分位数回归方法实证探究在人生中重要的认知能力发展阶段(初中一年级升至初中二年级),家庭信息技术使用和父母网络监管对青少年认知能力的影响,以期为青少年认知能力发展研究做出增量贡献。

## 二、 理论分析与研究假设

根据社会学习理论,人的行为主要是后天习得的,行为的习得有两种过程:一是直接经验学习,二是间接经验学习。社会学习理论强调间接经验学习,即通过观察或模仿学习,因而被广泛用于青少年与信息技术媒介关系的研究(刘天元,2018)。

一方面,家庭信息技术使用会产生奖励示范效应,提升青少年的认知能力。具体而言,家庭信息技术使用能够给青少年提供形式多样且海量的信息和内容,增加信息资源的可获得性,拓宽青少年认知信息来源,从而显著提升其认知能力(曹丹丹等,2018)。随着数字化时代的来临,以互联网为代表的信息技术已经逐步成为青少年获取知识与信息的第二课堂。例如,根据中国互联网信息中心等发布的《2020年全国未成年人互联网使用情况研究报告》,2020年未成年网民通过互联网学习和接受在线教育辅导的比例比2018年高出约7个百分点,利用互联网看短视频的比例也由2018年的40%左右增至约50%。更重要的是,青少年成长过程中的数字化学习经历会深深嵌入大脑印记,改变大脑的生理结构,影响认识和思维方式,促进认知能力提升(集中表现为对数字技术的高适应性、思维活动的强跳跃性和对认知信息的强整合性)(曹丹丹等,2018)。基于此,本文提出如下假设:

假设1:家庭信息技术使用对青少年的认知能力具有促进作用。

但另一方面,家庭信息技术使用也会产生错误示范效应,冲减其所带来的奖励示范效应,甚至阻碍青少年认知能力发展。对于认知能力较低的青少年来说,他们更多地是将信息技术作为线上娱乐的工具,缺乏寻找有教育价值信息的意愿和动机,长此以往将阻碍其认知能力发展。而对于认知能力较高的青少年来说,信息技术的使用可以明显提升学习结果,促进认知能力的发展。具体而言,部分青少年由于认知能力尚且不足以支持其进行选择判断和处理多元信息资源,可能存在机械性使用信息技术产品以消磨时间、过度依赖和沉迷社交媒体娱乐等网络成瘾情况(刘天元,2018),导致认知途径和结构过于单一(曹丹丹等,2018),无法充分发挥出信息技术使用所带来的奖励示范效应,甚至可能导致青少年对自身过多关注,更少地回忆往昔和展望未来,割裂自身与现实的关联,降低正常的交流频次,阻碍认识能力的发展(刘天元,2018;Hadlington,2015)。但认知能力较高的青少年更倾向于将信息技术作为获取信息而非娱乐的媒介,充分发挥信息技术对学习能力提升的功能(Peter & Valkenburg,2006),这很可能导致信息技术使用对认知能力较高的青少年产生更强的促进效应。基于此,本文提出如下假设:

假设2:家庭信息技术使用对不同认知能力水平的青少年产生差异性影响。

此外,当青少年在使用信息技术过程中无法规范与平衡娱乐偏好和学习偏好时,就要求家长在青少年使用信息技术的过程中做好网络监管工作,维持两种偏好的动态平衡,充分发挥信息技术的优势(方超等,2019)。父母对信息技术的有效监管,有助于提升青少年整体信息技术的使用质量(赵宁宁等,2020)。然而,现有研究更多关注了父母网络监管与青少年网络成瘾的关系(苏斌原等,2016;张永欣等,2020),鲜有研究聚焦父母网络监管对青少年认知能力的影响。青少年涉世未深,对网络信息尚缺乏甄别能力,这时父母对其进行网络监管就显得尤为重要。父母网络监管不仅仅是对青少年信息技术使用的一种规制行为,更是传递了父母非常重视青少年在数字时代健康发展的积极信号,其背后蕴含着父母对青少年的感性关爱与理性控制(赵宁宁等,2020),这将对青少年的认知能力发展产生很大的影响。然而,父母网络监管的力度可能会产生不同影响。适当的监管将有助于青少年更加合理地利用信息技术产品获取学习和娱乐资源,促进青少年认知能力发展。但如果父母对青少年的监管过严或不足,均可能适得其反。当父母对青少年网络监管不足时,过度的自由很可能无法有效规制该部分青少年的信息技术使用越轨行为,纵容其沉迷网络,从而变相阻碍其认知能力发展。而当父母进行过于严格的网络监管时,则很可能导致青少年产生逆反情绪,激发青少年的心理抗拒,从而引致网络游戏成瘾行为(苏斌原等,2016;张永欣等,2020),阻碍其认知能力的发展。基于此,本文提出如下假设:

假设3a:父母网络监管对青少年的认知能力的影响呈倒U形。

然而,凡事不可一概而论,对于认知能力较低的青少年,由于其辨别能力与自制能力相对较弱,父母对其网络监管尤为重要,应当软硬兼施,给与一定自由空间的同时也不放弃对其施加一定控制(孙伦轩、林小莉,2018)。而对于认知能力较高的青少年,由于其辨别能力与自制能力相对较强,父母对其网络监管的影响可能相对较小,应当给与其更多的自主空间。父母需要对不同认知能力水平的青少年进行差异化、个性化的网络监管,并与其共同营造良好的信息技术使用氛围,这样才能切实有效提升青少年的认知能力。基于此,本文提出如下假设:

假设3b:父母网络监管的倒U形影响模式对认知能力较低的青少年更明显。随着青少年认知能力的提升,这一模式愈发不明显。

## 三、研究设计

### (一) 数据说明

本文数据来自中国人民大学中国调查与数据中心公布的中国教育追踪调查(CEPS)2013—2014学年、2014—2015学年追访数据,并据此组成短面板数据。CEPS专门设计了测量青少年认知能力的题目,其内容不涉及学校课程所教授的具体识记性知识,主要测量学生逻辑思维与解决问题的能力。认知能力正是青少年未来迈向自由发展的基础,同时CEPS是目前国内少有的大型教育类追踪调查数据之一,使用CEPS数据可以动态地分析在青少年由初中一年级(七年级)升至初中二年级(八年级)这个重要的认知能力发展阶段,哪些因素可以显著提升其认知能力。因此,该数据库符合本文研究的需要。在2013—2014学年数据中,初中一年级(七年级)共有9 955名青少年,在2014—2015学年由于退学、转学等原因,最终剩下9 610名青少年。本文基于这9 610名青少年,组成短面板数据,以分析在初中一年级(七年级)升至初中二年级(八年级)这个重要的认知能力培养阶段,家庭信息技术使用与父母网络监管将如何影响青少年认知能力的发展。

### (二) 变量选择

1. 因变量

本文的因变量是青少年认知能力的测试结果。将问卷调查中经过三参数

IRT 模型标准化之后的青少年认知能力测试结果作为因变量。

## 2. 自变量

本文的第一个自变量是家庭信息技术使用。通过问卷调查中相应的问题"您家里有电脑和网络吗"来测度。该问题选项包括"都没有""有电脑无网络""有电脑和网络",将"有电脑和网络"赋值为 1,"有电脑无网络""都没有"赋值为 0。

本文的第二个自变量是父母网络监管不足。通过问卷调查中相应的问题"您对孩子使用电脑和互联网管得严不严"来测度。该问题选项包括"不管""管,但不严""管得很严",将"不管"赋值为 1,将"管,但不严""管得很严"赋值为 0。

本文的第三个自变量是父母网络监管过严。通过问卷调查中相应的问题"您对孩子使用电脑和互联网管得严不严"来测度。该问题选项包括"不管""管,但不严""管得很严",将"管得很严"赋值为 1,将"不管""管,但不严"赋值为 0。

## 3. 控制变量

遵循已有研究(曹丹丹等,2018:12—13;方超等,2019:102—103),本文在实证过程中加入了一系列控制变量,包括青少年教育期望[青少年自身的教育期望,根据教育年限,作如下定义:现在就不念了=7(基线调查)和 8(追访调查),初中毕业=9、中专/技校=12、职业高中=12、高中=12、大学专科=15、大学本科=16、硕士研究生=19、博士研究生=23]、父母教育期望[父母对青少年的教育期望,根据教育年限,作如下定义:现在就不念了=7(基线调查)和 8(追访调查),初中毕业=9、中专/技校=12、职业高中=12、高中=12、大学专科=15、大学本科=16、硕士研究生=19、博士研究生=23]、母亲教育程度(青少年母亲的受教育程度,根据教育年限,作如下定义:未接受过教育=0,私塾扫盲班、小学=6,初中=9,职业高中、普通高中、中专、技校=12,大专=15,本科=16,硕士研究生=19)、是否领取低保(青少年家庭是否领取低保,领取低保=1,不领取低保=0)、校内外教育支出(本学期,青少年校内外辅导班或兴趣班费用合计)、青少年健康状况(青少年当前身体健康程度:很不好=1,不太好=2,一般=3,较好=4,很好=5)、就读学校水平[青少年就读学校在本县(区)排名:最差=1,中下=2,中间=3,中上=4,最好=5]。其中,为考察青少年教育期望与父母教育期望是否存在"期望摩擦",引入教育期望交互项(青少年教育期望与父母教育期望的乘积）。

## （三）模型设定

本文选择设定线性基准模型，对控制变量中是否领取低保以外的变量均做取对数处理，以满足线性模型的变量连续性要求，并使数据更加正态化。选择线性模型是为了更好地对自变量进行边际分析。模型构建如下：

$$C_{i,t} = \alpha_{i,t} + \beta_{i,t} H_{i,t} + \gamma_{i,t} D1_{i,t} + \partial_{i,t} D3_{i,t} + \sum \delta_{i,t} Z_{i,t} + \varepsilon_{i,t} \quad (1)$$

（1）式中，因变量 $C_{i,t}$ 代表青少年经过三参数 IRT 模型标准化之后的认知能力测试结果；自变量 $H_{i,t}$ 代表家庭信息技术使用；$D1_{i,t}$ 及 $D3_{i,t}$ 分别代表父母网络监管不足、父母网络监管过严；$\sum Z_{i,t}$ 为一系列控制变量；$\alpha_{i,t}$、$\beta_{i,t}$、$\gamma_{i,t}$、$\partial_{i,t}$、$\delta_{i,t}$ 为相应的回归系数；$\varepsilon_{i,t}$ 为随机误差项；下标 $i$ 代表不同个体，$t$ 代表不同时期。

此外，根据已有研究（王娜、任燕燕，2017），结合本文短面板数据个体非常大（N=9 610）而时期非常短（T=2）的特点，使用随机效应面板分位数回归模型计算得出结果的均方误差极小，更加稳健且具有推广效应。模型构建如下：

$$Q_{i,t,\varphi}(C_{i,t} \mid X_{i,t}) = X_{i,t} \beta_{i,t,\varphi} + \mu_{i,t,\varphi} \quad (2)$$

式（2）中，$Q_{i,t,\varphi}(C_{i,t} \mid X_{i,t})$ 代表在给定特征向量组 $X_{i,t}$ 的条件下与分位数 $\varphi$ 相对应的条件分位数；$C_{i,t}$ 同式（1）中的因变量 $C_{i,t}$，$X_{i,t}$ 为包括式（1）中自变量 $H_{i,t}$、$D1_{i,t}$、$D3_{i,t}$ 以及一系列控制变量 $\sum Z_{i,t}$ 在内的特征向量组；$\mu_{i,t,\varphi}$ 为随机误差项。在式（2）的基础上，选取特点分位数进行参数估计，并通过最小化方程，可以得到系数估计值。

## 四、实证分析

### （一）描述性统计

本文因变量、自变量、控制变量的均值描述性统计汇总见表1。表中结果显示，青少年在初中二年级（八年级）认知能力测试结果的均值为0.3229，相较于初中一年级(七年级)大幅提升,这表明初中一年级(七年级)升至初中二年级(八年级)是一个重要的认知能力发展阶段。同时可以发现在该阶段,家庭信息技术使用均值在 0.63 左右,整体上青少年家庭信息技术使用率相对不高,大约 3.17% 的家庭存在父母网络监管不足现象,63.97% 的家庭存在父母网络监管过严现象。父母教育期望整体高出青少年教育期望 0.45 左右,表明存在"期望摩擦"。

**表 1 各变量的描述性统计** N=9 610

| 变量 | 均值 | 总标准差 | 组内标准差 | 组间标准差 |
| --- | --- | --- | --- | --- |
| 认知能力 | 0.160 | 0.857 | 0.415 | 0.761 |
| 家庭信息技术使用 | 0.634 | 0.482 | 0.169 | 0.454 |
| 父母网络监管不足 | 0.032 | 0.175 | 0.108 | 0.147 |
| 父母网络监管过严 | 0.642 | 0.480 | 0.273 | 0.401 |
| 青少年教育期望 | 16.826 | 3.634 | 1.701 | 3.278 |
| 父母教育期望 | 17.275 | 3.440 | 1.734 | 3.037 |
| 教育期望交互项 | 276.143 | 128.690 | 70.017 | 107.979 |
| 母亲教育程度 | 9.797 | 3.523 | 1.106 | 3.368 |
| 是否领取低保 | 0.109 | 0.312 | 0.158 | 0.277 |
| 校内外教育支出(元) | 1 754.134 | 4 740.145 | 2 979.501 | 3 686.768 |
| 青少年健康状况 | 4.192 | 0.858 | 0.460 | 0.739 |
| 就读学校水平 | 3.949 | 0.839 | 0.290 | 0.788 |
| 样本数 | 9 610 | | | |

注:表中数据根据 CEPS 2013—2014 学年基线数据、2014—2015 学年追访数据整理而得。这里的组为学生 id。

此外,通过观察青少年认知能力测试结果分布的直方图可以发现(图 1 与图 2),青少年认知能力在初中一年级(七年级)阶段整体分布在中等水平左右,而到了初中二年级(八年级)阶段,青少年认知能力整体均分布在中等偏右水平。这也表明本文使用的面板分位数模型不仅能发挥出短面板数据捕捉短期冲击效应的优势,还可以通过在不同分位点上进行异质分析,使得结果更加稳健。

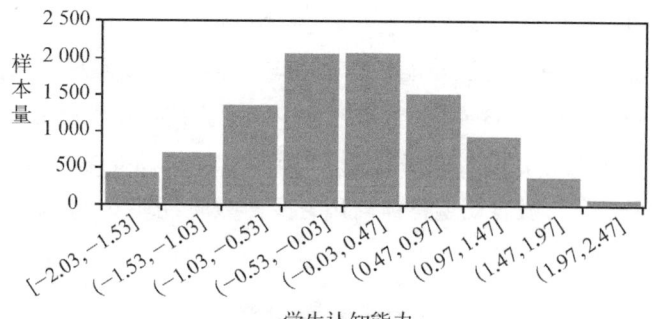

**图 1　2013—2014 学年学生认知能力分布直方图**

数据来源：根据 CEPS2013—2014 学年基线数据整理而得。

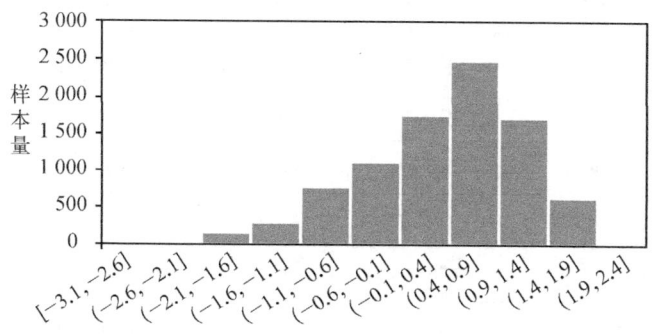

**图 2　2014—2015 学年学生认知能力分布直方图**

数据来源：根据 CEPS2014—2015 学年追访数据整理而得。

## （二）基准回归

为了确定更加适合的基准模型，本文先针对混合 OLS 模型与随机效应模型进行了 BP-LM 检验（表2），检验结果支持随机效应模型。再针对随机效应模型与固定效应模型进行了 Hausman 检验（表2），检验结果支持固定效应模型，但通过对比两者的回归结果，并结合本文极短型面板数据结构（N = 9 610, T = 2）以及现有研究（任国强等，2017），认为随机效应模型的结果更好。原因在于，一方面，本文因变量在 2013—2014 学年基线调查与 2014—2015 学年追踪调查存在明显的分布性差异，这决定了本文后续必须通过分位数模型控制该内生性问题，保证回归结果尽可能具有一定稳健性。而本文的数据结构受限于目前 CEPS 仅公布了两期数据,不足以达到固定效应面板分位数模型的构建需求(要求 T>3)。但随机效应面板分位数模型不仅放宽此限定,而且根据现有研究(王娜、任燕燕,2017),对于极短面板数据而言,随机效应面板分位数模型估计结果的均方误更小,更具稳健性与推广效应。另一方面,Hausman 检验对模型的筛选只考虑固定效应与其他解释变量的相关性,只具有统计意义,忽略了固定效应和随机效应对于抽样的假定前提存在本质性差别,具体模型的选择应当综合考量实际情况与数据性质,本文使用的 CEPS 通过采用多阶段分层概率随机抽样调查而得,个体效应通常应当被视为随机的(Yair,1978)。基于此,本文选择随机效应模型作为基准模型。

表 2 基准回归结果　　N1=19 220,N2=9 610,N3=9 610

| 变量 | 混合 OLS | 随机效应模型 | 固定效应模型 |
| --- | --- | --- | --- |
| 家庭信息技术使用 | 0.234*** <br> (0.014) | 0.231*** <br> (0.015) | 0.111*** <br> (0.030) |
| 父母网络监管不足 | -0.108** <br> (0.036) | -0.110** <br> (0.035) | -0.085 <br> (0.047) |
| 父母网络监管过严 | -0.062*** <br> (0.013) | -0.066*** <br> (0.013) | -0.075*** <br> (0.019) |
| 青少年教育期望 | 3.996*** <br> (0.306) | 3.638*** <br> (0.306) | 1.209* <br> (0.484) |
| 父母教育期望 | 3.528*** <br> (0.298) | 3.236*** <br> (0.299) | 1.176* <br> (0.472) |
| 教育期望交互项 | -1.145*** <br> (0.108) | -1.067*** <br> (0.108) | -0.478** <br> (0.169) |
| 母亲教育程度 | 0.130*** <br> (0.013) | 0.137*** <br> (0.014) | 0.050 <br> (0.029) |
| 是否领取低保 | -0.147*** <br> (0.020) | -0.133*** <br> (0.020) | -0.052 <br> (0.031) |
| 校内外教育支出 | 0.018*** <br> (0.002) | 0.017*** <br> (0.002) | 0.009*** <br> (0.003) |
| 青少年健康状况 | 0.082*** <br> (0.025) | 0.089*** <br> (0.025) | 0.077* <br> (0.038) |
| 就读学校水平 | 0.360*** <br> (0.024) | 0.369*** <br> (0.026) | 0.166** <br> (0.056) |

续表

| 变量 | 混合 OLS | 随机效应模型 | 固定效应模型 |
|---|---|---|---|
| 常数项 | -12.955*** (0.837) | -11.782*** (0.840) | -3.226* (1.347) |
| $R^2$ | 18.38% | 18.26% | 1.40% |
| 个体数 | 19 220 | 9 610 | 9 610 |
| BP-LM 检验 | 682.920*** | | — |
| Hausman 检验 | | — | 579.270*** |

注：*** $p<0.001$；** $p<0.01$；* $p<0.05$。括号中的数字为标准误。下同。

由表 2 随机效应模型回归结果可知，家庭信息技术使用的边际系数为 0.231，且在 0.1% 水平上显著，这表明家庭信息技术使用对青少年认知能力发展存在显著的正向影响，其数值每提升一个单位将使青少年认知能力平均提升 0.231 个单位，这验证了假设 1。父母网络监管不足与父母网络监管过严的边际系数分别为 -0.110 与 -0.066，且在 1% 与 0.1% 水平上显著，这表明父母网络监管不足与父母网络监管过严均会对整体青少年的认知能力发展产生显著的负向影响，阻碍其认知能力的发展，这验证了假设 3a。但该结果为均值回归结果，需要进一步通过分位数回归方法去验证父母网络监管将对不同认知能力水平的青少年产生怎样的影响。

控制变量中值得注意的是，青少年教育期望、父母教育期望的系数均为正，且在 0.1% 水平上显著，这表明青少年教育期望、父母教育期望都将显著提升青少年的认知能力。而其交互项的系数为负，且在 0.1% 水平上显著，这表明"期望摩擦"将限制青少年认知能力的发展，因而父母与青少年之间应当多进行沟通，消除彼此之间的"期望摩擦"，否则将不利于青少年的认知能力发展。

## （三）分位数回归

为保证结果更加稳健，本文以每 25 个分位点为单位对青少年的认知能力进行分层，将 25 分位点定义为较低水平；将 50 分位点定义为中等水平；将 75 分位点定义为较高水平。相应回归结果见表 3。

表 3　随机效应面板分位数回归结果　　　N = 9 610

| 变量 | 25 分位点 | 50 分位点 | 75 分位点 |
| --- | --- | --- | --- |
| 家庭信息技术使用 | 0.130*** <br> (0.006) | 0.222*** <br> (0.007) | 0.249*** <br> (0.001) |
| 父母网络监管不足 | -0.048*** <br> (0.009) | 0.077 <br> (0.067) | -0.007 <br> (0.005) |
| 父母网络监管过严 | -0.058*** <br> (0.001) | -0.056*** <br> (0.005) | -0.082*** <br> (0.003) |
| 控制变量 | 已控制 | 已控制 | 已控制 |

由表 3 回归结果可知,当青少年认知能力处于较低水平时,家庭信息技术使用的边际系数为 0.130 且在 0.1% 水平上显著,这表明较低认知能力水平的青少年通过使用家庭信息技术,可以使其认知能力平均上升 0.130。父母网络监管不足与父母网络监管过严均会在 0.1% 水平上对青少年认知能力产生负向影响,阻碍其认知能力发展,表明父母网络监管对较低认知能力水平的青少年的认知能力发展存在倒 U 形影响关系,父母应当对较低认知能力水平的青少年进行适度的网络监管。

当青少年认知能力处于中等水平时,家庭信息技术使用的边际系数为 0.222 且在 0.1% 水平上显著,这表明中等认知能力水平的青少年通过使用家庭信息技术,可以使其认知能力平均上升 0.222。父母网络监管过严的边际系数为 -0.056 且在 0.1% 水平上显著,这表明父母网络监管过严会阻碍中等认知能力水平的青少年的认知能力发展,父母不可对中等认知能力水平的青少年进行过严的监管,否则将限制其认知能力发展。

当青少年认知能力处于较高水平时,家庭信息技术使用的边际系数为 0.249 且在 0.1% 水平上显著,这表明较高认知能力水平的青少年通过使用家庭信息技术,可以使其认知能力平均上升 0.249。父母网络监管过严的边际系数为 -0.082 且在 0.1% 水平上显著,这表明父母网络监管过严会阻碍较高认知能力水平的青少年的认知能力发展,父母不可对较高认知能力水平的青少年进行过严的监管,否则将限制其认知能力发展。

综上,随着青少年认知能力水平的不断提升,家庭信息技术使用对其认知能力的促进效应不断加强,家庭信息技术使用对不同认知能力水平的青少年产生了差异性影响,这验证了假设 2。此外,父母网络监管对较低认知能力水平青少年的认知能力发展呈倒 U 形影响,父母应当对较低认知能力的青少年实施适度监管,既不能不管,也不能过于严苛,否则将不利于其认知能力的发展；父母网络监管过严将阻碍中等及较高认知能力水平青少年的认知能力发展，父母不可对中等及较高认知能力水平的青少年实施过于严苛的监管，否则将阻碍其认知能力的发展，这验证了假设3b。

## （四）稳健性检验

尽管本文已通过构建分位数回归模型努力避免青少年认知能力分布差异所带来的内生性问题，但仍可能存在协变量所造成的样本自选择偏差问题。为确保结论未受到该问题较大影响，本文通过倾向得分匹配方法进行稳健性检验，分别使用K最近邻匹配策略、K近邻匹配策略、核匹配策略、局部线性匹配策略、样条匹配策略和马氏匹配策略，分别估计家庭信息技术使用对青少年认知能力发展的净影响，估计结果见表4。

表4　家庭信息技术对青少年认知能力的平均处理效应　　N=9 610

| 2013—2014学年 | 匹配状态 | 均值 | | 平均处理效应 | T值 |
|---|---|---|---|---|---|
| | | 处理组 | 控制组 | | |
| K最近邻匹配 | 匹配前 | 0.197 | -0.219 | 0.416 | 21.895*** |
| | 匹配后 | 0.196 | -0.058 | 0.254 | 6.865*** |
| K近邻匹配 | 匹配前 | 0.197 | -0.219 | 0.416 | 21.895*** |
| | 匹配后 | 0.196 | -0.076 | 0.272 | 9.067*** |
| 核匹配 | 匹配前 | 0.197 | -0.219 | 0.416 | 21.895*** |
| | 匹配后 | 0.196 | -0.081 | 0.277 | 10.654*** |
| 局部线性匹配 | 匹配前 | 0.197 | -0.219 | 0.416 | 21.895*** |
| | 匹配后 | 0.196 | -0.071 | 0.267 | 7.216*** |
| 样条匹配 | 匹配前 | 0.197 | -0.219 | 0.416 | 21.895*** |
| | 匹配后 | 0.196 | -0.074 | 0.270 | 10.040*** |
| 马氏匹配 | 匹配前 | 0.197 | -0.219 | 0.416 | 21.895*** |
| | 匹配后 | 0.197 | -0.045 | 0.242 | 8.643*** |
| 2014—2015学年 | 匹配状态 | 均值 | | 平均处理效应 | T值 |
| | | 处理组 | 控制组 | | |
| K最近邻匹配 | 匹配前 | 0.490 | 0.074 | 0.416 | 21.895*** |
| | 匹配后 | 0.489 | 0.227 | 0.262 | 7.081*** |

续表

| 2014—2015 学年 | 匹配状态 | 均值 | | 平均处理效应 | T 值 |
|---|---|---|---|---|---|
| | | 处理组 | 控制组 | | |
| K 近邻匹配 | 匹配前 | 0.490 | 0.074 | 0.416 | 21.895*** |
| | 匹配后 | 0.489 | 0.238 | 0.251 | 8.097*** |
| 核匹配 | 匹配前 | 0.490 | 0.074 | 0.416 | 21.895*** |
| | 匹配后 | 0.489 | 0.238 | 0.251 | 8.964*** |
| 局部线性匹配 | 匹配前 | 0.490 | 0.074 | 0.416 | 21.895*** |
| | 匹配后 | 0.489 | 0.250 | 0.239 | 6.459*** |
| 样条匹配 | 匹配前 | 0.490 | 0.074 | 0.416 | 21.895*** |
| | 匹配后 | 0.489 | 0.249 | 0.240 | 8.276*** |
| 马氏匹配 | 匹配前 | 0.490 | 0.074 | 0.416 | 21.895*** |
| | 匹配后 | 0.490 | 0.274 | 0.216 | 8.308*** |

通过表4可以发现，2013—2014学年家庭信息技术使用的平均处理效应在六种匹配策略下的参数估计值分别为0.254、0.272、0.277、0.267、0.270和0.242，且均在0.1%水平上显著；2014—2015学年家庭信息技术使用的平均处理效应在六种匹配策略下的参数估计值分别为0.262、0.251、0.251、0.239、0.240和0.216，且均在0.1%水平上显著。这与本文随机效应面板回归模型中家庭信息技术使用的基准回归结果0.231整体相近，表明本文实证得出的结果具有一定稳健性。同时，为了避免结果受到不可观测因素的较大影响，本文尝试运用罗森鲍姆界限进行敏感性分析。相应分析结果见表5。

表 5 敏感性分析结果　　　　　　N1 = 5 207, N2 = 5 108

| 敏感性 T | 2013—2014学年基线调查匹配结果 | | | | 2014—2015学年追访调查匹配结果 | | | |
|---|---|---|---|---|---|---|---|---|
| | sig+ | sig− | t-hat+ | t-hat− | sig+ | sig− | t-hat+ | t-hat− |
| 1.000 | 0.000 | 0.000 | 0.286 | 0.286 | 0.000 | 0.000 | 0.301 | 0.301 |
| 1.100 | 0.000 | 0.000 | 0.250 | 0.321 | 0.000 | 0.000 | 0.270 | 0.330 |
| 1.200 | 0.000 | 0.000 | 0.218 | 0.353 | 0.000 | 0.000 | 0.242 | 0.357 |
| 1.300 | 0.000 | 0.000 | 0.188 | 0.383 | 0.000 | 0.000 | 0.216 | 0.382 |
| 1.400 | 0.000 | 0.000 | 0.160 | 0.410 | 0.000 | 0.000 | 0.191 | 0.404 |
| 1.500 | 0.000 | 0.000 | 0.135 | 0.435 | 0.000 | 0.000 | 0.167 | 0.425 |

续表

| 敏感性 T | 2013—2014学年基线调查匹配结果 | | | | 2014—2015学年追访调查匹配结果 | | | |
| --- | --- | --- | --- | --- | --- | --- | --- | --- |
| | sig+ | sig- | t-hat+ | t-hat- | sig+ | sig- | t-hat+ | t-hat- |
| 1.600 | 0.000 | 0.000 | 0.111 | 0.459 | 0.000 | 0.000 | 0.146 | 0.444 |
| 1.700 | 0.000 | 0.000 | 0.088 | 0.481 | 0.000 | 0.000 | 0.125 | 0.462 |
| 1.800 | 0.000 | 0.000 | 0.067 | 0.502 | 0.000 | 0.000 | 0.106 | 0.478 |
| 1.900 | 0.000 | 0.000 | 0.047 | 0.521 | 0.000 | 0.000 | 0.087 | 0.494 |
| 2.000 | 0.011 | 0.000 | 0.029 | 0.540 | 0.000 | 0.000 | 0.070 | 0.508 |
| 2.100 | 0.193 | 0.000 | 0.011 | 0.557 | 0.000 | 0.000 | 0.053 | 0.522 |
| 2.200 | 0.687 | 0.000 | -0.006 | 0.573 | 0.001 | 0.000 | 0.037 | 0.535 |
| 2.300 | 0.962 | 0.000 | -0.022 | 0.589 | 0.041 | 0.000 | 0.022 | 0.547 |
| 2.400 | 0.999 | 0.000 | -0.037 | 0.604 | 0.295 | 0.000 | 0.007 | 0.559 |
| 2.500 | 1.000 | 0.000 | -0.052 | 0.618 | 0.728 | 0.000 | -0.008 | 0.570 |

观察表5中的显著性水平区间可以发现,在0.1%显著性水平上,当T>2.000时,2013—2014学年基线调查的倾向得分匹配结果才会发生变化;当T>2.200时,2014—2015学年追踪调查的倾向得分匹配结果才会发生变化。此外,观察表5中的Hodges-Lehmann检验法置信区间可以发现,当T>2.200时,2013—2014学年基线调查的倾向得分匹配结果才会发生变化;当T>2.500时,2014—2015学年追踪调查的倾向得分匹配结果才会发生变化。基于以上,本文的研究结果具有一定可靠性。

但需要指出的是,由于受到样本是极短型面板数据($N=9610, T=2$)的影响,无法从固定效应角度进行研究以更好地控制内生因素;因此,待中国教育追踪调查公布更多期追踪数据后,将尝试从固定效应角度来研究该问题,努力厘清家庭信息技术使用对青少年认知能力发展的净影响。

## 五、结论与讨论

本文在数字时代背景下,利用中国教育追踪调查(CEPS)2013—2014学年基线数据、2014—2015学年追访数据组成短面板数据,使用随机效应面板分位数回归方法从不同分位点考察了家庭信息技术使用以及父母网络监管对青少年认知能力发展的影响。研究发现：第一，家庭信息技术使用对青少年认知能力的发展具有显著的促进效应，对于认知能力处于中等及较高水平的青少年更为明显；第二，父母对认知能力处于较低水平的青少年的监管需要注重适度原则，对处于中等及较高水平的青少年的监管应当给予更多空间，不可过于严苛；第三，青少年教育期望与父母教育期望的"期望摩擦"整体上限制了青少年认知能力的发展。

  本文的研究结论对于在当前数字时代背景下促进青少年认知能力发展具有重要的政策含义，并基于此提出以下三点建议：第一，切实保障青少年家庭信息技术的接入与使用。政府有必要出台相应的优惠政策，如加大电脑购买价格的优惠力度、办理宽带业务给予一定费用补贴等措施，保障青少年家庭信息技术的接入与使用。第二，在青少年使用互联网的过程中，父母不仅要引导青少年从关注"娱乐类应用偏好"转向关注"严肃类应用偏好"，避免青少年过度娱乐化的信息技术应用，防止互联网成瘾，而且在监管力度方面要实行个性差异化管理。第三，在青少年成长过程中，父母和青少年要及时沟通交流，建立良好的亲子关系，积极促成亲子间教育期望的一致性。

## 参考文献

曹丹丹、罗生全、杨晓萍，2018，《基于互联网运用的城乡青少年认知能力发展》，《中国电化教育》第 11 期。

陈纯槿、顾小清，2017，《互联网是否扩大了教育结果不平等——基于 PISA 上海数据的实证研究》，《北京大学教育评论》第 1 期。

方超、黄斌，2018，《家庭人力资本投资对儿童学业成绩的影响——基于 CEPS 追踪数据的多层线性模型分析》，《安徽师范大学学报》（人文社会科学版）第 2 期。

方超、王顾学、黄斌，2019，《信息技术能促进学生认知能力发展吗？——基于教育增值测量的净效应估计》，《开放教育研究》第 4 期。

林子植、胡典顺，2018，《课堂信息技术使用对学生数学学业成绩的影响——基于 PISA2012 数学机试数据的实证研究》，《中国教育学刊》第 12 期。

刘天元，2018，《社交媒体对农村青少年学业影响分析——以关中平原 X 村的经验为例》，《中国青年研究》第 9 期。

任国强、黄云、周云波,2017,《个体收入剥夺如何影响城镇居民的健康?——基于CFPS 城镇面板数据的实证研究》,《经济科学》第 4 期。

苏斌原、张卫、苏勤,2016,《父母网络监管对青少年网络游戏成瘾为何事与愿违?——一个有调节的中介效应模型》,《心理发展与教育》第 5 期。

孙伦轩、林小莉,2018,《从"严父慈母"到"严母慈父"——子女管教严格程度的父母差异及其成因分解》,《教育学术月刊》第 8 期。

田亚惠、姚继军、丁婧,2020,《学校信息化硬件投入如何影响学生成绩——基于南京市初中的实证研究》,《教育学术月刊》第 1 期。

王娜、任燕燕,2017,《短面板随机效应模型的分位数回归方法及模拟》,《统计与决策》第 9 期。

张永欣、张惠雯、丁倩,2020,《心理阻抗、父母网络监管与初中生网络游戏成瘾的关系》,《中国临床心理学杂志》第 4 期。

赵宁宁、王易、陈小涵、温红博,2020,《信息技术对学生学业成绩的影响——基于 PISA2018 数据》,《中国考试》第 11 期。

郑磊、祁翔、朱志勇,2021,《家庭互联网接入与城乡初中生的认知能力差距》,《教育发展研究》第 6 期。

郑磊、郑逸敏,2021,《城乡学生的家庭数字鸿沟与学科素养差距——基于 PISA2018 中国四省市数据的研究》,《中国电化教育》第 7 期。

Autor, David 2014, "Skills, Education, and the Rise of Earnings Inequality among the 'Other 99 Percent'." *Science* 344(6186): 843-851.

Cunha, Flavio, James Heckman & Susanne Schennach 2010, "Estimating the Technology of Cognitive and Noncognitive Skill Formation." *Econometrica* 78(3): 883-931.

Hadlington, Lee 2015, "Cognitive Failures in Daily Life: Exploring the Link with Internet Addiction and Problematic Mobile Phone Use." *Computers in Human Behavior* 51: 75-81.

Peter, Jochen & Patti Valkenburg 2006, "Adolescents' Internet Use: Testing the 'Disappearing Digital Divide' Versus the 'Emerging Digital Differentiation' Approach." *Poetics* 34(4-5): 293-305.

Yair, Mundlak 1978, "On Pooling Time Series and Cross Section Data." *Econometrica* 46(1): 69-85.

# 传统行业的解体与重构
## ——对豫南许镇"木匠—木工"的转型研究

万江红　刘　江*

**摘要**：本文从"解体—重构"视角解读了豫南许镇木匠行业集体化时期以来发生的变迁。集体化时期木匠行业在完成身份解体的同时,多种核心制度仍保持实质运作,并与集体体制展开博弈。改革开放以来,一方面,木匠行业发生实质解体,行业开始被分割与泛化,"匠心"与"匠艺"消解;另一方面,木匠以"木工"身份得以重构,并重组人缘基础和利益共同体。由此,本文认为从木匠到木工的转变,体现了传统行业解体与重构的过程,并非简单的继承与创新关系。

**关键词**：传统行业　木匠　木工　解体　重构

## 一、问题的提出

20世纪90年代以后,林村的两位木匠相继流入城市,自此以后,传统木匠做工方式在当地逐渐销声匿迹。今年春节,由于疫情在家,我竟有幸在林村再次观察到了这一整个工作过程,历史的今昔对比浮现在我的脑海里。于是,记录与解析这一行业的历史转型引起了我的兴趣。[①]

木匠,相传起源于春秋时期的鲁班,在中华大地上顽强生存了2 500余年,不仅发展出了精湛的行业技艺,还形成了独特的行业制度和传承方式,深深嵌

---

\* 万江红（通讯作者,15071250460@163.com）,华中农业大学文法学院、农村社会建设与管理研究中心教授、博士生导师;刘江,华东师范大学社会发展学院,博士研究生。
① 访谈日记02,2020年2月10日。

入传统乡土社会中。但是改革开放40年来,传统木匠行业基本被瓦解殆尽,与此同时又形成了"木工"这一变体。传承如此久远、制度如此稳定的木匠行业,在短短40年间被根本性地改变了,这种强烈的对比与中国整体社会几十年来的快速转型有着一致性。因而,对木匠行业的变迁研究可以管窥中国社会的转型,具有独特的研究价值。

随着乡村振兴的全面推进,对传统手工行业和传统艺人的研究十分必要,这种必要性不仅表现在实践层面,还表现在学理层面。从现实来看,手工业一度与农业一样作为社会财富的重要源泉,对人类经济社会发展起着重要作用。现如今的手工业虽然逐渐衰落,沦为一种补充经济形式,但实现传统手工业转型,仍然在物质、文化和精神诸层面均有着重要意义。从学术研究角度出发,手艺人和手工业提供了理解传统农村社会及其转型的另一个切入点。在以往农业为本的话语体系中,从事手工业的工匠长期处于边缘的失语地位,以农民为本位的农村研究亦掩盖了手艺人的经验和体验。因此,对传统手工行业和农村手艺人的研究,可以弥补以农民为中心的乡土社会研究之不足。

在现代社会场域下,面对社会环境的变迁,在地方小传统与社会大传统的互动过程中,发生了制度碰撞、经济碰撞和文化碰撞,作为行动者的手艺人面对社会结构的制约应做何选择?本研究表明,手工行业的转型并不是仅在工作方式、艺术形式、风俗习惯方面的简单继承与创新,而是整个行业的解体与重构过程,包括场域转换、制度变更、意识变迁、关系变换以及生存方式的更新等内容。

## 二、简要文献回顾

中国手工业历史悠久,形成了众多的行业门类。在传统的士农工商四民社会中,其中的"工"指的就是手工业者,这说明手工业者构成了传统社会的重要基础。近代以来,随着工业化进程的推进,手工业的地位不断衰落;在当代社会,手工业变成了一种补充经济形式,不再发挥基础性作用。因此,手工业的变迁在一定程度上体现了国家的现代转型,成了度量国家发展的重要标尺。

## （一）从分散发展到集体经营的手工业

对手工行业研究的重视始于民国时期,随着近代工业化的启动与初步发展,为了弄清中国手工业的发展情况及在国民经济中的地位,包括南京国民政府在内的政府、社会团体与学者三方展开了众多实地调查,取得了一系列重要成果(彭南生,2006)。在这些研究成果中,最著名的当属费孝通所做的一系列田野调查。费孝通很早就注意到农村手工业或农村工业化问题,并对这一问题的关注贯穿始终(李金铮,2020)。其早期著作《江村经济》虽然不是对农村手工业的专项调查,但已经关注到木匠等十余类手工业群体(费孝通,2018:124—125)。如果说在江村调查中对手工业的关注有一定偶然性,那么魁阁时期的费孝通则展开了一批关于城乡工业与手工业的比较研究,奠定了燕京学派的现代化理论基础(杨清媚,2020),这以他和张之毅(2021:199—329)在易村进行的手工业调查最为典型。此外,许仕廉、杨开道在清河,李景汉在定县,陈翰笙在无锡等地均做了诸多小而精的研究(彭南生,2006)。

新中国成立初期,手工业的经济和政治地位得到承认,个体手工业作为五种经济成分之一被写入《共同纲领》。常明明(2010)研究发现1949—1955年间,我国手工业总产值增长1.74倍,占工农业生产总值的10%左右,在工业总产值中仅次于国营工业;但随着局部性的手工业改造,个体手工业所占比重逐渐萎缩。与此同时,为了对手工业发展情况有清晰认识,1950—1953年中央在部分省市进行调查,调研资料经过中国社科院整理,在内部出版了《手工业资料汇编(1950—1953)》,1954年进行了第一次全国手工业普查,这次普查成为1956年手工业全面改造的基础和先声(徐建青,2019)。

20世纪50年代的手工业改造,目的是将个体性质的手工业变为集体或国家所有。一般观点认为,手工业改造经历了生产小组—供销生产合作社—生产合作社三个阶段(姚会元,1986)。但实际情况要复杂得多,手工业改造与农业和资本主义工商业改造存在重合之处,对于这一点,鲜有学者进行研究。在手工业改造中,一般将其区分为个体手工业、工场主与兼业户三种,三种手工业的改造方式不同(薄一波,2008:309—310;韩晓青,2020)。手工业改造大致以个体手工业(包括作坊手工业、流动工匠)为对象,工场手工业按照资本主义工商业改造政策进行,而兼业户并入农业改造中。因此,不同类型的手艺人在社会主义改造后的前途是不同的,他们可能成为工人阶级的一部分,可能变为农民,也可能从工人变成农民或农村的边缘人。

## (二) 中国手工业的当代转型

随着现代经济的发展,人们的需求发生变化,许多手工业失去原有的价值而走向衰落(徐艺乙,2014)。韩强(2016)认为我国在农业、手工业向现代工业转型还未完成的情况下,就面临着工业经济向新经济的转型,两种转型发生重叠导致改革开放以来我国社会经济结构发生了剧烈的变动,传统手工业跟不上时代变化而面临淘汰。因此现代社会中手工业和手艺人面临的最重要问题,是如何实现行业转型。

现代化理论认为社会发展分为内源性发展和外源性发展,但更多情况下是内外综合作用的结果(折晓叶、陈婴婴,2000:4)。如果将手工业视为一种社会子系统,其发展变化是由社会结构的制约性与本身的能动性共同决定的。这种现代化理论带来的启示是,研究手工业转型,一方面要关注手工业所嵌入的社会的变化,另一方面还要研究行业本身的应对方式,无论这种应对是抗拒还是适应。

但是不同的手工业嵌入的社会是不同的,现有的"继承—创新"视角主要研究的是手工业嵌入地方社会的情况。这类研究不胜枚举,例如手工业为了维持差异化生产方式,拒绝工业化生产体系,吕品田(2009)提出"生产性方式保护";而滕晋(2015)则认为要振兴民间艺术,必须要走社会化、大众化、产业化之路;赵农(2003)从手工业合作、知识产权、利用旅游市场等方面对手工业的组织与创新提出意见。总体来看,"继承—创新"视角将手工产品的价值分为经济价值与文化价值,认为虽然许多手工艺品不再是生活必需品,经济价值有所下降,但仍颇具文化价值,必须加以传承与保护(潘鲁生、唐家路,2001;张士闪、邓霞,2010;刘玉等,2018)。这类研究的前提是传统手工业仍嵌入在地方社会之中,手工业的创新需求来源于地方社会发生的某些变化。

但是,这种视角忽视了一种情况。"继承—创新"视角下所研究的手工业与地方社会、整体社会之间是层层嵌套的关系,手工业通过嵌入地方社会从而间接嵌入整体社会,因而整体社会发生的现代转型是通过地方社会再传导至手工业。根据现有研究,目前的地方社会虽然发生了去乡土化趋势,但这一过程很不彻底,以致出现半乡土化或半熟人社会的过渡状态(贺雪峰,2003)。嵌入地方社会的手工业与地方社会而非与整体社会的变化是同步的,地方社会对手工业起到了保护作用,允许手工业在原来的基础上进行部分创新以适应地方社会需要,保持其连续性与稳定性。另一种情况则是手工业从地方社会脱嵌出来,直接嵌入整体社会中,失去了地方社会的保护,整体社会的变革直接反映到手工业本身,由于整体社会的转型更为彻底,手工业必须进行更为彻底的转型才能适应,本文将这种转型称为"解体—重构"。实际上,"解体—重构"而非"继承—创新"更能代表传统手工业与技艺的当代变迁,是传统手工业适应现代社会的主要路径。

"解体—重构"视角更关注社会整体结构的变化,特别是这种变化导致传统手工业向现代转型过程中的场域转换、制度变更、意识变迁、关系变换以及生存方式的更新等。这些显然是"继承—创新"话语体系所不能解释的。说到底,从传统向现代的转型折射出的是手艺人从乡土场域中脱嵌而出,同时嵌入城市与现代经济体系之中。有些研究多少已经涉及这些方面,王明月(2017)注意到手艺人身份与手工艺生产之间的关系,并提出研究传统手工艺要注意把握社会生活的整体性与情境性、社会生活与手艺人的关系、人与技艺的社会性关系;李清华(2019:256—272)注意到在这种场域转变中,隐性知识和具身性经验被显性知识和非具身性经验替代,构成了新的工匠文化景观;梁媛(2020)发现手工业在促进地方社会团结、整合资源形成经济与文化共同体方面起到重要作用;蓝洁和唐锡海(2019)对手艺人的生存心态进行了调查,发现手艺人存在传统与现代、主观与客观、自我与他人三方面的心态矛盾。还有学者研究手工业从业人员"在地同业"和"在外同行"现象,对其中的关系运用进行了阐释(季中扬、张娜,2020)。这类研究虽然不多,但是已经超越了"继承—创新"话语体系,将手工业放在更大的时空范围内进行考察,摒弃了手工业发展与衰落的二元观点,脱离了稳定与连续的假设,与本文所持"解体—重构"视角存在相合之处。

近代以来,众多学者从农民角度对农村展开了深入研究,产生了"差序格局""情境中心""伦理本位"等重要理论成果(费孝通,2012;许烺光,2017;梁漱溟,2018),农村手工业者被笼统地放在"乡土性"这一概念之下,缺少单独解释。但手工业者与农民的生存逻辑有所不同,故这些研究未能完全解释手工行业及从业者的行动逻辑。基于这些认识,作者于2020年1—3月在河南省某山区许镇进行田野调查,本文以许镇木匠为研究对象,重点研究其从集体化时期开始发生的行业解体与重构,其中渗透着行业革命、场域变化、关系变革等复杂现象。

## 三、消失的"木匠":木匠行业的解体历程

"木匠"首先表明一种身份,这种身份是由师徒制、合伙制度、主雇规则等行业规范和独特的技艺建构的。木匠行业的解体始于集体化时期,是从身份开始的,集体公社对手艺人的收编导致农村"手艺人"变成农民,成为队社集体的一员;但身份上的解体并没有给传统的工作方式和行业规范带来太大变化。直到改革开放以后,随着社会经济转型时期的到来,木匠职业逐渐产生分流与泛化,木匠行业发生了实质性的解体。

### (一)从半原子化到集体化的身份解体

#### 1. 木匠行业的身份解体

对传统农村居民而言,农业与手工业相结合维持了小农经济的稳定,这种能充分利用闲散劳动力的生产方式是由农民的生存理性决定的(黄宗智,2000:304—308;彭南生,2005;樊果,2018)。许镇地处山区,人均土地面积不足,传统时期的农民在以农业为主业的情况下,兼营手工业或者其他副业,这是改善生活的重要途径。传统时期,该镇木匠的经营方式有两大特点:其一,木匠并未完全脱离土地,一般采用家庭分工的方式兼顾农业与木工业,木匠外出做工,家人经营土地,木匠无活可做时也加入农业生产,因而木匠行业属于家庭副业手工业;其二,木匠并未形成固定作坊,一般在几个村子范围内流动工作。因此,许镇木匠兼具流动工匠和家庭副业手工业的双重性质,既具有农民的土地认同意识,也具有行业凝聚力。

队社集体对手工业的收编始于土地改革。1950年颁布的《土地改革法》第十三条第二项规定,"农村中的手工业工人、小贩、自由职业者及其家属,应酌情分给部分土地和其他生产资料"。这些规定赋予了农村分散的手工业者以农民的身份,但木匠的工作依然在继续。社会主义改造时期,农村许多分散、小规模或属于兼业性质的手工业被并入农业改造中,这些手工业者以土地参与人民公社,变成队社集体中的一员,包括木匠在内的手艺人的身份,从以往"手艺人"和"农民"的双重身份变成单纯的农民。在名义上,手艺人的"私有"成分被消除,与普通农民一样参与集体劳动来获得工分;按照规定,他们不能

脱离生产单位而采用流动工作的方式去谋取私利,这就是本文所说的从"半原子化"向集体化的转变。①

但是被束缚在土地上的农村居民,始终未能解决人口与土地之间的冲突。随着人口增长,生存压力逐渐凸显,因而农民通过"手艺"谋生得到集体默认。队社两级管理者也清楚,农民的多种经营有利于解决生存问题,也能满足农民生活所需,是难以禁止的,因此采取了表面禁止和实际允许的策略。② 一位经历过集体化时期的木匠告诉笔者:

> 我家兄弟姐妹六个人,生活很困难,光靠队里的工分不够,所以我19岁就跟着师傅出去做木工活。那时候还是集体,要到远处去做工需要集体开介绍信。但是我们本地木匠基本都在附近干活,所以也没怎么管我们。我们出去干活挣的钱要交一部分给生产队,我理解的是拿这个钱买工分。不过这样对我们也有好处,因为除了交给队里的钱之外,多少还剩一些。出去干活别人管饭,没有活干也能在生产队种地,年底的时候生产队分配也有我的一份。③

按照当时农村的政治要求,一切私有经济必须转化为集体所有,因而以私

---

① 所谓的"半原子化"既不同于完全的原子化,也并非像农民那样完全受到束缚。以外地木匠、本地木匠、农民三个群体进行对比:外地木匠居无定所,不参与地方关系,所以是完全原子化;农民受到土地束缚,按照差序格局原则参与交往,所以是非原子化;而本地木匠工作地点不固定,有流动性,但流动的范围有限制,而且也要参与人际往来,所以是"半原子化"。
② 集体化时期对于农村手工业者的管理存在模糊性,其原因在于农村手工业者的小规模和分散性决定了其不易采用集体化的管理方式,但又不能放任这种"私有"成分不管,进而成为大集体的例外。因此,集体采用了一系列措施限制这种经济形式,例如部分利润上交集体、限制手工业者外出做工等,许镇的木匠群体也是如此。但是这些措施始终未能触及木匠行业的核心制度和传承方式,甚至某些措施有利于木匠群体取得经济优势(如部分利润上交集体使得木匠既可以获得集体庇护,又得以去追求私利)。管理上的两难处境使得大集体对于木匠做工睁一只眼闭一只眼,因而实际上木匠做工没有受到过多冲击。
③ 访谈02,M村木匠,2020年2月14日。集体化时期木匠的收入来源是一个比较复杂的问题,其经济利益主要有以下几个方面:第一,外出做工所得到的报酬,这些钱在合伙人之间均分,日收入在1.5元左右,做工天数约占全年的1/3,这部分收入在150—200元之间,其中部分需要上交集体(上交部分大约是每天的工分值,约为0.7元,因此木匠可以获得做工收入的一半左右),而当时社员人均每年分得的集体收入不过在几十元到百元之间;第二,全年剩余的2/3时间里,木匠与普通社员一样参与集体劳动、获取工分,再加上他们以现金购买了他们做工期间的工分,因此他们享有与普通社员一样的分配地位,获得同样的现金、口粮和其他物资;第三,木匠外出做工是在主人家吃饭,因此节省了做工期间的口粮和生活物资支出。综合这些因素,集体化时期的木匠在收入上高于普通农民。

营为基础的木匠行业缺少政治上的身份认同。但是理想与现实的落差为其留有余地,在部分收入归集体的名义下,木匠的实质运作与传统时期相比并未有太大变化,因而本文将这一阶段称为木匠"身份解体与实质运作"阶段。

### 2. 木匠行业的实质运作

只要木匠行业能维持师徒制度、合伙制度和主雇规则的运转,就能保证技术传承,进而垄断当地对木工产品的需求。集体化时期正处于这种状态,这三大行业规则在地方的传承使得木匠行业得以实质性地持续运作。

师徒制度。许镇木匠的主要工作是制作门窗和家具,俗称"做门活"。依靠稳定的师徒传承,这门手艺得以延续。常言道,木匠学徒是"三年冷板凳",所以师傅挑选徒弟是非常郑重的,主要基于徒弟的天赋才能、人际关系、实际利益三方面的考虑。徒弟主要来源于子女过多的普通农户,在人多地少的现实情况下,拜师学艺被认为是一条不错的出路。从事木匠行业的第一步就是确立师承,融入师徒辈分系统中。虽然通过偷学也可能学到一鳞半爪,但是得不到地方认同,没有人会邀请他。

木匠招收徒弟要遵循一定的礼节,分别举行"拜师宴"和"谢师宴",前者标志新人融入师徒关系,后者代表木匠身份得到承认,可以正式出师,在这两次宴席之间就是约为三年的学徒期。木匠技艺的传承信奉熟能生巧,很少有理论传授,师傅只要有活就会带着学徒一起做,从最简单的工作干起,循序渐进,直至技艺成熟。到徒弟正式出师的那一天,师傅会赠送木工所需的一套工具。木匠的一生中,一般会经历拜师、出师、收徒等节点,其身份分别变为受支配的学徒、平等的合伙人、受尊重的老师,其权利义务各有不同。

合伙制度。在集体化及以前,木匠的主要工作是给新建房屋制作各种木工品,整个工作需要2—3人工作5—10天,因此木匠行业形成了几人规模的团体合伙制度。另外,为了规避"同行是冤家"的竞争局面,长期以来的惯例使得每个木匠团体有相对固定的工作范围,这条规则不仅得到行业内部的认同,也为雇主所遵守。许镇的木匠合伙制度包含固定合伙人和固定工作范围两条规则。而且根据师徒传承制度,在大多数情况下,团体成员多为师徒或师兄弟关系,很少包含非师门木匠,这种合伙制度俗称"一条线"。下图是根据木匠们的回忆绘出的集体化时期和改革开放初期当地各条"线"的业务范围图。

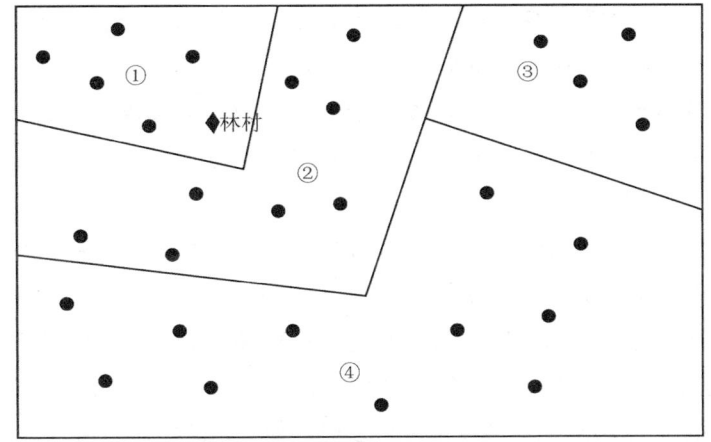

**图1 许镇各条"线"的业务范围**

图1显示许镇木匠在该时期形成了4个业务范围,即4条"线",图中的每一点代表一个自然村。"①"包含了一位师傅及三位徒弟,共四位木匠,他们四人的活动范围只包括林村在内的约六个村庄;"②"的业务范围较大,由祖师爷带领,其下又分为好几个支"线";"③"的情况与"①"类似,并且不断衰落,其范围被其他"线"侵蚀;"④"与"②"类似,但是其祖师爷名气更大,范围更广。①

主雇规则。木匠给雇主做工,双方之间不仅是主雇关系,还存在地缘甚至亲缘、血缘关系,因而存在诸多主雇规则。这里主要介绍效率规则、让工规则和招待规则:

> 干我们这一行的,大家干活有快有慢,但是工期大致是固定的,该怎么解决呢?其实里面很有门道,假如我效率高,我就会快一点,补上你少的那一点。一般我们都留有余力,就是为了应对这种情况,还不能让主人家感觉出来。活干完了就应该结账,当然实在没钱也可以先欠着。结账的时候,主人家可能拿很多钱出来,比如是工资的120%,但是我们不能这么收,我们多少应该让一点做个人情,如果是朋友甚至亲兄弟之类的,那让得更多了,甚至应该完全不收,具体看情况。人家对你客气,你也要客气,钱倒是次要的。②

---

① 许镇在集体化时期有15个大队,约150个小队,人口约15 000人。但是这一时期的木匠数量很难进行精确统计,根据被访人回忆,集体化时期许镇应该有不超过30位木匠。因此,集体化时期的许镇,平均每位木匠至少服务5个小队、500人。
② 访谈07,L村木匠,访谈时间2020年2月27日。

其实我们那时候去给主人家干活,除了拿钱之外,主人家还要好好招待木匠。我师傅跟我说他们之前给人家干活,人家一天管五顿饭,午饭和晚饭特别丰盛。但是我集体化时期才学的木匠,那时候一天管三顿饭,仍然十分丰盛。那时候人穷,舍不得吃穿,好东西都拿出来招待木匠了。①

在许镇,木匠行业作为家庭兼营的手工业,木匠的"人缘"基础要比普通农民更加复杂。本文研究的许镇木匠,在师徒之间是权利义务关系,在同行之间则要注意彼此之间的竞争关系,而主雇之间则应该充分经营人情关系,彼此信任,存在层层嵌入、由内及外的等级秩序,这种基于手艺人角度的差序格局嵌入在传统的乡土场域中,构成了比一般农民更加复杂的社会关系。

## (二)木匠行业的实质性解体

改革开放以来,一方面大部分传统木匠加入农民工的行列,另一方面工业生产的木工产品进入地方市场,传统的木质门窗等被金属制品替代,加之人们的需求发生变化,木匠再也不能垄断人们对木工产品的供给。垄断地位的丧失和需求的变化,导致木匠行业发展的核心动力丧失,维持木匠传承的核心制度——师徒制度、合伙制度和主雇规则也逐渐解体。木匠行业实质性的解体何以发生?主要基于以下两方面的因素:

### 1. 行业的分割与泛化

随着城乡隔离解除,集体对个人的控制放松,市场经济原则浸入地方社会,传统手工业被市场经济所主导,作为一个整体的传统木匠行业也因为市场专业化生产的需要被解体为三个工种类别:第一类是"工装",即在大型公共场所或商业场所的装修活动,木工在其中从事木工装修。这种装修一般发生在大城市的商场、家具城和写字楼等,这些经营场所为了吸引顾客,不定期更换装修风格。该类型的装修要求比较高,要求有一定的施工人员、承包资质和固定资产,因此承包方多以正式注册公司的名义承接工程,木工在承包公司中属于一个独立的工种。第二类是"家装",即家庭装修。随着改革开放以后生活水平的提高和政策的宽松,许镇当地越来越多的家庭在城镇购买房屋,逐渐形成了家庭装修市场。一些木工瞄准这一领域,购置了不少工具家当,常年从事

---

① 访谈06,L村木匠,访谈时间2020年2月25日。

这一行业。他们不仅垄断了所在乡镇的家装市场,还逐渐渗透到县城的家装市场。但截至目前他们还是以个体的形式开展业务,并没有出现公司和包工队。第三类是木材加工、建材和家具销售等细分行业。这部分人从事的工作比较复杂,包括了木材收购、加工、运输、销售等。就这样,以往属于木匠的全部工作在现代化的生产方式下被分解成一个个环节,形成了产业化的上下游联系,在与外界相关产业联系密切的同时,木匠行业自身被分解了:

> 要说木匠行业发生的变化,我感觉集体化时期就开始了,那时候镇上有几个地方购买了切割机,有些木匠就把较大的木料送到那里切割,不过这对整个行业影响还不大。但是一九九几年之后,农村人都跑出去打工,地方上也没那么多木工活要干,加上老一辈的木匠老的老死的死,行业就衰落了。年轻的木匠大部分都跑出去,刚开始是去大城市干"工装"活,后来县城和镇上有不少家庭需要木工装修的,所以有一部分木匠又从外地回来干"家装"活。①

## 2. "匠心"与"匠艺"的消解

"匠"这个词表达的是对传统手工业中巧妙的心思与精湛的技艺的尊敬,其中"匠艺"是"匠心"的外在表现。但是外部市场对传统手工业的冲击,导致旧时效率低下的生产方式让位于工业化生产,成为社会生产与流通的一个环节,所依赖的物质基础和技术手段发生了颠覆。以往所称的"木匠",现在只能称之为"木工",因为他们从以往的全能型匠人变成了生产制造程序中的一环,准确地说,大部分木工的主要职业只是加工半成品。现代技术分解了工作程序,导致木匠在向木工的转型中失去了"匠心"与"匠艺",这类似于西美尔(2002:392)论述的"技术宰制"所造成的后果:

> 我在外面干"工装"活也差不多有20年了,刚开始的时候有点不适应,倒不是说不懂这个技术,而是不适应工作环境。说起技术,"工装"需要的技术更简单,而且用的工具也和以前不一样,干活比以前快多了。不过我当学徒的时候还学过一点油漆和雕花技术,以前木匠干活需要这些,

---

① 访谈04,J村木工,访谈时间2020年2月19日。

但是这些技术现在是用不到了。我现在只要跟着图纸来就行,活不难。①

因此,如果说集体化时期消解了木匠的身份,那么改革开放以来颠覆的则是木匠行业,无论是从技术手段,还是从行业规范来看,旧时的行业解体了,木匠行业基本不复存在。这一现象已经超越了"继承—创新"话语体系下假定的连续、稳定的变迁,"继承"与"创新"也失去了对象。

## 四、从"木匠"到"木工":行业的变形与重构

许镇的木匠作为一个独特的手工行业消失了,但在超越村落场域的市镇、城市和全国场域内流散各地的相关从业者继续在现代行业中从事"木工"职业。"木工"与"木匠"之间有着一定的继承关系,但更多地是生产方式、行为规范和价值观念等多重元素的重组,是带有断裂、突变性质的转型。

### (一)重构"木工"身份

无论是"工装"木工还是"家装"木工,身份的建构都离不开市场需求、技术和传承三要素,市场需求维持木工的利润,技术维持适度的行业门槛,传承保证职业群体的再生产。

许镇许多传统木匠流向全国各大城市,主要有北京、郑州、武汉、天津等,这些在"工装"领域的木工主要满足家具城、酒店和服装城等经营性场所对木装修的需求。而"家装"木工则主要满足许镇周边至县城等地对家庭装修的需要,他们的个体经营模式完全压制了专业性装修公司的发展,成为当地家装市场的主要供给方。就技术工具而言,虽然木工所需的技术水平低于木匠,但这并不意味着普通人都能进入该行业,一定的专业技术仍是必需的,所以技术门槛依旧存在,普通人仍需一段时间的学习才能掌握。因此,"木匠"向"木工"的转变突破了以往较为封闭的行业领域,适度的行业门槛在维持专业的基础上扩大了从业者来源。从职业群体再生产角度来看,非正式的传承方式取代了以往正式的师徒制度,木工带徒没有太多规矩,学徒期长短不一,双方的权

---

① 访谈09,X村木工,访谈时间2020年3月5日。

利义务关系大为淡化。这种非正式、私底下的传承关系更契合现代经济原则,稳定性虽然下降,但效率大为提高。因此,通过重构市场需求、技术门槛和传承方式,"木工"的身份意识得以重构:

> 现在这些年轻的木工都没有正儿八经的师傅,像 C 之前没接触过木工,来北京之后跟着他三叔一起干,学了大半年,现在干普通的木工活也没什么问题。不过说是这么说,如果你之前没有基础,那还是不行。①

重构后的"木工"成为整个装修建筑大行业中的一个普通工种,而这又是庞大农民工群体的一部分。因此,"木工"的身份意识有时泛化为对整个装修建筑群体甚至农民工群体的认同。在实际工作中,无论是"工装"还是"家装",木工都必须与建筑工、电工等群体打交道,工作与生活上的交集促进了相互理解,木工内部的集体意识有时会扩大为对其他工种的认可。可见重构后的"木工"身份既是一个有具体内容的绝对概念,同时也是一个随环境变动的相对概念。

## (二)重构"人缘"基础

重构后的"人缘"基础由亲缘、地缘和业缘三部分组成,与"木匠"的"人缘"基础相比,新的"人缘"关系更为复杂,增加了新的内容。本文将其概括为"重拾亲缘""凸显地缘"和"重组业缘"。

重拾亲缘。"工装"和"家装"市场,都不是完全原子化的自由竞争市场,而是带有强关系性质的不完全劳动市场。"工装"木工在外地大城市工作,采取工作队等组织形式,并非单打独斗,其成员最早主要通过亲缘关系组织在一起,一起工作的成员多为亲戚朋友或相识之人。这种由亲缘关系组成的紧密的工作生活共同体能够为成员带来安全感,并形成一定的集体意识,在纠纷处理中能相互帮助,在困难时期能给予支持。追溯许镇农民在改革开放以后外

---

① 访谈 11,S 村木工,访谈时间 2020 年 3 月 10 日。现在的木工行业鱼龙混杂。由于木工的技术门槛并不高,通过较短时间的传授加上自己摸索,基本上就可以入行,因此传统上严格的师承关系逐渐被废除。正因为如此,木工行业的进入和转出比较容易,行业流动较为频繁,许镇目前的"家装"和"工装"木工数量很难进行统计,相比于以往,木工人数有了很大增加。目前"工装"木工的日收入为 400 元左右,年工作天数为 250—300 天,年收入在 10 万元以上;"家装"收入也在这一水平,但不以日工资结算,而是以工程利润的形式赚取。

出打工的历史,可以发现20世纪80年代多是零散的打工者,外出打工没有清晰的目的地和行业,经历了很多困难,收入也较低;20世纪90年代以后,外出打工者逐渐增多,许多人利用亲缘关系抱团取暖,逐渐站稳脚跟,许镇在外的"工装"木工即采用这种方式。"家装"领域的亲缘关系主要体现在主雇之间,实际上在这一领域,主雇间的关系比木工的技艺水平更为重要,雇主往往将自家的装修交给更为熟悉的木工,或为亲戚或为朋友。前文提到的木工职业中非正式的传承关系也主要发生在有亲缘关系者身上,中青年木工多在父兄、亲戚或朋友的带领下进入这一行业中。

凸显地缘。这一点主要是对在外的"工装"木工而言的。在传统的乡土场域,大家都是本地人,地缘关系不起实际作用。当许镇木匠外出变成"工装"工人时,地缘关系的重要性就会得到凸显。木匠行业在中国传统社会普遍存在于各地,但主要是在当地社会提供服务,改革开放后这些转型的木工在各大城市相遇,彼此之间是竞争关系。以北京"工装"市场为例,有河南、河北、湖北、四川等地的木工彼此竞争,即使是河南木工也有豫北、豫南等区分,许镇属于豫南一派。这些属于不同地方的木工没有十分固定的势力范围,但通常情况下只雇佣"老乡"。只有在某些工期紧、工程量大的情况下才会选择雇佣外地木工,但同工不同酬的情况时有发生,食宿待遇方面也有所不同,而双方却能相安无事,不足为怪。除了工作方面,地缘关系也深深影响了"工装"木工的居住格局,以北京为例,他们租住的房屋较近,甚至在一个大院内,形成了"小聚居"的分布:

> 我去年主要是给三个工长干活,经常一起干活的有五六个人。给谁干活没有规定,有活一般都需要重新找人,没那么死板,互相之间打电话就行。不过这些工长和一起干活的都是很熟悉的,大家关系都不错,有些还是亲戚,全部都是我们那里的。我记得有一次有个老板工期赶得太紧,找了几个湖北人一起干,我们一天400元,他们350元,工资大家都知道,但是也没事,他们有他们的规矩,我们有我们的规矩。①

重组业缘。这主要涉及木工的工作组织形式。首先是"工装"领域,改革开放以来先后采用个人、木工队、公司等形式,近年来又有从公司向木工队倒

---

① 访谈08,G村木工,访谈时间2020年3月4日。

退的转变趋势。在这些组织形式中,木工队最为常见,其具有三大特点:第一,木工队成员之间不是以往的师徒或师兄弟关系,更多的是地缘关系基础上的亲缘、朋友关系,与以往相比要松散许多;第二,木工队成员更为自由,加入或者退出没有过多限制,他们也可以同时参加多个木工队;第三,木工队没有固定的业务范围,一般情况下他们可以承接大城市各大工程,个别有门路的木工队在全国各地从事工作。其次,部分木工队组建了公司形式的市场主体,获得了承包工程的等级资质,并吸纳其他工种组成整体性的装修公司,采取现代经营方式。对"家装"领域来说,木工主要还是以个体形式单打独斗,这是家庭装修的工程量决定的,许镇及周边成套商品房装修工程量都不大,其中属于木装修的工程量大约相当于一个木工工作 15—20 天。

### (三) 重构利益共同体

整个木工行业中,在各方之间构造利益共同体十分重要,有利于双方的合作与信任,而如果不能形成这类利益联合,则会导致行业乱象。其中"工装"工人与包工头、"家装"工人与建材店、"家装"工人与雇主这三对关系非常重要,前两对关系形成了稳定的利益共同体,而第三对关系中并未产生利益的联合,以致"家装"市场中的不信任行为较为常见。

首先,"工装"木工与包工头之间的利益联合基于双方的依赖与制衡关系。木装修工程的承包是包工头的工作,木工个人并不能直接参与承包,所以包工头一方控制了木工的活源;而且一支木工队的组建是临时的,组建的权力由包工头控制,他可以选择加入的成员。但是包工头也需要诚实可靠、讲求效率的工人,可以在提高工程质量的同时降低成本,这成为木工制衡包工头的手段,由此双方形成一种互相依赖关系。而且木工与包工头的合作通常不是一次性的,而是长期的,因此双方对彼此的权利义务都能形成监督。在这种利益依赖之外,双方还存在亲缘或地缘关系,有利于信任关系的发生,这也是前文提及的许镇包工头通常不雇佣外地木工的原因之一。利益依赖和"人缘"关系的共同作用使得"工装"行业总体比较稳定可靠,很少发生包工头欠薪的情况。

其次,"家装"木工与建材店之间的共同利益基于双方私下的协商。家庭装修需要的各种木工材料由雇主购买,但购买哪些材料由木工列出清单,一般情况下木工会带着雇主去建材店现场购买材料。雇主虽然有最终决定权,但真正懂行的还是木工,木工在这一过程中对雇主的态度有很大的影响力。许镇目前有两家建材店,它们经营的产品相互替代而非互补,所以是竞争关系。为了增加销售,建材店抓住了木工这一关键角色,采用请客送礼、给予回扣等方式与木工搞好关系。据说这两家建材店都与镇上从事"家装"的木工保持紧密联系,按照协商的比例给予木匠材料款的回扣,二者形成了利益共同体。但是这种回扣的具体细节和双方的交往是隐藏在幕后的,外人难窥究竟,更缺少社会认同与正式规范。

最后,"家装"木工与雇主之间的关系比较微妙,难以形成利益共同体,产生了行业中的种种乱象。在木装修领域,木工与雇主信息不对称,于是产生了木工的欺瞒行为,影响双方之间的信任关系:

> 我这套房子是三年前装修的,但是已经出了不少问题,比如大厅的隔断有点变形,木地板有的也开裂了。其实我觉得这些问题与木工的技术关系不大,主要是他用不用心。他们的工钱都是按照装修材料的价钱算的,一般占到材料价值的50%—70%。这样他们就不会给你节省材料,说不定还会给你浪费。他们不管质量,只管速度,当时出不了问题,如果事后出问题又不太好说。①

仔细分析"家装"木工与雇主之间的关系,就会发现问题所在。首先,雇主一般是外行人,对木装修缺少了解,很难对木工产生有效监督;其次,木工在家庭装修中既是承包方,也是施工人,身份的重叠导致承包方追求效率和利润占上风,影响了装修质量;再次,"家装"领域内木工给雇主装修的机会一般只有一次,没有长期利益预期,因此木工采取短期行为;最后,关于事后监督和纠纷解决没有形成公认的惯例和规则,雇主难以维权。为了解决上述问题,雇主的解决策略是寻找信得过、名声好的木工,这就需要送人情、托关系。

通过以上研究,可以发现传统"木匠"解体之后,在市场需求的带动之下,"工装"与"家装"领域重构了"木工"行业。经过身份重构、"人缘"重构和利益共同体重构,木工继续存在并发展。但是重构后的"木工"行业在各方面仍在发展之中,其行业规范、组织形式和技术手段等都还未完全定型。不同于封闭的传统木匠行业,木工行业属于现代行业,而现代社会快速的变动也会带来木

---

① 访谈12,Z村木工,访谈时间2020年3月15日。

工行业各层面的变化,从这个角度看,现代木工行业本身也处于不断的"解体"与"重构"之中。

## 五、 结论与讨论

本文从"解体—重构"视角解读了许镇木匠行业在集体化时期以来发生的转型。木匠行业在集体化时期就已经开始发生解体,这主要表现为集体对手艺人的整合,将以往自主经营的手艺人收归集体,"手艺人"变成了"农民"。但是这种解体仅仅是身份意义上的,对木匠行业本身的实质内容没有太大影响。在生存理性的影响下,传统的工作方式和行业规范依然得以沿用,师徒制度、合伙制度、主雇规则这三大核心制度构成了木匠行业传承的基础。木匠行业的实质存在与身份解体之间的矛盾构成了木匠与队社集体之间的公私博弈,并形成了特殊的管理政策。改革开放以来,木匠行业产生分流与泛化,其实质内容也发生解体。首先是以往整体的木匠行业切割成"工装""家装"等不同领域;其次是现代生产技术的使用导致了"匠心"与"匠艺"的消解,其文化属性被剥离出去。至此,我们理想中的传统木匠行业完全解体,并逐渐消失了。

但与此同时,木匠以"木工"身份在"工装"和"家装"等领域进行了重构,传统的木匠行业也变成了现代的木工行业。二者之间是生产方式、行为规范和价值观念多层次的断裂与重组,并非简单的"继承—创新"关系。在"木工"身份方面,新的市场需求、技术手段和传承方式赋予了木工在现代经济中的地位,身份与工作的互构保持了木工的存在。在"人缘"基础方面也发生了重构,亲缘的重拾、地缘的凸显、业缘的重组赋予了木工稳定、连续的发展基础,这里既有对传统关系的继承,也增添了新的内容。在重构利益共同体方面,"工装"工人和包工头、"家装"工人和建材店之间形成了相互依赖的关系,但"家装"工人与雇主之间却缺少信任,以至于产生种种乱象,传统地方社会中的人情关系在这里难以再现。

如何解释这种"解体—重构"过程?回到本文之前关于现代化的讨论,事实告诉我们,这种转型不是单纯的内源性现代化或外源性现代化,而是内外部因素共同作用的结果,必须结合结构决定与理性选择两方面进行解释。从结构方面看,木匠行业从地方脱嵌进而复嵌到整体社会的直接原因是改革开放以来放松了对人口流动的限制,木匠作为农民工进入全国市场。但是引导木匠流动的根本原因还是经济动机,正如马克思(马克思、恩格斯,2009:846)将现代社会视为超经济权力逐渐退出、经济支配权力逐渐占据主导的过程一样,追求更高的经济收入成为决定性因素。人口的流动、场域的变更,导致旧有木匠体系从技术到制度再到价值观诸方面都需要进行解组与重组。但是从理性选择方面看,社会结构的决定性在某种程度上是相对的,正如折晓叶和陈婴婴(2000:19)认为这是"选择结构"一样,行动者仍有选择的余地。不同于传统农民,传统木匠的流动性更强,他们也比传统农民更善于经营人与人之间的关系和利润的获取。在以往做工过程中,他们能够认识更多人,其人情基础更为坚实,加上固有的师承关系,转化为外出务工的"门路",其社会资本较一般打工者更为雄厚。如同改革开放以来江浙地区发展最为迅速一样,内地农村的手工业者也成为当地外出务工与转型的领头羊,他们在外务工过程中充分利用了自己的关系优势,更能适应社会转型的需要。因此,这种"解体—重构"可以说既是结构决定的,也是行动者主动选择的。

当我们放弃孤立的视角来看待这种变化,用更广阔的时空视野来解读传统行业的转型,就会发现这种转型是场域变动的必然结果。从传统的乡土场域走向市镇场域、城市场域乃至全国场域的过程中,传统手工业必然要剥离属于传统社会封闭、保守的元素,重构更为包容和有效率的行业基础,使之成为匹配现代经济的一个齿轮。当然,这并不是说"木工"与"木匠"完全没有联系,"木工"技术虽然更简单,但仍需要以往的"木匠"基础;如今的"木工"人缘关系与以往虽有不同,但仍是以往关系的重组和积累。

除此以外,本研究还在以下两点上有所推进:第一,不同于以往从农民角度理解农村社会,本研究注意到了手艺人的生存逻辑和关系解释,对手艺人的身份、集体化时期手艺人与集体的博弈、手艺人关系的层次以及人缘基础等内容的分析,乃是从手艺人角度理解农村社会的一个尝试;第二,研究涉及传统行业转型中主体基于情境变迁的主动适应性问题,以往研究行业转型多涉及在国家权力、地方规划影响下进行的被动的、有计划的改变,而本文研究的许镇木匠行业的转型是基于社会环境变化而产生的主动变迁,说明了主体与情境之间的互动互构关系。当然,在手艺人生存逻辑、农村手艺人集体改造、手艺人与集体之间的博弈以及手艺人的现代适应性等方面还有进一步研究的空间。

## 参考文献

薄一波，2008，《若干重大决策与事件的回顾》（上），北京：中共党史出版社。
常明明，2010，《新中国成立初期的城乡手工业发展》，《当代中国史研究》第4期。
樊果，2018，《抗日战争时期国统区主要手工业概况——试析手工业在近代中国社会经济中的地位》，《中国经济史研究》第6期。
费孝通，2012，《乡土中国》，北京：北京大学出版社。
费孝通，2018，《江村经济》，戴可景译，北京：北京联合出版公司。
韩强，2016，《中国市场经济发展的三个阶段》，《兰州学刊》第4期。
韩晓青，2020，《手工业社会主义改造中对手工业资本家的处理探析》，《学术研究》第8期。
贺雪峰，2003，《新乡土中国》，桂林：广西师范大学出版社。
黄宗智，2000，《华北的小农经济与社会变迁》，北京：中华书局。
季中扬、张娜，2020，《手工艺的"在地同业"与"在外同行"》，《开放时代》第4期。
蓝洁、唐锡海，2019，《广西民族传统手工艺传承人生存心态的田野调查》，《广西民族研究》第4期。
李金铮，2020，《"相成相克"：二十世纪三四十年代费孝通的城乡关系论》，《中国社会科学》第2期。
李清华，2019，《资本逻辑、社会变迁与工匠文化景观》，载《中国设计理论与社会变迁学术研讨会论文集》，济南：中国设计理论与社会变迁学术研讨会。
梁漱溟，2018，《中国文化要义》，上海：上海人民出版社。
梁媛，2020，《从经济共同体到文化共同体：传统手工艺传承与老城区社会整合——以喀什土陶为例》，《云南师范大学学报》（哲学社会科学版）第6期。
刘玉、扎西、刘国，2018，《文化资本可持续发展视域下西藏山南民族传统手工业的现代转型研究——以泽帖尔为例》，《西藏大学学报》（社会科学版）第4期。
吕品田，2009，《在生产中保护和发展——谈传统手工技艺的"生产性方式保护"》，《美术观察》第7期。
马克思、恩格斯，2009，《马克思恩格斯文集》第5卷，北京：人民出版社。
潘鲁生、唐家路，2001，《民间工艺文化生态保护与调研纵横谈》，《山东社会科学》第2期。
彭南生，2005，《论近代中国农家经营模式的变动》，《学术月刊》第12期。

彭南生,2006,《20世纪上半叶中国乡村手工业的调查研究》,《华中师范大学学报》(人文社会科学版)第2期。

滕晋,2015,《民间艺术产业化主体的构成、功能及特征》,《理论学刊》第7期。

王明月,2017,《身份与手工艺生产:传统手工艺的生产机制研究——基于布依族蜡染技艺的讨论》,《民族艺术》第3期。

西美尔,2002,《货币哲学》,陈戎女、耿开君、文聘元译,北京:华夏出版社。

徐建青,2019,《中华人民共和国第一次手工业普查简析》,《中国经济史研究》第6期。

徐艺乙,2014,《当下传统工艺美术的问题与思考》,《贵州社会科学》第3期。

许烺光,2017,《美国人与中国人》,沈彩艺译,杭州:浙江人民出版社。

杨清媚,2020,《从乡土社会到工业社会——魁阁时期"燕京学派"的工业研究》,《学海》第4期。

姚会元,1986,《中国个体手工业社会主义改造的历史回溯》,《经济问题探索》第2期。

张士闪、邓霞,2010,《当代民间工艺的语境认知与生态保护——以山东惠民河南张泥玩具为个案》,《山东社会科学》第1期。

张之毅,2021,《易村手工业》,载费孝通编:《云南三村》,北京:商务印书馆。

赵农,2003,《关中民间手工艺的生态现状》,《文艺研究》第3期。

折晓叶、陈婴婴,2000,《社区的实践:"超级村庄"的发展历程》,杭州:浙江人民出版社。

# "回不了家"
## ——以自我民族志看待中国乡土式的读书精神与群体焦虑

王兆鑫[*]

**摘要**：中国社会的分化，令农村高学历青年的社会流动变得更为复杂，不仅涉及物质世界与社会空间，还涉及意识形态与文化层面。本研究运用自我民族志的方式，阐释了一名在名校读博的农村高学历青年的流动心态问题，试图通过"此情此景"式的深刻描摹，一者解释自身取得高教育成就的原因，二者凸显当代中国农村子女读书中面临的一大难题，即"回不了家"。研究发现，中国乡土式的读书精神赋予农村家庭及子女巨大的读书热情，该精神从中国传统社会情境中解读了农村子女读书上学的道德性问题。同时，农村子女读书中存在因阶层分化造成的文化断裂问题，他们身体惯习的改造过程实际是叛离乡土社会文化的过程，此两者共同导致农村高学历青年"回不了家"。

**关键词**：阶层流浪者　自我民族志　乡土中国　读书文化　社会分层

斯科特（2007：4）在《弱者的武器》中讲道："打个比方说，当国家的航船搁浅于这些暗礁时，人们通常只注意船只失事本身，而没有看到正是这些微不足道的行动的大量聚集才使失事成为可能。"可见，人类学研究中的个体或边缘化群体的社会体验与行动，从不应该被忽视。

进入21世纪以来，中国农村教育面临"离农"与"为农"的内生性矛盾。该矛盾进一步表现为"背井离乡"的乡村教育理念，教育学生要离开乡村、逃离乡村，表现出与乡村发展无关的教育范式。如此，也就使得农村

---

[*] 王兆鑫（wangzhaoxin@zjnu.edu.cn），浙江师范大学国际文化与社会发展学院社会工作系讲师。

家庭子女读书具有很强的务实性,带有来自扩大的家庭的集体性使命,父辈努力供子女读书,子女则担负光宗耀祖的使命,呈现出养育反哺的道德感,建构共同遵守的意识形态。如此,"读书"作为弱者正统的、被承认的"向富"武器,农村子女读书行为必然要以离开乡土、流入城市作为成就符号和象征力量。乡村教育亦然,它非但没有向子女灌输务农性的谋生经验,其价值取向反倒是以向上输送农村子女的数量、质量作为行动标准。因而,农村子女读书,便在功业精神的推动下与家庭渐行渐远。本文就在这样的学理下,借助自我民族志,探讨农村子女读书、取得较高学业成就后"回不了家"的文化原因,并为当代中国研究,尤其是社会结构分化、城乡区隔、教育机会不平等、乡村教育振兴等议题提供一种思考视角。该视角将重点阐释中国乡土式的读书精神,以及这种精神背后造成的农村子女群体的集体性焦虑与反抗、城市生活困顿与择偶难题、缺乏归属感与安全感等现象。

## 一、 研究背景

20世纪末中国政府实行的高等教育扩招政策,虽然客观上增加了农村子女进入大学的机会,但这种机会展现出新的阶层不平等属性。该不平等主要表现在两个维度上,一者,门槛效应显著。农村子女通常难以进入精英高等院校,多涌入国内普通本科院校或专科院校,这已被大量的经验研究所证实(刘精明,2006;钱民辉,2004;吴愈晓,2013)。二者,潜在风险丛生。尽管高校扩招增加了农村子女的高等教育机会,弱化了教育的筛选功能,但却强化了他们在文凭社会下被持续卷入的社会风险。越来越多的农村子女在本科毕业后选择继续考研,该群体行动拉长了他们的受教育年限,其教育机会成本日益高昂,造成家庭回馈的延迟。简言之,农村子女考上大学,并不意味着摆脱了文化再生产理论的魔咒,他们可能会在代际阶层复制的旋涡中越陷越深。在如此的社会现实之下,农村家庭及其子女想要实现读书改变命运的理想愈发艰难。

以研究者本人来说,我(下文均以第一人称"我"的形式来阐释观点)是一名正在面临毕业、思考"何以为安"的、在北京精英高等大学读书的农村籍90

后博士生,此刻我对于回家或是选择留在城市有一种强烈的身份困境。① 我从小被灌输的意识形态,是一种集体性与个体化交织的困顿信念,说集体性是因为我的肩膀上背负着整个家庭,"一荣俱荣",家庭是我精神世界与物质世界的港湾;说个体化是因为父母及乡土社会中的熟人反复强调过,"农村孩子,没人没钱没关系,到外面凡事只能靠自己"。按理说,我读书功成,应回家就业反哺家庭,但曾经的价值理念却在我即将兑现它的时刻,遭遇到了痛击。要知道,这种价值理念或信念追求,是一直支撑我坚持读书的道德力量,而且这种力量使得我具备一种"抗争",不论这种抗争是对"卑微"出身的不满,还是对父母疾苦的怜悯,亦或是对社会秩序的反抗……但,这些均激发了我在教育个体化实践中的自致能力。那么,为什么现如今的我要背叛道德,"回不了家"呢?

可能会有人批判我说,"你的这种身份困境说白了就是对城市优渥物质生活的追求"。但我的困境,甚至是对集体道德的背叛真的只是城乡分化下物质资源的不平衡及贫富差异导致的吗?仅仅是底层社会中个体向上流动的天性吗?可能事实并非如此简单。有一次我在学校乘坐电梯,电梯中有两位老师在谈论彼此对于"北京人"身份认同的程度。一位老师说:"我对北京并没有那么强烈的身份认同,仍然觉得自己是一个流动到北京的人,对自己原生的家乡还是怀有一份留念;但是因为自己的孩子是在北京出生的,所以他们小孩子对自己是北京人有强烈的认同。"可见,从身份认同维度看,这位老师虽然在城市生活,但仍然缺乏对"北京人"的身份认同,这背后很可能就隐含着一种地域文化上的错位或不匹配;反观他的孩子就不存在这样的困境。也就是说,个体出身地域中的身份性以及后期流动或定居地域的身份性并不是一个单维的概念(杨菊华,2009),这与个体的社会化程度密切关联。社会中不同层级空间的不对等性很有可能造成人在社会化过程中的惯习变迁,而惯习变迁的背后很可能会充满着来自原生环境与当下环境及流动过的环境的交织、矛盾、冲突及调适等系列过程。其中,"文化不对等"可能是造成身份困境的核心因素。

我作为家庭中第一代大学生(王兆鑫,2020a),虽然通过读书实现了一种暂时在北京旅居式的生活,但是我也要定期往来于城乡之间,体验两种不同社

---

① 此刻的我,已经博士毕业成为一名大学讲师,身份困境与择业貌似已经"尘埃落定",但我却已经抛弃了家庭,抛弃家庭并非我一厢情愿的,也有乡土社会的责任,之后我会讲到,这也可能是高学历农村子女的"悲哀"。远在他乡的父母留守在北方的小村庄,而我流动到了南方的都市。如果我不读书,我肯定会居住在父母身边,每天有着共通的话语,有着相近的生命经验。但是现在,父母应该很难重新在我这里扎根,我也应该很难说服父母,离开熟人故土,在一个"陌生人社会"中重新生活。

会文化带来的冲击。而且,我仍然要在博士毕业后面对最终"安家"地域的选择。在流动过程中,我深刻感受到作为一名农村高学历青年的生存困境。这主要表现在两个方面:一者"有家回不去",回家会被视为"失败者",中国乡土式的读书精神尽管会赞美"少小离家老大回",但却"不容许"年轻人读书功成后立刻就回,这是一种集体性的道德逻辑。如此,个体在反哺家庭与不能回家中形成了道德悖论;二者"回不了家",自身作为家庭的核心成员,尽管身体中流淌着家乡的血液,却在城市中习得了都市文化,整个人在文化层面具有极强的割裂感,存在一种群体式焦虑。① 这种论断已被证实(谢爱磊,2016;余秀兰,2010)。可见,社会结构分化对农村子女的影响已不限于物质资源,还包括阶层(不同阶层群体聚集的场域)间的文化不匹配或是断裂。其中,教育在这种不同阶层群体间断裂以及同类阶层群体聚拢的过程中,发挥了核心作用。

通过以上的阐释与逻辑梳理,本文发现农村子女的受教育过程既是乡土社会内读书精神的催化,又饱含着社会结构分化造成的"文化折磨"。一方面,农村子女需要"走出乡土"获得更高的教育成就,实现向上社会流动,达成"光宗耀祖"的人生功业成就;另一方面,又在"走出乡土"后难以返回来反哺家庭以及乡土,对原生家庭充满无力感与愧疚感,甚至是羞耻感。自农村出生,却只会读书考试,不会种地务农,这或许是乡村教育的"凄凉"之处,也可能是整个社会内部存在差异性所产生的必然问题。最终,这一问题的负面效果落于个体身上。我作为一个"阶层流浪者"②经历了社会流动,所以也就有更为完整的阶层体验。就如同斯科特(2007:51)在《弱者的武器》中说道:"取代简单的'客观'阶级结构和意识之间一一对应的假设,去理解那些结构如何为有血有肉的行动者所理解不是更好的方式吗?"如此,这种体验促使我用自我民族志的范式,指出这一问题,我不惜暴露自己的"阴郁"和对原生家庭的"不忠",对这一问题进行深度解构。本文中我将具体回应以下问题:

第一,当代中国乡土社会中的读书精神究竟为何?这种读书精神对农村家庭及子女读书产生怎样共同遵守的意识形态?它又如何促进农村子女的学业成就?读书精神连同农村教育对乡村社会生态造成了怎样的不良后果?

---

① 其实,这种焦虑是高学历农村子女群体共同面临的困境,他们需要在城市打拼,这致使他们难以尽孝。在形成新的核心家庭的过程中,农村子女的父辈可能会遭受"冷待",传统家庭的支持模式逐渐式微,父辈的养老问题凸显,"家"的概念与意涵发生了巨大转变。笔者在下面的行文中会具体对此进行讲述。

② 国内学界都在使用"阶层旅行者"的概念,但本文创新地提出使用"阶层流浪者",该概念能够更好地表达作为研究者的"我"的心声。此概念,也要感谢我的同事李学会博士的提议。

第二,农村子女为何会在向上社会流动的进程中饱尝阶层困扰的"痛苦"与群体焦虑?这些"痛苦"有哪些表现?这些"痛苦"是如何与"回不了家"互为建构的?乡土式的读书精神在其中发挥了怎样的作用?农村高学历青年"回不了家"的原因究竟为何?换言之,农村高学历青年与原生家庭的"区隔"越来越远的原因究竟是什么?

## 二、文献与理论:阶层的视角

当下,国内学界对"寒门学子"的研究之所以热烈,并非单纯出于对弱势家庭子女的人道观照,更重要的是对社会稳定与健康的担忧。社会的开放性即社会阶层间的流动性作为国内外学界考察社会健康程度的重要标准,通常从弱势阶层家庭子女的教育机会着手,佐证一个国家"社会公平"理念的实践效果。目前,国内学界对"寒门学子"议题的关注已从先前单维解读农村子女教育机会不平等转向为强烈地关注精英高等学校文化对弱势阶层子女造成的体验困境,并解读弱势家庭子女取得优质学业成就的原因。转向后的研究关注阶层分化造成的文化难题,这在国外学界对第一代大学生进入大学身份转型的研究中比较常见,如文化不匹配理论(Stephens et al., 2012; Stephens, Hamedani & Destin, 2014)。由此,国内学者掀起从主体及学校系统专断文化的视角出发,解读底层子女能够进入名校以及"底层出身"在精英院校中因文化断裂而遭受"阶层困扰"研究的热潮。

国内学界对"寒门学子"的研究在理论运用上比较西化,难有中国本土情境的理论,尽管近来"底层文化资本"比较受学界追捧。简言之,中国乡土社会中的读书文化或者读书精神较少得到国内学界的关注,也无疑是国内教育社会学界巨大的遗憾与损失。吴康宁(2019:iii)在《教育社会学》的前言部分也表达了这样的担忧。因而,我想借助本文提出一点符合中国乡土式读书精神的论点,并以此解读:农村家庭及子女明知道自身面临教育机会不平等劣势,为何还是会一如既往地投资或致力于读书,期待"改换门庭"?我想,对这一问题的阐释必然能够提出具有中国情境的论点。但是,作为研究者我也深知,要进行一项学术研究,必然要找到可以对话的学者以及理论,我不妨先引用一个主流理论,再批判这一理论在中国情境中的"不合时宜"之处,继而用中国本土的经验修缮之,以期在最后能够产出一种中国本土性的概念以阐释一种社会现象。

学界在弱势阶层子女的研究中，通常会提及文化再生产理论。文化再生产理论涉及布尔迪厄学术研究的三大基础性概念，即资本、惯习与场域。布尔迪厄笔下"物以稀为贵"式的文化资本是以精英阶层为导向的，具体表现为身体化状态、客观状态和制度化状态三种形态。文化资本是代际传递的文化财产，也是用以解释特权阶层合法化再生产优势阶层地位的重要概念。布尔迪厄（1988：193）在《文化资本与社会炼金术：布尔迪厄访谈录》中对"文化资本"解释道："文化资本的概念，最早是在研究过程中作为一种理论假定呈现在我面前的，这种假定能够通过联系学术上的成功，来解释出身于不同社会阶级的孩子取得不同的学术成就的原因，即出身于不同阶级和阶级小团体的孩子在学术市场中所能获得的特殊利润，是如何对应于阶级与阶级小团体之间的文化资本的分布情况的。"惯习是一个衔接主客观对立的通道，家庭拥有文化资本的质与量都会通过持续性灌输的方式转化为孩子的惯习，优势阶层的子女习得的惯习能够更好地适应学校系统中以精英型文化为专断的"游戏场"，他们得以在竞争中胜出，实现由文化再生产到社会再生产的阶层复制。根据布尔迪厄早期的学术研究，惯习是一种持续性的、稳定的、不可被改变的性情系统。因此，底层家庭的子女无法通过后天努力去习得这种惯习，他们缺少获得文化资本的成长环境，从而成为被学校系统排斥的对象。

后期，布尔迪厄修缮了惯习理论，并称之为"悖反的惯习"。法比尼亚（2020：53）在《布尔迪厄传》中对此评价道："我们不需要隐瞒的是，新版的惯习比旧版的更令人满意。虽然新版之优先性建立在过往之上，但它却开启了因社会互动而激生之随时修订的可能。一个网球选手大可在发球失误后，调整姿势以修正不良的动作。惯习将随着外在环境而不时调整。它不再是非一日之功而砌成的牢房，甚至还幽禁着现在；它从此敞开大门，欢迎门庭若市般的互动往来。""悖反的惯习"相较过去的惯习让个体充满了活力，也能部分解释一些家庭子女产生生命轨迹落差的原因。但是，我们仍然不能忽视惯习的改变是一种经由重大环境刺激的、强烈且充满痛苦的过程。遗憾的是，布尔迪厄并未详细解读导致惯习悖反的过程及原因。

布尔迪厄的朋友埃里蓬（2020：120）曾在《回归故里》中深受他的启发，阐释了阶级惯习对个体自由（尤其是性自由）的束缚，他自身也在求学进程中深刻地感受到了学校场域中精英导向的文化专断对他的排斥。最终，他不得不发出"反抗（学校），意味着失败。屈从（学校），意味着自救"的感叹。

研究者面对文化再生产理论,试图引入这样的一个思考:尽管中国情境与西方尤其是英国、法国社会存在本质上的不同,但仍然可以结合中国现实,从社会结构的视角出发,探讨农村子女在"由乡入城"社会化中遭遇的困境。本研究可以提出一个论述:农村子女在首属群体以及义务教育阶段,被持续灌输的文化惯习,是与城市社会及大学场域中的文化惯习不匹配的。由此推论,农村子女在读书向上流动的过程中就会感受到适应困境,他们的惯习会时刻地受到社会环境的袭扰。这使得农村子女在读书中承受更多阶层维度的排斥,他们难以进入大学或者精英高等院校。继续推演,当农村子女流入城市后,他们痛苦重塑的惯习就是以城市文化或精英型文化为主了。如此,就与原生家庭的文化割裂越发严重,使得他们"回不了家"。当然,这种单维原因的解读仍然很具有西方色彩,缺乏中国情境的深层考量。

尽管如此,文化再生产理论在中国情境中仍有"失效"的一面,仍然有不少的农村子女进入名校(刘云杉等,2009;张华峰等,2017)。尽管这样的比例很小,但这是该理论无法解释的。即便布尔迪厄改造了惯习的理论,其仍然具有鲜明的结构论色彩,难以从个体与社会环境互构的过程中寻找到"寒门学子突围"的答案。对于这一理论的遗憾,本文将从中国情境乡土式的读书精神中,从农村子女靠读书能"走出乡土"到"回不了家"的中国社会现代化进程中,寻找答案。

## 三、 自我民族志:一场勇敢的自我暴露

> 个人只有通过置身于所处的时代之中,才能理解他自己的经历并把握自身的命运,他只有变得知晓他所身处的环境中所有个人的生活机遇,才能明了他自己的生活机遇。(米尔斯,2001:4)

民族志是质的研究中一个最为主要的方法,它也是人类学研究中的一个主要分支(陈向明,2018:25)。20世纪初期民族志最开始缘起于对"异域"文化的研究,该时期民族志在研究者与被研究者之间具有非常清晰的界线,既包括研究者与被研究者之间生活地域现代化程度的对立,也包括研究者与被研究者之间的不相融性。因而,在民族志初期,研究者需要付出巨大精力的田野

工作方能进入"他者"生活的环境中,以在"洗净"本文化的前提下去融入当地人的日常生活之中,以表述、解释"他者"的群体文化。随着民族志的发展,关于"局外人"与"局内人"区分的界线开始有了"松动"迹象。20世纪早期,费孝通运用人类学的方法回到本土研究自己家乡的村落文化,撰写出的《乡土中国》被称为人类学本文化研究的开山之作(徐新建,2018),传统民族志范式中表述主体与表述对象的界线开始被打破,人类学研究中的"文野之别"也被打破。20世纪70年代以后,后现代民族志的研究作品中出现了一些真正的"第一人称的""内部描写的""认知性的"作品(朱炳祥,2011),"自我的拷问"开始被纳入民族志范式中,研究主体的表述以及文化反思的声音开始呈现。

自我民族志是一种将个人与文化相联系的自传式个人叙事,这种个人叙事对个人亲身经历进行描述并对个人的文化经历进行反思性说明(蒋逸民,2011)。通过将自己作为主要角色写进作品中,自我民族志学者挑战了"沉默作者"的公认观点,即研究者的声音不包含在研究结果的呈现中(Holt, 2003)。自我民族志的发展呈现出两种流派(Anderson & Austin, 2012),一种为唤起性的自我民族志(evocative auto-ethnography),以情感体验和情感唤起的认识论为主,这种方法能够让读者感受到研究者的感受;另一种为解析性的自我民族志(analytical auto-ethnography),它以传统社会科学认识论假设为基础,致力于理论与概念的解析(Snow, Morrill & Anderson, 2003)。自我民族志的研究方法挑战了"局内人"与"局外人"的角色区分,让研究者通过自画像的方法根据自己的生命经历主导自己的研究结论。

先前我曾经在一篇研究中比较详细地介绍过自己的基本情况(王兆鑫,2020b),也认真梳理了我在对自我经历进行社会分析后得出的能够让我进入名校读博士的原因。这种大胆的尝试,我深知很多时候会被实证研究者所诟病,因为这种手法是研究者高度的个人描述,我利用自身的经验去解读社会问题,与许多实证研究的事实判断基调背道而驰,因而会被质疑这一研究的真实性(Denshire, 2014)。然而,随着自我民族志研究范式的完善与进一步发展,它仍然不失为一种比较有效的研究方法(Hayano, 1979)。自然,用自我民族志也就是把自我或者与我相关的生活当作研究对象来从事田野研究的方法,在这里面临的一个重大挑战就是:自我民族志如何平衡作为研究者的"我"和作为研究对象的"我"之间的关系?这就要求研究中既有近距离的自我观察,又要有远距离的自我解释,而后者就要求从自我解释中找到一个文化比较的可能性。也就是说,自我有可能成为一种文化的范式被放到与讨论的情境相关的问题中去进行比较研究。① 因此,面对这一研究方法带来的先天的挑战,研究者试图在对个体经验的洞察与社会结构的解剖中,寻求自身既是研究者又是研究对象的冲突与平衡。

为补充先前文章《"走出乡土":农村第一代大学生自我民族志》中个人信息的不足,此处再添加部分我的求学历程。我幼儿园、小学一二年级是在村子里②;初中是在乡镇中学;高中是在县城;大学是在山东济南的山东体育学院,就读的是体育经济专业,拿的是经济学学士学位;硕士研究生是在四川成都的西南民族大学,就读的是社会保障专业,拿的是管理学学位;博士研究生是在北京师范大学,就读的是公共管理专业,拿的是管理学学位。我父亲经常说,我因为读书,长了很多的见识,从一个小村庄一步步走到了省会,又到了国家首都。如今,我父母仍然是只知道干活务工的农民,现代化的农业生产技术已经不再需要父母每日围着庄稼地转,父亲每天就骑着他生命中的第二辆摩托车(那是我读高中的时候买的,如今已经骑了小十年了)去20公里开外的邻县干建筑,早出晚归;母亲则赋闲在家,收拾起居,极少再参与进乡村的劳务市场中。我曾经以为自己读了博士爸妈就可以歇歇了,没有想到的是,我父亲却越来越有干劲儿了,他说自己要多挣点钱给我买房娶妻用。我知道他是觉得日子更有盼头③了。但是父亲有腰痛病,腿不能长期走路,我非常希望自己能够早点撑起这个家庭。我也深深地为自己不能早点反哺家庭而感到愧疚。这种愧疚经常让我辗转难眠。

## 四、中国乡土式的读书精神:一种复杂的命运想象

中国乡土式的读书精神是一个近似宗教的神圣化信念,这一信念连通血缘与地缘,具有强烈的政治性象征符号之力量。可以说,教育是摆在农村家庭面前一个向上的"阶梯",它的存在为处于底层社会中的子女提供了一条"走出

---

① 感谢《中国研究》外审专家以及编委老师提供的宝贵建议。
② 现在村子里已经没有小学了,孩子们要么去邻村中心小学读书,要么去县城读书。
③ 说到"盼头",我想多说一句。其实,当代中国社会经济的贫困并不再是社会底层的判断标准,日子过得"无望"才是真正的社会底层的判断标准。

乡土"①的出路,这条出路维持了整个社会结构内部的团结。

乡土社会赋予读书诸多核心的价值精神,这可以通过"读书改变命运""出人头地""改头换面"等乡土劝学话语展现。这说明处于底层社会的群体具有较为强烈的改变身份地位的理想,而读书成为一条合法地"反抗命运"的武器,这一武器不会给自身招致灾祸,反而会得到社会的赞美。中国乡土式的读书精神具有强烈的集体属性,是一种需共同遵守的意识形态,农村子女需要为了家付出应尽的生命义务。这样看来,中国乡土式的读书精神鼓励子女走出家庭,通过读书去实践自身的生命价值,这种价值也衔接了家庭的未来。从道德性来看,农村子女读书行动也是对于底层家庭生命哲学、理想的实践,他们需要致力于读书以取得成绩,才能具备反哺家庭集体的能力,以"补偿"自己因叛离家庭与乡土社会而产生的羞耻感。但是,这种反哺的"能力"更多地是从一种具体表现为"脸面"的象征性资本中表现出来的,即使得整个家庭在乡土社会中被"高看一眼"。

从小到大,乡村中孩子学习好的家庭,通常会被格外关注。之所以如此,源于学业文化在乡村社会中的稀缺性,读书读得好,表征了这个孩子未来会有出息,家庭也会跟着更有未来。改革开放以来,中国乡土的社会边界被打破,传统的谋生方式与生命经验遭受重大挑战,内部群体的分流突破了整体性的藩篱,差序格局中人情性的支持体系式微,乡村家庭呈现出原子化态势。继而,"多劳多得""凭本事致富"的价值心态使得乡土社会内的家庭表现出了贫富的分化。在这样的背景下,农村家庭对于教育的意义和子女的未来有了不同于以往的想象,农村社会越发意识到投资子女教育的重要性,这也进一步将子女与家庭进行了道德性捆绑。因而,乡土社会中的读书,并非一件事关子女自身未来的私事,反而是一件家庭的甚至是公共性的事务,其背后充满道德性,这种道德性是农村家庭对未来的期盼。

尽管培养子女读书的信念感可能是各社会阶层家庭父母共有的教养策略,但是农村家庭父母对子女灌输这一信念感时貌似具有先天的优势。这一优势,是在农村家庭当下境况与对未来家庭命运期盼的比照、反差中形成的。自小,父母艰辛劳作的画面就对我造成了很大的情感冲击,父母经常会告诫我他们没有读过书的遗憾,让我努力读书,不要再像他们一样。我把这种现象称

---

① 给"走出乡土"打双引号是想说,农村子女并没有真正地走出乡土,他们在外求学与流动的过程中,会时刻地与乡土社会互动。

为"期望补偿"。这种期望补偿是两代人命运的互映,农村父母向子女灌输的对于读书的信念感强化了子女对读书的执拗,也增加了子女对读书这条出路的想象。这样的家庭试图一切从读书出发,从读书信念中找寻让家庭光景变好的途径。家庭意识形态中对读书强烈的认同所营造的信念感,客观上为子女增加了更多专注于读书的行动力与觉知力,农村父母与子女在一种不知未来情境但却坚信一定会很美好的信念追求中生产着家庭的读书文化,这种对于生活的期盼给予农村家庭稳定的生存心态。

中国乡土式的读书精神还表现为对贤能主义的崇拜,这种崇拜具有鲜明的劳工阶层"吃苦耐劳"的品质属性。农村父母在向孩子灌输读书精神时掺杂了劳工阶层特有的肯吃苦、能吃苦的底层生命哲学,坚守"吃得苦中苦,方为人上人"的成功学信仰,认为孩子凭借自身努力和勤恳等底层品质仍可取得教育事业上的成功,无关出身。如此,尽管农村家庭缺乏学术性的文化经验,但能够通过教养方式赋能子女在读书中抵抗困境的能力,使得父辈肯吃苦的生命哲学转化为子女肯吃苦的学业态度,提高了农村子女的教育抗逆力。

以上,我从一种积极的视角解读了中国乡土式的读书精神,接下来,我需要去解读这一精神背后的悖论。这一精神背后的悖论,造成农村子女读书只能努力外流,却再难回家。如此,该精神加速了中国乡土社会家庭的核心化趋势,农村子女及家庭一起被卷入了"叛离"乡土社会的进程。

中国乡土式的读书精神促使农村子女离开乡土社会,去实践家庭信念与集体式的成功,具有很强的务实性,这就恰恰导致农村子女的读书之路,是一条单向度的、只能向前的路,他们只会离家庭越来越远,不能再回来,否则就是"失败"。我曾经深刻地反思过这一问题,农村子女在外求学后再回到村子之所以会被"瞧不起",可能并不是乡土社会内部群体对本群体所处社会底层的"瞧不起",而是会觉得"读的书没有发挥应有的作用,辜负了父母的培养,违背了乡土人对读书的信仰"。乡土社会中的人对于子女的读书热情,是一种正式的且充满阶层地位意识的情感及物质投入,孩子通过读书"叛逃"乡土社会的过程并不会遭受乡土内群体的责难,反而会使乡土内群体对其表达一种敬重与友好的价值态度。就比如我,每次回家,村里的人看到我都会主动地和我打招呼,尽管他们和我说话的内容都是简短的"回来了呀?回来几天了?什么时候开学啊?"等话语,但我能够深刻地感受到自我考入大学,以及后续继续升学读研、读博后,来自乡土社会的"热情"愈发浓烈。这说明,我虽然是乡土人圈子中的"熟人",但是已经被他们认定为"陌生人",我在他们的世界里是一个不会再回来和他们有一样生活的人,一个有社会地位和身份的人。所以,我只能暂居式回家,并不能在家久住或者在家所处的环境中谋生,这会对乡土人造成巨大的认知混淆。

遗憾的是,农村子女"走出乡土"的进程并非独立的、个体化的,而是时刻肩负尚处于乡土社会中的家庭的探险。农村子女读书外流的过程中,家庭并未实现地理空间上的迁移,家庭中的父母以及祖辈仍然在乡土熟人社会中生存,因而,农村子女在城里的状况始终会牵涉到家庭在乡土社会中的"声望"。这也就使得通过读书由乡入城的第一代农村子女既要顾及城市中的自我,又要兼顾乡土社会中的家庭,只要乡土社会中的家庭不跟随子女迁移入城,那该子女将要时刻感受到来自乡土式读书精神的规训,他将会作为一个象征性符号为乡土式读书精神的再生产赋予正向的或者是负向的能量。在我的村子里,就有一两个读书读出去的人经常被拿来诟病,说走出去了就忘了家里的父母,这样的孩子"白养了";也有的读书读出去的子女广受好评和赞美,因为他们确实把父母接出去"享福"了。虽然这些人的样子对一些年轻的子女而言从未见过,但是他们却作为一个象征性符号,在乡土社会中维持了一种具有道德性的读书精神。

名校生的身份光环让我在出身环境中获得了巨大的荣耀,却也承受着巨大的压力。乡土社会中的人们只知道我在名校中读博士,觉得我是寒门中走出来的"贵子",觉得我在名校中生活得很光彩,将来必成大事。然而,事实并非如此。可是,关于这些我又不知道该如何告知我的父母,告知那些仍然生活在对文凭的假想世界中的父老乡亲。我为了给家乡中的人圆上"读书改变命运"的梦想,我需要更加努力、更加负重前行。这也部分解释了中国与西方大学生辍学率差异的原因,中国农村大学生背负着很强的来自家庭与社会的集体性道义,他们进入大学后辍学的成本极高,这个成本不仅来源于未来事业发展,还关乎个体的声望。如果农村孩子在大学中辍学,他们就会被视为"不孝",辜负了父母含辛茹苦的培育。如此,处于乡土社会中的家庭也将会受到牵连,遭受巨大的道德性批判。

通过上文的论述,我呈现了中国乡土式读书精神的两种悖论:一种激励孩子外流追求功业,"叛离"农村身份;另一种却不具有一种友好的包容性,"不欢迎"读书的农村子女回家生活。因而,农村子女读书是一项只能向上、不能回流的道德规训。中国乡土式读书精神为农村子女赋予道德性的规劝,为他们的读书进程赋予了巨大的信念及道德能量,也为家庭搭建了"人前显贵"的机会,为乡土家庭赋予对未来生活的巨大想象空间,维持了整个社会结构的稳定。需要警示的是,乡土式的读书精神让乡土社会内的希望与寄托落脚在了城市,使得乡土社会内的价值体系逐步失去其主体性,乡土社会内的人力资本逐步被"掏空"。

但是,显然农村子女难以回家的原因并不限于中国乡土式的读书精神,还有阶层性质,这种结构与个体的互构过程,尤其是农村子女在升学过程中的读书体验、城乡之间社会文化的差异,也值得被学界关注。

## 五、跨界体验与"紧绷的橡皮筋":由村入城的体验成本

> 我有着向往农村的情怀,但我要远离农村这块土地。这不是我一个人决定的,而是我被变成这样的。①

上文说过,中国农村教育具有一个悖论,即面临"离农"与"为农"的内生性矛盾。中国乡土式的读书精神为农村子女突破文化再生产理论提供了道德力量,但同时,也将农村教育绑架在了意识形态中。农村义务教育的公益属性被赋予强烈的务实性价值追求,它需要为乡土家庭培养更多的能够实现向上社会流动的子女,成为乡村社会内部家庭实践理想的"代理方"。

在这样的背景下,农村子女在义务教育阶段接触到的教育机构,完全具有成绩取向的培养机制,较少培养他们具有阶层属性的文化资本。农村子女按照正常"就近入学"的升学顺序,他们在义务教育阶段中结识的同学的出身同质性很强,较少感受到农村生身份上的自卑。农村子女在义务教育阶段,统一的着装、标准的餐食等更是减弱了家庭出身的痕迹,语言符码也具有强烈的地域性。简而言之,农村子女在义务教育阶段出身标识是被掩饰的,不会扰乱其学业心态。

我强烈感受到中国乡土式读书精神对自己的激励,是在高中时期。那时,我进入县城读书,逐步感受到同学之间会存在着"贫富"的差异。我初步感受

---

① 作者自己的话(感叹)。

到城乡生活的巨大差异,也从同学们的口中知道他们生活的情形,在这种与同学之间的互动与自反性思考中,我强烈地希望自己以及爸妈也能过上好一点的生活。那一刻,我把更多的时间与精力用在学习上,希望自己能够考上大学,能将"家庭中懂事的娃"上升到更大的精神世界中来,变为"有出息的孩子"。

## (一) 文化断裂:按照大学规则表演剧本的"演员"

我本以为进入大学就万事大吉了,但是让我没有想到的是,我会有一种格格不入的感觉。我成为一名新环境的"闯入者"。农村出身的自卑感也瞬间袭来,我感受到了一种"异域文化"对我的冲击。我会觉得别人懂得好多,很有见识,有才艺特长,会说一些我不懂的话题,大家的穿着也一下子"自由"起来,我也开始在意起衣服上的品牌。因为我不想持续自闭,或者让自己表现得那么不符主流,就开始效仿起大家表现出的言行举止,努力改造自己的惯习。"东施效颦"的策略令我深感表里不一的痛苦,这种痛苦是学校塑造文化统一的策略。

这种因文化断裂而产生的阶层困扰,于我而言在大学、硕士以及博士期间有着明显不同的感知程度,这与学校性质以及学校所在地域密切相关。大学虽然使我从县城直接进入省会城市,但是由于我的本科院校是一个地方性学院,加上学校的特殊性质导致其生源基本是山东省本地的学生,农村籍出身的学生要占大多数,普通话在学校语言表达系统中的主导地位并不强。所以,身份不适应感对比于我刚进入北京师范大学读博而言并没有那么强烈。到了成都的硕士院校后,阶层困扰的刺痛感会更为强烈些,一方面学校离我家更远,另一方面学校层次更高,生源构成也更为复杂。我虽然先后经历了两个省会城市的大学生活,惯习已经有了长时间的调试,但是当我进入北京后仍然感受到因文化断裂而产生的强烈刺痛感。那么,那些高考后就直接进入名校的农村子女,他们面临的文化不适应将会更为严重。文化断裂让个体需要面对一种截然两级的阶层文化,即底层文化与名校系统中精英型文化的对撞,他们的惯习几乎是一种"返厂再造"的重生过程。这一点,布迪厄与帕斯隆(2002)在《继承人》中也有提到。

自从进入大学起,我就是一个"演员"。我可以在一个精英场合中表现出身份团体特有的文化符号,隐藏阶层文化断裂造成的苦痛。更有甚者,我还是一个"超级模仿者",我习惯性地去效仿别人,最终我成为一个文化与技能的"糅合体"。只有这样我才可能成功。在西方文献中,学者们认为之所以黑人学生在学校里表现不佳,是因为他们在文化上反对 acting white(装白)(Fordham & Ogbu, 1986),这与我对优势阶层孩子的模仿相近,我的"装白"策略蒙蔽了学校系统文化再生产的"魔爪",让我逃离被淘汰的厄运。为了屏蔽农村出身对我产生的影响,我拼命努力地去学习,积极参加学生活动,不敢有丝毫的懈怠,就像一个"紧绷的橡皮筋"。我知道,如果我不这样做,我会深感恐慌,遭受到来自内心深处中国乡土式读书精神的道德性谴责。但是,我在积极参与学业竞争的背后却是经常性地怀疑自己,深陷农村出身产生的负面情绪之中。

## (二)"没有退路":害怕被漏斗筛掉的人

我想会有很多农村子女在大学中像我一样非常敏感。虽然我们时常在塑造自己的坚强,但是很多时候都会在感受到出身产生的影响时变得不堪一击。大学中,文化再生产开始发挥它的作用,学校中的精英型文化专断让农村孩子感受到一种制度化的排外力量,学校塑造的起点公平精神是"虚假"的,他们很容易洞察到这种公平精神背后的不平等。农村子女在面对这种不平等的时候却深感无力,他们唯一会的就是之前书本中的知识,其余所知甚少,因为他们在基础教育阶段接受的成绩导向的培养模式让其难以积累足够的文化资本,这进一步影响到了他们在高校中的学业表现。

我从上学开始其实就处于与家庭渐行渐远的过程中。我进入一个父母经验中空白的场域,注定需要一个人去应对逆流中的所有问题。当我千辛万苦将自己的惯习转变成一个"城市人"的时候,若再让我变回一个"农村人",无疑回流的身份转型带给我的冲击将会更大。说句不合时宜的话,如果真的是这样,还不如我不曾离开过乡土,没有经历过这样的流动。所以,我自私地希望,我可以通过自己的努力定居在城市中,并把我的父母接过来一起生活。可是,这样问题就出现了。因为父母生活了大半辈子的性情系统与圈子都在乡土社会中,他们如果来到城市也会产生当初如我一样文化不适的反应。所以,我作为家庭中的独生子,在这种两难之下我不知该如何尽孝。

第一代大学生是最累的一代孩子。他们背负着改变家庭境况的憧憬,也肩负着给予下一代更好生活的使命。农村子女想要真正"走出乡土",至少需要父辈的"奉献"、自身的打拼,才有可能让下一代出生在城市。农村子女从农村一步步地攀爬到城市,是一个没有退路的过程,这背后潜藏着中国乡土式读书精神的规训,是一种道德的、道义的意识形态。其实说来,农村子女继续试图卷入的过程是自己将自己道德绑架的结果,是自己将自己推到了一个强烈的、责任的高度上,也并不全是父母以及出身环境对他们的生命期待。农村大学生内化懂事与听话的"好孩子"的身份让他们洞察到父母生活的艰辛和期望,并在内化的过程中升华了这种原初的形态。最终,他们自己对道德规训的领悟成为他们给予自己的道德绑架,也成为他们被持续卷入的激励点。但是,当农村子女向上流动感受到社会分化造成的体验困境后,他们就会很无力,表现出群体焦虑。其本质的原因就是,他们自己很难通过自致性改变先赋性的出身劣势。

## 六、结语

本研究通过我对自身读书经历的阐释,提出两个核心概念(图1):一个为"中国乡土式读书精神";另一个为"文化断裂",两者共同促成高学历农村青年"回不了家"。这两个概念分别聚焦于意识形态与阶层文化,其中中国乡土式读书精神还从中国传统社会的情境中解读了农村子女读书上学的道德性问题,从而指出文化再生产理论在中国本土化进程中出现漏洞的原因,并为其补充了新鲜血液。本研究发现,正是中国乡土式读书精神和阶层维度上的文化断裂,共同造成了农村高学历青年的焦虑心态,即农村高学历子女一者要努力

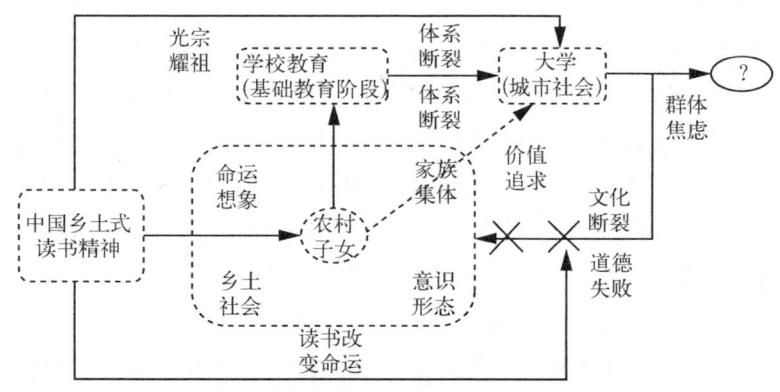

**图1 高学历农村青年"回不了家"理论框架图**

反哺家庭，二者还要努力提升自己的社会地位，他们变为在城市中生活的"阶层流浪者"。此外，学校在"文化断裂"的形成与再生产中起到了关键的中介作用，大学与基础教育阶段教育体系的"断裂"进一步强化了农村子女的群体焦虑与融入困境。

农村高学历青年群体的持续扩大与国内社会的文凭通胀密切相关。他们无奈地被卷入整个社会对更高、更优质文凭的竞逐之中，他们需要付出更大的努力，才能改变出身中的先赋性劣势，兑现曾经"读书改变命运"的中国乡土式读书精神。他们的身份中内涵来自乡土社会的压力与家庭的期待，他们将这些刺激内化为自我不敢懈怠的"负重"。研究通过惯习、文化资本以及场域三大核心概念解读了一名农村子女从出身到实现高学业成就过程中的心路历程，以及农村子女为了适应城市社会被迫做出的让步与妥协。这种妥协源自高等教育系统与基础教育系统的断裂，尤其是精英高等学校里以优势阶层精英型文化专断造成的符号暴力，农村子女如果不去做出改变，就将可能面临教育系统的淘汰。进而，他们也就无法融入城市生活。

农村子女变为高学历青年的过程，也是他们持续性地感受阶层文化断裂产生的阶层困扰的过程。这种阶层困扰是个体想要达成向上社会流动所必须的经历，只有这样才说明个体不是处于一种在舒适的环境中"止步不前"的状态。农村子女也只有在经历这样的阶层困扰之后才会习得更多的精英型文化，以帮助他们提前适应中产生活。然而无奈的是，农村子女习得的精英型文化越多，他们与家的距离也就越远，这本质上是当代中国社会结构分化下不同社会位置中的"文化区隔"导致的结果。农村子女想要迈入更优的阶层，就必须要先习得或者掌握一套更优阶层的文化，否则，他们将会显得格格不入。因此，当农村高学历青年完成了惯习重塑后，让他们再返回家乡无疑是对他们的又一种"文化折磨"。假若整个社会没有分化，就没有阶层之分，也就更没有阶层之间的文化区隔，农村子女的"阶层困扰"问题也就自动消失了。

需要解释的是，受到乡土文化滋养的人，最后身体和精神上却双双叛离这种文化空间，从而又造成了自我精神的空心化。不独乡村出来的学生，所有沿城市等级序列迁徙的人群都有类似感受。不仅是高学历青年，不读书的青年也要向外跑。这种过程很多时候是被迫的。这种和母文化断联的精神痛苦，也是所有人都能感受到的，包括打工仔，以及从小城镇到大都市的"小镇做题家"。从乡村到城市是一场冒险的"出逃"，还乡的过程更是艰难。悬浮社会中，每个人都是无根的。

当下,我国脱贫攻坚战取得了全面胜利,完成了消除绝对贫困的艰巨任务。这一目标任务的实现给予底层社会中的家庭巨大的生活信心,然而,当代中国城乡之间以及区域之间的整体性发展仍然处于不平衡的结构对立之下,尤其是农村地区及相对贫困边远地区的子女仍然面临着巨大的教育机会不平等问题。我们要想从根本上消除阶层分化给孩子们造成的文化折磨,就应该更加重视以消除边远地区的教育贫困问题为抓手,改善社会底层与社会中上层之间文化断裂的现实情况,以缓解农村子女在取得高学业成就后所面临的"回家难"的问题。如此,或许可以间接促进高学历青年的回流。

自然,我们也不能仅仅看到农村子女"回不了家"的痛楚,也应清醒地意识到这是一个社会发展的自然趋势,彰显了一个社会的开放性。也就是说,传统文化与现代文化的分野,农村子女"回不了家"也并不一定就是坏事,社会变迁进程中有断裂就会有重塑,有分化就会有重合,个体文化上的"回不了家"不是必然的对家庭的抛弃,也很能彰显中国社会的发展与进步。中国社会现代化进程中,国家的社会保障体系取得了重大成就,为家庭核心化趋势提供了制度保障,农村社会家庭内部尽管缺少了传统意义上私领域的支持模式,但是他们的养老问题、医疗问题等均有了更为公共性的保障。因而,当农村子女外流实践人生理想时,对家庭的愧疚感得到了有效地慰藉。

最后,本文的研究范式决定了有可能被批判的内容。对此,我无须再赘述,我想随着自我民族志的发展,肯定会汲取到更多实证范式的营养,成为质性研究方法中更为学者所适应的方法论。但这需要研究者巨大的勇气和牺牲。除了研究方法上的辩解,还有对研究内容上的注释。我们应该注意到,当下乡村社会中仍然有大量的家庭对教育"漠不关心","读书无用论"的意识形态仍然存在,不少农村子女并没有从"精英教育"或者"教育改变命运"的角度来看待自己与外界社会的关系,教育的功能属性并未推动他们命运的转变。因而,他们"日常"中的教育和生存经验,以及他们对于教育与生存心态的认知是难以在本研究中呈现出来的,这的确是本文内容的一大不足。这说明本文并没有,也难以从"整体上"揭示农村教育的人文世界,而且很容易让读者陷入一种对于乡村教育"美好"的社会想象之中,而忽视那些游离于"读书改变命运"意识形态之外的家庭与孩子们,这也是本文得出的"中国乡土式读书精神"理论概念的不足。①

---

① 感谢《中国研究》外审专家以及编委老师提供的宝贵建议。

## 参考文献

埃里蓬,2020,《回归故里》,王献译,上海:上海文化出版社。
布迪厄、帕斯隆,2002,《继承人:大学生与文化》,邢克超译,北京:商务印书馆。
布尔迪厄,1988,《文化资本与社会炼金术:布尔迪厄访谈录》,包亚明主编,上海:上海人民出版社。
陈向明,2018,《质的研究方法与社会科学研究》,北京:教育科学出版社。
法比尼亚,让,2020,《布尔迪厄传》,陈秀萍译,北京:中国人民大学出版社。
蒋逸民,2011,《自我民族志——质性研究方法的新探索》,《浙江社会科学》第4期。
刘精明,2006,《高等教育扩展与入学机会差异(1978—2003)》,《社会》第3期。
刘云杉、王志明、杨晓芳,2009,《精英的选拔:身份、地域与资本的视角——跨入北京大学的农家子弟(1978—2005)》,《清华大学教育研究》第5期。
米尔斯,赖特,2001,《社会学的想象力》,陈强、张永强译,北京:生活·读书·新知三联书店。
钱民辉,2004,《教育真的有助于向上社会流动吗——关于教育与社会分层的关系分析》,《社会科学战线》第4期。
斯科特,詹姆斯,2007,《弱者的武器》,郑广怀、张敏、何江穗译,南京:译林出版社。
王兆鑫,2020a,《寒门学子的突围——国内外第一代大学生研究评述》,《中国青年研究》第1期。
王兆鑫,2020b,《"走出乡土"——农村第一代大学生的自我民族志》,《北京社会科学》第5期。
吴康宁,2019,《教育社会学》,北京:人民教育出版社。
吴愈晓,2013,《中国城乡居民的教育机会不平等及其演变(1978—2008)》,《中国社会科学》第3期。
谢爱磊,2016,《精英高校中的农村籍学生——社会流动与生存心态的转变》,《教育研究》第11期。
徐新建,2018,《自我民族志——整体人类学的路径反思》,《民族研究》第5期。
杨菊华,2009,《从隔离、选择融入到融合——流动人口社会融入问题的理论思考》,《人口研究》第1期。
余秀兰,2010,《从被动融入到主动整合——农村籍大学生的城市适应》,《高等教育研究》第 8 期。

张华峰、郭菲、史静寰,2017,《促进家庭第一代大学生参与高影响力教育活动的研究》,《教育研究》第 6 期。

朱炳祥,2011,《反思与重构——论"主体民族志"》,《民族研究》第 3 期。

Anderson, Leon & Austin, Mathew 2012, "Auto-Ethnography in Leisure Studies." *Leisure Studies* 31(2): 131-146.

Denshire, Sally 2014, "On Auto-Ethnography." *Current Sociology* 62(6): 831-850.

Fordham, Signithia & John Ogbu 1986, "Black Student's School Success: Coping with the Burden of 'Acting White'." *Urban Review* 18(3): 176-206.

Hayano, David 1979, "Auto-Ethnography-Paradigms, Problems, and Prospects." *Human Organization* 38(1): 99-104.

Holt, Nicholas 2003, "Representation, Legitimation, and Autoethnography: An Auto-Ethnographic Writing Story." *International Journal of Qualitative Methods* 2(1): 1-22.

Snow, David, Calvin Morrill & Leon Anderson 2003, "Elaborating Analytical Ethnography: Linking Fieldwork and Theory." *Ethnography* 2(2): 181-200.

Stephens, Nicole, Mar Yam Hamedani & Mesmin Destin 2014, "Closing the Social-Class Achievement Gap: A Difference-Education Intervention Improves First-Generation Students' Academic Performance and All Students' College Transition." *Psychological Science* 25(4): 943-953.

Stephens, Nicole, Sarah Townsend, Hazel Markus & Taylor Phillips 2012, "A Cultural Mismatch: Independent Cultural Norms Produce Greater Increases in Cortisol and More Negative Emotions among First-Generation College Students." *Journal of Experimental Social Psychology* 48(6): 1389-1393.

# 社会回应：农村养老服务项目长效运行的过程与机制研究*

蔡玉梅　纪晓岚　侯利文**

**摘要：** 在推动资源下沉基层的改革背景以及建设共治共享的基层治理格局的双重驱动下，农村社会组织不断探索服务模式创新。本文基于全国农村公共服务典型案例上海市"四堂间"的经验，从公共政策逻辑分析出发，深度剖析农村项目养老服务的创新实践及作为其深层机理的"社会回应"。研究发现，"四堂间"项目的行动逻辑表征为"需求传达""积极互动""载体搭建""自组织要素整合"。该项目通过对公众主体性机制属性、自发性项目运行逻辑、主动性运行过程、整合性自组织结构、助推性政府规范五个要素的联动，重构了项目长效运行的内在机理，解决了养老项目服务链中需求供给错位、不平衡等多种现实问题，为农村养老公共服务的发展提供了另一种可能。

**关键词：** 农村养老公共服务　养老项目　长效运行　社会回应　自组织整合

## 一、问题的提出：被锁定的养老服务项目

国家统计局发布的《第七次全国人口普查公报解读》显示，截至 2020 年，我国大陆 60 岁及以上的老年人口数量为 2.64 亿，占总人口的 18.7%①，农村的

---

\* 本文系国家社会科学基金一般项目"失能失智老年人的机构养老状况及需求研究"（项目批准号 19BRK025）、国家社科基金青年项目"社会工作融入基层社会治理的路径差异与模式创新研究"（项目批准号：18CSH057）研究成果。

\*\* 蔡玉梅，华东理工大学社会与公共管理学院博士研究生；纪晓岚，华东理工大学社会与公共管理学院教授，博士生导师；侯利文（通讯作者，houliwen@ecust.edu.cn），华东理工大学社会与公共管理学院副教授。

① 文中涉及的《中国第七次人口普查年度数据》来源于中华人民共和国国家统计局网站，https://data.stats.gov.cn/easyquery.htm?cn=C01。

人口老龄化程度已经超过城市且发展速度快于城市,与此同时,农村的劳动力却大量流出(梁玉成、刘河,2015)。在这种现实情境下,农村养老公共资源的缺乏,以及农村家庭结构中出现的空巢化、失能化、家庭小型化、家庭类型非传统化(彭希哲、胡湛,2015),使得农村的养老问题更为突出。农村养老公共服务的发展在国家战略层面意义重大,有利于资源向困难老人群体倾斜;在社会发展层面有积极作用,有助于社会组织的培育和社会治理创新,利于维护社会公平与社会稳定、实现共治共享。

养老公共服务在本文取广义概念:以社会全体老年人为供给客体,由政府主导,以单位和家庭为依托,通过公共产品和公共服务的提供满足老年人基本生存、生活和发展的需求(陈英姿、满海霞,2013)。我国现有的人口结构与社会经济体制之间的不协调,必然需要公共政策进行相应的调节,以缓解其带来的养老挑战(彭希哲、胡湛,2011)。为了应对这种挑战,以政府为主导的项目制也开始普遍地被运用到养老公共服务中。养老公共服务项目良性运行的根本核心是资源的分配和利用,其深层含义是农村基层体制改革中的层级关系处理和各领域被调动的现实表达。这种依靠项目运营形式进行的公共服务分配,是国家资源下放、对农村进行反哺的主要方式之一(李祖佩,2016;渠敬东,2012)。这种从上到下的、由政府规划的服务提供,与从下到上的、多样的养老服务需求进行匹配时,常陷入水土不服以及项目结果偏离的尴尬境地。

值得一提的是,地方政府为了农村养老服务项目的靶向精准,积极投入各种类似健康知识讲坛、帮扶服务、小食堂、血压血糖测量、老年驿站等专项项目。但是这些项目在一轮大规模的投入、铺开后,总是会无声无迹地消失。消失后,又会有其他项目取而代之。各农村养老公共服务项目的数量变化呈现出"投入—消弭—投入"交替的趋势。那么,农村养老公共服务项目为何陷入这种循环往复?

归根究底是各行为主体在养老服务资源的供给、输送、利用环节中资源的分配和利用中产生的张力。不同的政府行政层级会制定不同的养老政策,将直接影响到农村养老资源的分配(Nyhlen & Katarina, 2016)。国内学者对养老公共服务项目效果低效的讨论大多按照资源的分配和利用的逻辑展开,聚焦和侧重于这个运行链中的运行过程、运作机理的技术分析。部分学者认为公共服务项目的招标信息环境一直是非对称的、不专业的,公共服务购买的逆向选择问题常影响着养老项目长效运行(胡兰、刘征驰,2013)。有学者却认为是各行为主体的差异性与服务内容差异化的张力、互动过程中信息不对称和利益冲突问题导致了养老服务中同质化、低质量的供给与多样化、品质化的需求之间的矛盾,使老人需求变异放大,服务供应量不稳定,最终影响项目的运作效率(石园等,2019)。

此外,也有学者聚焦养老资源的相关讨论。特别是20世纪80年代美国学者埃德加·卡恩首次提出"时间银行"概念(Cahn,2001)之后,服务作为资源的一种,被系统化地运用在养老服务之中。中国在对其进行本土化改造后,这种以养老服务资源为核心的时间银行项目在2008年进入了加速发展期(陈功、黄国桂,2017)。这种养老资源是具有互惠性的,其突出优点是具有可循环性(Whitham & Clarke, 2016)。有学者从群众自发型、能人带动型以及干部领导型三种类型的负责主体来讨论农村互助养老的困境消解(杜鹏、安瑞霞,2019);也有学者通过提出中国经验的"共振式增能"的概念,以期通过塑造农村养老共同体来应对农村养老资源短缺的问题(马凤芝、王依娜,2021)。

总的来说,经济、组织、人力是农村养老领域的三大核心资源,经济是项目运行的物质性保障,组织和人力资源是项目运行的非物质性保障。虽然广大地区已经基本实现最基础的物质性保障——社保、社会救助和社会保险等经济保障,但是经济问题仍然是目前养老公共项目运行困境的根源(杨勇刚,2017),主要表现在两方面。其一,多方"蓄水不足"影响项目的持续开展。国家存在着未富先老、国家养老储备金少、民众过度依赖政府投入的现象;农村消费水平落后且农村老人消费理念不足,使农村老人即使在面对补贴性的养老公共项目消费时,仍然抱有谨慎或拒绝态度。其二,农村养老公共服务项目"差距明显",马太效应愈演愈烈。农村在社保、失业保险和退休制度等主要制度供给方面仍然与城市有较大差距(周延、谭凯,2021);农村人均可支配收入远低于城市,小城市低于大城市,西部低于东部(王志凯、史晋川,2011);农村养老市场发育滞后且政府的引导忽略了养老市场(刘华,2019)。

组织的弱发育是农村养老公共服务项目运行的又一难题。有学者探讨了农村老年协会作为银色力量,在农村治理中发挥的作用(邓燕华、阮横俯,2008)。但是,在农村的现实情境中,养老公共服务组织的内部结构不但存在运行主体多的现象,而且权责不明、定位不清、管理混乱;在对外服务功能方面,缺乏创新性、多样性和专业性。在对养老公共服务组织的监管层面,存在着项目运行评估和引导失效、组织机构自我评估不足、外部评估人情化及应对化等困境。弱发育的农村养老公共服务组织无法给民众与政府带来太多信心,且可替代性高,又反过来制约了组织的发育。因此,应统筹供给侧改革与需求侧管理、养老服务多元责任主体、养老与其他老龄服务、硬件配置与软件建设、地区及城乡养老之间的关系(陆华杰、林嘉琪,2021)。

人力资源缺乏在农村尤为严重。尽管政府积极采取了各项措施以应对城镇化、家庭结构小型化背景下家庭供养的不足,可在这种政策倾斜后,农村专业人才缺乏的形势依然十分严峻,这就直接导致项目运行陷于两类尴尬境地。其一,设施建设在不断增加,相应的专业服务人员并没有增加;农村家庭经济条件在改善的同时,农村老人生活照料时间和质量并没有改善。这与学者研究的农村劳动力的转移虽然能够增加经济供养能力,老人受照料时间、质量却会大幅下降的结果一致(王小龙、兰永生,2011)。其二,部分养老公共服务项目的养老核心要义抓取不当,服务方向陷入从娱乐为主向照料为主转型的瓶颈,较难获得公众认可和支持。由此,其项目违背了因需而设的初衷,渐渐在政府不再投入后无声消弭。

由此观之,当前关于农村养老公共服务项目运营的研究,无论是从方法论层面展开的技术和运行管理研究,还是讨论群体关系的处理,或是对经济、人力和组织资源的探索,均反映出当前国家在发放农村养老公共项目时的积极而迷茫、混乱又无力的现实状态。当前学界对农村养老服务项目研究的深入性、系统性也存在不足。虽然有学者对基层治理中行为主体之间的关系变迁进行了探讨(侯利文,2016),却并没有延伸到农村养老公共服务领域。相关研究较多侧重对服务供给、输送和利用环节中技术的强调。由此导致两个问题:一是主体性的关注与讨论缺失。在强调"公众性"的同时,应该破除以往从上到下的项目结构分析惯性。须知养老资源能不能按需、有效地递送到服务对象,是与服务对象的主体地位相关的。二是项目运作在农村养老公共服务领域的持续性问题没有解答。养老公共服务的公益性本质、非市场的运行机制特性,与以市场为核心的资源调动力之间存在着不可回避的张力,由此项目何以可持续成为问题。

因此,本文基于全国农村公共服务典型案例上海市"四堂间",在对既有理论视角进行批判性反思的同时,将公共政策逻辑作为切入口,以要素整合为基础,试图寻找合理的视角对上述问题展开讨论。继而以此为基础,深度剖析农村养老服务的创新实践及其深层机理。本文尝试回应以下问题:目前的项目制在以老人为主体性的养老公共服务领域,通过怎样的方式进入基层运作体系?这个模式下的资源传送路径带来了怎样的项目结果?

## 二、转向机制分析：养老服务项目运作中的社会回应

### （一）政府回应的解释限度

通过文献梳理发现，回答项目资源通过怎样的方式进入基层运作体系，必须要突破以往项目运行的技术分析进路，转向深层机制分析。因此，必须抛弃过去根据资源（资金）筹集方式、居住方式、服务提供方式、服务享受类型、养老支持来源等各种养老服务分类方式，而是从每种分类方式中均不可忽视的要点即养老需求的"回应"展开讨论。这种回应视角的讨论，具有整体性的思维，将所有行为主体放置在一个连贯的场域之中。这种非预设的、非主观经验性的划分，更利于跳出"躯壳桎梏"，深入地把握其项目运行过程与整个社会环境之间的关系，进而分析其内在逻辑与运行机制特点。

以往的回应视角研究主要集中在三种政府回应的讨论。一是以马克斯·韦伯式和泰罗式为代表，以效率至上为核心、以制度化行政管理为手段的传统政府中的政府回应；二是以效率、效果和效能为核心的市场化机制下，关注责任的新公共管理中政府回应；三是强调参与式治理、关注社会公平，却仍是政府主体本质的新公共行政中的政府回应（汪大海，2005）。这种大政策、大方向的研究中，缺少了分类思考，将项目治理的对象笼统地预设为同一种类型（史普原，2019）。然而，养老项目的资源接收主体具有特殊性、多样性的特点，养老公共项目具有公益性、正义性的本质特征，这种政府主体性项目运行机制自然与之不匹配。以故，农村养老公共服务项目虽然在政府的强推下有一定成效，但是存在项目效果差、资源供给利用不平衡、老人参与低的运行困境，以及行政绩效主导的项目运用在社会绩效主导的养老公共服务领域时的水土不服困境，和项目中农村老年人主体地位的缺失等问题，政府回应的视角从根本上无法解释。

养老公共服务项目并不在封闭的系统之中运行，它处于社会系统之中，并且要不断调适以得到社会的认可。其运行不仅涉及政策、具体治理路径以及相关行为主体三方面的变化，也是国家政策目标与基层单位政策目标针对这

一领域和人群之间的相互配合的过程。政府回应是一种预设产物,这种非主动的、固化的应对模式,存在适应性与协调力欠缺的问题,容易走向理性神话,从而限制基层治理的自主性。由此,用政府回应的视角,诠释农村养老公共服务项目在农村基层运行和发展的问题并不洽适。

## (二) 性质、规则与互动:政治逻辑中的社会回应

如果在非预设的状态下,从更具自主性、多维的社会回应视角出发,将多种行动主体纳入研究之中,才有可能展示项目运行的真实规律。这就需要在政治环境中,以"四堂间"作为典型案例,分析其已改变的资源输送路径,重新审视政府、社会和农村老年人在养老项目中的地位,厘清其项目运行的内在机理。

社会回应是在某种社会结构中,一切非政府力量对共同利益诉求的回应。也就是除了政府力量以外的其他多种社会主体,基于老人需求,对其养老公共服务的诉求进行响应、认同和实化的过程(戚玫,2002)。农村养老项目运行的政治逻辑带来社会回应的三个启示。首先,"去商品化"性质。依据资金的投入主体进行划分,当前国内农村养老公共服务相关项目有三种:第一种是政府购买的居家养老日间生活照料和长护险照料等服务和保险;第二种是由各级政府公共支出的敬老院;第三种是村两委支出、政府补贴、社会团体和爱心人士捐赠、老人自愿出资的自发组织运营的互助养老、抱团养老、托老所等项目(杨勇刚,2017;卢德平,2014)。由于这些养老公共项目功能的发挥靠政府主导的服务供给、输送和利用实现,所以此过程中传达的是国家公共政策意志。而公共政策具有公共性,当自上而下规划的政治体制遭遇自下而上的养老运营机制时,可能会产生资源链接错位、需求供给利用不平衡等问题,从而陷入低效困境。由此,在公共服务领域中,养老项目应该通过另一种方式进入基层运作体系。

其次,"非既定规则性",即要从一种非传统的行政路径来考虑项目的入场。在养老公共服务领域,若按照传统的"需求—供给""统筹—规划—发放"的行政规则,容易出现同质化、低质量供给与多样化、品质化养老需求之间的矛盾,出现低效甚至失效的项目结果。虽然同为政府支出,但农村养老公共服务项目资金的使用手段需与普通行政方式不同。它需要打破科层束缚的政治机制、绕过以往的行政规则,通过跨级、跨界来实现政治目的。在社会回应创

造的资源运输新路径之中,各领域资源调动将更流畅、顺利。它具有减少在复杂各领域中的信息不对称和各群体之间利益冲突的优点,能够寻求项目运行效果与养老公共服务政策的目的一致性。这种一致性建立在各行为主体之间洽适的互动关系之上。

最后,"政社联动关系"。政府通过资金扶持、动员社会所有力量来实现农村养老公共品的供给。在以老年人为主体出发的项目的运行中,最好的支持是"政府助推"而不是"政府主推"。这一联动关系的处理是农村基层体制改革中的重难点,也是政府从"行政绩效"向"社会绩效"转化的必由之路。在这一政社联动过程中,政府权利让渡和分化给非政府组织、社会群体和公民。在当前,这种权利的边界已经合法化,亟需合理化。这种关系的合理化,需要破除以往自上而下的资源传送路径的固化,使社会所有力量不再成为政府附庸,避免政府疲劳。

转向社会回应的农村养老公共项目实践,其运行主体贴近农村基层现实。例如基层自治组织、公益群体及公民个人等,他们直面服务主体,且更具沟通性,具有双重优势。其一,社会回应方式更加灵活、可沟通。这有助于释放社会活力,帮助项目适应环境变迁,满足老年人多元化需求。其二,社会回应的类型多样。在多类行动主体的支持下,老年群体在私人领域下的公共空间中,与他人进行良性互动,容易突破以往被动养老思想,有助于消除农村老年生活的消极感。在社会回应为核心的养老项目中,老年人可以通过集体的力量增能,更加积极主动地选择自己的生活,甚至突破传统社会秩序对老年人的限定与约束,主动寻找更积极的生活意义,获得老年人自我认知与社会地位的提升。由此,社会回应视角这种兼具自发性与自主性的行动逻辑,不仅便于搭建一个多类行动主体有效参与的载体,更有助于走出政府理性神话,免于项目的机械推行。

## (三) 案例介绍

"四堂间"成立于 2014 年,是利用改造的农村闲置住宅,经过农村基层自我发起,以老年人自愿参与、企业资助、社会组织融合、乡贤和社区精英帮助、志愿者长期服务、政府扶持助推的方式,共同为本宅基(或所在村民小组周围)的老年人提供助餐、日常生活帮扶、文化娱乐、精神慰籍等各项养老服务的农村养老公共服务项目。笔者从 2018 年 1 月至 2020 年 6 月,对堂主、社会组织负责人、村长、参与老年人进行了多次深度访谈,对项目活动和老年人日常生活状况进行了观察,并且通过民政局提供、网站公开、媒体报道等方式收集后续资料。

经过对资料的分析发现,四堂间项目实现了基层养老服务的"增效""增量""增质"。首先是农村养老服务的"增效"。一方面表现在该项目运作高效上。各组织单位积极主动,参与老人至少占设点村老人数量的 90% 以上。同时,群众和政府满意度高,该项目不仅获得了服务接受者的认可与支持,还被选为 2019 年农村公共服务典型案例。另一方面表现在"四堂间"内在机制的完善。其创建标准设计包含了基本硬件、设施配备和选址规范等方面,有合理的验收评估流程;其运营标准按照"吃饭的饭堂,聊天的客堂,学习的学堂,议事的厅堂"的功能划分,并且将日常管理、服务状况、安全保障、多元参与等要点进行了规范;其监管评估机制设置了星级评价、奖惩措施。由此观之,该项目在一定程度上走出了低效和运行无力的困境,并获得了观念、文化、社会期待和制度的合法性。

其次,该项目实现了农村养老服务的持续"增量"。自 2014 年奉贤区四团镇三团港村进行首家"四堂间"的启动仪式至今,"四堂间"已运营 7 年,设点数量逐年增加。从 2016 年开始,奉贤区全面推动建设,截至 2020 年 6 月其运营点已增至 422 家。"四堂间"避免了"投入—消弭—投入"的循环往复,避免了持续性低的难题。

最后,"四堂间"的运作实践经验总结以及本土养老项目专业体系的完善,实现了"增质"的突破。其一,多类型、多模式的社会组织在农村养老公共项目中分别发挥不同的功能。运营型模式,例如本土的社会组织庄鑫,在奉贤区庄行镇发挥整体运行功能;监管型模式,例如本土的社会组织赛家,在奉贤区四团镇发挥管理监督功能;增能型模式,例如外部引入的社会组织新途,发挥对本土社会组织和人才培育、引导和发展的功能;服务型模式,例如村镇本土的文体社团或协会、市区层面的公益性社团或协会等,发挥各种专项养老服务的功能。其二,"四堂间"机制基本完善。社会组织的引入机制、运作机制、激励机制、监管机制和评估机制环环相扣,推进了社会组织参与项目运行和管理。它们在一定程度上消解了本土社会组织专业化不足、外来社会组织的认同不足与适应性困难、管理人员权责不清和人力资源不足的困境。

## 三、社会如何回应？ 养老服务项目的实践过程及行动逻辑

### （一）"自下而外"的需求传达

养老公共服务项目实践过程中的逻辑起点是"需求传达"。以往政府回应"自上而下"的项目资源运输方式不能实现养老资源与老人群体的直接对接，就要求打破资源输送的路径固化。资源输送路径不同使得其项目结果也大相径庭。流畅的需求传达是社会回应的核心，它的特点是"自下而外"的路径，体现了行为主体的自动自发和组织资源的协同。这个传输路径是老人的养老诉求从下（农村老人）到外（与老人相连的一切非政府力量的环境）、从外到上（国家和政府）的连续性过程。

西校村的盛副书记介绍，"四堂间"堂主本就是村民自己推选的，堂主如果不能服众，或者和大家关系不好，也没法真的帮群众说话。一般来说都是推选老好人，愿意为大家做贡献的人，可以说是半义务劳动了。村里的养老工作做好也事关堂主自己，肯定还是要往好的方向做，既了解真的养老需求又能把大家的真实想法向上传达，这样获得的帮助才是有效的。[①]

这种需求传达有两个层面的含义，分别回答了养老资源与政治体制机制两个衔接问题。一是农村老年人的诉求直接传达至相关联，并可以立即反馈的一切社会力量；二是农村老人的诉求由最了解、最接近他们的社会力量间接传达给国家和政府。"自下而外"的需求传达是非政府组织、社会群体及公众等对农村老人的直接、间接回应。由此观之，与政府回应不同，社会回应的这种"自下而外"的需求传达从一开始就奠定了养老公共服务项目的社会性、公众性的基调。

---

[①] 访谈 12202，庄行镇西校村副书记，2017 年 12 月 20 日。

## （二）可沟通的互动空间

以社会回应为核心的"自下而外"资源传送路径，具有主动行动实践取向。在农村，外来工作者运营养老项目时，可能会遇到固有沟通关系的抵触。社会回应创造了一种以农村老年人为核心，并且与其他行动主体之间可以相互沟通的空间，在一定程度上可以消除交往障碍。社会回应模式强调农村老人在养老服务方面的主体性和自发性，以及农村社区的资源协调性与配适性。这种回应模式具体包含了回应主体、回应类型和回应方式三类。以"四堂间"项目为例，社会回应的主体包括社区/村自治组织、企业、私人部门、各类群团组织、社区精英/乡贤、普通村民等一切非政府力量。社会回应的类型有两种：一种是"他的"类型，社会中多类行动主体对农村老年人诉求进行反馈、满足的过程；另一种是"自我的"类型，农村老年人基于自身诉求而展开的需求满足的过程。社会回应的回应方式有主动的、公开的、非制度的、多向的、直接与间接的、群体与个体的、组织与非组织的等（戚攻，2006）。

由此，这种社会回应模式具有多类行动主体、多种类型、多种方式的优势，它更适用于以养老公共服务的网状治理为核心的公共价值管理环境。在繁杂的农村环境中，多类行动主体基于多重逻辑、多类行动，可能导致养老项目效用的缺失。但是在"四堂间"项目中，服务对象直接与服务的传送甚至服务政策的制定相关，相关行动主体间的信息不对称困境得到了一定程度的消解。

这种实践模式中，农村老年人、政府以及其他非政府力量依托这个项目，存在一个可以相互沟通、协调的互动空间。这种互动空间不是割裂和植入的，而是存在于农村老人的日常生活，老人自然而然地"在场"而不是"入场"。农村老年人在"四堂间"内的行动，处于农村社区功能链上，在相应层级发挥着自己的作用，体现了老年人活动性和生活的延续性。这种完全从老年人的主体性出发，与其他多元主体频繁互动交流，并且啮合农村生活的方式，有助于达到农村公共养老项目价值目标和行政目标的双向均衡状态。

## （三）载体搭建

社会回应这种模式，归根究底是为了消解农村养老公共项目低效困境的一种行动主体间的互动策略。这个策略极具灵活性、基层性，从农村老年人主体地位出发,是基于自发性项目运行逻辑的基础上,通过主动性的项目运行过程来实现的。所以,这个项目的实践过程必须内置于一个有别于以往内置于行政机构中、自上而下运行的项目运行机制。

以宅基地为物理空间,搭建于一切可利用资源之上的"四堂间"解决了以上问题。它不仅将村组织、村两委、乡贤、村企业等基层力量紧密团结、联合在一起,还将农村老年人也作为最主要的养老资源之一。农村老年人具有养老服务者和养老公共服务对象的双重身份,有助于将老年人参与的主动性激活。他们不仅能够帮助解决需求识别困难、服务靶向偏离、农村养老人力资源缺乏等难题,还可以正向影响养老公共服务项目运行效果。在这一载体中,对农村老年人资源的利用,在某种意义上实现了公共养老公共服务项目工具性意义和价值意义的双向契合。

据南桥镇江海村彭村长介绍,该村"四堂间"的地址由村民自己选定在村民常去的那户人家的家里,"四堂间"沿袭了本村的人情文化。"四堂间"的装修由村里自行完成,同时建设了用餐室、活动室、卫生间各一个,周边还有露天健身设施。"四堂间"设立后,除了解决老年人的吃饭难题,还丰富了村内老年人的生活。①

"四堂间"的载体搭建,立足文化意蕴之中。农村文化资源和价值原则根植于老年人生活中,影响着老年人参与项目的主动性。当前的奉贤农村处于新旧公共伦理和休闲公共伦理交互影响的伦理空间中。一方面,在"四堂间"项目中,传统的家族、村社、村庙、乡贤祠这种准公权和准宗教性质的公共伦理空间,依然发挥着引导和规范养老服务秩序的作用;另一方面,在国家政策目标与农村养老公共服务实践结合的过程中,民众诉求、村民议事、自我治理、公共决策的农村新伦理逐渐占据了主体性的位置。农村新伦理破除了传统伦理空间中的结构和思想,提升了老年人的参加性、主动性。并且,在经济市场与政府项目的双重影响下的新时代农村休闲社会伦理,也发挥着重要作用。它使以亲缘、地缘为纽带的养老义务本位关系被平等、自由和灵活的养老市场关系所影响、侵蚀。熟人社会逐渐转向于以熟人为主体的陌生人社会(李凤鸣,2019)。在繁杂的农村现实情境中,应该营造孝伦理的文化氛围,让互亲互助的理念渗透到生活的各个层面(彭希哲、郭德君,2016)。伴随着城镇化发展、家庭结构变化、社会团体驻入农村的现实情境变化,奉贤区农村邻里和睦相

---

① 访谈041303,南桥镇江海村村长,2018年4月13日。

处、乡亲守望相助、父慈子孝等传统伦理文化受到巨大冲击。"四堂间"遵从市场、重视环境，通过要素整合打造了新休闲伦理空间。它集"议事""生活照料""学习""娱乐"等功能为一体，在满足农村老年人养老基本需求的基础上，协调了人与环境、人与人的关系，规范调整了村民之间处理公共事务的规则。

## （四）自组织的要素整合

农村养老公共服务项目是否能够长效运行、是否充满活力，与组织、人才和管理的专业性息息相关。然而农村的组织资源、专业人才十分有限，那么怎样才能保证养老项目的运作持久、具有活力？埃莉诺·奥斯特罗姆最早提出了"共同生产"（Parks et al., 2010），给出了应对养老项目进行整合性服务的回答。还有学者从公共产品的自组织供给出发，认为利用老年人自我参与，以及亲邻、社会资源进行低成本的互助服务可以实现农村互助养老（刘妮娜，2019）。在农村缺少人力资源、组织资源、物质资源的情境下，自组织的要素整合成为可靠出路。

据南桥镇沈陆村唐村长介绍，每个村的"四堂间"运行主体是不同的，但都属于基层自我服务。本村的睦邻"四堂间"的为老服务人员以本村志愿者为主，以志愿服务形式为主。村里的每个睦邻"四堂间"点都有一名服务人员，55—60岁，每人700元/月补贴。运营由村委直接管理，节日期间会组织老年人开展包饺子或者其他活动。助餐服务则承包给小元国餐饮公司，每天由小元国餐饮公司负责配送。镇里还会定期组织便民志愿服务，包括教育宣讲、健康送医、文艺节目等。①

奉贤农村养老模式构建了"自治性+社会公益性+社会性+经济性"特性的整合自组织体系。"四堂间"项目中农村社区的物质、人力、组织、文化资源和社会资源是通过整个自组织体系，进行要素整合、分配和利用的。这个自组织体系的构建包含了本土培育与专业导入两个方面。

自组织群体通过自我培育、政府给与的专业支持，来确保自组织的内在机制的专业性。"四堂间"项目中，对本地自组织中管理者的培育以及对农村人才挖掘，打造了一批具有服务、统筹、整合能力的人才队伍。一方面，"四堂间"在基层的呼吁下，奉贤区民政局以购买上海新途社区健康促进社（下称"新

---

① 访谈04131，南桥镇沈陆村村长，2018年4月13日。

途")的社会组织培育服务的方式,将七镇一街道中50个"四堂间"项目点的当地社会组织与人才培育工作进行打包分派。他们以对奉贤本土社会组织成员进行培育,以及对村里管理人才的挖掘的方式,来促进自组织专业化;另一方面,"四堂间"通过各类专业技术人员的志愿服务和政府购买专业教学服务两种方式,对内部专业知识进行导入。例如在"四堂间"活动中,开设活动设计、管理技术、金融知识、法律维权、科技运用等具有针对性的培训课程。"四堂间"自组织群体集合了熟人群体和乡村精英所具备的威望、信任、文化共通、沟通便利等优势,也具备了服务专业、内外资源协调的长处。

## 四、 主动性激活与要素获取:
## 农村养老项目实践的内在机制

在以社会回应为核心的农村养老公共服务项目的实践过程中,其内在机制是什么?为什么这种模式能实现政府政策的原初设计,并将其合法化?这就构成了本部分关注的重点。

### (一)公众主体性的机制属性

养老公共项目作为一种国家再分配方式,是国家维持老年人基本生活的保障性、补充性的手段。在实践过程中,部分养老项目受到行政绩效偏好的影响,并没有贴合实际,在农村无法发挥其真正效用,导致项目偏差严重。当前的农村养老公共项目依然是一种目标预先设定的制度安排。

在"四堂间"的实践探索中,其运行机制的属性呈现明显的公众主体性,这种公众主体性通过其服务载体的内部构造和内部关系而表现出来。一方面,从载体内部构造来看,"四堂间"是建立在私人宅基地上,通过老年人及与老年人紧密相关的群体,共同提供综合性养老服务的机制。这个机制处于公共空间与私人领域融合的场域中,实质上是"私人领域的公共化"的塑造。由此,这个机制具备了自治型服务、社会型运行、配适型资源利用、助推型政策规范的公众性载体特性。另一方面,就内部关系而言,"四堂间"内各行动主体的角色及其互动方式也隐含了公众性。这个互动是一个连续循环的过程:首先是作为被服务对象的农村老人有养老诉求,然后社会给与回应(老人自愿参与,村委负责,社会组织、企业、志愿者等社会力量啮合),最终政府助推。重回公众性的"四堂间"项目的内在机制的管理主体清晰,基层群体权利自主,资金资源来源扩宽。它发挥了各方优势,体现了各部分主体的平等与合作关系,构建了农村基层共同治理结构。这意味着,这种模式摆脱了政治体制的刻板束缚,具有沟通性、协调性和均衡性。

## (二)自发性的项目运行逻辑

以社会回应为核心的农村养老公共服务项目,遵循着项目发起和运用的自动自发、项目主体主动参与的运行逻辑。这种模式的养老服务项目运营将政府主导转为公众主导,代表了治理路径的拓宽和重读,获得了公共价值原则回归。价值原则既是老年人参与的前提,也是农村养老公共服务项目运行的基础。以往养老公共服务项目管理的价值基础是实现公共利益最大化(陈干全,2003)。然而,老年人与其他行动主体具有自利性价值取向,每个主体都在寻找实现自身目标的路径,所以项目效果常常偏移养老公共服务制度的原初设计和安排(徐建宇,2018)。社会回应取向的"四堂间"多维度、多向度的治理方式,符合公共价值管理中兼顾公平、效率和责任的价值核心。它强调多类行动主体参与、互动、分享和平等,与老年人个人寻找合乎自身利益的价值取向之间有一个平衡点。由此,多类行动主体的表达、协商与互动,能有效避免陷入以往"将项目复杂运行过程进行简单化对待"的困境,激发老年人参与的主动性。这种主动性又有利于项目目标的达成,从而形塑了项目运行的自动自发。

## (三)主动性的运行过程

"四堂间"项目在运作过程中抛弃了以往项目统管、政府分发的策略,而是将沟通机制、服务机制和监管机制的结构优化作为核心要义。该项目在服务供给、服务运输、服务利用三个环节,以技术的优化升级促进项目运行的主动性。这种主动性能够帮助实现服务资源合理利用以及行为主体之间的高效互动。首先,在服务供给阶段,这种主动性有助于政府和社会对农村老年人的需求识别靶向精准。非政府力量对需求的回应以及对外的传达,在一定程度上消解了项目运行过程中存在的上下信息不对称的困境。这个过程有助于关注农村的失语群体,以及帮助养老公共服务的区域均衡,推进城乡有差无别化,促进农村养老供给标准的层次化。其次,在服务输送环节,这种主动性可以更好地对接供需两端。它不仅有助于解决服务对象的群体困境,还能避免因需求供给不平衡所造成的资源浪费问题。这种模式有助于走出以往运行机制中养老公共服务主体单一、内容单一以及服务方式僵化的困囿。最后,从服务效能看,这种主动性能够帮助养老服务项目实现供给资源的有效利用。从"开源"来看,多种社会力量都在对养老服务需求的直接回应中,发挥了各自最大作用。"四堂间"中可沟通、专业、可代言的社会力量将农村老年人的需求向政府传达后,政府和社会可进行间接回应。间接回应中的规范制度、多元帮扶力量和有序的发展规划,能提高农村养老公共资源长期利用的有效性。以"节流"观之,该模式有层次、分缓急、有步骤地合理利用资源,有助于消解需求和供给的利用不平衡困境。

## (四)整合性的自组织结构

"四堂间"项目不仅发挥了资源运输的作用,其本身更是一种多方参与、上传下达的可沟通、综合性联动机制。这种整合性自组织结构的核心是老年人的主体地位。它不仅减少了在主流文化中老年人所感知的自身处于边缘性地位的被排斥感,更能在长期而稳定的群体互动中获得力量和支持,突破以往农村养老文化秩序。

一是联动载体结构的"整合性增效"。在实践过程中,奉贤农村依托"四堂间"开展了党建微家、妇女微家等多类项目,促进了各项功能的融合,将碎片化资源进行集合,增加了资源黏合性。最终,不仅避免了农村基层因为各种政治目标,进行重复建设所造成的资源浪费,还促进了项目叠加效益的产生。二是联动结构的"表达性增能"。由于"四堂间"的建立,村里的结对单位或者爱心企业等有了资助的实体。各社会公益组织、文艺团队、志愿者、乡贤达人等能够通过这个联动结构发挥作用,实现文化反哺(周晓虹,1988)。各类主体在这个联动机制里可以实现其价值,稳固的主体单位和多方激励增加了资源的虹吸效应。三是联动载体结构的"分责制增量"。在这个结构中,养老服务主体和客体是农村老年人,他们负责接收资源,也能创造资源。责任主体是村委会,主要负责组织选点创建与日常运营工作。运行主体与参与主体是其他社会力量,他们和村委共同负责项目的运行。社会组织是四团镇与庄行镇部分

"四堂间"的运行主体,社会组织在体制层面和服务层面发挥着作用(汪鸿波、费梅苹,2019)。企业是参与主体,通过结对帮扶、专项物资等方式,给予资金和物资支持。志愿者也是参与主体,支持方式是专业知识答疑解惑和定期帮扶。民政局是引导力量,通过政策、组织、资金和资源的帮扶,对"四堂间"项目进行助推。

## (五)助推性的政府规范

政府对"四堂间"养老项目的助推主要通过专业导入来实现,具体有社会组织引入和规范导入两方面。养老项目实践的机制需要合理保障,即政府对养老项目的社会组织运行权利与责任边界的确定。"四堂间"项目通过村委会决定、镇民政局支持、区民政局规范的方式,各级政府进行分类财政投入,以开展社会组织引入工作。引入工作主要有五个要点:一是分类引入社会组织。结合各村老年人的需求,分类引入社会组织,主要专注于某类服务,以保证"四堂间"相关服务开展的质量和效率。二是因地制宜。根据各镇各村情况,引入适合本地区的社会组织,并且动员本村、镇的相关资源为"四堂间"的发展增添活力。三是注重衔接。政府在引入专业社会组织时,不仅注重与当地自治组织、经济组织以及本地其他社会组织之间横向的衔接,还关注与当地遗留的农村养老公共服务项目的纵向缔联。四是试点推进。一般来说政策具有滞后性,相关政策与专业引进之间需要较长时间磨合与改进。"四堂间"并未一次性大量引进社会组织,而是在分点的实践过程中不断总结已有的经验教训,逐步推进。五是多方监督。养老项目的运行不仅直接关乎老年人的生活质量,也是全社会的责任与义务。"四堂间"项目动员了一切可利用群体进行监管。其日常评估由老年人和村委完成;民政局和第三方进行过程、中期和结果的监督和评估工作;农村村民进行日常监督。

奉贤的基层自组织将养老项目实践经验总结上报至民政局,民政局邀请学者和养老专家对"四堂间"进行外部制度的规范化。最终,在多方协调下,民政局对"四堂间"的经济政策和服务政策进行了内容核定,规定了社会与行政绩效的考核标准,设定了项目的改进、终结和发展的连贯运行程序。这些基于自组织整合的实践经验所制定的政府政策推动了实践的深化,对于社会组织、老年人、村委会、企业、志愿者、乡贤和社区精英等社会力量具有导向与规范作用,促进了政府治理和社会调节、居民自治良性互动。

## 五、讨论：社会回应与公共主体性的找回

以往养老项目运行中，国家计划与地方政府自主、社会绩效导向与行政绩效导向之间的张力，限制了非政府力量的功能发挥，降低了养老项目的执行效果，从而导致项目受益群体的真实需求没有得到满足。国家、地方政府、基层单位以及受益群体等多类行为主体之间的互动方式单一、机械。在农村老年人养老需求应对方面，几乎以"由上而下"政府回应的单方输送方式为主。这种政府回应的养老公共服务项目，在事实上造成了公共主体性的缺失。"四堂间"农村养老公共服务项目为我们提供了另一种可能。

研究发现，以社会回应为核心和本质是"四堂间"农村养老公共服务项目取得成功的关键。一方面，这一模式破除了以往以政府为主体的科层运作惯性，从老人的主体性地位出发，畅通并建构了一种自下而上的养老公共需求与服务资源的匹配协同路径；另一方面，这一模式通过以"需求传达""积极互动""载体搭建""自组织要素整合"为核心的运作机制，以及对公众主体性的机制属性、自发性的项目运行逻辑、主动性的运行过程、整合性自组织结构、助推性的政府规范五个要素的联动，重构了项目长效运行的内在机理，减少机械科层结构、不对称的市场俘获和虚幻的社会吸纳所造成的三重束缚，进而有助于公共服务项目的低效与不持久问题的解决。

实际上，社会回应为核心的养老公共服务项目是"自下而外"回应方式，在政社联动关系的政治逻辑下，遵循了公众层面的去商品性，有一种非既定规则的资源运输路径。社会回应式的养老服务项目中，在服务供给、传送、利用三阶段，多类行为主体均能够在可沟通的互动空间中进行对接、磨合。并且，社会回应式的养老服务项目强调了农村社区自身在养老功能方面的主体性、自发性、主动性。在这样的情境下，以社会回应为核心的农村养老项目自然而然的从政治空间转变到技术空间，进而能够寻求到公众主体性的正位。

在针对农村养老三年的深入调研中发现，农村的失能、失智老年人很难像其他老年人一样在事实上共享养老公共服务，他们常处于边缘化、失语的状态。由于失能、失智老人照护需求与家庭扶养缺位的矛盾，空床与押床现象下映射的市场与公益的博弈，农村日间照料中心面临实际照护能力不足等多重原因，造成了很多农村失能、失智老年人的生活状况惨不忍睹。由此，本文主

要关注的是已经发声、表达需求的农村老年人,尚未对处于失语状态的失能、失智农村老年人进行讨论。养老公共服务项目是否应该更注重为特殊老年人开展养老服务,以真正实现"项目养老"的补充性和兜底性?围绕这一思考,笔者认为可以继续深化对农村养老公共服务的研究。

## 参考文献

陈干全,2003,《论公共管理的基本原则与价值取向》,《中山大学学报》(社会科学版)第1期。

陈功、黄国桂,2017,《时间银行的本土化发展、实践与创新——兼论积极应对中国人口老龄化之新思路》,《北京大学学报》(哲学社会科学版)第6期。

陈英姿、满海霞,2013,《中国养老公共服务供给研》,《人口学刊》第1期。

邓燕华、阮横俯,2008,《农村银色力量何以可能?——以浙江老年协会为例》,《社会学研究》第6期。

杜鹏、安瑞霞,2019,《政府治理与村民自治下的中国农村互助养老》,《中国农业大学学报》(社会科学版)第3期。

侯利文,2016,《基层社会治理中的"国家与社会"——变迁、现状与反思》,《华东理工大学学报》(社会科学版)第4期。

胡兰、刘征驰,2013,《基于两阶段信息甄别的公共服务外包最优报酬机制研究》,《中国科技论坛》第1期。

李凤鸣,2019,《高度重视构建乡村伦理空间》,《学习时报》12月26日。

李祖佩,2016,《分利秩序:鸽镇的项目运作与乡村治理(2007—2013)》,北京:社会科学文献出版社。

梁玉成、刘河,2015,《新农村建设——农村发展类型与劳动力人口流动》,《中国研究》第1期。

刘华,2019,《需求理念下我国农村养老保障政府行为再思考》,《兰州大学学报》(社会科学版)第6期。

刘妮娜,2019,《农村互助型社会养老——中国特色与发展路径》,《华南农业大学学报》(社会科学版)第1期。

卢德平,2014,《略论中国的养老模式》,《中国农业大学学报》(社会科学版)第4期。

陆杰华、林嘉琪,《长寿红利时代积极应对老龄化的战略视野及其行动框架》,《行政管理改革》第1期。

马凤芝、王依娜,2021,《"共振式增能":农村养老共同体构建的实践逻辑——基于水村和清村的经验研究》,《中国农业大学学报》(社会科学版)第4期。

彭希哲、郭德君,2016,《孝伦理重构与老龄化的应对》,《国家行政学院学报》第5期。

彭希哲、胡湛,2011,《公共政策视角下的中国人口老龄化》,《中国社会科学》第3期。

彭希哲、胡湛,2015,《当代中国家庭变迁与家庭政策重构》,《中国社会科学》第12期。

戚攻,2002,《论"共同治理"中的"社会回应"》,《探索》第4期。

戚攻,2006,《论"回应"范式》,《社会科学研究》第4期。

渠敬东,2012,《项目制——一种新的国家治理体制》,《中国社会科学》第5期。

石园、纪伟、张智勇、赵俊,2019,《基于差异化服务内容的社区养老服务需求与供给协调机制研究》,《人口与发展》第3期。

史普原,2019,《项目制治理的边界变迁与异质性——四个农业农村项目的多案例比较》,《社会学研究》第5期。

汪大海,2005,《社会治理转型中的公共行政价值的回应与平衡》,《北京行政学院学报》第4期。

汪鸿波、费梅苹,2019,《乡村振兴背景下农村社会工作的实践反思及分层互嵌》,《甘肃社会科学》第1期。

王小龙、兰永生,2011,《劳动力转移、留守老人健康与农村养老公共服务供给》,《南开经济研究》第4期。

王志凯、史晋川,2011,《中国区域经济发展的非均衡状况及原因分析》,《浙江大学学报》(人文社会科学版)第6期。

徐建宇,2018,《城市社区治理的价值原则、生活叙事和伦理意蕴研究》,《河南大学学报》(社会科学版)第3期。

杨勇刚,2017,《供给侧视角下的农村养老服务发展策略》,《河北大学学报》(哲学社会科学版)第6期。

周晓虹,1988,《当代中国青年文化的反哺意义》,《青年研究》第11期。

周延、谭凯,2021,《城乡居民基本养老保险制度改革的收入再分配效应研究——基于老年群体收入差距变动视角》,《人口与发展》第1期。

Cahn, Edgar 2001, "On LETS and Time Dollars." *International Journal of Community*

Currency Research 5(20): 1-4.

Nyhlen, Sara & Giritli-Nygren Katarina 2016, "The 'Home-Care Principle' in Everyday Making of Eldercare Policy in Rural Sweden." *Policy & Politics* 44(3): 427-439.

Parks, Roger, Paula Baker, Larry Kiser, Ronald Oakerso, Elinor Ostrom, Vincent Ostrom, Stephen Percy, Martha Vandivort, Gordon Whitaker & Rick Wilso 2010, "Consumers as Coproducers of Public Services: Some Economic and Institutional Considerations." *Policy Studies Journal* 9(7): 1001-1011.

Whitham, Monica & Hannah Clarke 2016, "Getting Is Giving: Time Banking as Formalized Generalized Exchange." *Sociology Compass* 10(1): 87-97.

# 寻找"最适宜"的照护：长期养老照护抉择及其合理化*
## ——以失智症照护为例

李海燕　涂　炯**

**摘要：** 理想的长期照护是家庭成员基于"爱"与责任等提供最好的居家照护。然而，照护负担与家庭伦理责任要求，使得家庭照护者常常陷入照护与道德的双重困境。长期居家照护的经历，让家庭照护者痛苦不堪，老人也并没有获得好的照护，因而不少家庭开始寻求机构照护。家庭照护者在不断的机构选择和照护摸索中慢慢降低期待，从寻求"理想的照护"到"足够好的照护"，再到现有经济社会条件下可以"满足基本需求的照护"。在此过程中，家庭照护者也不断合理化这样的选择：老人进入机构后，家庭照护者仍然提供经济、情感等方面的延续性照护，既照护了老人又能减轻家庭照护者的身心负担，合乎家人之情；从期待"随侍在侧"到强调"生活质量"，从"生活照护"转移到"情感照护"，合乎孝之理。通过合理化过程，机构提供专业照护和家属提供情感照护的共同照护模式也被认为是现有选择中"最适宜"的照护。

**关键词：** 失智症　家庭照护者　养老照护　持续性照护　合理化

## 一、引言：失智症长期照护现象

"老于牖下，终于天年"是传统社会对老年生活的美好想象，勾勒出老有所养、无疾而终的画卷。随着老龄化程度的加剧，高寿老人不得不面对更多疾病风险。据

---

\* 本文系 2022 年度程度大学高级别项目培育基金"主体性视角下机构养老照护的冲突与调试"（项目批准号：2022JBKYXMPYJJ04）的阶段性研究成果。
\* 李海燕（通讯作者，lihaiyan@ cdu. edu. cn），成都大学法学院讲师；涂炯，中山大学社会学与人类学学院副教授、博士生导师。

统计,65 岁以上的人群中,65% 的人至少患有 3 种疾病,20% 的人患有 5 种疾病（Anderson, 2010）。2012 年,65 岁以上老人 65% 多病共存,85 岁以上老人 80% 多病共存(Barnett et al., 2012)。多病共存,也称"共病",是指同一患者体内同时存在两种或两种以上慢性病的状态。在我国,老人患有一种慢性疾病的达 91.7%,患两种及以上慢性疾病的达 76.5%（王姣锋等,2016）。共病是全球老人晚年生活的常态,如何照护越来越多带病生存的老人,成为世界难题。尤其是共病中包含失智症等需要长期照护的疾病,往往会带来更大的照护压力。

失智症,俗称老年痴呆,患者初期表现为短期记忆受损,逐渐发展会导致记忆力减弱,语言、运动、知觉感知变差,情绪不稳定,最后发展为病人失去身体和思维控制能力,最终走向死亡。失智症患者不仅会丧失心智能力,也往往会失去自我生活能力,即失能[1],因此需要长期的照护（尹尚菁、杜鹏,2012）。失智症中晚期的一系列精神症状,如"脾气古怪、容易动怒、猜疑、起居日夜颠倒、游走、产生幻觉、攻击他人,甚至会出现自杀倾向等"（徐勤,2015）,给照护带来了极大的困难。

因病程时间长,世界上多数国家都以在家照护失智症患者为主。在美国,87% 的失智症患者由家庭成员在家照护（Samia et al., 2012）;在英国和波兰,大约有三分之二的失智症患者由家庭成员照护(Bednarek et al., 2016; Cooper et al., 2010)。我国受传统文化观念、医疗资源不足等因素的影响,失智症患者在家照护的情况更甚。有研究表明,我国高达 90% 以上的失智症患者在家中接受家庭成员照护（罗姣,2011:2）。失智症家庭照护具有长期性、复杂性、可变性等特点,家庭照护困难。随着疾病发展,照护压力、责任、技能要求等构成了家庭照护的巨大挑战。那么家庭成员照护失智症老人的经历如何,在日复一日的照护实践中,他们如何摸索着为老人选择"最好"的照护？本研究将探究在失智症照护困境中,家庭照护者如何选择与协商最适宜的照护。

## 二、 文献回顾：什么是"最好"的照护？

由于目前尚无特效治疗药物,失智症患者主要依靠照护提高生存质量和

---

[1] 依据凯兹(Sidney Katz)在 1963 年提出的日常生活自理能力表（activities of daily living, ADLs）作为测定老人失能等级的标准,以吃饭、穿衣、上下床、洗澡、上厕所、室内走动 6 项指标来衡量。5—6 项"做不了"的,定义为"重度失能";3—4 项"做不了"的,定义为"中度失能";1—2 项"做不了"的,定义为"轻度失能";每一项虽然都能完成,但完成起来十分困难,定义为"半失能"。

延缓病程进展(朱榕等,2019)。因此,"好"的照护,对失智症患者至关重要。那么,什么是"最好"的照护?

中西方社会似乎都潜藏着对"完美照护"的假设,即由家人承担照护角色,基于自身最真实的情感为被照护者提供身体上、情感上、生活上的照护,在此过程中,照护双方感觉到"爱"与"被需要"。因此,当家人需要照护时,家庭的重要成员成为"最合适"的照护者。在中国,社会习俗、文化期望和法律义务都强调照顾父母是孩子的责任(Zhang et al.,2020),因而,将照护老人与"孝"挂钩。"孝"作为一种道德规范,约束着子女对父母的赡养行为。在孝道的规范下,子女们照护年迈的父母,使得他们得以"老死牖下"。传统孝道最基本的要求是"随侍在侧"和"奉养双亲"(叶光辉、杨国枢,2009),因而是否在家给老人养老送终是衡量中国人孝顺与否的关键。子女对身患重病的父母不离不弃的照护,常常被认为是"大孝"。送老人去(养老院或医养结合)机构养老,则会被当成"不孝"。

20世纪末期,机构养老模式进入我国。当时主要接受三无(无劳动能力、无生活来源、无赡养人)老人,养老院也因此被认为是"被抛弃、无子女"老人的归属,机构养老的社会认可度和接受度不高。当下这种态度虽然有一定改观,但是仍存在"选择机构养老方式赡养父母的孝行水平较低"(李琬予等,2014)的观念。此外,人们期待成年子女照护年迈的父母,这种照护责任隐藏着亲属关系的互惠逻辑:父母在子女年幼时给予了照护,孩子应该在父母年老时照护他们(Marian,2012:21-22)。互惠的养老逻辑为老人的晚年生活提供支持,但也可能成为老人选择机构养老的障碍。例如,高法成(2011)的研究发现,贵州平寨人遵循"我养崽,崽养我"的代际最基本的互惠法则,老人们不会选择机构养老生活,因为那样会"没面子"。正如杨善华(2015)所言:"在'家文化'的熏陶下,送父母入住养老机构,是一种'不孝'的行为,既会受到自我的道德谴责,也会受到周围共同受该文化影响的人谴责。"可见,送老人入机构养老还未被社会和老人广泛接受。

然而,伴随着中国社会的转型,老龄社会生育率和死亡率双降,"少子化"和"长寿化"现象同步出现(原新、金牛,2020)。家庭结构愈加核心化,家庭中承担主要照护责任的成年人面临着"上有老,下有小"的现实压力,他们照护老人的精力有限,难以很好地完成照护工作,家庭养老照护功能弱化。加之,照护者群体变少,而且他们同样面临正在变老的情况,无法照护更老的父母。不仅如此,越来越多的女性进入劳动力市场,从照顾者变为工作者(Lewis,2001),使得照顾供给减少,原有的照顾呈现供需失衡的状态,出现了所谓的

"照顾赤字"或者"照顾危机"（Daly & Lewis, 2000）。吴小英（2020）认为照护问题化不仅仅是照护劳动的供需不平衡，也体现在照护的性别不平等、阶层不平等上。她指出："照护问题化的核心在于照护的稀缺性和不确定性，由于它无法通过个体自身来完成，而是处在某些关系结构中，因此随时可能受到周边多重因素和关系的影响而导致脆弱性。"由此可见，高龄老人由谁来照护成为结构性的社会危机。当老人身体机能下降，家庭养老照护成本增加，或者家庭结构变化，家庭不再是老人安度晚年的最佳选择（Hillcoat-Nallétamby & Ogg, 2014）。也就是说，以往承担主要照护责任的家庭，变得不再适合照护衰老而多病的老人。正如景军（2019）总结道："随着人口和家庭结构的变化，受到独生子女家庭数量之大、异地工作生活的人数之多、在家庭照料失能老人之艰巨、生活压力对生育意愿的钳制等结构性制约，中国人指望血缘关系完成养老重任的可能性不断萎缩。"因而，寻求其他形式的照护（如机构照护）成为人们的需求。

更为重要的是，照护失智症患者对家庭的影响比照护患其他疾病的老人更大。照护失智症患者给照护者的生活带来多重影响，如家庭、工作、经济状况、闲暇时间和与其他人的接触等方面（Pearlin et al., 1990; Aneshensel et al., 1995）。许多学者都认为照护患病的家人给家庭照护者造成了负担，并将其分为客观负担和主观负担（Montgomery et al., 1985; Hoenig & Hamilton et al., 1966）。客观负担指家人患病对照护者的负面影响（Baronet, 1999），如花在非正式照护上的时间、休闲和工作活动的限制，以及可能出现的经济问题。主观负担是指照护者在提供照护时所经历的身体、心理和情感上的影响，如失落感、抑郁、焦虑以及社交场合中的尴尬。照护失智症患者，常常是非常繁重和疲惫的工作。照护者面临社会隔离的情况，缺乏自我、家庭和朋友社交的时间，职业生涯的断裂，经济上的消耗，以及照护过程中无法缓解的繁重体力劳动（Archbold, 1982; Brody & Lang, 1982），这些构成照护者的主观负担（Zarit et al., 1980）。照护患有精神疾病和躯体疾病的患者，比照护仅有躯体疾病的患者有更高的主观负担感（Lene et al., 2011）。失智症患者在精神和躯体上的"病态"表现，常常会加重家庭照护者的负担感。照护者常常需要应对患者的身体和精神需求、应对与认知障碍或精神疾病有关的破坏行为等。

以上研究表明，家庭照护看似是最好的照护，但是在社会转型、家庭结构等变化的当下，家庭逐渐失去了提供照护的条件。不仅如此，对于失智症患者照护而言，家庭不具备失智症所需的医疗护理条件，家人费尽心力地照护有时也难以得到良好的照护结局。本文以家庭将失智症老人送入医养结合机构养老的现象为例,从照护者主体的微观视角来探索当代中国家庭中的照护实践与转型。具体来说,本文将呈现家庭照护者照护老人的实践与体验,理解家庭养老照护困境,探究家庭照护者如何寻求"最好"的照护,如何将送老人入院养老合理化,如何协商照护实践与家庭伦理观念,进而反思什么是最好的照护。

## 三、研究方法与田野介绍

本研究的田野调查于2019—2020年在西南某省会城市一所医养结合医院N医院[①]的失能失智照护区(S区)进行。N医院是一家以老年病、慢性病治疗为主,集治疗、康复、照护等为一体的市级公立专科医院。该院失能失智照护区,以患失智症、帕金森病等病人为主,有医生6人,护士21人,护工22人。该区现有108位老人,最高年龄98岁[②],最低年龄67岁,平均年龄82岁;其中丧偶58人,离异5人;子女数量最多的5个,最少的1个,平均2.46个[③]。这些老人中有79人为失智症病人,占比为73.15%,均处于半失能或失能状态。

笔者在家属来医院探望期间,对失智症患者的主要家庭照护者进行访谈,其中对13位失智症患者家属进行了深度访谈(基本情况见表1)。访谈尽可能地搜集失智症老人对家庭照护者造成的影响,家庭将老人送入机构照护的原因,以及老人转入医院后家属如何继续照护实践。具体来说,访谈主要围绕以下几个方面进行:在家如何照顾失智症患者,感受如何;家庭照护中的一些难忘的经历;照护过程中最大的困难是什么;为什么将患者转入医院照护,如何考虑的;患者转入医院照护后,家属还能做什么,感受如何。除此之外,研究者根据访谈对象所讲述的内容灵活追问一些开放性问题。笔者在医院长期做田野调查期间,结合家属来院探视时间,不定期地对家属进行回访,以丰富田野资料。此外,笔者还补充访谈了该病区医护人员、护工等对家属送老人入院后的照护行为的看法。

---

① 为保护田野对象,本文对调查地点和人名等均做了匿名化处理。
② 老人疾病统计时间为2020年7月,年龄以此来计算,下同。
③ 子女数量有8人未统计,其中1床和8床是夫妻关系。

表1 S区13位家属照护者访谈情况

| 编号 | 访谈对象 | 性别 | 年龄 | 职业 | 在家照护时长 | 家庭照护情况 | 家庭照护最困难的地方 | 家庭照护者的感受 |
|---|---|---|---|---|---|---|---|---|
| 1 | 周爷的爱人 | 女 | 70岁 | 退休 | 0 | 周爷生病后，送入其他医院治疗，医生建议家属送到N医院长期照护 | 1. 经济压力<br>2. 跑医院的精力跟不上 | 负担、疲倦 |
| 2 | 朱爷的爱人 | 女 | 82岁 | 退休 | 2年 | 朱爷生病后，一直和爱人生活在一起，直到摔了一跤之后才送入N医院 | 1. 心理压力<br>2. 和子女未居住在一起，子女出事了不知道如何解决<br>3. 不能接受爱人的疾病进展过程<br>4. 对疾病缺乏认知 | 无奈、痛心、后悔 |
| 3 | 黄爷的女儿 | 女 | 55岁 | 无业 | 3年 | 黄爷爷生病后由女儿照护，但因黄爷爱人手脚也不灵活，需要来入N医院 | 1. 同时照顾父母双亲，精力不够<br>2. 看着父亲的异常行为，心理难受 | 压力、痛心 |
| 4 | 珍婆婆的女儿 | 女 | 70岁 | 退休 | 0.5年 | 珍婆婆生病后，由女儿照顾。日夜颠倒让女儿身体吃不消，送入N医院 | 1. 母亲生她比较早，自身年事已高，精力跟不上 | 疲倦 |
| 5 | 叶爷的女儿 | 女 | 44岁 | 全职太太 | 2年 | 叶爷生病后治疗，经常需要送入医院治疗，跑父母家，还要管自己初中的儿子的学习，监管不过来，便送入N医院 | 1. 精力有限<br>2. 对疾病的不理解 | 压力、无处宣泄、后悔 |

续表

| 编号 | 访谈对象 | 性别 | 年龄 | 职业 | 在家照护时长 | 家庭照护情况 | 家庭照护最困难的地方 | 家庭照护者的感受 |
|---|---|---|---|---|---|---|---|---|
| 6 | 吴爷爷的爱人 | 女 | 62岁 | 退休 | 0.5年 | 吴爷爷生病后由爱人照护，因经常发病，在家控制不好，便送入N医院管理 | 1. 感情因素不能好好帮助爱人管理疾病 | 被爱束缚、心理压力 |
| 7 | 毛婆婆的女儿 | 女 | 53岁 | 职工 | 0.1年 | 7年前，毛婆婆出现精神症状，自己照护不了，也不行，就送入医院照护。毛婆婆植物状态多年，需要专业的医院照护 | 1. 专业照护技能缺乏 2. 儿时母亲的陪伴和关爱不够，也不想亲力亲为地照护 | 无奈、无知 |
| 8 | 云婆婆的爱人 | 男 | 80岁 | 退休 | 5年 | 云婆婆在家由爱人照护，因为后期痰太多，需要频繁去医院吸痰，便送入N医院长期照护 | 1. 家庭照护无法满足疾病需要 | 无奈 |
| 9 | 闪爷爷的女儿 | 女 | 54岁 | 职工 | 1年 | 闪爷爷生病后，眼着再婚的儿子一起生活。闪爷爷生病，儿子同时照护过不来，送往N医院 | 1. 家里人手不够 2. 对疾病缺乏认知 | 疲惫、无奈 |
| 10 | 全爷爷的爱人 | 女 | 75岁 | 退休 | 0.5年 | 全爷爷发病后由爱人照护。因发病时太躁狂，无法照护，加上择一胶后更难护理，便送入N医院护理 | 1. 缺乏疾病知识和相应的照护技能 | 无奈、害怕 |

续表

| 编号 | 访谈对象 | 性别 | 年龄 | 职业 | 在家照护时长 | 家庭照护情况 | 家庭照护最困难的地方 | 家庭照护者的感受 |
|---|---|---|---|---|---|---|---|---|
| 11 | 覃婆婆的儿子 | 男 | 55岁 | 职工 | 0 | 不能独自生活，确诊生病之后就送入N医院了 | 1. 缺乏照护人的经验<br>2. 工作繁忙，无暇顾及 | 无奈、负担 |
| 12 | 熊婆婆的儿子 | 男 | 61岁 | 退休 | 0.5年 | 熊婆婆一直跟着家人生活，由家人照护，因两天半夜离家出走，家人送至精神病医院（S医院）检查得知患有阿尔茨海默病，S医院住院三个月后，送到N医院照护 | 1. 忽视疾病的发展<br>2. 缺乏专业照护 | 无奈、无知 |
| 13 | 彭婆婆的女儿 | 女 | 53 | 职工 | 0 | 彭婆婆一直由保姆照护。发病后，经常摔倒，送医院治疗，便托人联系N医院长期照护 | 1. 保姆缺乏专业知识<br>2. 对保姆照护缺乏监管机制<br>3. 工作导致不能承担长期照护 | 无奈、无知、压力、不信任 |

## 四、"完美"家庭照护之困：无序与失控

一般而言,学界将照护工作分为两个方面:一方面是事务性的照护劳动(care for),包括洗衣、做饭、打扫、喂食、清洁身体等;另一方面是关系性的互动(care about),即以照护对象为导向,关心对方的情感与诸种需求并及时做出回应,更为强调照顾关系中的情感与面对面互动(吴心越,2019)。失智症患者常常因失智导致失能,更加重了这两方面照护工作对照护者的困扰。失智症家庭照护融合了事务性劳动和关系性互动照护,加剧了家庭照护者的照护困境。

### (一)繁重的"体力活"与不可预测的照护

失智症患者常常出现日常生活自理能力下降、精神行为异常、认知功能障碍三大核心症状。这些症状使得失智症老人需要照护者做很多事务性的劳动。日常的穿衣、吃饭、如厕、外出、梳洗等都需要照料,尤其是对于晚期卧床的失智症患者,翻身、拍背、吸痰等也是日常工作,占据了照护者的大部分时间。照护者的生活被淹没在无数重复性劳动里,比如饭还没做完,老人又有二便需要处理;好不容易洗干净的衣物,又被失智老人弄脏。总之,烦琐的工作常常让照护者难以喘息,在照护中丧失了自我的生活。受失智症影响的不仅仅是家庭照护者的生活,还有他们的身体。由于失智症发病率与年龄正相关,患者通常年龄偏大,他们的配偶和子女已经步入或者正在步入老年阶段。日复一日的照护,使得家庭照护者身心俱疲。照护的压力常常表现为家庭照护者自身的身体不适:

> 我妈发病后,半夜不睡觉,扯被子,把棉花都扯出来了。刚开始的时候,我就守着她,她不睡觉,我就跟着不睡觉。坚持了几晚后,我就坚持不住了,脑壳整天都是晕起的,全身乏力,脾气也不好。我妈18岁就生孩子了,我也是70岁的人了。长期这样,她不进医院,我就要进医院了。①

---

① 访谈4,珍婆婆的女儿,2019年4月22日。

母亲患病使得子女的生活节律围绕照护母亲展开,按照母亲的节奏生活。日夜颠倒的陪护导致子女身体出现异常,表现为头晕、乏力等症状。失智症发展到后期,病人长期卧床,必须经常翻身,以避免褥疮。家庭照护者夜晚必须起床一到两次帮助病人翻身,得不到很好的休息。翻身是个"体力活",每天数次抱起病人使照护者更易得腱鞘炎等疾病。照护者的身体成为照护压力的"爆发点"。长期照护中,家庭照护者常常感受到自己的身体越来越不受控制。身体上的疼痛使得照护者自身生活受阻。为了缓解照护者身体上的压力,有条件的失智症家庭常常会聘请保姆协助照护:

> 请保姆贴身照护,说是贴身,也不可能24小时关注噻,保姆也要睡觉嘛。有一次,我妈咳嗽了,保姆也弄不到,只有给我们打电话。我和我姐白天晚上轮流守。保姆好是好,但是不专业,很多情况不晓得怎么处理。还有一个是跑医院也要家属,保姆不能签字。①

虽然保姆减轻了家庭成员照护失智症老人的部分事务性工作,但由于在疾病护理知识、签字权等方面的欠缺,家庭照护者依然困于患者的照护之中。不仅如此,对于配偶承担主要照护责任的家庭,为了照护方便,一般会选择与患者同性别的保姆(护工)照顾患者,而这就给配偶的日常生活带来了诸多不便:

> 现在真的,我确实没得办法,这个叫作硬是没得办法,一点办法都没得。如果说把他放到屋头,我又是个老婆婆,请个男保姆在屋头也不方便。说个实在的,一切一切都不方便。后头考虑到既要把他管到起,孩子想到也要把老妈管到起,就送到这里来了。②

不仅如此,对失智症的认识不足阻碍了家庭的正常运作(Rusowicz et al., 2021)。失智症初期,患者常常陷入自我秩序的混乱。而随着疾病的发展,新的症状不断出现,挑战照护双方原有的互动模式和应对经验,家庭照护者不得不探寻新的应对方式。即使有家人全身心地照护,其结果也会让照护者常常感到无可奈何、疲惫不堪:

---

① 访谈13,彭婆婆的女儿,2020年8月7日。
② 访谈1,周爷爷的爱人,2020年1月10日。

有次买菜去了,让她(母亲)在屋头待着,结果她一个人下楼了。我们全家出动,找了很久才找到。她已经转晕了,找不回来了,一下子就失忆了。我们找到她的时候,她又清醒了。所以,我们很害怕。就算带她出去买菜,也怕付钱的时候一转身她就不见了。这种时候就说请个保姆跟着,保姆是可以跟着她走,不会走不见了。但是,保不准又出现其他事情啊。她走路走不稳,就要摔跤,摔跤了又得去医院。医院整完了回来,我们说保姆照顾了,应该不得出现啥子问题,就回自己家了。结果还没走拢,保姆电话都打起来了,说我妈又把骨折的地方整到起了。我们又只有回去,送到医院处理,真的感觉心力交瘁。①

失智症照护之难还在于其难以预测。如果无法 24 小时贴身照顾,失智症老人容易发生走失行为。居家照护期间,家属身体及心理压力极大。即使家属知道失智症病情可能的发展趋势,也料想到患者的状态会越来越差,但无法预判在具体的当下究竟会爆发什么样的症状,这种不可预测性困扰着家庭照护者,也加剧了家属的照护负担。疾病症状常常"不按套路出牌",照护者很难用既往经验应对。当照护者身心疲惫地应付完一个疾病症状时,常常会有无数个新的症状出现,将照护者对于未来的规划与想象击碎:

她生病在家时,是我照顾。刚开始还好,后来,痰太多了,要吸痰,但家里不具备条件,就送到 XQ 医院吸痰。吸了之后,就要好些。最开始吸一次,还可以管几天,后头是今天去了,第二天又要吸痰,又要跑。这样太累了!②

云婆婆和丈夫感情很好,当云婆婆患上失智症后,丈夫照护了她五年的吃喝拉撒。当她丈夫以为可以就这样照护下去的时候,疾病进展使得患者自身某些功能退化,出现吞咽功能障碍、呛咳等症状。专业护理可以缓解这些症状,而家庭往往不具备专业护理的能力和设备。家庭照护者不得不往返跑医院,这对于本来也是老人的老伴来说,身体吃不消。老年亲属罹患失智症,符合"重要生活事件"的定义,这种事件导致先前的行为和生活方向不连续、不稳

---

① 访谈 13,彭婆婆的女儿,2020 年 8 月 7 日。
② 访谈 8,云婆婆的爱人,2020 年 7 月 17 日。

定。照护者的生活在应对失智症不可预测的各种症状和需求中,越来越陷入无序与失控的状态。

## (二)"受限"的生活与"被改变"的人生

家庭照护者提供生活上的照料、人际关系的维持、情感的维系等全面的照护。正是这种无微不至的照护,使得照护者原有的生活节律被打乱。家庭照护者的生活时空被失智症所牵制,家成为他们主要的活动空间:

> 自从老朱生病后,我们家就完全离不得人。稍微没有看到,他就可能走出去了。我就随时要看着他,弄饭都要随时出来看他一下。本来我也是多爱耍的一个人,有些朋友约着出门的,结果因为他这个病,哪里都去不了。①

朱爷爷平时和老伴两人同住,儿子虽生活在同一个城市但不同住。朱爷爷患病早期还能独立行走,疾病主要表现为记忆力丧失。随着病程加深,朱爷爷逐渐失去了部分活动能力,家庭照护者的无力感也越来越强烈。家人的时间付出与空间受限,并不能缓解疾病的恶化。当疾病进一步发展后,家庭照护者感到即便付出全部心血也并不能取得良好的效果。从居住方式来看,父母或父母一方独居趋向增强,与已婚子女同住进一步弱化(王跃生,2018)。老人独居的居住方式使得配偶成为照护的主力。夫妻之间原本互相照护的共同生活,变成一方对另一方的照护。老年配偶因年龄、体力等因素,无力感更强。正如凯博文(2020)在妻子患阿尔茨海默病时,坦言"面对突如其来的疾病化的生活,面对这种生活带来的混乱不堪与动荡不定,我们都感到茫然无措"。

慢性病给患者带来"人生进程的破坏"(Bury,1982),也深深地影响着患者家属的人生进程。在中国"家本位"的语境下,疾病通常不只是个体的遭遇,往往是家人的共同际遇。由于失智症的疾病特点,某种程度上可以说疾病对家庭照护者的影响比对患者自身的影响更大,尤其对于还有其他人生事务和责任的成年子女:

---

① 访谈2,朱爷爷的爱人,2020年1月8日。

我爸刚生病那两年，我几头跑，又是爸爸家，又是医院，还有自己家。忙都忙不过来，自身状态很不好，还骂爸爸。那两年爸爸也不开心，病情也进展得快。① 后来觉得这样不行，就索性辞了职，专门管爸爸和儿子。现在陪爸爸的时间多些了，爸爸心情也好多了，只是他身体状态不好了。所以，也遗憾呀！②

失智症无法治愈，家庭照护者常将病情进展归因于自身照护不到位，因而活在内疚与自责之中。疾病治疗、生活照料等充斥着子女们的日常生活，使得他们无暇顾及自身情绪。照护者情绪得不到发泄，自身状态不佳。为改变这种局面，子女们只得改变原有的生活轨迹，比如辞去工作，把更多的精力放在家庭照护中。然而，对于父母同时患病的子女来说，人生进程的改变并不意味着能同时照护好父母双亲，反而导致他们更加崩溃：

说起照顾我爸妈的日子，简直不摆了。我爸是老年痴呆，在家什么东西都吃，象棋、纸、布……反正抓着什么都吃，也不管吃得吃不得。他劲还大，我们抢都抢不赢。简单地说，他是四肢好，脑壳不好使。我妈呢，就正好相反，脑壳是清醒的，但腿脚不好使，长期卧床。所以，爸妈都离不得人。我只好提前退休来照顾他们。事实上，也没用，根本照顾不到两个老人，顾得到这头，顾不到那头，所以把爸爸送到这个医院来了。③

精神疾病的诊断为理解无法解释的行为提供了路径，但即使失智症的诊断被接受，患者行为仍然是具有破坏性的（Goffman，1969：357-388）。父母患病扰乱了家人原有的生活，改变着家人尤其是子女的人生。琐碎的生活照料、无时无刻的陪伴成为家庭照护者生活的"新常态"。

## （三）家庭关系的改变与情感的纠结

照护是一种互惠，是关系性的实践（Kleinman，2013）。照护者与被照护者之间如同礼物往来般彼此都从照护实践中有所收获，但在失智症繁重的照护

---

① 讲述过程中，叶爷爷的女儿一直在啜泣。
② 访谈5，叶爷爷的女儿，2019年4月18日。
③ 访谈3，黄爷爷的女儿，2019年12月24日。

压力下，照护的关系也常常变得紧张。老人患失智症后，脾气、秉性、记忆等都发生了变化，使得照护双方的互动、生活模式发生改变，甚至家庭角色也发生转变：

> 我爸生病后，我经常都要跑过去照顾他，等我好不容易把吃的、用的安排好了，打算回自己家管娃娃的时候，他就弄得乱七八糟，我还没开始说他，他就说我，整得我情绪很崩溃。我有时候就忍不住要骂他。后来，我就反思，觉得他也不想这样乱整，生病了，不受控制了。只能把他当娃娃看。其实以前，我很依赖爸爸，很多事情都要靠他的。但现在没法了，他就跟个娃娃一样。①

从叶爷爷女儿照护他的经历中，可以看到父亲患失智症后，父女角色发生冲突，父亲不再是以往的父亲，女儿也不能按照从前的经验当女儿。父母变成了孩子一般需要女儿照顾的角色。角色冲突给照护双方都带来痛苦，患者觉得自己生活在一个"陌生"的环境里，不被理解和支持，而照护者认为自己倾尽全力的照护换不来一份体贴：

> 我爸爸有时候都不认识我了，甚至不晓得哪些可以吃，哪些不可以吃，抓着东西都要吃，纸、象棋这些都吃过。我就只有把他当作小孩，教他哪些可以吃，哪些不可以吃。看到他乱吃东西，很痛心。根据他的病发展情况，来决定教他哪些东西。但是有时候他病情也有反复，假如你教他简单了，他还觉得你把他当成娃儿，生气，有时候还要动手。②

黄爷爷女儿体会到了父亲的痛苦，并依据父亲疾病发展给予照护，但是父亲已经不再是以前那个宠溺女儿的父亲，而是会打人的病人。父亲分类出现问题后，分不清可食、不可食的东西，这也给女儿造成困扰。笔者在田野期间，遇到一次黄爷爷大便之后，抓着大便就吃，护工连忙过来清洗，清洗时黄爷爷还时不时要打护工。无奈之下，护工只能约束一只手，洗一只手，再轮换。这个场景让笔者很是震撼，家属长期面对这样的场景，心理压力难以想象。患病之

---

① 访谈5，叶爷爷的女儿，2019年4月18日。
② 访谈3，黄爷爷的女儿，2019年12月24日。

后,原本家庭中的"父亲/母亲"角色逐渐消失,重新呈现的是"孩童/婴儿"角色。照护双方在两种角色变换中不断地切换自我,在冲突中调整家庭关系,改变相处模式。一方面,家属期待的那个熟悉的家人角色似乎不在了;另一方面,在没有专业知识引导下,家属可能也容易重新把老年"幼童化"。将老人当作孩童般对待可能会伤害老人的自尊心,但失智症患者有时出现的"破坏性"行为的确让家人很受伤:

> 他毛起来凶得很,要砸坨子(用拳头打)。那天我问他认不认得到我,他直接"啪啪"砸了过来,我在那里痛啊,痛了好久。后来洗脸的时候,看到那里都是乌的。我俩感情很好,从来没想过他会打我……①

失智症病人的一个刻板印象是"呆的""傻的",这样的认知往往会导致人们忽视失智症老人的"暴力"问题。失智症患者常常因为认知、记忆偏差,导致信息错误,做出错误的判断,进而采取过激的行为。失智症也会引发谵妄,导致情绪波动,出现打人的行为。即使从疾病的角度可以解释失智症患者的行为,但照护者情感上依旧难以接受被家人误会或殴打;而患者"时好时坏"的状态,更是让照护者很"分裂"。

## 五、寻找适宜的照护: "孝"与"侍"的压力及道德转译

家庭照护者的日常生活被失智症的风暴袭击之后,他们陷入了深深的苦痛之中,不得不借助机构照护的力量来重建家庭日常生活。然而,这又面临伦理困境——"不孝""没有良心"等道德层面的指责。似乎家庭照护者不管如何选择都是"错"的(Larsen et al.,2020)。传统社会常常认为亲力亲为地照护重病老人是家庭责任,是子女孝顺、夫妻关爱的表现,而送患者入院(养老院、医院等)是"不孝""不义"等"不道德"的行为。因此,在何地养老,不仅仅是照护形式的变化,更暗含文化中对"孝""义""情"等的阐释。患者失智症早中期时,家属更有道德方面的压力;而在中后期时,家属长期面对照料负担,身心俱

---

① 访谈2,朱爷爷的爱人,2020年1月8日。

疲,他们思考更多的是如何为失智症老人选择最适宜的照护。家庭照护者抉择的过程常常经历了一系列的纠结,并逐步将选择合理化。

## (一) 寻求"专业"的照护

失智症是一种"漫长而被遮蔽的疾病",其早期症状常被人们所忽视。患者初期的失忆、情绪、性格改变等常被误以为是"正常衰老""退休综合征""更年期""内向""作"等,随着疾病发展有时还会被认为是"焦虑症""抑郁症"。等到家人意识到不对劲,送往医院确诊后,照护者常常不能接受,并为对疾病认识不到位而自责:

> 最开始是走错路了,我没重视,想到老了都可能记忆力不好,没想到要用药。他从M大学一环路大门的菜市,小巷巷里头的菜市,菜市出来,他就往左转,往C大学那边走了,走到C大学去了。那时就开始有点迷糊了,没重视,也不懂,没意识到是脑壳不是很好。好几年都没用药,后面发展就快了。直到2018年才开始重视的,那时候HX医院挂号还不好挂,就挂的S医院,精神病医院。那次开药开得比较多,开回去没咋个吃。我觉得药吃多了不好,所以,药量都没吃够。后头病情越来越重了,严重影响了生活。有时候也后悔啊,是不是我造成他这样了。屋头照顾还是不专业,他恼火,我也恼火。①

朱爷爷爱人对疾病的认知不够,当爷爷出现症状时,她理解为衰老带来的"正常"变化,即使S医院认为是疾病表现,开药治疗,她仍然认为"药吃多了不好"。以至于她后来认为是自己贻误了爷爷的病情,开始反思与自责,也开始怀疑家庭照护的"专业性"。而为了避免贻误病情,他们开始寻找专业照护,常常"货比三家"。他们比较多家养老机构、医养结合机构,最终才决定将老人送到N医院。很多养老机构医疗条件不足,不具备接受失能失智老人的能力,但笔者调研的N医院是一家老年病专科医院,在C市仅有一家这样的医院。因而,能入住该医院也算是一种"幸运":

---

① 访谈2,朱爷爷的爱人,2020年1月8日。

住养老中心治疗不得行,我们权衡了的,养老中心解决不了治疗问题,还得自己把他弄出去看病。这里(N医院)关键是能解决疾病治疗呀。①

去年春天她都是好的,还一起去三亚旅游了。后来就突然发病了,半夜不睡觉,剪被子等,没法弄她,就把她送到养老院去。那养老院还很高档,结果她住了几个月,就不住了。当时还交了一年的钱,但家人还是尊重她的意见。后面又托关系找到了怡心养老院,那里环境很好,有个很大的院子、假山、湖等,条件还是不错。结果她去住了一段时间,同病房的人,又嫌她太吵了,简直没法一起住下去。后来就又说要转出来,说转到S医院去,但S医院是个精神病医院。从内心上来说,我肯定不能接受的。我妈只是老年痴呆,还够不上精神疾病。那段时间,我愁得没法,不知道咋弄,后来有人推荐N医院,才转过来的。②

朱爷爷的爱人和珍婆婆的女儿都考虑到老人的患病情况,既不仅仅需要养老,更需要治病,同时又不希望因失智症而被当成极具污名化的"精神病人"对待。入住N医院养老,医护人员能正确认识疾病,从而采取更"合适"的照护。失智症的不可治愈性,以及患者情况的不断变差,使得家人承受着巨大的心理压力。这也让家庭照护者选择送患者去机构时获得一丝安慰,"这个病医学上都没得办法,只能怪他得坏了病,我们也不是不养,只是换个专业的地方照顾"③。对患者家人来说,能让患者得到专业的照护是一种"孝"或"关爱"的表现,是为了患者好。

现实中,在传统孝道的压力下,很多家庭不到最后一刻,不会做出让老人进入机构养老的决定。繁重的照护劳动让家庭照护者满身疲惫,而困于"孝""家庭责任"的压力,他们不得不继续照护,这使得家庭照护者身心俱疲。正如俗语"久病床前无孝子",子女虽在床前侍奉失智症父母,但也无法提高照护质量,反而会因为照护不周,而落得"不孝"的骂名。相反,对于已经选择机构照护的家属而言,他们强调,选择专业的医疗机构照护,能提供更好的照护服务,是"大孝"的表现。通过他们的重新诠释,"孝"的要求不再只是"随侍在侧",更是保证照护的质量:

---

① 访谈2,朱爷爷的爱人,2020年1月8日。
② 访谈4,珍婆婆的女儿,2019年4月22日。
③ 访谈4,珍婆婆的女儿,2019年4月22日。

医院照护比较客观，能够很理性地对待我妈的一些行为，但子女是做不到的。子女会有一些主观的情绪主导，有时候就不那么理智。所以，我后来跟我姐也合计了很久，克服了很多自己的障碍，也克服了很多社会上的舆论，才把我妈送到医院来养老……我妈在屋头，我们也照顾不好。与其说，在家照护大家都累，还不如把她送到医院来。在这里，我们虽然出治疗费、护工费、生活费等，但医生、护工是专业的。比我们自己照顾要好嘛！只要我妈住起，情况好了，（亲戚）也不得有那些议论了。①

彭婆婆失智症晚期，在家照护困难。这不仅在于女儿专业照护知识的不足，更在于女儿基于"情感"因素无法提供更好的照护。彭婆婆的女儿表达了他们在家照护，受到了情感因素的阻挠，照护显得不那么理智。家人无法面对病人的有些症状，如不能接受父母不会吃东西、捣乱等异常精神行为。她害怕长期下去，没办法照顾好母亲，"耽误"了母亲。相反，她觉得医院的照护会更理智地对待母亲的疾病，更有助于母亲。彭婆婆家选择来N医院养老经过了一年的心理斗争：一方面，家里照护不过来，即使请保姆也难以应付，导致彭婆婆两次跌倒；另一方面，害怕落下"不孝"的骂名。彭婆婆的两个女儿克服了社会压力才把母亲送到医院，亲戚们都觉得"送老人入院"本身是一件"不孝"的事情，是不想尽子女责任的表现。而彭婆婆的女儿则认为，与其在家照护不好，没有生活质量，还不如寻求专业的照护，提高母亲晚年的生活质量。彭婆婆的女儿克服了社会文化上认为送父母到机构养老是不孝行为的观念障碍，"将老人送入医院接受专业照护"的行为在子女的话语中被转译为"大孝"的表现，因为子女需要花一大笔费用请专业人士来照护老人，让老人享受更优质的服务。

## （二）持续的支持性照护

失智症患者最好生活在一个熟悉的环境中，熟悉的人、物、活动空间可以带给他们一份安全感。进入机构则意味着老人进入一个陌生的环境，这时候家属的陪伴对老人熟悉与适应新环境显得尤为重要。虽然有不少报道家庭"遗弃"老人在机构不管（真实故事计划，2020；呼和浩特热线，2021；何正权，

---

① 访谈13，彭婆婆的女儿，2020年8月7日。

2016),但在本研究所调查的13户家庭中暂未出现这类情况①。在老人入院之后,家属会定期送生活物资、缴纳住院费用。即使老人在医院"什么也不缺"的情况下,有的家属还会煲汤送到医院,作为陪伴与关心的表达。疫情暴发之后,医院封闭式管理,家属来医院探望的时间被极大地限制,但他们仍然会通过视频或者电话等方式关心在院老人。有些家属担心老人在医院没有得到好的照护,还会请相邻病房的护工帮忙监视:

  病区里有家属害怕护工对老人不好,就给隔壁房间的护工红包,让她帮忙监视。②

  家属无法在家提供"最好"的照护,但也担心护工照护得不好,所以,通过监视的方式,让老人得到"有质量"的照护。他们送老人来机构养老,虽然不能亲自侍奉,但仍会提供持续的支持性照护。基于台湾地区的研究也表明,失智症患者被送入机构后,家庭照护者依然会持续性地探望老人(Tsai et al.,2020)。家属认为自己送老人入院,并不是想撒开责任。家属需要承担更多的费用,定期来医院探望或陪伴,送患者需要的用品,处理住院期间的各种手续。从精力、经济、时间成本上来说,家属同样付出很多。此外,事务性的照护工作由机构专业人员承担之后,家庭照护者能够更轻松地面对患者,并尽量弥补机构照护的不足。家属反思到,以往的居家照护中事务性的照护劳动太多了,反而忽略了患者的情感需求,也没有精力照护到患者的社会关系。如前文所述叶爷爷的案例,在家照护时女儿因照护压力导致自身状态不好,情绪不佳,还骂爸爸,爸爸在情感上得不到关爱,也不开心。送到医院以后,照护双方不再疲于应付日常照护事务,而更加注重情感照护:

  爸爸喜欢拉手风琴、听音乐。所以,我每两周给他换一次歌,让陈姐(护工)放给他听。我每天晚上9点就给他打电话,爸爸已经不会说话了,

---

① 我们不排除存在失智症家庭未提供持续照护的可能,但本文13个案例均来自研究者在医院对来访家属的访谈,说明这些家庭仍在提供持续照护。媒体关注"遗弃"老人于养老院的现象,正说明这种行为会受到舆论谴责,其家人在孝道文化传统的指责下也难以心安。因此,即使对于家庭照护者来说,完全将老人遗弃在医院,也不是最好的照护。本研究关注提供"最适宜"或"最好"的照护,所以,那些"遗弃"的案例不在本文的讨论之列。

② 访谈14,N医院张医生,2019年5月25日。

只是听着,我就拉拉杂杂地把以前的事情都说一遍。爸爸偶尔发个音,就当回应了,他还能想着有人记得他,没有抛弃他噻。①

情感是联结家庭成员的纽带。家属在家照护患者时,往往因繁重的照护工作而忽略了患者、自身和家人的情感表达。家人入院后,由医院提供长期照护,家属则会通过探望、电话、微信等途径,给老人提供情感上的照护。他们的陪伴、牵挂、努力给患者营造的家庭氛围,都在一定程度上改进了家庭关系,融洽了家庭情感:

以前是我们姐一周内来两天,周末就是我来。一周7天嘛,至少有4天我们都在。现在疫情,来得没有那么勤了。她现在状态也要好些,我们也要好些,感觉上更加亲密些。②

家属持续为患者提供照护的过程,也是其内心得以满足的过程。照护老人是自己作为家人责任的一部分,是需要"做"(doing)的。经由照护,患者和家属的情感得以表达。对于老人来说,医院是度过余生的地方,是医院,也是"家"。家是情感的链接,家庭关系也在此生长。入院后,家庭照护者支持性的情感照护对于老人至关重要。当下国内失智症照护有三种服务模式——监狱模式、医院模式、宾馆模式,其中业内人士其实最想要的还是像家一样的照护模式,这就需要环境舒适,患者自由,有家人陪伴(杨洋,2019:104—105),家属的持续出现和陪伴是这一模式必不可少的部分。家庭的持续陪伴与参与改变了送老人进入医院的隔离状态,让对老人的照护有一种家的延续,更能被老人和家人共同接受。

作为一种社会关系,家庭关系是家庭的一种本质属性,是经济、社会、文化、制度在家庭层面的体现(杨菊华,2017)。即使老人在医院养老,家庭关系也并不会因照护形式的改变而断裂。家属经由对患者的照护行为,实践着与其他家人之间的关系。家人延续性地照护在院老人,一方面是希望患者在医院能有好的生活质量,另一方面也是寻求自我的心安:

---

① 访谈5,叶爷爷的女儿,2019年4月18日。
② 访谈13,彭婆婆的女儿,2020年8月7日。

> 那怎么办呢？医生都说没得办法，我更加没得办法。只要得了这个病，就没得办法，只能够接受。只要把他安排好，就对了嘛。人总要各人（自己）的生活嘛，未必我一家人就要沉浸在这里头嘛，是不是嘛。哎呀，只要自己尽了力，尽了心，也就心安了。所以医生说买维生素啊，蛋白粉啊，反正医生说买啥子，我们就买啥子。①

失智症的病因无法确定，疾病无法治愈，以至于家人束手无策。为了应对这无可奈何的疾病，全爷爷的爱人选择送他进医院照护。失智症的发展让患者逐步丧失作为一个"活生生"的人的一切，尤其是晚期患者的"植物人"状态。在这种状态下，家人持续的照护往往更考验家庭的情感与关系。全爷爷的爱人尽可能地提供爷爷在院所需要的一切，以此来表达自己"尽力了"。这不是尽力治愈疾病，而是尽力照护后，自己才得以心安。

## （三）家庭内部的再平衡

当下国内以"4—2—1"家庭结构为主，家庭成员不得不面临"上有老下有小"的照护压力。不仅如此，开放生育政策导致家庭需要照护的成员增加，育幼与养老一定程度上形成了竞争压力，"争夺"家庭中的照护资源。阎云翔（2017）在对中国社会变迁的研究中，认为当前社会处于下行式家庭主义（descending familism）。家庭的物质、精神生活供给中心已经由祖辈转变为孙辈，为后代考虑（Yan, 2018）。下行式家庭主义，更偏向子代的幸福（阎云翔，2017）。由于"幸福的载体从祖先向下转移到晚辈"（阎云翔，2017），养老照护也会相应地发生变化，子女们更偏重向下的照护，比如对自己子女们的照顾，照护的天平往往会偏向核心家庭，而不是失智症父母。此外，年青一代开始强调"权利和自我发展的个体主义"（阎云翔，2019），追求自我的同时，就会减少对父母亲力亲为的照护。

> 让我不上班来照顾我妈，那也不现实，毕竟我还有个家啊。②
> 我辞职来照顾爸爸，也不能天天守着他，我娃娃也还小，还有老公的

---

① 访谈10，全爷爷的爱人，2020年8月1日。
② 访谈13，彭婆婆的女儿，2020年8月7日。

嘛。成家了,要管的事就多了。①

下行式家庭主义并非只体现在年青一代重视自我、重视孙辈,老人群体自身也同样认为,子辈、孙辈比自我更重要。"老人,不管是他们自己还是其他家人,都认为其重要性不如年青一代。"(Bury,1982)老人常常为了下行式照护,而主动承担照护配偶的责任:

> 像你们年轻人有年轻人的事,我子女他们也是呀,他们也要管我呀。但是管不过来呀,子女也有一个家。所以把他(周爷爷)放在这里,他需要啥东西,我都给他拿过来。我自己也是一身病,还要给他拿尿不湿来,你想我为啥子要给他拿起来呢?我怕影响子女,他们一家人也要吃饭,现在这个社会竞争好激烈嘛。我有两个娃娃,一个在C市,一个在外省。儿子在C市。我也不想把他们拖累得太厉害。当母亲都是这样的,随便哪个母亲都是这样的。哪怕自己累点,也不愿意让他们太辛苦,现在工作压力好重哦。因为他生病,我两个娃娃都只要了一个(孩子),都没生二胎。两个娃儿都觉得爸爸生病了,负担不起,都没生二胎,觉得负担太重了,都只要一个。②

周爷爷的爱人自己身体有诸多慢性疾病,但她为了减轻子女的负担,主动承担着周爷爷入院后的照护。全爷爷的爱人也一样,甚至阻止女儿来院探望父亲。不仅如此,在护工提醒女儿应该过来探望时,她还会帮女儿说话,将女儿没来医院的行为归因于自己:

> 全爷爷爱人:只有一个女儿的嘛,她在上班。而且还有个孙子,又读高三了。她说她今天来,我说,哎,算了,你难得有一天休息。休息,你就在屋头休息,我自己来。
> 护工罗孃:其实,你就该等(让)她来看一下。
> 全爷爷爱人:她来了的嘛,上个星期。每次她要来,我就没让她来,我

---

① 访谈5,叶爷爷的女儿,2019年4月18日。
② 访谈1,周爷爷的爱人,2020年1月10日。

说没得啥子,人家罗大姐护理得那么好。①

个体化时代,下行式家庭主义使得父母和子女一代都向"下"倾斜。父母能够接受子女给予自己的关爱较少,子女也通过第三方照护的方式,减轻自己直接照护的责任。这样的选择也让之前被家庭照护所打破的家庭生活得以找到新的平衡,家庭关系也得到了照护:

> 最初发现我妈有问题是她没有目的地走,就觉得她精神上面有问题了,就送到S医院,诊断出来就是阿尔茨海默病。当时就在那里住了三个月,那时就是我老婆在照顾,她照护起来压力也大。S医院是精神病医院,我们也不想长期在那里住,就想转出来。我老婆就不同意转回家,说回家了就都是她的活,这个病照顾起来恼火。我呢,还是想经常陪到老妈。我俩长期为了这个讲嘴。后来找到了这里,我老婆也满意了,我也经常过来看老妈,家庭关系更和谐了。②

熊婆婆儿子将婆婆送入医院照护,既保障了婆婆能够得到好的治疗,也让夫妻关系变得更和谐,子女们的生活恢复至正轨。而对于老伴来说,更多的则是需要重新适应配偶被送入机构的生活:

> 他刚入院那段时间,我憔悴得很啊。那段时间,我都老了好多。突然一下子,我就老了好多。有次家里突然停电了,我都不晓得在哪里充电。还是姐妹喊我拿到红旗超市去充,我简直不懂。以前全是他在管。他突然就来医院住了,我生活上不习惯。最重要的是情感上也不能接受,就是那种他突然被抽出去的感觉。你想,我们当时感情好好嘛!这些年都没吵过架。现在,我也慢慢适应了在家没有他的生活,自己一个人自在很多。但只要我有时间就来看他。他也搞笑,只要我一来,或者说要来,他就到处说,我要来了。③

---

① 访谈10,全爷爷的爱人,2020年8月1日。
② 访谈12,熊婆婆的儿子,2020年8月2日。
③ 访谈6,吴爷爷的爱人,2020年7月8日。

吴爷爷夫妻感情非常好，因为爷爷的疾病在家控制不好，导致了较为严重的并发症，不得不送到医院来养老。以前由爷爷打理的生活，婆婆不得不独自面对。爷爷来到医院后，彻底改变了婆婆的生活方式。最初迷茫、不适应，但经过一段时间后，婆婆也开始享受自己的自由时光。由此可见，将失智症老人送入机构照护，有助于家庭进入新的平衡，重建新的生活秩序。

## 六、结论与讨论："最好"与"最适宜"的照护

在传统文化观念看来，理想的失智症照护是家庭成员基于"爱"与责任等提供最好的照护，然而，失智症照护负担与家庭伦理责任要求的融合，使得家庭照护者陷入了照护与道德的双重困境。失智症是一个"漫长的告别"过程，患者变得越来越不认识自己，也越来越失去生活能力，这给家庭照护带来了巨大的工作量与心理压力。在这个过程中，患者常常在"病人"与"家人"两种角色中徘徊，他们"时好时坏"的状态使得家庭照护者更加崩溃。长期照护失智症患者的经历，让家庭照护者痛苦不堪，照护质量和生活质量难以得到保证。而将老人送入医院获得专业照护，在情感上他们害怕失去老人，在伦理上也担心被认为是抛弃了老人，背上不孝的骂名。面对家庭长期养老照护之困，家属选择机构养老也需要一个合乎情理的解释。机构的专业性照护、家人持续提供的支持性照护以及对家庭关系的照护等逐渐成为家属和社会可以接受的一种合理化行为。

我们看到，家庭照护者在选择机构养老时存在一个"合理化"过程，也即在"情理"上接受的过程。"合情""合理"是家庭照护者选择机构照护方式"合理化"的核心。"合理"合乎的是"孝"这个理，这就涉及对"孝"的再认识；而"合情"合乎的是家人之情，包含家人之间种种复杂的情感，如"爱""担忧""害怕""期待""责任"等。具体说来，机构照护的合理性，在于家庭照护者将事务性、医疗性照护工作从整体的照护劳动中分离，委托给医疗机构。家庭作为机构养老照护中参与的一方，继续提供情感、经济等支持性照护，参与到日常照护行动中，与机构共同照护老人。在这个过程中，患者的角色发生了变化，从亲力亲为的照护者，到机构照护中老人的监护者。而失智症家庭的照护标准也在不断降低，从"完美照护"到足够好的照护，再到现有经济社会条件下可以满足基本需求的照护——生活、情感、疾病等都能兼顾的照护。因而，对于失智

症照护而言,没有"最好"的照护,只有最适宜的照护。对于本研究中的家属来说,所谓"最适宜"的照护是指既能给予老人专业照护,又能保障家庭正常运行的照护,是在照护困境与照护资源中"被选择"出来的。因此,医院提供专业照护和家属提供情感照护被认为是最"适宜"的照护。这种照护模式也逐渐被社会所认可,成为越来越多有条件家庭的选择。

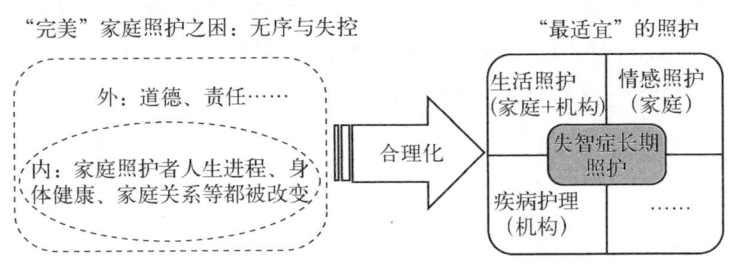

**图 1　长期照护抉择及其合理化示意图**

深层次看,这种合理化机制的成立,更需要社会认可与文化调适,其核心在于"孝"的观念变迁与孝行重塑。当今社会家庭结构的急剧变化,要求孝道伦理必须进行调整,从而适应新的社会形态和结构(杨建海,2017)。孝的本意在于事亲(翟学伟,2019),传统对于"孝"的践行存在命令性规范,即告知子女必须要做的事情。然而,事亲的方式也在不断变化。庞丹丹(2021)发现村庄舆论中对"孝"的评价标准由原来的命令性规范转为禁止性规范,标准不断降低,也即对"孝"的判定的主要依据不再是要求为老人做什么,提供什么标准的生活,而是不打骂、不虐待老人,不在公开场合顶撞老人这样的消极义务。孝的文化观念和实践标准随着社会现实发生着变化。据此,从居家养老到机构养老这一转变过程中,家属面临的文化与社会的双重压力,正可以通过孝道观念的文化调适得以消解。送老人到机构养老,使老人获得最适宜的照护,正可说是当代社会的一种大孝之行。随着这种文化观念的转变,对"送老人到机构养老"的看法,从"不孝"转变为"大孝"。家属将不再面临文化观念与社会结构之间的张力,而更多地将是经济条件与社会结构之间的张力,如家庭经济条件、社会照护供给等方面将成为新的问题。

最后,需要说明的是,本文仍存在一定的局限,照护研究涉及照护者和被照护者双方。本研究着重于照护者的声音,对被照护的老人有所忽视。本研究涉及的晚期失智症患者自我表达能力有限,主体性被遮蔽,以至于所谓的"适宜"或"最好"的照护是对家庭而言能提供的最好照护,即在生活得以继续的情况下,还能延续家庭照护。但这样的照护在这些被照护者眼中是否是"最适宜"或"最好"的,值得商榷。如何听见"失语"人群的声音,对失智症照护研究提出了挑战。未来的研究需要关注失智症主体表达,从被照护者角度探究何为"最好""最适宜"的照护。此外,本研究的田野点是全国医养结合示范机构,能提供较为完善和专业的服务,且来院养老的家庭经济水平相对较高,而当下国内很多家庭无法找到或无力负担有质量的机构照护。对患病老人的供养主要从人力、物力、时间、精力等几个方面考量着子女的孝念、孝行,尤其对家庭经济状况有较高要求(桂胜等,2017)。那么,无法承担机构照护费用的失智症家庭该如何选择"最好"或"最适宜"的照护,也是一个需要被关注的社会问题。

# 参考文献

高法成,2011,《孝与养的失衡:一个贵州侗族村寨的养老秩序》,中央民族大学博士学位论文。

桂胜、赵淑红、张友云,2017,《孝的张力与孝道的重构》,《文化软实力研究》第1期。

何正权,2016,《七旬老人被遗弃养老院,每天转圈找儿子》,http://www.hnr.cn/hnr/3g/3gnews/201601/t20160109_2220550.html。

呼和浩特热线,2021,《呼和浩特一名91岁老人被儿子遗弃在养老院》,https://www.163.com/dy/article/GAHMAUA60514A6ML.html。

景军,2019,《公民健康与社会理论》,北京:社会科学文献出版社。

凯博文,2020,《照护:哈佛医师和阿尔茨海默病妻子的十年》,姚灏译,北京:中信出版社。

李琬予、寇彧、李贞,2014,《城市中年子女赡养的孝道行为标准与观念》,《社会学研究》第3期。

罗姣,2011,《长沙市老年痴呆照顾者心理健康状况及其影响因素研究》,中南大学硕士学位论文。

庞丹丹,2021,《无为之孝:无为何以为孝?——基于江苏北部葛口村的田野调查》,《中国农村观察》第3期。

王姣锋、王一倩、保志军等,2016,《上海地区中老年体检人群慢性病及共病流行病学分析》,《老年医学与保健》第 2 期。

王跃生,2018,《城市老年父母生命历程后期居住方式分析》,《人口与经济》第 4 期。

吴小英,2020,《照料的问题化及其政策选择——一个家庭变迁视角的探讨》,《杭州师范大学学报》(社会科学版)第 6 期。

吴心越,2019,《市场化的照顾工作——性别、阶层与亲密关系劳动》,《社会学评论》第 1 期。

徐勤,2015,《老年痴呆患者的照护问题研究》,《老龄科学研究》第 6 期。

阎云翔,2017,《社会自我主义:中国式亲密关系——中国北方农村的代际亲密关系与下行式家庭主义》,《探索与争鸣》第 7 期。

阎云翔,2019,《当代中国社会道德变革的轨迹》,《思想战线》第 1 期。

杨建海,2017,《论"孝"的起源、演变及其当代转化》,《华中农业大学学报》(社会科学版)第 1 期。

杨菊华,2017,《生育政策与中国家庭的变迁》,《开放时代》第 3 期。

杨善华,2015,《以"责任伦理"为核心的中国养老文化——基于文化与功能视角的一种解读》,《晋阳学刊》第 5 期。

杨洋,2019,《阿尔茨海默病:病人和家人,谁在熬?》,载偶尔治愈:《生死之间:当我们与疾病和死亡狭路相逢》,北京:中信出版社。

叶光辉、杨国枢,2009,《中国人的孝道》,重庆:重庆大学出版社。

尹尚菁、杜鹏,2012,《老年人长期照护需求现状及趋势研究》,《人口学刊》第 2 期。

原新、金牛,2020,《中国老龄社会——形态演变、问题特征与治理建构》,《中国特色社会主义研究》第 5/6 期。

翟学伟,2019,《"孝"之道的社会学探索》,《社会》第 5 期。

真实故事计划,2020,《被子女遗弃的老人们:在养老院里,见证中国式家庭关系的崩坏》,https://www.douban.com/note/770749651/?_i=6015831Ez5b-uq。

朱榕、张莉、李娟、张爱英,2019,《老年痴呆家庭照护者照护能力现状及影响因素研究》,《实用老年医学》第 1 期。

Anderson, G. 2010, *Chronic Care : Making the Case for Ongoing Care*, Princeton: Robert Wood Johnson Foundation.

Aneshensel, C., L. Pearlin, J. Mullan, S. Zarit & C. Whitlatch 1995, *Profiles in Caregiving : The Unexpected Career*, San Diego: Academic Press.

Archbold, P. 1982, "All-Consuming Activity: The Family as Caregiver." *Generations : Journal of the American Society on Aging* 7(2): 12-40.

Barnett, K., S. Mercer, M. Norbury et al. 2012, "Epidemiology of Multimorbidity and

Implications for Health Care, Research, and Medical Education: A Cross-Sectional Study." *Lancet* 380(9836): 37-43.

Baronet A. 1999, "Factors Associated with Caregiver Burden in Mental Illness: A Critical Review of the Research Literature." *Clinical Psychology Review* 19(7): 819-841

Bednarek, A., E. Mojs, A. Krawczyk-Wasielewska et al. 2016, "Correlation Between Depression and Burden Observed in Informal Caregivers of People Suffering from Dementia with Time Spent on Caregiving and Dementia Severity." *European Review for Medical and Pharmacological Sciences* 20(1): 59-63.

Brody, E. & A. Lang 1982, "They Can't do It All: Aging Daughters with Aged Mothers." *Generations : Journal of the American Society on Aging* 7(2): 18-37.

Bury, M. 1982, "Chronic Illness as Biographical Disruption." *Sociology of Health & Illness* 4(2): 167-182.

Cooper, C., A. Selwod, M. Blanchard, Z. Walker, R. Blizard & G. Livingston 2010, "The Determinants of Family Caregivers Abusive Behaviour to People with Dementia: Results of the CARD Study." *Journal of Affective Disorders* 121(1-2): 136-142.

Daly, M. & J. Lewis 2000, "The Concept of Social Care and the Analysis of Contemporary Welfare States." *British Journal of Sociology* 51(2): 281-298.

Goffman, E. 1969, "The Insanity of Place." *Psychiatry* 4: 357-88.

Hillcoat-Nallétamby S. & J. Ogg 2014, "Moving Beyond 'Ageing in Place': Older People's Dislikes about Their Home and Neighbourhood Environments as A Motive for Wishing to Move." *Ageing and Society* 34(10): 1771-1796.

Hoenig, J. & M. Hamilton 1966, "The Schizophrenic Patient in the Community and Its Effect on the Household." *Int J Soc Psychiatry* 12: 165-76.

Kleinman, A. 2013, "From Illness as Culture to Caregiving as Moral Experience." *The New England Journal of Medicine* 368(15): 1376-1377.

Larsen, L., B. Blix & T. Hamran 2020, "Family Caregivers' Involvement in Decision-Making Processes Regarding Admission of Persons with Dementia to Nursing Homes." *Dementia : The International Journal of Social Research and Practice* 19 (6): 2038-2055.

Lene, H., Bernard Van Den Berg& Dorte Gyrd-Hansen 2011, "Do Informal Caregivers in Mental Illness Feel More Burdened? A Comparative Study of Mental Versus Somatic Illnesses." *Scandinavian Journal of Public Health* 39(6): 598-607.

Lewis, J. 2001, "The Decline of the Male Breadwinner Model: Implications for Work and

Care." *Social Politics* 8(2): 152-169.

Marian, B. 2012, *Care in Everyday Life : An Ethic of Care in Practice*, London: The Policy Press.

Montgomery, R., J. Gonyea & N. Hooyman 1985, "Caregiving and the Experience of Subjective and Objective Burden." *Family Relations* 34(1): 19-26.

Pearlin, L., J. Mullan, S. Semple & M. Skaff 1990, "Caregiving and the Stress Process: An Overview of Concepts and Their Measures." *The Gerontologist* 30(5): 583-94.

Rusowicz, J., Pezdek Krzysztof & Szczepańska Joanna 2021, "Needs of Alzheimer's Charges' Caregivers in Poland in the Covid-19 Pandemic: An Observational Study." *International Journal of Environmental Research and Public Health* 18(9): 4493.

Samia, L., K. Hepburn & L. Nichols 2012, "Flying by the Seat of Our Pants: What Dementia Family Caregivers Want in An Advanced Caregiver Training Program." *Res Nurs Health* 35(6): 598-609.

Tsai, Hsiu-Hsin, Cheng Ching-Yu, Weng Li-Chueh, Shieh Wann-Yun & Liu Chia-Yih 2020, "Motivations for Family Members' Visits to Nursing Home Residents With Dementia in Taiwan: A Qualitative Study." *Journal of Nursing Scholarship* 53(1): 87-95.

Yan, Yunxiang 2018, "Neo-familism and the State in Contemporary China." *Urban Anthropology and Studies of Cultural Systems and World Economic Development* 47(3/4): 181-224

Zarit, S., K. Reever & J. Bach-Peterson 1980, "Relatives of the Impaired Elderly: Correlates of Feelings of Burden." *Gerontologist* (20): 649-655.

Zhang, Xiubin, Charlotte Clarke & Sarah Rhynas 2020, "A Thematic Analysis of Chinese People with Dementia and Family Caregivers' Experiences of Home Care in China." *Dementia : The International Journal of Social Research and Practice* 19(8): 2821-2835.

# 农民生活利益对污染认知观念的塑造*
## ——南村个案分析

王裕根**

**摘要**:特定村庄情境中,农民对污染的认知主要基于一定的生活利益。基于赣南南村经验分析发现,农民生活利益具体体现在时间、空间和个体三个维度,这三个维度反映出村庄企业产权改革、农民生活空间和利益立场对污染认知观念的塑造。在时间层面,农民的污染认知经历了一体化共生到个体化利益表达的动态演变,而现实层面,生活空间和个体利益立场的差异形塑了农民的污染认知差异。具体来看,不同时期生活利益实现预期变动反映出污染认知的动态演变,而农民的生活利益在现实层面又无法得到企业和地方政府的有效回应,这进一步强化了农民的污染认知确信。但由于不同个体具有生活空间和利益立场的差异,因而塑造了差异化的污染认知。

**关键词**:生活利益　环境污染　污染认知　环境抗争

## 一、文献回顾与分析框架

近年来,随着农村生活水平的提高,农民对美好生活环境的需求越来越高。与此相应的是,农民环境抗争已成为学术界关注的重要问题。但相比对于农民环境抗争的研究,系统研究农民污染认知观念的则较少。一定的污染认知观念塑造农民环境抗争策略,农民环境抗争反映农民的污染认知观念。农民如何认知村庄环境污染?这一问题的研究对于深入理解农民环境抗争的行动逻辑和行为取向具有重要意义。

---

\* 本文系江西省社科基金项目"美丽江西建设中农村环保执法的现实困境与效能提升研究"(项目批准号:22FZJX02)的阶段性成果。
\*\* 王裕根(wangyugen@163.com),江西师范大学政法学院副教授、硕士生导师。

## （一）文献回顾

安娜·罗拉-温莱特（Lora-Wainwright，2010）认为村庄道德经验和情感标准、官方机构的回应以及媒体信息的传播，是构成农民对癌症认知的三重因素。这种分析为认识农民的污染认知打开了思路。首先，当前学界有关农民的污染认知研究大多置于村庄语境中，并通过分析农民环境抗争的行动策略来体现。学界曾对环境抗争（environmental action）下过定义，并用差序格局视角解释农民环境抗争中的污染认知逻辑（冯仕政，2007）。村庄差序格局塑造了农民的污染认知，从而出现"差序礼义"的抗争逻辑（罗亚娟，2015），这反映出农民的污染认知与抗争行为的关系演变依托于村庄的具体情境（Deng & Yang，2013）。具体来说，村庄特定生态文化会强化农民对污染的认知，这在一定程度上推动了农民集体环境抗争行为（景军，2009），而污染信息在村庄传播中会嵌入村庄集体行动，导致污染认知的集体认同（童志锋，2011）。在具体污染事件发生后，由于缺乏精准的科学依据，基于对村庄生活经验的判断，农民对污染风险认知介于完全不清晰与完全清晰两极之间（陈阿江、程鹏立，2011a）。其次，地方政府对污染事件的回应态度在一定程度上形塑了农民的污染认知。污染认知往往源于日常生活的打乱（Snow，1998），而在具体污染事件发生后，地方政府和企业的责任转移，强化了农民的环境不公正感（刘春燕，2012），并在具体污染事件处理中，地方政府和企业对污染事实的模糊化处理反而强化了个体对污染事实真相的追求（朱海忠，2012）。最后，污染信息的传播媒介和效度也在一定程度上塑造了农民的污染认知。特定污染事件发生后，基于村内亲缘、地缘关系产生的传播网络是农民应对污染风险的重要力量（陈阿江、程鹏立，2011a），此外通过现代网络信息媒介传播了解的环保信息在一定程度上显著提高了农民对污染的认知水平（蔡键等，2014），这可以部分解释环保宣传与环保意识提升之间的因果关联。

通过梳理上述文献可知，农民的污染认知总是在具体村庄中产生，置身村庄语境中分析文化观念、生活经验、差序格局、集体行动对污染认知的塑造具有十分重要的意义。但是，受不同时期经济体制、环保观念的影响，村庄企业对农民生产生活造成的妨害被农民认知及产生的心理感受是不一样的，与之相对，村庄生活观念、差序格局及集体利益塑造农民的污染认知机制也不一样。此外，村庄污染问题发生后，地方政府和村庄企业对污染事件处理的态度会在一定程度上塑造农民的污染认知,并且农民的环保观念增强也会导致农民对污染认知的水平不断提高,但需要注意的是,这些因素综合在一起表现在村庄社会中不同个体的认知取向是不一样的。在转型期乡村分化背景下,虽然"关系圈"稀释"受害者圈",导致大多数农民对污染问题表示集体沉默(孙旭友,2018),但同时可以看到,与反映污染问题相关的环境上访、网络投诉、热线电话等利益表达手段层出不穷。这在一定程度上反映出,农民对污染认知受到时空多重因素制约,因此需要立足于村庄企业发展的历史和现实情境,提出新的解释视角分析农民的污染认知观念。

## (二)基于生活利益的污染认知分析框架

什么是污染?从科学技术的角度看,界定环境问题是否构成污染,应通过一套环境标准体系和技术手段来测量某些有害物质对人类生产生活造成的妨害程度。如果妨害超过一定的环保标准,那么则构成环境污染。同样,如何治理环境污染问题也需要依靠环境科学技术进行有效判断并精准施策。在现代化社会中,虽然环境科技的水平发展较快,但环境科学精准识别环境污染问题的能力还有待提高,环境专业知识带来的风险本身也具有不确定性,从而导致非专业人士对专家系统的不信任(吉登斯,2011:114)。此外,由于公民环境科学水平普遍还较低,这使得政府在运用环境科技对环境污染进行技术确定时,可能导致环境科学所认定的污染标准与普通民众对污染的认知常常存在差异。可以说,关于环境风险的防控,政府与民众的有效沟通还有很长的距离要走(戚建刚,2009)。

其实,虽然"什么是污染"这个问题应从环境科学的角度进行界定,但如果涉及具体村庄的农民如何认知污染则需要结合村庄具体情境分析。当前,这种分析进路已运用于分析农民对癌症风险的认知与应对(Lora-Wainwright, 2010;陈阿江、程鹏立,2011b)、村庄环境污染认知与采取抗争策略之间的因果情境(Deng & Yang, 2013)等。在村庄情境中具体分析农民如何认知污染,其优势在于能够分析特定人群对具体环境污染问题的感知、立场和态度,客观呈现民众对污染认知的多元化立场,挖掘普通农民对污染认知的生活经验,进而发现被环保科技遮蔽的个体多元化认知观念,寻求环境保护的科技标准与公众基于生活经验认知污染的调和路径(王裕根,2021),进而优化政府与社会有效沟通的环境治理模式。

从人与环境共生的角度看,村庄情境和社会结构对污染认知的影响具体体现在农民适应周边环境产生的生活状态及利益需要。无论是历史还是现实层面,农民的污染认知大多基于自身在一定生活状态下的利益所需。这种利益既是现实的环境利益,也是农民在适应所处生活体系下所建构出来的利益。有学者认为,要站在生活者的角度思考环境与社会的问题。其中最为核心的要点在于,人生活在具体环境中,既存在对环境的利用,也存在对环境的保护;人对周边环境的认知与适应既内含生活传统,也是生活者在具体生活体系下所追究的生活利益(鸟越皓之,2009:58—68)。农民总是生活在特定的村庄生活体系中,如何认知污染离不开对农民生活体系的考察。生活体系涉及农民的家庭、社会关系及所处地势环境(朱晓阳、林叶,2018)。尤其是长期以来生活的地势环境,会促使农民思考与生活状态相关的污染问题。

通过分析可以发现,农民在村庄场域中生活总会产生现实的生活利益,即农民在特定的地势生境和时空场域中基于生存需要而改进生活环境的利益关切与表达。当村庄企业造成的污染问题客观存在时,农民的污染认知受生活体系的影响,这具体表现为农民基于不同地势生境和时空状态下对生活利益的表达与追求取向,从中可深刻揭示出农民自身的污染认知观念。如果站在生活者角度思考,可以发现农民是村庄的主要生活者,他们对污染的认知基于不同时空场域下的生活经验和情感标准,而不是基于官方机构或者科学技术。与之相对,农民的污染认知共享了一套生活常识和情感标准,反映了特定生境下的个体利益所需。因此在分析农民对村庄污染的认知时,一方面,要置于村庄农民的日常生活经验分析不同时空背景下农民对污染认知的动态演变;另一方面,也必须看到,在现实层面基于污染的空间分布和农民个体利益立场的差异,农民对污染的认知也会产生差异。

基于上述分析,可以从农民认知污染的时间维度、空间维度以及个体维度具体分析农民的生活利益是如何塑造农民的污染认知观念。

首先,时间维度。在不同的时代环境中,农民的生活利益指向不一样,对污染问题的情感认知也不一样。不同历史时期的经济社会体制结构不一样,村庄企业的产权结构、生产经营模式不一样,对村庄的依赖程度也不一样,由此企业对村庄产生的环境影响也不一样。与此同时,随着环保观念普及和环保信息不断输入,村庄农民对环境保护的认识也经历了一个时间演变,许多在过去看来没有环境影响的问题,随着农民环保意识提高,对美好生活环境的要求也随之提高,村庄的很多问题都会被农民建构为污染问题。其中反映出不同时期农民适应和改变周边生存环境的利益需要在发生变化。这种动态演变的历程,在根本上体现了不同时期农民生活利益预期存在差异,从而导致农民的污染认知差异。

其次,空间维度。从村庄特定污染的空间分布来看,越接近污染影响区的农民,生活利益表达越强,对污染认知的确信也越强。企业对村庄造成的污染存在一定的范围,如果把村庄污染影响的核心圈划定为农民的受害圈,那么在空间上处于受害圈的农民对污染认知确信就更强烈,利益表达也更强烈。因为,从生活利益的角度看,越靠近污染核心圈的当地农民,其农业生产和生活受到的影响越大,对污染认知的客观确信也越大,进而就越可能采取环境抗争行动。与此同时,随着村庄社会流动性不断加大,同在受害圈的农民,其在村生活的时间长短,反映出其对特定生活利益追求的大小差异。如果长时段生活在受害圈,其生活利益关切和表达的动力较大,那么这些群体对污染确信更强烈,反之,则更弱。

最后,个体维度。由于村庄精英与普通农民、受益群体与受害群体的生活利益存在差异,所以对污染认知也存在差异。受行政压力的影响,在支持村庄企业生产运营的态度上,村干部与企业的利益立场往往一致。尽管村干部是村庄的代理人,但是其对生活利益的关切和表达并不能完全代表普通农民的生活利益,这导致村干部和普通农民基于不同的生活利益关切产生不同的污染认知。此外,即便是同受污染影响的农民,基于日常生活经验以及利益立场不一样,不同农民也会产生不同的污染认知。尤其是那些受到企业补偿的农民,为了自身的经济利益能够得到长久保障,在对待污染是否存在这个问题上,内部也存在不同的认知。这些认知差异大多因自身身份立场、生活经验而产生,并整体上反映了村庄污染认知的个体维度。

基于上述分析框架,本文试图依据村庄场域中农民的日常生活实践及其与生活环境互动关系的总体观察,"选择特殊的、微小的特征,进行深入的、精确的研究,从而解决与结构整体有关的问题"(米尔斯,2016:81),并深入理解影响农民污染认知的各种情境因素。通过结合村庄具体污染问题产生的时空演变,考察村庄场域下农民的污染认知因素,既可以全面理解农民对污染认知的情境性因素,也能从影响农民污染认知的情境性因素中分析农民环境抗争的行动逻辑和行为取向。在研究方法层面,笔者试图通过访谈、亲身观察并在查阅有关历史资料的基础上,深入研究农民对环境污染认知的口述史材料。基于农民的口述史回忆及村庄社会的观察,可以具体分析个体所处的社区情境是如何形塑农民的污染认知的。

## 二、村庄企业产权改革与农民对污染认知的动态演变

本文的经验材料来源于笔者 2018 年 2—5 月及 2020 年 4 月在赣南橙县南村的实地调研和追踪访谈。南村距离附近的圩镇 1 公里,现辖 17 个村民小组。和全国中西部地区农村一样,该村年轻人大部分都去沿海经济发达地区务工,留下一些老人在家种田。南村是一个矿产资源比较丰富的村庄,其中硫磺矿储量比较丰富,早在 20 世纪 50 年代就在开发,经过 70 余年的开采利用之后,给村庄造成了严重的环境污染问题。这主要表现为,未经处理的硫磺水直排农田河流,直接影响到河流两岸农田的农作物生长和农民的饮用水源。此外,提炼硫磺矿过程中会产生粉尘污染,硫酸厂对农民生产生活用水也有影响,其环境污染影响范围波及南村 7 个小组,共计 2 400 余人,约 1 800 亩耕地。

南村硫磺矿开发经历过不同经济体制、社会结构及环保政策的调整,与此同时,农民的污染认知也发生动态演变。据当地农民讲述,早在 1958 年,为响应国家发展工业的号召,橙县成立了地方国营企业江西橙县硫磺矿厂。由于当时工艺技术水平较低,该厂一直以土法冶炼硫磺,污染较为严重,1996 年因经济效益低而被停产。1996 年工厂停产后,只留少数人看厂。此外,也有少部分开采活动,其利润主要用来支付守厂工人工资。当时,县硫磺矿属于地方国有企业,归口县政府工信部门管理。为响应号召支持国家建设,村集体对硫磺矿造成的污染也没有那么多的环保意识。什么是环境污染问题以及由此对身体健康有哪些潜在影响,农民并没有太多这方面的观念。老何是南村曾角小组组长,向他问起硫磺矿的历史时,他说:

> 硫磺矿在 20 世纪 60 年代属于国营,那个时候根本没有环保意识。硫磺矿开采主要用手工,并不是很大,采矿量少,水也很小。20 世纪 80 年代后期采用机械化生产,采矿量大,井下水也很大,需要放炮炸开井口,放炮会产生硝酸氨溶解到水里,如果把地下水抽出来没有处理就会有妨害。但那时河里面的水比较大,抽出来可以净化。当时我们国家依赖这里的

硫磺,鼓励开采,"全国一盘棋",计划经济时期听从政府指挥,农民也没有什么意见。硫磺主要用于制造火炮、枪药等军需用品,当时基本上不用进口。①

这反映出,硫磺矿改制之前,农民大都支持硫磺矿的开发,并且也没有认识到环境污染问题。当时,县硫磺矿属于国有企业,其职工有2 000多人,大都是周边的农民,尽管开发过程会产生环境污染,但是农民并没有这个认识。相反,在"全国一盘棋"的号召下,农民积极支持和参与硫磺矿的开发,农民和企业的关系比较融洽,处于共生共惠关系。从乡村企业的发展条件来看,其发展当然需要有一个良好的外部环境。企业营造良好外部环境的措施,主要是吸纳农民就业、积极履行村庄社会责任等形式。在实践形态上,地方国有企业在产权性质上属于国家所有,吸纳了村庄大量农民就业。当企业给村庄社会造成环境损害时,农民往往不认为是一种环境风险,而是自觉站在国家发展大局的立场上支持村庄企业的发展。因此可以看到,在村庄企业改制之前,村庄企业属于地方国有企业,村庄企业嵌入在农民生活体系中。

但硫磺矿改制为私人企业后,企业没有足够能力履行社会责任,导致农民与企业的关系越来越紧张,这进一步形塑了农民对污染的认知。进入20世纪90年代末期,硫磺矿效益低下,又恰逢国家企业改制的浪潮,县里决定将硫磺矿改制为私人企业盛朝公司。不过,改制为私人企业后,盛朝公司并没有投入资金运行环保设施,导致本来污染已经非常严重的农田河流进一步遭到污染,直接影响到农民的农业生产和饮用水源。盛朝公司进入村庄社会后,其运营并不考虑对村庄社会生产生活的影响,而是"脱嵌"于村庄社会发展(熊易寒,2007),这集中表现为不履行环境保护的社会责任,而是以市场营利为目的开展运行,由此加剧了村庄社会的环境污染问题。2018年后,受市场价格影响,盛朝公司基本处于间歇性生产阶段,但即使不生产,矿井抽出来的硫磺水对农田灌溉也有影响。随着这种影响不断加大,农民逐渐认识到硫磺水对农田的妨碍。有时候,如果污染补偿款不到位,农民就会去找企业和地方政府。但是,地方政府和企业并没有直接回应农民的生活利益诉求,反而进行模糊化处理。而盛朝公司也并没有动力改进环保设施,随着农民对污染认知的清晰度越来

---

① 访谈021,南村村民何生,2018年3月20日。按照学术惯例,文中所涉人名、地名都已做匿名化处理。

越高,农民与企业的关系表现也越来越紧张。

纵观南村硫磺矿开发历程可以发现,硫磺矿开发权主体的变化,导致硫磺矿经营方式也发生改变,企业履行环境责任的能力也不一样。在硫磺矿的集体化时期,硫磺矿开发虽然对农民产生一定的影响,但这种影响能够通过集体化补偿的方式进行抵消。此外,集体化时期农民并没有环境保护的观念,且有关环保的观念普及也较少,所以对硫磺矿开发带来的环境影响存在模糊性认知。也即,在集体化时期,村企一体化共生,农民对硫磺矿开发带来的影响并没有产生基于改进生活环境的利益表达,这也就塑造了农民的污染认知观念。但随着硫磺矿改制为私企后,企业履行环境责任的能力较弱,农民基于生产生活需要产生的改进生活环境的利益诉求没有得到很好保障,并且地方政府部门在处理农民与企业的环境冲突时表现出的模糊态度,让农民更加确信,基于污染问题产生的生活利益诉求表达具有合理性,这进一步强化了农民对污染存在的确信观念。可以说,不同时期企业的产权性质、企业产权改革后的污染损害赔偿能力、农民环保观念变化以及地方政府处理污染问题的回应态度,这些因素综合在一起影响了农民的生活利益关切与表达,反映出农民对污染认知的动态演变。

## 三、基于污染空间分布差异产生的污染认知

在现实层面,不同农民针对同一污染事实的认知也不一样,这就需要回到不同个体所处的或所经历的情境中进行分析。而这种情境分析又要回到村庄社会中不同农民的日常生活经验。在对污染认知过程中,农民的生活经验具体体现为对污染分布空间、农民生产生活空间以及两者之间远近关系的经验判断。由于每个人的日常生活经验不一样,因而这其中也就可能存在不同的污染认知判断。

### (一)种田受到多大程度影响?

由于硫磺矿井下有机械,即使不生产,每天也要把废水抽出来,而抽出来的废水没有经过净化直排河流,则会影响到南村 7 个小组的农业灌溉。南村 7 个小组的居住位置和农田,恰好位于硫磺水排出的河流下游地段。受硫磺水

的影响,导致人畜饮水和农田灌溉受到污染。但相比来讲,南村其他小组的居住空间离硫磺水流经的河流较远,受其影响较少,所带来的生活环境恶化程度不一样,因此基于改进生活环境的利益关切和表达存在差异。生活利益的差异,导致污染认知存在差异。这种污染认知具体表现在污染损害认知、归因认知等方面。

2012年,南村7个村民小组的组长去政府上访。在他们的上访信中这样提道:

> 原先计划经济时代,是"全国一盘棋",堤外损失堤内补。当今市场经济时代,谁给我造成损失,就由谁负责赔偿。年复一年的利用河水灌溉农田,使我村沿河的7个村小组的土质被破坏,地力逐年下降,导致农作物化肥使用量是其他农田的1—1.5倍,产量不理想。①

但是,硫磺废水到底对农作物影响有多大,农民自己也不好界定。现任村会计何福这样认为:"我们沿岸两边的农田只能用那条小溪里的硫磺水来灌溉,用那条河流的水灌溉,产量会受到影响。没有拿去鉴定损失有多大,因为鉴定要钱。"②按照老何的说法:

> 可以按正常亩产1 000斤来补偿减产部分,但这并没有经过县里面的认可。每个小组的受灾面积不一样,按受灾面积来核算补偿,是有争议的。用硫磺水灌溉并不是绝收,如果硫磺水在农民种田时迟两天排放,那么影响就会小一点。③

也即,农田灌溉会受到硫磺水的影响,但是影响有多大,农民自己并不是很清楚。

此外,南村各种工矿企业生产过程中排出来的废水和废渣也都会给周边村庄农业种植和灌溉带来一定影响。如果硫磺水、煤炭水、采石厂的水流入同一条河流而混合在一起,那么判定硫磺水对农作物产量到底有多大影响就更加困难。如果农业损失是由多个原因造成的,那么就需要鉴定硫磺水对农田

---

① 资料005,摘自南村7个村民小组的上访信,2018年4月1日。
② 访谈022,南村村民何福,2018年4月25日。
③ 访谈023,南村村民何生,2018年5月6日。

减产的直接影响力有多大。由于每个农民的农田位置分布不一样,距离污染源的空间分布也存在差异,所以受到的污染面积和损害程度都不一样。由于村庄难以统一起来要求政府相关部门进行鉴定,因此硫磺水、煤炭渣对农民种田影响到底有多大,对村庄而言依然是一个不甚清晰的问题。有些农民的农业受害面积比较小,并没有足够的动力去反映自己的利益诉求。只有当污染受害面积比较大,并且成为绝大多数农民的共识之后,才会引发相关利益表达行动,例如上述处在污染核心圈的 7 个村民小组的集体上访。

## (二) 这水到底能不能喝?

硫磺矿、硫酸厂和煤炭厂排出来的废水和废渣不仅给沿河两岸的农田灌溉带来影响,也给农民饮用水带来影响。从村庄生活经验出发,南村 7 个小组大部分的农民都认为以前地下井水能够饮用,把水烧开之后锅底不会有一层白色油污,但多年来硫磺矿废水向地下渗透,并且由于盛朝公司入驻之后加大了开采量,直接影响了村庄地下水的水质。"用机器生产的时候有明显妨害,井下废水呈酸性。抽出来直接排到河里面,逐年累积,连地下水都有污染了。"①那么,农民是如何判断地下井水的水质受到了影响呢?南村竹下组一位妇女这样说道:

> 卖净水器的人来搞活动,我们取了两瓶水,一个是山上的水,一个是地下井水,让他们去检测,发现地下井水(污染)超标。我们还搞一些土办法,拿一瓶山上下来的水和一瓶从井下抽的水,去化验之后,分别拿去烧开,一瓶烧了的,一瓶没有烧的,一瓶净化的,一瓶没有净化的。净化了的水拿去烧,锅底没有白颜色,比矿泉水还要好。山上的水拿去烧没有白颜色,而地下水拿去烧有一层白色停留在锅底。②

由于销售净水器的人检测出地下水严重超标,因此在空间层面,靠近硫酸厂的马火组农民大都买了净水器。而有些住在山底下的农民则自发组织起来建小型的蓄水池,通过截留山泉水到筹资的各家各户。

---

① 访谈 021,南村村民何生,2018 年 3 月 20 日。
② 访谈 024,南村村民张杰,2018 年 4 月 25 日。

然而最根本的是,农民对地下水是否能够饮用的认知度存在不同。例如,南村竹下组组长家就没有买净水器,这主要是因为他所居住的村小组离硫磺水流经的河流较远。他认为:"大家都这么过,碰运气,因为没有明显妨害,不当作一回事,抱着侥幸心理,总不会出事吧。喝了这么多年,大家吃的没有什么样,没有当作一回事。"①尽管在有些农民看来,目前喝的这个水确实没有受到影响,但每个农民的年龄、身体素质及生活习惯等都不一样。并且,很多疾病的发生都具有潜伏性,并不会立马爆发。因此,并不能因为目前井下水喝的没有问题,就认为井下水水质没有受到污染。曾任南村村支部书记的何兵认为:"现在喝的没有事,以后不一定保证没有事。水井的位置离河越近,下雨天一渗漏,全是黄水,肯定有污染。"②

由上可知,农民根据自身离污染的远近判断自身生活所受的影响,本质上反映了污染分布的空间差异。从农民的日常生活经验来看,针对地下水是否遭到污染,村庄不同主体给出了不同的看法和归因,由此农民基于生活利益的差异产生了污染的归因和损害认知上的差异。这其中,虽有认知水平、利益差异及历史遗留问题等原因,但就村庄本身而言,对地下水能不能喝依然存在模糊认知,政府部门并没有提供一个权威的认证和解释。如果没有权威的技术界定,那么农民就会基于污染空间的远近并辅之以生活经验的判断,从而产生差异化的污染认知。差异化的污染认知,弱化了农民集体抗争的行动能力,为地方政府和企业模糊化处理污染问题提供了回旋空间。

## 四、基于不同利益立场产生的污染认知

在现实层面,农民对污染的认知还体现在不同农民的利益立场上。在村庄社会中,不同农民利益立场不一样,导致村庄生活利益不一样,进而形塑不同个体的污染认知。其中,最为明显的表现为,村干部和普通农民因为身份和利益不一样,在对待污染问题及污染损害赔偿的态度上也不一样,总体上产生了村庄既得利益者与非既得利益者之间的差异。

盛朝公司新建硫酸厂以及采矿厂之时,曾给南村的马火组安装了自来水,

---

① 访谈025,南村村民何男,2018年4月25日。
② 访谈026,南村前任村支书何斌,2018年4月3日。

因为硫酸厂废水排放确实会影响附近农民的饮用水水质。不仅如此，盛朝公司还安排受污染影响的附近几个小组的部分农民到厂里面上班。而关于谁可以去厂里上班，盛朝公司把这个决定权给了村干部。村干部在分配这些名额时常常是为了拆迁工作的考虑，通常会优先考虑建厂所涉拆迁的村小组农民，然后再考虑其他小组。此外也会考虑跟村干部关系比较好的农民，以拉拢他们来帮助村干部做工作。这一部分人是既得利益者，总体认为建厂利大于弊。对于村干部而言，企业入驻，不仅可以承包一些基础设施工程，而且可以获得企业的赞助费。而对于那些既得利益的农民而言，不仅能够在家种田，还可以在厂里上班，获取额外的收入。虽然会带来污染，但是只要不会有大问题就都能接受。并且，这部分农民也会支持其他农民去政府上访，因为他们希望能够得到额外的污染补助。

此外，对于那些想在盛朝公司做工而没有进去，并且受污染影响的农民，他们是非既得利益者，因而通常会说建厂对他们身体有妨害，污染很严重，并经常通过各种方式向上举报或者投诉。这部分农民起初经常被劝去"阻工"。在2012年硫酸厂建成之初，那些既没有在厂里做工也没有获得污染补偿的农民，就经常被鼓动去厂里面"闹事"或者"阻工"。南村马火组组长自己在盛朝公司硫酸厂做水泥工，所以没有组织参与。然而，组织"闹事"者却是在厂里面已经做流水工的南村部分农民，因为他们感觉自己的工资没有厂里面聘请的外地人工资那么高。事实上，厂里面的外地人之所以工资高，是因为他们是公司的技术工和管理层。而那些被组织"闹事"的农民大部分是那些想去厂里面上班而不能进去的人，他们不能进厂仅仅因为他们年龄偏大或缺乏技术。

由上可知，村庄社会中村干部与普通农民在对待污染问题上存在显著的生活利益差异。大多数村干部都是与企业有利益联系的经商农民。他们大都知道企业生产中的环境污染，也知道企业经营信息和治理污染的能力，但是他们并不会带头向企业提出诉求，因为他们本身与村庄企业和地方政府的利益绑定在一起，构成一种盈利型经纪模式（辛允星，2016）。村干部与普通农民的生活利益存在差别，这种利益差别形塑了他们对村庄污染的认知。而对于那些没有在企业做工或者没有从企业获取利益的农民，他们是非既得利益者，往往会以环境受到污染的名义进行上访或者举报，请求地方政府回应自身的生活利益需求。特别是随着国家对生态环保重视的提升，以及环保观念在农村的普及，很多非既得利益者往往根据自身生活利益需要建构对村庄污染问题的认知，以此强化环境信访、投诉和举报的正当性，这导致村庄环境问题信访、投诉或举报的人数日益增多。因此,村庄既得利益者与非既得利益者存在生活利益差异,所以也会在观念层面形塑农民的污染认知差异。

## 五、生活利益对污染认知的形塑机制

区别于在定量意义上分析农民的污染认知,从定性角度深入剖析农民的污染认知观念或许存在新的认识。事实上,农民作为村庄社会的主体成员,其在村庄社会所形成的生活利益关系及其演变无法完全通过测量工具反映,要有效分析农民的污染认知还需结合具体情境分析。

### (一)生活利益实现预期变化反映农民污染认知观念的动态演变

农民的污染认知是农民环境意识的重要组成部分,但它又不是独立存在的。农民的污染认知建立在村庄经济社会条件的客观基础之上。一定村庄的经济社会条件既能够形塑农民的行为逻辑,也能反映农民的思想认知。而村庄的经济社会发展情况,既反映了村庄企业在不同时期的生产条件,也反映了不同时期农民如何认知企业给村庄生产生活带来的污染影响。综合这两方面看,集中体现出农民在不同时期的生活利益实现预期。

纵观南村企业发展的历程,集体化时期的企业嵌入村庄社会发展中。集体化时期的村企关系是一体化的共生关系,企业造成的环境污染成本基本能够转移到村庄社会。在此背景下,如何认识企业给村庄社会造成的环境污染影响并提出环境损害赔偿,农民对此并没有清晰的环保观念和相关的权利义务界定。由于乡村企业属于国有企业,在高度集中的计划经济体制下,农民并没有把村庄企业造成的环境损害当作一种风险并提出赔偿。因为企业的发展嵌入村庄社会中:村庄为企业发展提供良好的基础条件,企业为农民提供灵活多变的就业方式。在这个过程中,农民的污染认知被村企关系所构筑的集体共生思维所吸纳,在此时空背景下,农民对企业的生活利益实现预期较长,企业给村庄造成的环境影响也就低廉地转移到村庄社会中。

伴随着村庄企业改革,许多企业逐步改制为私有性质,村庄企业也逐步脱嵌于村庄社会。村庄企业的经营方式明显转变,经营成本和效益也日趋按照市场化方式演变,这主要表现为从过去的集体主义生产方式转变为更加市场化的私有方式。在此过程中,农民并没有完全得以分享私有企业发展的成果,也无法完全参与到私有企业的生产管理中。与此同时,私有企业还通过裁员的方式降低企业运行成本,而且企业在组织生产的过程中继续把环境成本无限制扩大并转移到村庄社会,从而影响到农民的生产生活,触动了村庄农民的生活利益。在企业履行环保责任能力较低且面临停产风险的情况下,村庄大多数农民对企业的生活利益实现预期较短,因此,农民的污染认知也将发生一定的变化。

如果说在集体化时期农民与村庄企业是一体化共生关系,并且在农民环保观念较弱的背景下,农民基于改进生活环境的利益诉求表达还相对模糊,那么在企业改制后的市场化私有时期,随着农民环保知识普及和环保观念加强,农民的生活利益表达相对比较突出和明显。这直接体现为,在集体化时期农民对企业生产的生活利益实现预期较长,相比而言,在私有化时期农民对企业污染损害赔偿的生活利益实现预期变得较短。这种生活利益实现预期变化既来源于村庄污染对农民生产生活影响的纵向对比,也来源于现实层面最直接的生活经验。一方面从表层可以看到,不同时期的环保知识普及范围和力度会导致农民的污染认知发生变化;但另一方面从根本上反映出,随着村庄企业与农民互动环境的变化,农民基于生存需要改进生活环境的利益关切和表达也发生变化。这种生活利益变化不断塑造农民的污染认知,进而在纵向层面呈现不同时期污染认知的动态演变。

## (二) 生活利益差异塑造农民污染认知的差异化

在村庄社会,农民生活利益的差异化主要表现在以下两个方面:一是生活利益的空间层面,企业给村庄造成的污染存在边界。越靠近污染源的居民,其农业生产和生活所受到的影响就越大,污染影响范围随着距污染源远近不同而产生不同利益诉求。如果说污染治理是村庄社会的一种公共物品,那么这种环境公共物品会随着成员的受益面不同而产生一定的边界。由于存在边界,所以农民要达成集体的环境抗争行为很难(陈心权、陈心想,2012)。二是生活利益的个体层面,存在年轻人和老年人群体的差异。由于村庄社会的年轻人大多在外地务工,基本上很少受到村庄环境污染的影响,尽管他们能够接收外界最新的环境保护信息和知识,但他们并没有足够的时间和动力去找寻证据并采取相应的抗争行为。相反,在村庄生活的老年人对环境利益诉求比较大,因而老年人群体对污染认知的敏感度比较高。虽然环保知识和信息来源比年轻人群体较弱,但由于他们长期生活在村庄,他们对村庄污染问题具有强烈的抗争愿望。因此,真正关心村庄生活利益的主要是留守在村的老年人群体,他们和年轻人群体在污染认知方面存在差异。

在转型期的乡村社会,大多数农民的行为逻辑更多基于自身生活利益导向,因此农民对污染的认知主要基于自身的利益来思考,例如村庄精英群体和普通农民之间就存在显著的生活利益差异。基于这种利益立场上的差异,会产生差异化的污染认知。但与此同时也要看到,村庄个体生活利益差异又是乡村社会转型中发展演变的客观产物。一方面,转型期村庄流动性和开放性不断加大,村庄社会生活日益理性化;另一方面,由于村庄社会结构客观存在共同体价值观念衰落的趋势,并且村民行为日益理性化和计算化,不同农民基于自身生活利益来认知污染。农民的污染认知差异是生活在一定村庄中的农民基于污染客观存在的事实而产生的现实反映,而这又总是基于村庄生活情境和社会结构而产生差异化的生活利益。因此,当面对"污染损失有多大?""这水能不能喝?"的困惑时,村庄不同主体对客观社会事实的认知取决于不同主体的生活利益。现实的利益是主体认知事物和采取行为的重要参照,而不同的利益形塑了农民差异化的污染认知,进而产生不同的环境抗争态度和行为。

## (三)生活利益无法得到有效回应强化农民对污染事实的认知确信

村庄企业改制后,随着企业给村庄社会带来的环境负面影响越来越大,村庄农民与企业会产生许多冲突。这种村企关系冲突性的背后反映了企业改制之后的一种制度紧张(陈占江,2015)。地方政府在扶持和发展村庄企业的过程中并没有吸纳农民参与环境影响评价。而产生环境污染后,农民总是基于自身环境利益受损向企业提出损害赔偿。但是,在村庄社会中,由于农民的弱组织性以及自利的村干部,因此农民存在集体利益表达的行动困境。在经过数次利益博弈后,地方政府为了维稳而协调企业做出补偿,使得农民陷入一种"补偿陷阱"之中(Van Rooij et al.,2012)。

不过,农民基于生活利益向企业和地方政府提出赔偿请求之后,企业和地方政府的处理立场反而强化了农民对污染事实的认知确信。这主要表现为，一方面，农民通过电视、网络等传媒手段能够及时了解中央的环境保护政策，感知中央对生态环境保护工作的日益重视，由此更加强化了农民对自身生产生活环境的关注。尽管农民不具备真正的科学知识判定自身的生产生活环境是否已经遭到污染，但是地方政府协调企业发放污染补偿款以及积极修复农民和企业的关系，已经表明村庄的生产生活环境遭到污染。基于这种污染认知，农民才对企业和地方政府提出环境抗争。另一方面，基于企业发展的"政经一体化"开发机制（张玉林，2006），农民向企业提出环境抗争时，地方政府大多维护企业的生产利益，而不协调企业积极做好环保设施以减少和控制环境污染，这使得农民对地方政府产生不信任。并且在后续的抗争中，农民多次向企业和地方政府索赔无果，所以农民更加确信企业给村庄造成的污染存在较大的风险，进而可能引发环境抗争行为。反过来，农民在经历环境抗争事件后会直接强化其对污染事实的认知确信。

当村庄企业并没有实际回应农民的环境利益诉求，甚至模糊对待村庄出现的环境污染问题时，农民和企业关系实际上延伸到了农民与地方政府的关系。从这个意义上讲，农民对污染风险的认知既需考虑农民与企业的关系，也需考虑农民与地方政府的关系。在"农民—地方政府—企业"关系模式中，随着农民对中央生态环保法律和政策的认同度不断增加，对地方政府的执法行为也越来越不信任，这更加使农民意识到自己的生活利益受损，并强化自己的污染损害已经发生的事实观念，从而会坚定自己的环境抗争选择。

## 六、结语与讨论

本文试图立足村庄场域的逻辑，分析农民是如何认知环境污染的。尽管当前在环境科学领域确定污染需要足够的因果关系证据，但是立足村庄社会生活发现，农民的污染认知并没有科学证据支撑，相反总是基于自身生活利益的需要来认知污染问题。通过深入分析影响农民对污染认知的复杂观念结构之后可知，农民对污染的认知会基于生活利益差异而产生差异化的污染认知体验。本文深入分析了影响农民对污染认知的情境性因素，拓宽了环境社会学领域对农民环境意识的理解，延伸了农民污染认知与农民环境抗争的因果关系探讨。

农民对环境污染的认知并非体现于孤立的个体身上,抽象地把主体环境意识剥离于具体结构和情境并进行测量有可能屏蔽利益主体的互动关系和演变。要有效理解个体对事物的认知观念,就需深入分析个体所处社区的利益关系或者社会结构。不同时期农民生活利益的动态演变是形塑农民污染认知的重要机制。而当污染空间分布和个体生活经验存在差异时,农民的生活利益也存在差异,此时农民对污染认知则呈现出差异化态势。

如果农民的污染认知观念存在差异化,那么农民环境抗争行为的策略和目标是否也存在差异化,以及农民的污染认知观念是通过什么机制来影响农民的环境抗争行为,这需要深入研究其中的中间变量。由此,农民污染风险认知与农民的环境抗争有必要通过一些中间变量进一步深化理解。此外,由于不同乡村企业的产权改制和变迁模式不一样,村企关系在不同历史时期也不一样。在乡村企业发展过程中,农民是否参与企业发展过程、企业改制过程是否尊重农民的意愿、是否真正吸纳农民参与到企业管理以及企业是否积极履行社会责任,这些都涉及企业改制的产权结构模式。而不同村庄的资源禀赋、村庄精英履职能力、农民的环境素养等都不一样,不同村庄的经济发展模式亦存在差异,所以企业对村庄社会转移的环境污染成本以及农民的污染认知也都不一样。因此,本文试图抛砖引玉,相关研究或应深入调查和对比分析不同村庄企业的发展模式及农民参与度情况,进而深入理解形塑农民的污染认知因素。

# 参考文献

蔡键等,2014,《农民对农业化学品环境污染认知及信息媒介的影响作用研究——基于CGSS2010数据的实证分析》,《农业经济与管理》第6期。

陈阿江、程鹏立,2011a,《"癌症—污染"的认知与风险应对——基于若干"癌症村"的经验研究》,《学海》第3期。

陈阿江、程鹏立,2011b,《村民是如何化解环境健康风险的?》,《南京农业大学学报》(社会科学版)第2期。

陈心权、陈心想,2012,《污染治理中的集体行动》,《法律和社会科学》第2期。

陈占江,2015,《制度紧张、乡村分化与农民环境抗争——基于湘中农民"大行动"的个案分析》,《南京农业大学学报》(社会科学版)第 3 期。

冯仕政,2007,《沉默的大多数——差序格局与环境抗争》,《中国人民大学学报》第 1 期。

吉登斯,安东尼,2011,《现代性的后果》,田禾译,南京:译林出版社。

景军,2009,《认知与自觉——一个西北乡村的环境抗争》,《中国农业大学学报》(社会科学版)第 4 期。

刘春燕,2012,《中国农民的环境公正意识与行动取向——以小溪村为例》,《社会》第 1 期。

罗亚娟,2015,《差序礼义:农民环境抗争行动的结构分析及乡土意义解读——沙岗村个案研究》,《中国农业大学学报》(社会科学版)第 4 期。

米尔斯,赖特,2016,《社会学想像力》,陈强、张永强译,上海:上海三联书店。

鸟越皓之,2009,《环境社会学:站在生活者的角度思考》,宋金文译,北京:中国环境科学出版社。

戚建刚,2009,《风险规制过程合法性之证成——以公众和专家的风险知识运用为视角》,《法商研究》第 5 期。

孙旭友,2018,《"关系圈"稀释"受害者圈"——企业环境污染与村民大多数沉默的乡村逻辑》,《中国农业大学学报》(社会科学版)第 2 期。

童志锋,2011,《认同建构与农民集体行动——以环境抗争事件为例》,《中共杭州市委党校学报》第 1 期。

王裕根,2021,《村庄污染认定的技术权力及其治理效果——基于赣南南村的个案调查》,《天津行政学院学报》第 1 期。

辛允星,2016,《村干部的"赢利"空间研究——以鲁西南 X 村为例》,《社会学评论》第 2 期。

熊易寒,2007,《市场"脱嵌"与环境冲突》,《读书》第 9 期。

张玉林,2006,《政经一体化开发机制与中国农村的环境冲突》,《探索与争鸣》第 5 期。

朱海忠,2012,《污染危险认知与农民环境抗争——苏北 N 村铅中毒事件的个案分析》,《中国农村观察》第 4 期。

朱晓阳、林叶,2018,《地势、生境与村民自治——基于滇池周边村落的研究实践》,《广西民族大学学报》(哲学社会科学版)第 1 期。

Deng, Yanhua & Yang Guobin 2013, "Pollution and Protest in China: Environmental Mobilization in Context." China Quarterly 214(1): 321-336.

Lora-Wainwright, Anna 2010, "An Anthropology of 'Cancer Villages': Villagers'

Perspectives and the Politics of Responsibility." *Journal of Contemporary China* 19 (63): 79-99.

Snow, D. 1998, "Disrupting the 'Quotidian': Reconceptualizing the Relationship Between Breakdown and the Emergence of Collective Action." *Mobilization : An International Journal* 3(1): 1-22.

Van Rooij, Benjamin, Anna Lora-Wainwright, Wu Yunmei & Zhang Yiyun 2012, "The Compensation Trap: The Limits of Community-Based Pollution Regulation in China." *Pace Environmental Law Review* 29(3): 701-745.

# 书评与随笔

# "学统"未立之下的学科合法性
## ——读《传承与断裂:剧变中的中国社会学与社会学家》

王小章[*]

在近代以来各门社会科学建制化的进程中,一直或隐或显地存在着一个紧张:一方面,它们必须努力争取社会的承认,特别是政府当局的承认,以争取学科运行和发展所必需的各种资源;另一方面,则要努力捍卫、维护学科作为学术场域的独立性、自主性,坚持学科本身之"内在的准则"(韦伯语)。要向社会和当局争取承认、谋求资源,就不能无视给予合法性承认、提供资源的社会和当局的要求甚至压力;而要捍卫维护学科作为学术场域的独立自主,则必须提防这种要求、压力扭曲学科本身之"内在的准则"。这种紧张,或多或少但不可避免地会转化成那些把学术当作"志业"、把学科当作安身立命之所的学者们内心的紧张和焦虑。陆远博士的《传承与断裂:剧变中的中国社会学与社会学家》(以下简称《传承与断裂》)以翔实的史料再现分析了社会学这门学科在20世纪四五十年代之中国的遭际困境,探幽寻微地描摹揭示了陶孟和、吴文藻、孙本文、吴景超、潘光旦、陈达、严景耀、李景汉、费孝通等社会学家的心路历程。而贯穿其间的一个核心问题,在笔者看来,就是在传统"道统"已然崩解、现代"学统"尚未确立的情况下,置身于上述这一紧张之中的学科合法性问题。

## 一

向社会、国家证明自己"有用"是现代化进程中各门社会科学争取合法性承认、争取自身生存和发展的资源的一种基本方式。自法国大革命以还,西方

---

[*] 王小章(13588112861@163.com),杭州师范大学公共管理学院教授。

社会政治和社会变革的压力变得异常紧迫,试图阻止变革无济于事,解决的办法在于对社会变革进行合理的组织。而要对社会变革进行合理的组织,光是提出一些有关社会生活的自然秩序的假设性理论,已经很难满足这种要求,而必须去切实地研究社会,了解支配它的种种规则,这就为各门社会科学的生长发展提供了空间和动力来源。就像埃文斯(P. Evans)等说的那样:"国家企图通过干预措施影响社会的进程和结构,所以需要有关这方面的知识。从主要探讨规范和哲理的社会研究转变为以事实根据为基础的社会研究,大概是同现代国家的出现相关的最重要的学术现象。"(Evans et al., 1985: 357)在这个转变的过程中诞生的诸如经济学、政治学、社会学、犯罪学、心理学、统计学等各门现代社会科学,谁能证明自己能提供关于社会的精确而客观的知识,谁就更能获得合法性承认而建制化。而证明自己能提供关于社会的精确客观知识的一个基本途径,则是努力论证自己所采用的研究社会的方法的"科学性"。这在一定程度上也可以帮助我们理解,为什么"有效的知识如何可能"这一自笛卡尔以来一直缠绕着哲学家们思维的认识论、方法论问题,到 19 世纪,争论的焦点便从关于自然界的知识转移到了关于人类社会的知识,即集中到了关于人类社会的有效知识如何可能的问题上:方法论之争乃是研究社会之学科及其不同研究范式的合法性之争。从孔德、涂尔干,到李凯尔特、韦伯,虽然有方法论的一元论和二元论之别,有科学主义和历史主义之分,但所有论者的一个共同意念,是力求证明自己所倡导的研究方法路径才是获得关于社会的客观而精确的知识的方法路径,唯有客观而精确的知识,才可能是有效的知识,也才能为自己的学科争取到生存发展的合法空间和资源。

  与经济学、政治学等其他各门现代社会科学一样,社会学于清末民初之际从西方引入中国。在强调知识的有效有用性以争取学科的合法性和相应的资源这一点上,各门新的社会科学在中国的情形并没有两样。美国杜克大学教授德里克就指出:"与欧洲的起源类似,20 世纪中国的社会科学在互相冲突的轨迹上发展,一方面受秩序和统治需求的激发,而另一方面又受到改革和革命的推动,两者都被社会现代化抛出的问题所塑形。"(德里克,2015:202)实际上,由于中国学者传统上就缺乏"为知识而知识"的信念而强调知识的"经世致用"价值,兼之中国是在民族存亡危机之刻出于强烈的强国保种动机引进这些新兴社会科学的,因此,对于有用性的强调就更为突出:"从一开始,社会科学就与政治问题缠绕在一起。社会学和人类学著作第一次被译为中文时,其关注点并非学科性的,而是晚清试图理解威胁王朝生存的欧洲强权的起源。"(德里克,2015:204)当然,如在发源地的西方一样,不同的学者之间在如何展现自己学科存在和发展的价值方面,是有分歧的。《传承与断裂》就分析指出,在20世纪三四十年代的中国社会学界,就存在着社会学应该致力于"认识社会"还是"改造社会"、"服务国家"还是"批判现实"的分歧,也存在着究竟什么才是获得关于社会的有效知识的方法的争议:是吴文藻等所倡导的"社区研究",还是陶孟和等所坚持和践行的"社会调查"?但是,这些看似严重当然也确实不是可以轻飘飘打发掉的对立冲突,从根本上讲,所表现的是不同学者在具体着手点、着力点以及方式途径上的分殊,而如果在这些呈现出彼此差异的问题上再进一步追问下去:认识社会的目的是什么,是"为知识而知识"吗?改造社会的前提又是什么?批判现实难道不是为了国家的进步?而服务国家难道不需要改变现实中的不合理之处?我们就会发现,原先呈现出分歧的各方就显得不那么对立。如孙本文、陈达是倾向于社会学的研究应该"以更加积极的姿态迎合政府的实际需求",以便社会学纳入政府主导的"国家学术研究体系"的(陆远,2019:132),因而,成为社会学"学科国家化的'代言人'"(陆远,2019:122),但他们同样坚守社会学对社会之研究和认识的科学性、客观性,因而在政治倾向上自觉地持中立态度;也就是说,他们主张社会学研究应该自觉地关注政府的"需要",但绝不主张迎合官方的"口味""喜好"。类似的,费孝通和吴景超、潘光旦一道被视为倾向于以理性批判的眼光科学地认识、诊断中国社会的代表,但他早在1936年《社会研究能有用么》一文中就明确宣称:"社会研究之有用没用的问题,是一个知行分工的大社会中能否合作的问题。行政者需要明了一切有效的政策是不能不根据事实,而事实的搜求不能不有科学的训练。他们的职务就是根据事实来制定应付局面,达到某种理想的实施办法,这种可行的办法,才可称为政策。研究在前,政策在后,研究者不能供给正确详尽的事实,是研究者的不能尽责。有了可靠的研究,不能制定可行的政策以救世济民,甚至为敌所乘,是行政者的不能尽责。我们不怕研究的没有用,只怕有用的研究得不到正确的用途。"(费孝通,2009:454—455)

## 二

如果说,在以"有用"的社会研究争取学科的合法性承认和生存发展的资源方面,社会学(以及其他各门新兴社会科学)在中国的表现与其在发源地的西方并没有什么两样的话，那么，在捍卫、维护这门学科作为学术场域的独立性、自主性，坚守学科本身之"内在的准则"方面，又如何呢？

在各门主要社会科学均为外来之"西学"的我国，说到学术的独立自主，往往首先想到的是摆脱西方的影响或者说霸权。比如，胡适在抗战胜利后出任北大校长时，就曾发表《争取学术独立的十年计划》，从其所提的学术独立的四个条件可知（世界现代学术的基本训练，中国应该有大学可以充分负担，不必向外国去寻求；受了基本训练的人才，在国内应该有设备够用和师资良好的地方，可以继续专门的科学研究；本国需要解决的科学问题，在国内应该有适宜的专门人才和研究机构可以帮助解决；对于现代世界的学术，本国学人和研究机构应该和世界各国的学人和研究机构分工合作，共同担负人类学术进展的责任），他所说的"学术独立"也就是这层意思。实际上，即使到了今天，国内学人在谈到学术独立、学术自主时，主要涉及的也还是这一方面，这在一些关于社会科学研究"中国化"（或曰"本土化"）的讨论中体现得尤其明显。考虑到各门现代社会科学的学术话语一直以来主要从西方"移植"的情况，这应该说是可以理解的。不过，不能否认，学术的独立性、自主性还有另一个方面，也是更主要的方面，那就是不受学术场域外部力量的肆意干涉。实际上，美国的学术在一开始也主要处于欧洲的影响之下，因此，作为美国思想奠基者的爱默生才会在《美国学者》中呼吁："我们依赖于人的日子，我们心智向其他大陆智慧学习的学徒期，这一切就要结束。成百万簇拥着我们涌向生活的同胞，他们不可能永远满足于食用异国智慧收获的陈粮。"（爱默生，1993:62）但与此同时，他们也确立了著名的"三A原则"，即 academic freedom、academic autonomy 和 academic neutrality，前面的两个A，主要就是学术研究不受外部力量的干扰冲击，至于第三个A，即学术中立，则是以学术研究不直接介入现实的政治或党派之争为退让条件——因而通常被指责为"保守"——换取学术研究的独立、自主。

上文提到，孙本文、陈达等在政治倾向上自觉地持中立态度，这是不是意味着他们也自觉地想以学术中立换取学术的自主自治呢？似乎还不能这么来理解。《传承与断裂》分析指出，在当时的政府当局眼中，作为一门外来的知识体系的社会学是一种潜在的威胁，原因有三：第一，社会学抹不去的"西方底色"对民族国家建构的威胁；第二，社会学价值取向与国家意识形态间的对立；第三，"社会学"与"社会主义"那种千丝万缕、令人迷惑的关系对当时的国民政府的威胁。正是在这样的氛围下，孙本文、陈达原本具有的"很少党派色彩，也不发表关于政治的见解"的性格特征,契合了"国家力量试图构建的社会学那种客观中立的'科学形象'",从而使他们获得了社会学这门知识体系"学科化和国家化"代言人的角色,显然,这与自觉地以学术中立换取学术自主自治是不一样的。而这反过来恰恰也显示了那通常被视为"保守"的"学术中立"原则,实际上具有积极的意涵,因为它虽然承诺学术研究不直接介入现实的政治或党派之争,但那是有条件的,即政治权力同样不能介入学术共同体的治理,从而积极地捍卫、维护着学术场域的自主自治。当然,在美国,即使这样的"学术中立",也因其被认为过于保守而在20世纪80年代被哈佛大学校长鲍克改造为着眼于社会长远利益的、更加积极地介入现实的"公共关系原则"(赵一凡,1994:33—34)。

学术的自主、自治意味着,学界的事情学界自己了,学术场域之"内在的准则"得到充分的尊重而不受外部经济、政治势力的干涉,借用哈贝马斯的话来说,学术场域作为生活世界不被金钱、权力的作用"殖民化"。当然,这不是说学术研究不受外界政治、经济因素的影响,以"有用"的社会研究争取学科的合法性承认和生存发展的资源的过程,必然是一个受外界影响的过程。但是,这种影响和外界力量对学术研究的直接干预、干涉是两回事。比如说,一个社会学者可以接受财团或政府机构的委托课题,但是,他的研究是否合乎学术规范,有无弄虚造假曲学阿世,以及研究成果的学术水准、学术贡献如何,最终必须由学界自己做出判断,而不是由财团或政府机构来裁决。进一步说,在学术自主自治的情况下,学术研究的合法性,包括一个具体学科的合法性,不仅要来自社会的承认,同时还必须要获得学术共同体自身的承认和肯定。而这实际上意味着存在一种建基于罗伯特·默顿所说的"科学的规范结构"或"科学的精神气质"(约束科学家行为的价值和行为规范的综合体)之上的,与社会中其他诸如政治、经济等权力并行又互动的"学术权力"或"学术权威",换言之,存在着一种与"政统"或"治统"或"道统"或"法统"等相并立又彼此互动的"学统"。在谈到"学科制度"时,《传承与断裂》提到了学科的"制度精神"和"制度结构"。学科的"制度精神"包括三方面的要素:整部人类智慧活动史所蕴含的人文理念或人文精神;界定科学阶层或学者阶层独具品质的精神气质,它构成规范科学研究过程和评价过程的普遍原则;与之对应的可以测度的操作细则(陆远,2019:68)。在一定程度上,这种"制度精神"近似于这里所说的"学统"。而之所以只是"一定程度""近似",是因为,作为一种能与"政统"或"治统"或"道统"或"法统"并行互动,并能给学术研究和学科以合法性认定的"学统",

它必须还是一种自成一体、相对独立的权力或权威系统。而在存在这样一种"学统"的情况下，合法性的问题，就不再是单向赋予的问题，而是互相赋予的：一方面，学术研究和学科固然需要获得社会，特别是政府当局的承认；另一方面，在传统宗教权威或"道统"式微从而不再能够稳定持续地给现实政治提供合法性的情形下，政府当局的行动也需要现代社会科学的研究来为其提供合法性基础。

这样一种"学统"，尽管在不同的历史时期和不同的国家情况各有不同，但总体上来说，在西方国家是存在的。但在我们这里，情形便有所不同。虽然"学统"在中国是个在宋代即已出现而流行于明清的"古已有之"的概念，但在传统中国，典型的如在王船山那里，"学统"追求"正学"，阐明"道统"，"道统"匡正"治统"，因此，企求的是"学统""道统"和"治统"的三统合一，而殊少作为一种自成一体、相对独立的权力或权威系统的意涵。真正开始尝试围绕科学或学术的规范结构和精神气质而确立这样一种作为自成一体的自主权力或权威系统的"学统"的，是蔡元培。就像应星说的那样，蔡元培"使一个独立于政治的'学术社会'逐渐得以孕育、催生和成熟。蔡元培对北大的整顿为学术与政治的关系开启了一种崭新的可能性。如果借用牟宗三的术语，那就是说，蔡元培试图在政统与道统之间增添一个新的东西：'学统'……（学统）一方面以相对独立自主的精神构筑起与政统的张力，另一方面又在美育的辅佐下统摄对道统的重塑"（应星，2017）。也就是说，蔡元培企望建立起政统—道统—学统的三角平衡关系。但是，尽管蔡元培以及后来的胡适、傅斯年等为建立这样一种"学统"做出了各自巨大的努力，并且在这过程中很有一些令今人感佩的表现（如西南联大对于国民政府教育部要求使用统编教材、统一考试的新规的拒绝，1947年第一届院士选举中不听政府招呼坚持学术原则，以及陈寅恪对于"独立之精神，自由之思想"始终一贯的坚守，等等），但总的说来，作为一种自成一体、独立自主的权力或权威系统的"学统"实际上并没有真正作为不言而喻、各方公认的坚实制度而确立起来，因而，上述三角平衡关系，特别是其中政统—学统之间的平衡，也就并没有建立。在这样一种"学统"未立的情形下，合法性问题就成为一个单项承认、单向赋予的问题。当然，这不是说政府当局不需要学界的支持，但是这种支持通常只能是在不涉及"政统"之合法性问题的前提下，给与其拟推出的政策举措以技术性的支持。孙本文、陈达之所以成为社会学这门知识体系"学科化和国家化"的代言人，关键在于他们的自我期许是"纯粹的技术专家，只对局部社会问题提出具体的疗救方案，而不寻求从总体上对社会结构和社会形态进行改变"(陆远,2019:124)。在学科和学术研究的合法性单向赋予的情况下,学术能否抵御外界,特别是权力当局的干涉而保持自主自治,也就没有制度上的可靠保障,而只能仰仗于像胡适这样具有巨大声望、权威的学者之个人影响力。《传承与断裂》所描述的社会学和社会学人在20世纪四五十年代所遭遇的各种紧张、冲突、困境、尴尬,实际上都与此有关,甚至可以说都源于此。这种困顿,在一个弱势且还面临着其他与之竞争的现实政治力量的政权下,通常还表现得缓和一些,而在一个强势且以其巨大的胜利和成就为自己奠定了合法性基础的政权下,情形就会更加严峻,这时,学科的合法性,唯有"迎合"国家实际需要之一途:到20世纪50年代,社会学不得不"割裂原本统一的知识体系,只在其中寻找其实用的成分",从而把自己降格为"社会调查"的实用技术(陆远,2019:278—279)。

## 三

《传承与断裂》关于"剧变中的中国社会学与社会学家"的叙事,到20世纪50年代即告一段落。不过,在学统未立的情形下社会学这门学科及其学术研究的合法性与自主性的故事则还有它的当代续篇。自1952年高校院系调整中社会学被取缔,继而1957年谋求"恢复社会学"的努力失败以后,社会学这门学科在中国销声匿迹了20多年,一直到20世纪80年代初才得以重建。自此,社会学又重走了一遍移植借鉴、模仿学习而后"中国化"的历程。而学科和学术研究合法性与自主性故事的续篇,即隐藏在关于"中国化"的讨论之中。前面提到,时至今日,国内学人在谈到学术独立、学术自主时,主要涉及的是在学术话语上摆脱西方的霸权,这集中体现在关于社会科学研究"中国化"(本土化)的讨论中。而笔者曾经撰文指出(王小章,2020),社会学经重建后发展到今天,从纯粹学术的层面讲,社会学"中国化"已经是一个不成问题的问题:有谁会主张用源自西方社会的理论"生吞活剥"中国现实呢?有谁会原封不动地用西方的工具方法来研究中国对象呢,比如用英语字母组成的无意义音节来测量中国那些可能连小学都没有毕业的老人的记忆力?有谁会反对社会学去研究考察中国自身社会,以对于中国社会之科学的真切认识和把握,来驱除和取代各种说教的遮蔽、蒙骗以及其他各种多少年来习以为常已成为集体无意识的谬误呢?又有谁会反对在研究中采用一切有效的经得起科学验证的方法,包括中国本土固有的方法或概念工具呢？因此,问题恰恰在于,这个实际上不成问题的问题为什么会一再被热议？原因在于两个并非纯粹学术性的因素:一个可以称为"学术政治"因素,那就是在学术话语上摆脱西方霸权,确立中国社会学的"自主性";另一个则属于政治因素,进而又紧密联系着社会学这门学科及其学术研究在中国的合法性与地位。

几乎与 20 世纪 30 年代中国社会学界讨论社会学的"中国化"同时,以毛泽东为代表的中国共产党人艰苦卓绝又充满自信地推动着"马克思主义的普遍真理与中国革命的具体实践相结合",践行着马克思主义的中国化。对于包括社会学在内的各门从西方引入的社会科学来说,马克思主义中国化的成功以及在中国化的马克思主义指导下所取得的革命胜利,产生了两方面的重大影响:第一,食洋不化、"言必称希腊"是没有出路、没有前途的,任何来自西方的社会科学和思想学问,都必须与中国的具体国情相结合,必须"中国化",只有这样,才具有生命力,才能有益、有助于中国自身的发展,才能适应国家的要求与期待。第二,在中国共产党领导革命取得胜利,从而使中国化的马克思主义成为国家主流意识形态之后,它对于各个领域之社会实践的指导这一不可动摇的事实本身,便成了中国社会的现实或"国情",于是,也就成了包括社会学在内的各门社会科学之"中国化"必须面对的不容规避的关键内容。这里的"第一"显示了社会学中国化与政治的潜在联系,"第二"则表明了社会学中国化之直接的政治意涵。对此,作为中国社会学主要领军人物的郑杭生先生及其团队看得非常清楚,也说得非常明白:"在当今中国,社会学本土化的问题是与社会学的发展方向紧密联系在一起的;本土化问题的正确理解,是以社会学发展方向的正确选择为前提的。这里的关键是要解决一个指导思想问题和一个中国特色问题。所谓指导思想,就是我国的社会学必须坚持以马克思列宁主义、毛泽东思想和邓小平理论为指导,一方面从中学习领会他们观察社会生活的立场、观点和方法,一方面掌握他们对中国社会一些基本问题的论述。离开这些,中国社会学本土化的问题就会失去正确的方向,从而不可能得到正确的解决。"(郑杭生、李迎生,2000:280)政治的方向,就是社会学学术的方向。在此意义上,社会学"中国化"的话语乃是在合法性单向赋予的格局下,社会学借以提升、巩固自身的合法性和在国家面前的地位的一种"政治正确"的声明。

在《传承与断裂》的结尾,作者借鉴美国社会学家麦克·布洛维关于迈向"公共社会学"的思想,提出,要"将我们的学科变成我们自己的",从而"创造一个能够产生出更加勇敢和更有生机的思想的空间来"(陆远,2019:302)。而按照笔者的理解,所谓"将我们的学科变成我们自己的",是否意味着首先要确立一种使学科和学术研究的合法性最终须经过学术共同体的自我认定,而不仅仅依赖于上面所说那种单向赋予的"学统"呢?

## 参考文献

爱默生,拉尔夫,1993,《爱默生集》,赵一凡等译,北京:生活·读书·新知三联书店。

德里克,阿里夫,2015,《后革命时代的中国》,李冠南、董一格译,上海:上海人民出版社。

费孝通,2009,《费孝通全集》第1卷,呼和浩特:内蒙古人民出版社。

陆远,2019,《传承与断裂:剧变中的中国社会学与社会学家》,北京:商务印书馆。

王小章,2020,《社会学中国化——学术?政治?抑或学术政治》,《探索与争鸣》第1期。

应星,2017,《现代中国新教育场域中的政与学》,《读书》第1期。

赵一凡,1994,《美国文化批评集》,北京:生活·读书·新知三联书店。

郑杭生、李迎生,2000,《中国社会学史新编》,北京:高等教育出版社。

Evans, P., D. Rueschemeyer & T. Skocpol eds. 1985, *Bringing the State Back in*, Cambridge: Cambridge University Press.

# 在空间中行进的历史
## ——读萧邦奇《中国精英与政治变迁:20世纪初的浙江》

江国威[*]

20世纪中国革命的重要目标是建立一个强大独立的民族国家。在这样的视角下,1913—1927年的北洋政府统治时期被认为是这一建立强大民族国家的努力过程的"断裂期",国家与省际层面的军阀争战、政治混乱似乎使得建构民族国家的努力暂时中止。

但是,民族国家的构建,或者说国家政权现代化的进程并非仅发生在宏观或国家结构层面,我们同样不能忽视地方的社会结构与政治变迁。于是,萧邦奇将目光投向构成了地方社会政治重要方面的地方精英——"除非这些精英及其扮演的角色得到清晰的解读,否则我们对中国民族国家的发展以及20世纪政治与社会本质的理解仍将是一片混沌"(萧邦奇,2020:4),由此撰写了《中国精英与政治变迁:20世纪初的浙江》(*Chinese Elites and Political Change: Zhejiang Province in the Early Twentieth Century*),并揭示出这一时期地方发展与精英、政治结构之间的关联。

## 一、"控制"与"动员":帝国晚期地方精英的崛起

地方精英并非骤然崛起于20世纪初期。18世纪无疑是中华帝国实力与繁荣程度的顶峰;但在19世纪,人口和财政问题、太平天国运动等叛乱以及来自西方的侵略使得帝国的政治与行政力量呈衰落态势。这加速了社会与政治精英在17—18世纪开始出现的一些变化,即在公共职能的运作方面"从官方向

---

[*] 江国威(riverx4@qq.com),南京大学社会学院硕士研究生。

民间转移职责的长时段趋势"(萧邦奇,2020:4)。士绅管理公用事业的兴起是因为地方官僚统治机构没有能力在水利、公共秩序与公共福利等方面为地方提供必要的服务,因为不同地方有着不同的需要,精英的财富与能力强弱也存在差异,"绅董管理"在不同地方以不同的速度发展,到了19世纪中期已成为普遍现象(兰金、费正清、费维恺,1993:63—64)。

自治管理在19世纪下半期分三个阶段迅速发展起来。最初是为了应对19世纪中期的叛乱,地方名流组织了团练,并承担税收以及其他通常由官吏行使的地方权力;随后是出于叛乱后重建的需要,负责救济与重建的地方精英将活动范围从教育和社会福利逐渐扩展至地方民政结构的主要领域;最后是19世纪90年代中期,有功名者和士绅开始在教育和工业方面从事自强活动(兰金、费正清、费维恺,1993:64)。与此同时,地方名流的权力在学术、商业和社区等非军事事务方面有了新的、可观的增长,这个趋势最有力地出现在经济和文化的中心地区,以长江下游最为突出。

随着清末的国家现代化的进程,军事现代化、教育系统的西化与扩大、新的警察制度,这些都需要国家更好地渗透、控制地方社会以从中汲取资源。与此同时,包括商人、新式学校毕业生、有功名者以及部分地主在内的地方群体开始要求过问政治,立宪与地方自治的呼声与日俱增。在这一背景下,1902年后,作为清末新政的一部分,地方士绅的职能逐渐以协会、商会以及事业局等形式制度化,1908年颁布的法令授权逐步设置地方咨议局作为立宪制度的基础。但清政府的"地方自治"只是传统绅—官关系的延伸——这些新的制度与机构只是把过去实行的一切加以合法化了(市古宙三,1993:460)。自治团体仅在地方政府中起补充作用,地方议会和议事会的活动局限于教育、公共救济和公共工程等士绅的传统事务范围内。通过"地方自治"的授权,精英被制度化,更重要的是其职能被明确划定了范围,这保证了公共服务职能得以执行,而不需要冒官僚政治受到太大挑战的风险(孔斐力,1993:385)。此外,官僚政治也对这种自治制度施加了强大的压力,知府、州官和知县有权解散地方自治会,自治会的决议没有地方官员的批准也不能实施(市古宙三,1993:462)。即使是辛亥革命后,地方自治的发展过程仍然呈现两种互相对抗的趋势:在较为先进的县,地方精英不断扩张和部分政治化;另一趋势则是官僚政治的权威通过强制的方式重新逐步树立起来(孔斐力,1993:385—386)。可以说,中国的地方政治改革在20世纪初的近30年间一直摇摆于"追求动员"和"追求控制"之间(孔斐力,1993:382)。

## 二、"四个浙江"和"两届议会": 精英与政治变迁的时空维度

　　晚清至民国初年的历史图景似乎说明,随着一系列问题让政府在地方事务中不再扮演首要角色,地方精英更为积极地参与到地方事务的管理当中,并迫使政府将地方精英的职能制度化以谋求强化对地方的控制。但萧邦奇认为这一结论仅适用于商业化程度相对较高的区域,在其他地区呈现出的可能是另一副样貌。18—19世纪,商道的建立以及现代交通工具的发展为沿海以及平原地区带来了繁荣,发达的商业影响了这些地方的精英的前景以及他们扮演的角色。这些精英广泛地参与商业活动,士绅与商人间的界限由此开始逐渐模糊;又因为身处西方势力的影响范围内,他们也更早地意识到国家问题。商业化地区的地方精英在传统和现代领域扮演的角色的拓展创造了一个日益强健的精英群体,但商业化并不发达的区域却没能看到精英角色的转变或民族意识的崛起。萧邦奇进一步提出,20世纪的前30年对精英来说并非国家目标的夭折时期,而是一个政治转型发展时期;与"官退民进"的情况相似,这一政治变迁的过程无论在时间上还是在空间上都是不统一的。

　　为了说明上述论点,浙江省无疑是一个极好的研究对象——虽然面积不大,但浙江省内不同地区的商业化程度有明显的差异。故在描述浙江地方的政治变迁时,除了传统的时间维度,还需要引入空间维度,即将浙江省划分为不同的"生态区"。不同的生态区存在政治差异,这些差异主要通过五个相互联系的方面体现出来:第一是精英制度化的重要性,即各种精英机构的广泛建立使得精英活动的背景发生了变化,且精英的身份认同开始与机构挂钩,并将其视为一个主要的政治角色;第二是公共领域在功能职责方面日益增长的重要性,即以往由士绅负责、流入私人领域的公共工程、公共福利等职能开始转移到公共领域,这一过程往往在政府的掌控下或在公共机构中进行;第三是自发社会政治组织的重要性,即由社会自行发起、组织的公所与会馆等的数量与发展程度;第四是精英在政治进程中与日俱增的参与,这方面的发展通常与精英的制度化和自发组织的建立相伴而生;第五是精英对特定政治空间与日俱增的身份认同,这在省域层面通常体现在精英对于原籍的关注与支持,而在国

家层面则表现为精英的民族主义以及超越地方的关怀与视野(萧邦奇,2020：10—14)。

在这一分析方式下,原有对于浙江的区域划分都显得不再适用。传统的"两浙"划分基于地理与生态方面的差异将浙江分为浙西与浙东两个部分,但是这一纯地形学的框架显然不能完全覆盖地区政治发展与变迁所带来的差异——自然环境并不能完全决定人类行为以及地区社会的发展模式,且这一略显粗糙的分野也未能观照到各区域内部的不同。施坚雅广为人知的区域模型或许是个不错的分析框架——这一模型以人口密度作为变量,基于经济发展分类将浙江一分为二,包括城市化水平较高的长江下游区域和城市化水平较低的东南沿海一带,这实际上设置了一个"城市化的连续统一体",其从高度发达的核心区域向欠发达的边缘区呈"浓度梯度"递减(萧邦奇,2020:21)。但萧邦奇认为这一框架对于系统分析精英及其政治结构仍不充足——这一区分太过模糊,不能反映多样的精英结构种类。此外,个人与家庭的社会政治认同大部分建基于行政单位,税收、选举、会馆等与政治息息相关的活动与组织也通常与行政单位挂钩,而施坚雅的区域模型却建立在自然经济结构的基础上,用于分析地方政治变迁则显得并不匹配。

因此,从施坚雅的框架出发,萧邦奇首先提出了三个衡量发展程度的量化指标——人口密度、县以及非行政镇的邮政发展程度、由每一人口中典当行和钱庄数量所决定的金融机构发达程度(萧邦奇,2020:21),再以县为基本单位,将浙江省划分为四个区域——核心区内部、核心区外部、边缘区内部以及边缘区外部。与施坚雅的模型类似,在这一区域划分方式中,地区的发展与繁荣程度由核心向边缘、由内向外递减。萧邦奇后续展示的地方社会与政治的材料说明,这一空间划分不仅区分了地区的繁荣程度,还勾勒出不同地方精英的政治与社会结构的差异。

要对浙江省的地方精英政治变迁进行刻画,除了需要对省内区域进行划分和比较,还需要进行时间维度的对比。萧邦奇将时间维度的重心放在了地方的"两届议会"上——第一届县议会在1914年被袁世凯下令解散；1916年后第二届县议会才重新组织起来。萧邦奇关注的便是地方的两届议会之间的议员是否具有连续性——自治机构的领导层面为地方精英的社会重要性和政治权力提供了一个大致指标,因为在地方上富有影响者一般是这些机构的领导或与他们关系密切的人,所以通过对议会议员身份信息的分析与对比能够了解地方的政治结构及其变化情况。

## 三、"扩散的涟漪":政治变迁的区域进步模式

通过将浙江划分为四个区域并比较不同时期的具体情况,萧邦奇相对完整地描绘了20世纪初期浙江的政治生态及其变迁过程,并认为这一时期精英的身份、行动与相关的政治变迁呈现出由核心区内部到边缘区外部的系统性变化,表现为一种"区域进步模式"。

虽然浙江各地在清末推行新政后都经历了新的自治机构的引入与随之而来的政治进程,但不同地区接受其为合法政治行动者的程度并不相同,并伴随着一系列差异。核心区以往属于私人责任领域(由士绅负责)的事务越来越多地由公共机构负责,新的自治机构被视为处理地方事务的重要组织,为数众多的社会政治组织自发地发展起来,且地方行政边界在地方精英的议题中占有重要位置。但边缘区的地方政治保留了更多的私人性质,对新机构的认可还处于最初阶段,通过非正式的精英团体来处理事务的模式仍在延续,这使得地方政治与事务往往为寡头精英所把持;特定的精英群体拥有比核心区更强大的延续性,这阻碍了新式专业化机构形成强有力的制度;这些区域缺乏自发产生的社会政治组织,精英对所处的政治空间也缺乏认同。

这一"内""外"之间的差异或许可以通过不同区域间经济发展水平的差距得到解释。核心区内部具有最高的发达程度,在这块占全省面积24%的土地上居住着全省44%的人口,土地富庶,精英流动与商业化水平极高,且拥有便捷的交通。正因如此,这一地区的精英阶层和社会结构早已发生了实质性的变化。健全的宗族体系为精英提供了适应经济和政治变革的基础,在清末废除科举、推行新式教育后,地方望族迅速将原本用于支持科举考生的族产转用于支持族内子弟接受新式教育乃至外出留学便是这一点的极佳例证。这也使得核心区内部的精英构成不再单一,除了传统的有功名者,接受了现代教育、具有明显职业和专业身份等多样背景的新式精英开始不断涌现,参与推动地方的发展变革。核心区内部的经济发展伴随着政治变革;经济发展引发政治利益和目标的结构性变化,"士绅""绅商"等群体逐渐融合,甚至成为"资产阶级"的雏形。辛亥革命带来的政治变化加速了这一进程,商人阶层在政治中的影响日益扩大——在许多核心区内部县中,商会有着极大的权力。1912年后,商业利益和新兴资本主义的日益强大已经成为核心区内部的标志。

在其他外部区域,经济发展都相对滞后,不少地方缺乏耕地、交通不便,且饱受匪乱、军事力量等的劫掠与侵扰。这些情况使得这部分区域的主要目标往往是维持稳定与秩序;地方缺乏变革的动力,来自外部的影响(如辛亥革命)有时甚至强化而非改变了原有的精英政治结构与模式。因此,外部区域通常保留了精英的寡头结构,其变革动力也更多来自政府主导的政治变革,而非经济因素的推动作用。与精英掌管了大部分事务的核心区内部相比,外部区域精英的行动模式更为传统,因此县行政长官在地方事务中有着更为重要,甚至是决定性的作用。不过,外部区域的精英结构与政局虽然缓慢,但仍确实地发生着变化——地方精英的职业、专业等背景在20世纪20年代逐渐变得更为多元,部分自发组织也在逐渐萌芽,呈现出与核心区内部相似的变化倾向。这一变化更多是通过地方精英与外地(特别是核心区内部以及省外的发达地区)的社会联系与人员流动(如返乡的接受现代教育的学生、在外任职的官员),以及地方政府和省政府的计划与扶持来实现的。

这种地区间的发展差异造成了一系列的政治后果。当核心区内部对可能爆发的革命做好准备时,外部区域更多是被动地卷入其中,不少地方因此陷入了局促与混乱。此外,核心区内部精英通常将外部区域视作有待发展的领域,这使得核心区外部与边缘区内部在经济发展初期通常由内部精英实际把控,进而成为核心区内部的原材料来源,为核心区内部提供投资机会。这种区域间发展进程的差异与断裂最终反映于省域政治层面:不均衡本身刺激了省议会内联盟和派别的形成,并加深了外部区域精英的政治化程度,形成了诸如金衢严处同乡会这样政治主张较为保守的组织——他们要求确立集权式的省长负责制,反对在省宪法中设立专门的章节对民众的"生计"问题做出规定(萧邦奇,2020:275)。这或许是因为来自外部区域的精英更少受到核心区内部近代化发展变革的影响,故他们更认同官僚的威权以及警察、军队等暴力机关在维持地方秩序上的重要作用。

## 四、简评

在《中国精英与政治变迁:20世纪初的浙江》中,萧邦奇利用跨学科的研究方法,将空间引入地方史研究之中,"四个浙江"的划分堪称经典;同时,他也展示了那个军阀混战的"阴暗时代"的另一面,他笔下的浙江似乎自由且开放,且不受军阀力量的干涉与控制,打破了大众对于那一时期的刻板印象。但这并不意味着萧邦奇运用的方法以及展示的社会图卷是完美的——无论是"横向"的空间维度,抑或"纵向"的时间维度,这本带入了空间维度的历史著作都留下了些许遗憾。

首先,在横向的空间划分上,萧邦奇完全基于经济发展水平——而非更为直观的地方政治发展差异——来划分区域,但显而易见,他的这一区域划分模式又有极强的政治意义。这实际上预设了经济发展与政治进程间的关联,但一般而言,这通常是需要研究加以验证的假设。萧邦奇展示的不同区域政治发展状况的经验材料似乎印证了他的预设,但这些证据中却又存在同一区域内不同县的政治发展与具体情况存在差异的例子。在对地方协会的分析中,萧邦奇承认,"一个协会在地方事务的介入程度要看该县各种环境以及精英们的活跃程度,而非该协会在某一发展区域所处的位置"(萧邦奇,2020:55)。因此,基于经济发展的区域划分终究无法与政治发展情况完全契合,也无法清晰地反映出各区域内部的异质性;首先划分政治发展区域,再将经济发展、市场体系、交通、地理位置等因素作为差异的解释变量或许是更为合理的做法。当然,这一方法在实践中也存在显而易见的困难——从书的篇章结构中不难发现,越是趋向"外部"与"边缘",所能得到的材料越少,地方自治机构、精英等的信息也越不完全,这使得基于政治差异来划分区域难以实现。资料上的缺憾似乎也使得"四个浙江"的划分在实际分析中没有太大的意义,真正有效的区域划分仍是一种"二分法",即将浙江分为"核心区内部"和剩下的"其他区域"。

其次,在纵向的时间维度上,萧邦奇的叙述以及展示的材料严格限制于20世纪初的30年,缺少对那段时期之前与之后的历史的观照。较小的历史跨度似乎导致了此书在理论性上的遗憾。"建立一个强大、独立的民族国家"无疑是萧邦奇笔下的浙江所处的时代背景;但是,萧邦奇始终未将这一"时代目标"明确化,再加上缺少对民国初年的浙江的前后历史脉络的把握,这实际上让萧邦奇"1913年至1927年并不是建构民族国家的努力的断裂期"(萧邦奇,2020:3)的观点显得不那么有说服力,没能正面回应其他学者的观点,也让这一时期的历史定位变得模糊起来。但这一时期的历史脉络恰恰是我们无法忽略的——诸如"双轨政治"(费孝通,2011:383—384)、"皇权不下县"等为人们熟知的概念,它们描绘的图景正是在这一时期开始发生变化:无论是清末新政试图将地方精英纳入政府的管辖之下,还是日后国民政府推行保甲制度,政府开始不断地对社会进行渗透,试图扩张自己的影响力。问题在于,这一"国家政权建设"的过程是否应被视为"建立强大民族国家"的主旋律?在这一框架下,我们该如何理解萧邦奇笔下的精英权势的变动与地方政治变迁?可惜的是,萧邦奇并未回答这些问题。可见,《中国精英与政治变迁:20世纪初的浙江》缺乏一种宏观、制度的视角,虽然萧邦奇对地方精英与政治做了细致入微的刻画,但"控制"与"动员"之间的拉扯和博弈在他笔下的浙江似乎消失不见了,至少显得不那么重要。这便难免给人"只见树木,不见森林"之感,使读者难以给浙江的这一历史时期一个具体的"定位",并理解其意义。

当然,除了上述遗憾,此书仍存在其他争议。萧邦奇笔下的浙江几乎颠覆了我们对那个军阀混战、政治混乱的时代的阴暗想象,几乎可以说是"另一个中国"(Fincher,1983)。这究竟是历史事实,还是说萧邦奇有意或无意地忽视了那一时期的黑暗面呢?有论者指出,萧邦奇清晰地展示了地方精英对浙江县域经济政治发展的贡献,不过他更像是"精英的辩护者",军阀主义和腐败被掩盖了(Wortzel,1984)。同时,浙江的"特殊性"也催生了这一研究的发现能否代表那一时期的中国情况的疑问。但无论如何,这些缺点与争议并不会动摇《中国精英与政治变迁:20世纪初的浙江》这一著作在中国史研究中的重要地位,其思路与方法无疑有不少可供借鉴之处,也可作为其他区域类似研究的一个不错的起点。

# 参考文献

费孝通,2011,《乡土中国;生育制度;乡土重建》,北京:商务印书馆。
孔斐力,1993,《地方政府的发展》,载费正清、费维恺主编:《剑桥中华民国史》(下),刘敬坤等译,北京:中国社会科学出版社。
兰金,玛丽、费正清、费维恺,1993,《近代中国历史的透视》,载费正清、费维恺主编:《剑桥中华民国史》(下),刘敬坤等译,北京:中国社会科学出版社。
市古宙三,1993,《1901—1911年政治和制度的改革》,载费正清、刘广京主编:《剑桥中国晚清史》(下),中国社会科学院历史研究所编译室译,北京:中国社会科学出版社。
萧邦奇,2020,《中国精英与政治变迁:20世纪初的浙江》,徐立望、杨涛羽译,南京:

江苏人民出版社。

Fincher, John 1983, "Review of *Chinese Elites and Political Change : Zhejiang Province in the Early Twentieth Century*, by R. K. Schoppa." *Pacific Affairs* 56 (1): 125-127.

Wortzel, Larry 1984, "Review of *Chinese Elites and Political Change : Zhejiang Province in the Early Twentieth Century*, by R. K. Schoppa." *The Journal of Developing Areas* 18(2): 259-262.

# Table of Contents & Abstracts

## Special Column

### Bringing Back Supernatural Ideas: A Study on C. K. Yang's Influence on the Anthropological Researches of Chinese Religion

Lu Yunfeng

**Abstract:** C. K. Yang held that Chinese social actions were guided by a set of supernatural ideas, including fate, luck, geomancy and Yin-Yang. These ideas not only dominated the everyday life of Chinese people, but also exerted much influence on social institutions. Based on Yang's analysis, Freedman argued that these exited a Chinese religion as a whole. This argument brought out a debate on the unity and diversity of Chinese religion and many anthropologists thought that Chinese religious ideas and practices are a highly diversified system. These studies, centering on the belief of understanding gods, ghosts and ancestors in Chinese societies, generated several influential theories, such as "the imperial metaphor" "the standardization of gods". These anthropological researches, which followed and deepened C. K. Yang's study on supernatural ideas, can throw light on the sociological study of Chinese religion in future.

**Key Words:** supernatural ideas; C. K. Yang; Freedman; anthropology of religion

## Theme Panel: Finance and Local Governance

### Why is Local Confiscated Income Increasing in China: A Panel Data Analysis

You Yu, Liu Hao

**Abstract:** The imbalance growth between the confiscated income and the fiscal revenue is an important feature of local governments in China. The local confiscated income is often regarded as an important channel to supplement the fiscal gap. This paper argues that the fiscal pressure, the fiscal system, and the management system of the confiscated income not only aggrandize the local confiscated income but also lead the Local to rely more on this income, especially under the economic downturn and the slowing growth of the financial revenue. Using provincial panel data from 2007 to 2020, this study explores the factors influencing the confiscated income and finds that 1) the mismatch between financial power and administrative power under the tax sharing system stimulates local governments to seek "tax compensation" from the confiscated income; 2) the confiscated management system could stimulate the growth of local confiscated income; 3) the regional heterogeneity analysis shows that the increase in the confiscated income in the eastern region is mainly due to the pressure of fiscal revenue, while for the western region it is due to the imperfect management system. The findings suggest that to ensure that the confiscated income returns to its public finance nature, the design of the fiscal system should adhere to the matching of financial and administrative power, improve the transfer payment system, and standardize the regulation and management system.

**Key Words:** fiscal pressure; confiscated income; fiscal system; promotion incentive; panel data analysis

## "Departmental" Program Management Model: A Study on the Central Government's Allocation and Management of Special Funds for Local Finance

Jiao Changquan

**Abstract:** The special transfer payment system is closely related to the arrangement of financial authority and expenditure responsibility between the central and local governments. The central and local common authority transfer payment is essentially a special transfer payment, and it has been effectively applied in the fields of basic public services. The special transfer payment mainly uses the factor method and the project method in the process of allocation. The factor method is more suitable for people's livelihood expenditures that are ultimately subsidized to individuals and families, while the project method is mainly used to expenditure on economic affairs such as infrastructure construction and industrial policy. The program system is one of the "departmental" program management model that attempts to penetrate the governments at all levels through standardized and technical management methods, directly conveys the policy intention from central level to the grassroots level and ensures the safety of the funds. It has caused the "fragmentation" and low efficiency problems to special funds.

**Key Words:** factor method; project method; "departmental" program management model

## Scrimping and Saving: How Does A County Government Carry Out Fiscal Governance? Organizational Structure and Process Observations of Revenues and Expenditures in District A

Zhang Cheng, Chen Nabo

**Abstract:** Economic development and fiscal operation are the core process of county governance, and all the relevant issues related to "money", fiscal revenues and expenditures are included. The existing research on county economy and finance, either merely using fiscal data with strong professionalism, or just focusing on simplified dynamic behaviors, are based on two main perspectives of inter-government relationships and government behaviors. However, the process of revenues and expenditures and strategic behaviors based on organizational foundation are not fully displayed and explained. This study selects a county-level district which has experienced "County-to-District Adjustment" as the research object, pays attention to the organizational basis rather than fiscal data, aims to outline the composition of resource elements and key actors, and present the organizational structure and fiscal process in a county's economic development and fiscal operation. During this process, these key actors all strive to take multiple actions for the maximization of revenue-raising and expenditure-increasing. This paper provides a solid micro-foundation and a middle-range view from the organizational dimension for further study.

**Key Words:** county economy; local finance; revenue and expenditure structure; organizational process

# Articles

## From Digital Governance to Digital Empowerment: Path Choice for the Modernization of Grassroots Governance—Based on the Innovative Practice of "Handheld Cloud Community" in Qixia District, Nanjing

Min Xueqin

**Abstract:** At its beginning, the modernization of grassroots governance system and governance capacity meets the digital era, and digital transformation becomes the path choice of grass-roots government. The "Handheld Cloud Community" created in Qixia District of Nanjing has witnessed the whole process of grassroots digital governance from start-up to digital empowerment. The development of "Handheld Cloud Community" for more than five years shows that digital governance does not naturally have the effect of self-help empowerment. Only when digital drive and governance drive are in the same frequency, and government empowerment and citizen empowerment are promoted simultaneously, can we truly move from digital governance to digital empowerment, and further promote the modernization process of grassroots governance.

**Key Words:** digital governance; digital empowerment; "Handheld Cloud Community"; modernization of grassroots governance

## The Influence of Indirect Intergroup Contact on the Social Distance Between Myanmar People and Chinese, Americans, Japanese and Indians: Micro Evidence from the 2019 General Social Survey of Myanmar (MGSS)

Xu Qinghong, Ding Dingqin, Huang Xiaoli

**Abstract:** Based on the 2019 General Social Survey of Myanmar (MGSS) data, this paper analyzes the social distance of the Burmese to the Chinese, Americans, Japanese and Indians and its influence factors from the perspective of the indirect intergroup contact theory. The study found that people in Myanmar were the least socially distant from people in China, followed by people in Japan and the United States, and the most distant from people in India. Second, the indirect intergroup contact experience represented by simulated intergroup contact has an important impact on the social distance between Burmese people and other people. Third, the more they use external social networking sites and contact cultural products, the closer Myanmar people perceive their social distance from foreign people. Fourthly, for different countries, the effect of various factors of great power relationship perception on social distance perception is influenced by the subjective ranking of the public. Therefore, in the process of promoting people-to-people exchanges, China should pay attention to the dissemination of cultural products from neighboring countries represented by Myanmar, actively build good bilateral international relations, and pay attention to the key development needs of people in countries along "the Belt and Road".

**Key Words:** indirect intergroup contact; major country relations; social distance; People-to-People Ties

# The Ultra-Low Fertility and Population Development Ideology Myth under China's Three-Child Policy

Wang Jun

**Abstract:** One of the most urgent tasks of China's ultra-low fertility research is not to simply bring various foreign birth support policies, but to introduce a historical perspective to comprehensively deconstruct the birth restriction thinking and the related population development ideology myth based on academic history, thus creating the ideological premise for dealing with the ultra-low fertility and rapid population aging in China. The birth restriction thinking still exists in the current era of ultra-low fertility, and its theoretical cornerstone is a mix of Malthusianism, Neo-Malthusianism and the optimum population theory. In the context of ultra-low fertility of China, the birth restriction thinking will obviously weaken the understanding of the seriousness of the problems of too low fertility and too fast population aging, and the birth support policies established within the framework of birth restriction will not only have little effect, but also there exist high risks of double failures of policy direction and strategy. This study also provides a critical analysis of population development engineering perspectives and the population denominator effects, both of which are closely related to birth restriction thinking.

**Key Words:** three-child policy; ultra-low fertility; birth restriction thinking; population development ideology; optimum population

## The Impact of Clans on Corporate Social Responsibility: Evidence from the Pedigrees in CCCG

Lu Jianchuan, Luo Chongjia

**Abstract:** Clan acts as an important carrier of Chinese traditional culture, as well as an indispensable bond to maintain the social structure of China. Based on the perspective of informal institutions, this paper discusses the influencing mechanism from clans to Corporate Social Responsibility (CSR). On one hand, the clan educates the entrepreneurs to achieve the goal of "making the world better", so as to make more contributions to the society. On the other hand, by strengthening the mutual emotion, the clan enhances the interaction among members. Further research suggests a U-shaped effect of year of clan establishment on CSR under the impact of clan community compact in Ming dynasty and Qing dynasty, as well as "late-mover advantage". In addition, interaction of clan members provides social capital for the enterprise and has a positive moderating effect on "Clan-CSR" path. This paper provides new empirical evidence to find out social and economic benefits of clan culture and discuss the development of ongoing clan culture.

**Key Words:** clan culture; corporate social responsibility; dataset of pedigree; informal institutions

## Do People Who Pay More Attention to Economic and Financial Information Have Stronger Housing Purchase Motivation? Research Based on CHFS Data

Liu Lu, Qiu Linda

**Abstract:** Housing has always been an important issue in people's life and China's economy, and the demand for housing purchases remains at a high level. Based on the data of the China Household Finance Survey (CHFS) in 2015, this paper analyzes the housing purchase motivation of households, from the perspective of the relationship between people's level of attention to economic and financial information and housing purchase plan. The empirical analysis results show that the households with a higher level of attention to economic and financial information, have a greater trend of planned housing purchases, and prefer to buy "easy to trade housing". The "wealth effect" of housing encourages the household's housing purchase motivation, and the demand for housing purchases remains high level due to investment or speculative motivation. This result also explains that the "wealth effect" of housing does not significantly increase household consumption expenditure in the existing literature, because the "wealth effect" of housing encourages households' housing purchase motivation and makes these households with new purchase motivation reduce their consumption expenditure.

**Key Words:** level of attention; economic and financial information; housing purchase motivation; wealth effect

# The Influence of Home Computer and Internet on Students' Cognitive Ability in the Digital Age: Empirical Research Based on CEPS Panel Data

Gao Jiacheng, Liu Yue

**Abstract:** Cognitive ability is the key factor for the formation of teenagers' human capital, and it is also the basis for their all-round development. Under the current digital background, the influence of information technology on teenagers' cognitive ability is worth exploring deeply. Based on the baseline data (2013-2014) and follow-up data (2014-2015) of China Education Panel Survey (CEPS), this paper studies the influence of family information technology use and parental network supervision on teenagers' cognitive ability by using the random effect panel quantile regression method, and tests the robustness by using the propensity score matching model. The results show that: firstly, the use of family information technology can promote the development of teenagers' cognitive ability, but it has different effects on teenagers with different cognitive ability levels. Secondly, parental network supervision has an inverted "U" shaped influence on the cognitive development of teenagers with low cognitive ability. Thirdly, the "educational expectation friction" between teenagers and their parents limits the development of teenagers' cognitive ability. The research reveals the importance of family information technology use and parents' network supervision to the improvement of teenagers' cognitive ability, which is instructive for the current education informatization construction.

**Key Words:** use of information technology; parental network supervision; cognitive ability; teenagers

## Disintegrate and Reconstruction of Traditional Industries: Research on the Transformation of "Carpenter to Woodworker" in Xuzhen Town, Southern Henan

Wan Jianghong, Liu Jiang

**Abstract:** From the perspective of "Disintegrate Reconstruction", this paper interprets the changes of Xuzhen carpenter industry since the collective period. In the collective period, while the carpenter industry completed the identity disintegrate, the various core systems of the carpenter industry still operated substantively, and gamed with the collective system. Since the reform and opening up, China has entered a period of social transformation. The carpenter industry has undergone substantial disintegrate, and begun to be divided and generalized, while the "Ingenuity" and "Craftsmanship" have been dissolved, and the inheritance has also been cut off. On the other hand, carpenters can reconstruct their status as "woodworker" and restructure their basis of popularity and the community of interests. Therefore, this paper thinks that the transition from carpenter to woodworker reflects the process of de-embedding and re-embedding of traditional industry, not a simple relationship of inheritance and innovation.

**Key Words:** traditional industry; carpenter; woodworker; disintegrate; reconstruct

## "Singing Land": Viewing Chinese Rural's Dushu Spirit and Group Anxiety with Auto-ethnography

Wang Zhaoxin

**Abstract:** The differentiation of Chinese society makes the social mobility of highly educated youth from rural areas more complex, not only in the real world, but also in the ideological moral distress and cultural dilemma. The study uses auto-ethnography to explain the mentality of a rural highly educated youth who reads a doctoral degree in a high-raking university. Through the deep description of his situation, on the one hand, it explains the reasons for his highly educated achievements, and on the other hand, it highlights a major problem faced by contemporary Chinese rural youth in the process of Dushu, that is, "inability to return home". The study found that the Chinese local spirit endows rural families and children with great enthusiasm in Dushu. The spirit explains the moral problems of rural youth's from the situation of Chinese traditional society. At the same time, rural children have the problem of cultural rupture caused by class differentiation in the process of Dushu. The transformation process of their physical habits is actually a process of "betraying" the local social culture. The two together contribute to the "inability to return home".

**Key Words:** class wanderer; auto-enthnography; rural China; Dushu culture; social stratification

## Social Response: Research on the Operation Process and Mechanism of Rural Pension Project Practice

Cai Yumei, Ji Xiaolan, Hou Liwen

**Abstract:** Driven by the reform background of promoting the sinking of resources to the grassroots level and the construction of a grassroots governance pattern of co-governance and sharing, rural social organizations continue to explore service model innovation. Based on the experience of the typical case of rural public service in the country—the "Si Tangjian" in Shanghai, starting from the logical analysis of public policy, this paper deeply analyzes the innovative practice of rural project elderly care service and its "social response" as its deep mechanism. The study found that the action logic of the "Si Tangjian" project is characterized by "demand communication", "active interaction", "carrier construction" and "self-organizing element integration". The project reconstructs the internal mechanism of the long-term operation of the project through the linkage of five elements: the mechanism attribute of public subjectivity, the logic of spontaneous project operation, the operation process of initiative, the integrated self-organization structure, and the promotion of government norms. It solves various practical problems such as dislocation and imbalance of demand and supply in the service chain of elderly care projects, and provides another possibility for the development of rural elderly care public services.

**Key Words:** rural elderly public service; elderly care project; long-term operation; social response; self-organizing integration

## Searching for the "Best" Care: Long-Term Care Choice and Its Rationalization—Taking Dementia Care as an Example

Li Haiyan, Tu Jiong

**Abstract:** For many Chinese, the ideal long-term care is that family members provide the best possible care at home out of love and responsibility. Yet in practice, the heavy care burden and family obligation often put family caregivers into the dual dilemma of care provision and moral obligation. Long-term care at home is often burdensome for family caregivers and may not suit the needs of the elderly, forcing many families to seek institutional care. In the process of searching for a suitable institution, family caregivers have to adjust their expectations, from seeking the "ideal care" to the "good enough care", and to "care that meets the basic needs" under existing social and economic circumstances. Family caregivers also rationalize their choice in the process by emphasizing their continual involvement during institutional care by providing financial and emotional support. The institutional care provides proper care for older people and relieves the family members' physical and psychological burden. Family caregivers also reinterpret the meaning of filial piety from emphasizing "care in person" to emphasizing "the quality of care", and by shifting "daily life care" to "emotional care". In the rationalization process, the collaboration model in which the institution provides professional care and family provides emotional care becomes the "most appropriate" care for the family.

**Key Words:** dementia; family caregivers; elderly care; long-term care; rationalization

## Shaping the Cognitive Concept of Pollution by Farmers' Living Interests: Case Analysis of Nancun

Wang Yugen

**Abstract:** In the specific village situation, farmers' cognition of pollution is mainly based on certain living interests. Based on the empirical analysis of South Village in southern Jiangxi, it is found that farmers' living interests are embodied in three dimensions: time, space and individual. These three dimensions reflect the shaping of pollution cognitive concept by village enterprise property right reform, farmers' living space and interest position. At the time level, farmers' pollution cognition has experienced the dynamic evolution from Integrated Symbiosis to individual interest expression, while at the real level, the differences in living space and individual interest positions shape farmers' pollution cognition differences. Specifically, expected changes in the realization of life benefits in different periods reflect the dynamic evolution of pollution cognition, and farmers' living interests can not be effectively responded by enterprises and local governments at the practical level, which further strengthens farmers' pollution cognition. However, due to the differences of living space and interest positions of different individuals, the differentiated pollution cognition is shaped.

**Key Words:** life interest; environmental pollution; pollution awareness; environmental action

## Reviews and Research Notes

### The Legitimacy of Discipline under the Absence of "Academic Autonomy"

Wang Xiaozhang

### History Marching Through Space: On *Chinese Elites and Political Change: Zhejiang Province in the Early Twentieth Century* by R. Keith Schoppa

Jiang Guowei

# 《中国研究》稿约

## 一、刊物宗旨

《中国研究》是以当代中国为研究对象、面向全球中国学界的社会科学类中文刊物,创刊于2005年,由南京大学社会学院暨当代中国研究中心与社会科学文献出版社联合编辑,社会科学文献出版社出版发行。自2021年起,改由南京大学当代中国研究院编辑,商务印书馆出版发行。

《中国研究》坚持宏观视野和问题取向,推崇开放而又务实的精神。它注重学科的综合性,欢迎不同研究领域学者的广泛参与;提倡着眼于中国基层社会的经验性研究,但也鼓励深入的理论探讨;《中国研究》赞赏朴实平易的学风和文风,倡导平和的学术批评氛围。自2012年起,《中国研究》已被中国社会科学研究评价中心遴选为"中文社会科学引文索引"(CSSCI)来源集刊,并被中国知网(CNKI)中国期刊全文数据库全文收录。

## 二、栏目设置

《中国研究》每年出版两辑,出版时间为每年春季和秋季,春季卷截稿日期为2月28日,秋季卷截稿日期为8月30日;每期容量为25万—30万字,设有"专题研讨""学术论文"和"书评与随笔"等固定栏目,2021年起增设"特邀文稿"——"学人专栏"。论文一般以1.5万字左右为宜,最长不超过2.5万字;书评和随笔一般不超过8000字。除特邀文稿外,本刊坚持赐稿的唯一性,论文一经刊用,即寄奉样刊。

## 三、投稿方式

《中国研究》真诚地欢迎来自全球中国研究学界的赐稿和监督批评,尤其欢迎年轻学者和博士研究生投稿。投稿请登录南京大学当代中国研究院网址(chinastudies.nju.edu.cn),在网站主页"在线办公"一栏进入"作者投稿系统"投稿。4个月未获得采用通知者,即可自行处理稿件。

编辑部地址:中国江苏省南京市栖霞区仙林大道163号南京大学河仁楼

（社会学院）当代中国研究院《中国研究》编辑部（邮编210023）。

电子邮箱：cnstudy@nju.edu.cn。

### 四、文章体例

文章要求如下：

（1）稿件采用中文（在作者无法提供中文稿的情况下，其英文稿将由编辑部负责委托同行译成中文，由编辑部支付译者稿酬），并请附有英文或中文标题、各200字以内的中英文摘要、中英文关键词。

（2）文章编排及注释采用APA格式，具体参见本刊投稿系统说明。凡引用他人资料或观点的，务必加注说明。在引文后加括弧注明作者、出版年度及页码，详细文献出处作为"参考文献"列于文末，以作者、出版时间、著作或论文名称、出版单位或期刊名称排序。文献按照作者姓氏的第一个字母顺序排列，中文在前、英文在后。作者本人信息的注释采用当页脚注。文中所用图表应达到出版标准。

（3）在首页以脚注方式说明论文作者姓名、学位、单位、学衔（职称），并注明一位作者的电子邮件，在无特殊说明的情况下，此为论文的通讯作者。

### 五、著作权使用说明

本刊已许可中国知网等网络知识服务平台以数字化方式复制、汇编、发行、信息网络传播本刊全文。本刊支付的稿酬已包含网络知识服务平台的著作权使用费，所有署名作者向本刊提交文章发表之行为视为同意上述声明。如有异议，请在投稿时说明，本刊将按作者说明处理。

《中国研究》编辑部
2022年10月

图书在版编目（CIP）数据

中国研究.总第29期/周晓虹,翟学伟主编.—北京：商务印书馆,2023
ISBN 978-7-100-21931-0

Ⅰ.①中… Ⅱ.①周…②翟… Ⅲ.①社会发展—研究—中国—现代—丛刊 Ⅳ.① D668-55

中国版本图书馆 CIP 数据核字（2022）第 254343 号

权利保留，侵权必究。

中国研究

第 29 期

周晓虹　翟学伟　主编

商　务　印　书　馆　出　版
（北京王府井大街 36 号　邮政编码 100710）
商　务　印　书　馆　发　行
江苏凤凰数码印务有限公司印刷
ISBN 978-7-100-21931-0

2023 年 3 月第 1 版　　开本 700×1000　1/16
2023 年 3 月第 1 次印刷　　印张 22½

定价：98.00 元